SPIRITUELE VOORBEREIDING
VOOR EEN OPKOMENDE WERELD

STAPPEN NAAR KENNIS

HET BOEK VAN
INNERLIJK WETEN

SPIRITUELE VOORBEREIDING
VOOR EEN OPKOMENDE WERELD

STAPPEN NAAR KENNIS

HET BOEK VAN
INNERLIJK WETEN

Marshall Vian Summers

STAPPEN NAAR KENNIS: *Het boek van innerlijk weten*

Copyright © 1999 door de Society for the New Message.
Alle rechten voorbehouden. Niets uit deze uitgave mag worden gereproduceerd, opgeslagen in een geautomatiseerd gegevensbestand of openbaar gemaakt, in enige vorm of op enige wijze, hetzij elektronisch, mechanisch, door fotokopieën, opnamen of op enige andere manier, zonder voorafgaande schriftelijke toestemming van de uitgever.

Bewerkt door Darlene Mitchell
Boekontwerp door Argent Associates, Boulder, CO.

TITEL OORSPRONKELIJK GEPUBLICEERD IN HET ENGELS
ISBN: 978-1-884238-77-2 STEPS TO KNOWLEDGE: *The Book of Inner Knowing*
Library of Congress Catalog Card Number: 00551019
Dit is de derde editie van *Steps to Knowledge*

NKL Dutch POD Version 4.55

Publisher's Cataloging-in-Publication
(Provided by Quality Books, Inc.)

Summers, Marshall Vian.
    Steps to knowledge : the book of inner knowing : spiritual preparation for an emerging world / Marshall Vian Summers — third edition.
    pages cm
    LCCN 00551019
    978-1-884238-18-5 (English print legacy)
    978-1-884238-77-2 (English print pod)
    978-1-942293-73-6 (Dutch print)
    978-1-884238-67-3 (English ebook)
    978-1-942293-74-3 (Dutch ebook)

    1. Society for The Greater Community Way of Knowledge.
2. Spiritual exercises. I. Title

BP605.S58S84 2014   299'.93
                                      QBI14-334

Stappen naar Kennis dient als het Praktijkboek van de Nieuwe Boodschap bij het leren en toepassen van De Weg van Kennis uit de Grotere Gemeenschap. *Stappen naar Kennis* is een boek van de Nieuwe Boodschap van God en wordt uitgegeven door New Knowledge Library, de uitgeverij van The Society for the New Message. De Society is een religieuze non-profit organisatie gewijd aan het presenteren en onderwijzen van een Nieuwe Boodschap voor de mensheid. De boeken van New Knowledge Library zijn te bestellen via www.newknowledgelibrary.org, je plaatselijke boekhandel en vele andere online verkooppunten.

De Nieuwe Boodschap wordt bestudeerd in meer dan 30 talen in meer dan 90 landen. *Stappen naar Kennis* wordt in de vele talen van onze wereld vertaald door een toegewijde groep vrijwillige studentvertalers van over de hele wereld. Deze vertalingen zullen allemaal online beschikbaar zijn op www.newmessage.org.

The Society for the New Message
P.O. Box 1724 • Boulder, CO 80306-1724
(303) 938-8401 • (800) 938-3891 011
303 938 84 01 (International)
www.newknowledgelibrary.org society@newmessage.org
www.newmessage.org www.newmessage.org/nl

INTRODUCTIE

Stappen naar Kennis is het Boek van Innerlijk Weten. Het eenjarige studieplan, dat verdeeld is in 365 "stappen" of lessen, is ontworpen om studenten in staat te stellen hun Zelfkennis, of Spirituele Kracht, te leren ervaren en toe te passen in de wereld. Stappen naar Kennis zet zich in om deze taak stap voor stap te volbrengen, terwijl studenten worden geïntroduceerd in de essentiële ideeën en oefeningen die een dergelijke onderneming mogelijk maken. Elke dag oefenen zorgt voor een stevig fundament van ervaring, en ontwikkelt het denken, de waarneming en de zelfmotivatie die nodig zijn voor zowel werelds succes als spirituele vooruitgang.

WAT IS KENNIS?

Stappen naar Kennis beschrijft Kennis op de volgende wijze:

> "Kennis vertegenwoordigt je Ware Zelf, je Ware Geest en je Ware Relaties in het universum. Zij bezit ook je grotere roeping in de wereld en een perfect gebruik van je natuur, al je inherente vermogens en vaardigheden, zelfs je beperkingen, allemaal ten goede om te geven aan de wereld."
>
> (STAP 2)

Kennis is de diepere spirituele geest die de Schepper aan ieder mens heeft gegeven. Ze is de bron van alle zinvolle acties, bijdragen en relaties. Ze is ons natuurlijke innerlijke geleidingssysteem. Haar realiteit is mysterieus, maar haar Aanwezigheid kan direct ervaren worden. Kennis is opmerkelijk wijs en effectief in het begeleiden van elke persoon bij het vinden van zijn of haar juiste relaties, werk en bijdrage. Zij is even doeltreffend in de voorbereiding op het herkennen van de vele valkuilen en misleidingen die onderweg bestaan. Ze vormt de basis om met zekerheid en kracht te zien, te weten en te handelen. Ze vormt de basis van het leven.

Waarvoor dient Stappen naar Kennis?

Stappen naar Kennis is bedoeld als een Weg voor individuen die voelen dat er een spirituele roeping en doel in hun leven aan het ontstaan zijn, maar die een nieuwe benadering nodig hebben om volledig te begrijpen wat dit betekent. Vaak voelen deze mensen deze aantrekkingskracht al lange tijd. Stappen biedt een basis waarop ze kunnen beginnen deze roeping te beantwoorden. De enige toelatingseis is de vastberadenheid om te weten wat je doel, betekenis en richting is.

Wat wil het bereiken?

Stappen naar Kennis vertegenwoordigt zowel een pad naar God als een pad naar het leveren van een bijdrage in de wereld. Het betrekt de student bij het oplossen van de twee meest fundamentele vragen in het leven: Wie ben ik? en Waarom ben ik hier? Stappen behandelt deze vragen binnen de context van doelgerichtheid, relaties en gemeenschap. Het benadrukt dat iedereen hiernaar op zoek is in de wereld en dat dit streven ten grondslag ligt aan alle verlangens en inspanningen die hier als zinvol worden beschouwd. De ervaring van zingeving, relaties en gemeenschap geeft iedereen het gevoel van betekenis en identiteit dat ze op een bepaald moment hebben. Stappen geeft aan dat deze behoeften intrinsiek zijn voor iedereen en dat iedereen het antwoord op deze behoeften met zich heeft meegebracht vanuit zijn Aloude Thuis. Zo zegt het dat ieder mens, onbewust, zijn eigen vervulling in zich draagt, in zijn Zelfkennis.

Door oefening en openbaring geeft Stappen naar Kennis studenten de noodzakelijke structuur om Kennis te vinden, zich met Kennis te verbinden en Kennis te volgen in elke situatie. Hiermee beginnen ze hun ware richting in het leven te vinden. Door elke dag te studeren bouw je de vaardigheid en het vertrouwen op die alleen consistente zelftoepassing kan geven.

Het terugwinnen en toepassen van Zelfkennis is het doel van dit boek over spirituele beoefening en het onderricht hierin. De nadruk in elke stap ligt op het samen ontwikkelen van het innerlijke leven en het uiterlijke leven van de student, want

Kennis (Zelfrealisatie) en Wijsheid (Zelftoepassing) moeten samen ontstaan. Dus, door het bestuderen en toepassen van De Weg van Kennis, ontwikkelt de student op natuurlijke wijze geduld, objectiviteit, inzicht, kracht, tolerantie en een blijvend gevoel van eigenwaarde.

Hoe werd het gegeven

Stappen naar Kennis werd geopenbaard aan de leraar Marshall Vian Summers in de lente van 1989. Het werd in een periode van twintig dagen ontvangen in een staat van openbaring. *Stappen naar Kennis* werd gegeven door een groep onzichtbare spirituele leraren die zichzelf beschrijven als Leraren van de Grotere Gemeenschap. Hun boodschap is universeel en toch zijn hun methoden uniek voor onze tijd en onze wereld.

Waarom het werd geschreven

Onze wereld staat op de drempel van de opkomst in een Grotere Gemeenschap van intelligent leven in het universum om ons heen. Daarom is er op dit moment behoefte aan een universeler begrip van en perspectief op relaties, spiritualiteit en menselijke vooruitgang. Stappen naar Kennis is bedoeld voor diegenen die de belofte in zich dragen om de belangrijkste bijdragers te zijn tijdens de volgende grote periode in de menselijke geschiedenis, waarin de mensheid andere intelligente rassen uit de Grotere Gemeenschap begint te ontmoeten. Dit is de grootste drempel waar we ooit voor hebben gestaan. Maar vanuit het perspectief van de Grotere Gemeenschap is het duidelijk dat de mensheid niet voorbereid is. Dit heeft de weg vrijgemaakt voor een nieuw spiritueel begrip en onderricht dat aan de wereld moet worden gegeven, want de Schepper wil ons niet alleen en onvoorbereid laten voor onze opkomst in de Grotere Gemeenschap. Dus werd een spirituele voorbereiding van een zeer unieke soort gegeven die mannen en vrouwen in staat kan stellen de kracht, het mededogen en de vaardigheid te verwerven die nodig zijn om een wereld in transitie te dienen. Om deze mensen voor te bereiden om hun grotere roeping in het leven te vinden, zijn *Stappen naar Kennis* en de bijbehorende boeken bedoeld als gids en hulpmiddel.

Hoe met de Stappen moet worden gewerkt

Neem de volgende aanbevelingen in overweging om maximaal profijt te hebben van je studie van Stappen naar Kennis:

⁓ *Stappen naar Kennis* is een compleet studieprogramma. Elke stap brengt je hoger en dichter bij je zelfontdekking. Plan daarom om de hele weg te gaan. Als je niet stopt, zul je vooruitgaan.

⁓ Hoewel *Stappen naar Kennis* een zelfstudieprogramma is, wordt het aanbevolen dat je anderen vindt met wie je je praktijk en ervaring kunt delen. Dit maximaliseert je leermogelijkheden en biedt een zinvolle basis voor nieuwe relaties.

⁓ Volg de *"stappen"* in *Stappen naar Kennis* precies zoals ze gegeven worden. Verander de oefeningen op geen enkele manier. Dit is heel belangrijk. Als je wilt, mag je langer dan een dag bij een les blijven, maar blijf niet te lang bij een les, anders verlies je misschien het tempo van het leerplan.

⁓ Sla geen lessen over of verander de volgorde niet om lessen te oefenen die je aantrekkelijk vindt. Elke les is ontworpen om stap voor stap te oefenen. Dit zorgt voor een veilige en succesvolle doorgang in je nadering van Kennis, Volg en gebruik de stap voor die dag. Hij is perfect voor die dag.

⁓ Lees de les zowel in de ochtend bij het opstaan als later op de dag. Je kunt de les ook in de eerste persoon lezen, bij een van deze gelegenheden, als je de boodschap voor jezelf wilt personaliseren.

⁓ *Stappen naar Kennis* leert je hoe je moet oefenen en hoe je effectieve studiegewoonten ontwikkelt. Soms zul je merken dat het een hele uitdaging is om de oefeningen vol te houden. Maar onthoud dat Stappen naar Kennis zowel je kracht als je zelfbewustzijn zal opbouwen door de oefeningen. Je bent in staat om deze oefeningen te doen en ze doen zal je leven harmoniseren en transformeren.

⁓ Reserveer elke dag regelmatige oefentijden. Laat omstandigheden je beschikbaarheid om te oefenen niet dicteren. Oefening is essentieel om een omgeving op te bouwen waarin Kennis kan opkomen. Oefentijden zijn onderaan elke stap toegevoegd om je te helpen de oefening in je dag te integreren.

⁓ Het bijhouden van een dagboek is zeer waardevol om je voortgang bij te houden en om te zien hoe elke stap een rol speelt om je elke dag van dienst te zijn. Het dagboek is een krachtig hulpmiddel voor zelfontdekking en zal je helpen bij het toepassen van de stappen. Het bijhouden van een dagboek zal je ook enorm helpen bij het gebruik van de Terugblik oefeningen die in het curriculum opgenomen zijn.

⁓ Wees geduldig en laat de stappen voor je werken. Het is verbazingwekkend krachtig als je de volgorde van de stappen volgt zoals ze worden gegeven. Dit kost tijd. Een grote reis bestaat uit vele kleine stappen. Elke stap is noodzakelijk.

⁓ Als je een dag overslaat, keer dan gewoon terug naar de oefening. Veroordeel jezelf (of het programma) niet. Je hoeft alleen maar door te gaan in Stappen om het volledige voordeel ervan te ontvangen.

⁓ *Stappen naar Kennis* kan gekoesterde overtuigingen en veronderstellingen op de proef stellen. Als dit gebeurt, accepteer deze uitdaging dan en kijk wat die voor jou inhoudt. Je moet verder kijken dan een beperkt gezichtspunt om een groter gezichtspunt te krijgen.

⁓ *Stappen naar Kennis* is een geschenk van God aan jou via de onzichtbare leraren die de mensheid dienen. Het is een geschenk voor jou om te ontvangen en te geven.

Conclusie

De kracht en reikwijdte van *Stappen naar Kennis* is even groot als het doel ervan. Haar Bron is van buiten deze wereld. Het leert dat de wereld bezig is een Grotere Gemeenschap van werelden binnen te treden. Het biedt een nieuw spiritueel begrip en nieuwe spirituele voorbereiding die nodig zijn om ieders spirituele krachten en wereldse vermogens te activeren. Dit zal hun verleden bevrijden en hen voorbereiden op hun toekomst. *Stappen naar Kennis* pleit voor een perspectief dat groter is dan een puur menselijk gezichtspunt bij het begrijpen van gebeurtenissen in de wereld en daarbuiten. Het zou dan ook gepast zijn om te zeggen dat het curriculum van *Stappen naar Kennis* de Universele Wijsheid in de waarste zin van het woord vertegenwoordigt.

Zoals *Stappen* zo vaak aangeeft, moet de Waarheid, hoe zeer ook in beelden vervat, volledig ervaren worden om gerealiseerd en op de juiste manier toegepast te worden. Dit is een stap-voor-stap proces. Om hen te dienen die geroepen zijn om hun spirituele erfgoed en doel in de wereld op dit moment te realiseren, werd *Stappen naar Kennis* gegeven.

Stappen naar Kennis

Deel Een

∞

STAP 1 :	Ik ben nu zonder Kennis.
STAP 2 :	Kennis is bij mij. Waar ben ik?
STAP 3 :	Wat weet ik werkelijk?
STAP 4 :	Ik wil wat ik denk dat ik weet.
STAP 5 :	Ik geloof wat ik wil geloven.
STAP 6 :	Ik heb een waar fundament in de wereld.
STAP 7 :	TERUGBLIK

∞

STAP 8 :	Vandaag zal ik stil zijn.
STAP 9 :	In stilte kunnen alle dingen gekend worden.
STAP 10 :	Wat is Kennis?
STAP 11 :	Ik sta niet los van het leven.
STAP 12 :	Mijn individualiteit dient om het leven zelf tot uitdrukking te brengen.
STAP 13 :	Ik wil afgescheiden zijn om uniek te zijn.
STAP 14 :	TERUGBLIK

∞

STAP 15 :	Ik zal vandaag luisteren naar mijn ervaring.
STAP 16 :	Voorbij mijn geest is Kennis.
STAP 17 :	Vandaag wil ik de waarheid horen.
STAP 18 :	Vandaag voel ik de waarheid in mezelf opkomen.
STAP 19 :	Vandaag wens ik te zien.
STAP 20 :	Ik zal mijn vooruitgang niet door twijfel en verwarring laten vertragen.
STAP 21 :	TERUGBLIK

∞

STAP 22 :	Ik ben omringd door de Leraren van God.
STAP 23 :	Ik word omringd, bemind en gesteund door de Leraren van God.
STAP 24 :	Ik ben Gods liefde waardig.
STAP 25 :	Ik ben een met de grootste waarheid van het leven.
STAP 26 :	Mijn fouten brengen mijn Kennis voort.
STAP 27 :	Ik bezit een Wijsheid die ik wil ontdekken.
STAP 28 :	TERUGBLIK

∞

STAP 29 :	Vandaag zal ik mezelf observeren om over Kennis te leren.
STAP 30 :	Vandaag zal ik mijn wereld observeren.
STAP 31 :	Ik wens een wereld te zien die ik nooit eerder heb gezien.
STAP 32 :	De waarheid is met mij. Ik kan haar voelen.
STAP 33 :	Ik heb een missie te vervullen in mijn leven.
STAP 34 :	Ik ben een beginnend student in Kennis.
STAP 35 :	TERUGBLIK

∞

STAP 36 :	Mijn leven is een mysterie om te onderzoeken.
STAP 37 :	Er is een weg naar Kennis.
STAP 38 :	God kent de weg naar Kennis.
STAP 39 :	De kracht van God is met mij.
STAP 40 :	Vandaag zal ik de kracht van God voelen.
STAP 41 :	Ik ben niet bang voor de kracht van God.
STAP 42 :	TERUGBLIK

∞

STAP 43 :	Het is mijn wil om God te kennen.
STAP 44 :	Ik wil mijn eigen kracht leren kennen.
STAP 45 :	Alleen kan ik niets doen.
STAP 46 :	Ik moet klein zijn om groot te zijn.
STAP 47 :	Waarom heb ik Leraren nodig?
STAP 48 :	Waar onderricht is beschikbaar voor mij.
STAP 49 :	TERUGBLIK

STAP 50 :	Vandaag zal ik met Kennis zijn.
STAP 51 :	Laat me mijn angsten herkennen zodat ik de waarheid erachter kan zien.
STAP 52 :	Ik ben vrij om de bron van mijn Kennis te vinden.
STAP 53 :	Mijn gaven zijn voor anderen.
STAP 54 :	Ik zal niet in idealisme leven.
STAP 55 :	Ik zal de wereld accepteren zoals ze is.
STAP 56 :	TERUGBLIK

STAP 57 :	Vrijheid is met mij.
STAP 58 :	Kennis is met mij.
STAP 59 :	Vandaag zal ik geduld leren.
STAP 60 :	Ik zal vandaag niet oordelen over de wereld.
STAP 61 :	Liefde geeft zichzelf door mij.
STAP 62 :	Vandaag zal ik leren luisteren naar het leven.
STAP 63 :	TERUGBLIK

STAP 64 :	Vandaag zal ik naar anderen luisteren.
STAP 65 :	Ik ben in de wereld gekomen om te werken.
STAP 66 :	Ik zal stoppen met klagen over de wereld.
STAP 67 :	Ik weet niet wat ik wil voor de wereld.
STAP 68 :	Ik zal vandaag het vertrouwen in mezelf niet verliezen.
STAP 69 :	Vandaag zal ik stilte beoefenen.
STAP 70 :	TERUGBLIK

STAP 71 :	Ik ben hier om een groter doel te dienen.
STAP 72 :	Ik zal vandaag vertrouwen op mijn diepste neigingen.
STAP 73 :	Ik zal toestaan dat mijn fouten mij onderwijzen.
STAP 74 :	Vrede verblijft vandaag met mij.
STAP 75 :	Vandaag zal ik naar mijn Zelf luisteren.
STAP 76 :	Vandaag zal ik niet over een ander oordelen.

STAP 77 :	TERUGBLIK

☯

STAP 78 :	IK KAN NIETS ALLEEN DOEN.
STAP 79 :	VANDAAG ZAL IK ONZEKERHEID TOELATEN TE BESTAAN.
STAP 80 :	IK KAN ALLEEN MAAR OEFENEN.
STAP 81 :	IK ZAL MEZELF VANDAAG NIET VOOR DE GEK HOUDEN.
STAP 82 :	IK ZAL VANDAAG NIET OVER EEN ANDER OORDELEN.
STAP 83 :	IK WAARDEER KENNIS BOVEN AL HET ANDERE.
STAP 84 :	TERUGBLIK

☯

STAP 85 :	VANDAAG VIND IK GELUK IN KLEINE DINGEN.
STAP 86 :	IK EER HEN DIE AAN MIJ HEBBEN GEGEVEN.
STAP 87 :	IK ZAL NIET BANG ZIJN VOOR WAT IK WEET.
STAP 88 :	MIJN HOGERE ZELF IS GEEN INDIVIDU.
STAP 89 :	MIJN EMOTIES KUNNEN MIJN KENNIS NIET ONTMOEDIGEN.
STAP 90 :	VANDAAG ZAL IK GEEN VERONDERSTELLINGEN MAKEN.
STAP 91 :	TERUGBLIK

☯

STAP 92 :	ER IS EEN ROL VOOR MIJ WEGGELEGD IN DE WERELD.
STAP 93 :	IK BEN HIERHEEN GEZONDEN MET EEN DOEL.
STAP 94 :	MIJN VRIJHEID DIENT VOOR HET VINDEN VAN MIJN DOEL.
STAP 95 :	HOE KAN IK MEZELF OOIT VERVULLEN?
STAP 96 :	HET IS GODS WIL DAT IK ONBELAST BEN.
STAP 97 :	IK WEET NIET WAT VERVULLING IS.
STAP 98 :	TERUGBLIK

☯

STAP 99 :	VANDAAG ZAL IK DE WERELD NIETS VERWIJTEN.
STAP 100 :	VANDAAG BEN IK EEN BEGINNEND STUDENT VAN KENNIS.
STAP 101 :	DE WERELD HEEFT ME NODIG, MAAR IK WACHT.
STAP 102 :	ER IS VEEL DAT IK AF MOET LEREN.
STAP 103 :	IK WORD GEËERD DOOR GOD.

STAP 104 :	GOD WEET MEER OVER MIJ DAN DAT IK WEET.
STAP 105 :	TERUGBLIK

∽

STAP 106 :	ER LEVEN GEEN MEESTERS IN DE WERELD.
STAP 107 :	VANDAAG ZAL IK LEREN GELUKKIG TE ZIJN.
STAP 108 :	GELUK IS IETS DAT IK OPNIEUW MOET LEREN.
STAP 109 :	VANDAAG ZAL IK ME NIET HAASTEN.
STAP 110 :	VANDAAG ZAL IK EERLIJK TEGEN MEZELF ZIJN.
STAP 111 :	VANDAAG ZAL IK ME OP MIJN GEMAK VOELEN.
STAP 112 :	TERUGBLIK

∽

STAP 113 :	IK LAAT ME NIET DOOR ANDEREN OVERTUIGEN.
STAP 114 :	MIJN WARE VRIENDEN ZIJN BIJ ME. IK BEN NIET ALLEEN.
STAP 115 :	VANDAAG ZAL IK NAAR DE KRACHT VAN KENNIS LUISTEREN.
STAP 116 :	VANDAAG ZAL IK GEDULDIG ZIJN MET KENNIS.
STAP 117 :	HET IS BETER OM EENVOUDIG TE ZIJN DAN ARM.
STAP 118 :	VANDAAG ZAL IK DE WERELD NIET VERMIJDEN.
STAP 119 :	TERUGBLIK

∽

STAP 120 :	IK ZAL ME MIJN KENNIS VANDAAG HERINNEREN.
STAP 121 :	VANDAAG BEN IK VRIJ OM TE GEVEN.
STAP 122 :	IK GEEF VANDAAG ZONDER VERLIES.
STAP 123 :	IK ZAL VANDAAG GEEN MEDELIJDEN MET MEZELF HEBBEN.
STAP 124 :	VANDAAG ZAL IK NIET DOEN ALSOF IK GELUKKIG BEN.
STAP 125 :	VANDAAG HOEF IK NIET IEMAND TE ZIJN.
STAP 126 :	TERUGBLIK

∽

STAP 127 :	VANDAAG ZAL IK NIET PROBEREN WRAAK TE NEMEN OP GOD.
STAP 128 :	MIJN LERAREN ZIJN BIJ ME. IK HOEF NIET BANG TE ZIJN.
STAP 129 :	MIJN LERAREN ZIJN BIJ ME. IK ZAL BIJ HEN ZIJN.
STAP 130 :	RELATIES ZULLEN NAAR MIJ TOEKOMEN ALS IK VOORBEREID BEN.

STAP 131 :	VANDAAG ZOEK IK DE ERVARING VAN HET WARE DOEL IN HET LEVEN.
STAP 132 :	LAAT ME LEREN VRIJ TE ZIJN ZODAT IK KAN DEELNEMEN.
STAP 133 :	**TERUGBLIK**

∞

STAP 134 :	IK ZAL MIJN DOEL NIET VOOR MIJZELF DEFINIËREN.
STAP 135 :	IK ZAL VANDAAG NIET MIJN LOTSBESTEMMING BEPALEN.
STAP 136 :	MIJN DOEL IS MIJN KENNIS TERUG TE WINNEN EN HAAR TOE TE STAAN ZICH UIT TE DRUKKEN IN DE WERELD.
STAP 137 :	IK ZAL HET MYSTERIE VAN MIJN LEVEN ACCEPTEREN.
STAP 138 :	IK HOEF ALLEEN MAAR DE STAPPEN TE VOLGEN ZOALS ZE ZIJN GEGEVEN.
STAP 139 :	IK BEN NAAR DE WERELD GEKOMEN OM TE DIENEN.
STAP 140 :	**TERUGBLIK**

∞

STAP 141 :	VANDAAG ZAL IK VOL VERTROUWEN ZIJN.
STAP 142 :	IK ZAL VANDAAG CONSISTENT ZIJN.
STAP 143 :	VANDAAG ZAL IK STIL ZIJN.
STAP 144 :	VANDAAG ZAL IK MEZELF EREN.
STAP 145 :	VANDAAG ZAL IK DE WERELD EREN.
STAP 146 :	VANDAAG ZAL IK MIJN LERAREN EREN.
STAP 147 :	**TERUGBLIK**

∞

STAP 148 :	MIJN OEFENING IS MIJN GESCHENK AAN GOD.
STAP 149 :	MIJN OEFENING IS MIJN GESCHENK AAN DE WERELD.
STAP 150 :	VANDAAG ZAL IK LEREN HOE IK MOET LEREN.
STAP 151 :	IK ZAL GEEN ANGST GEBRUIKEN OM MIJN OORDELEN TE ONDERSTEUNEN.
STAP 152 :	IK ZAL DE ANGST IN DE WERELD NIET VOLGEN.
STAP 153 :	MIJN BRON WENST ZICH VIA MIJ UIT TE DRUKKEN.
STAP 154 :	**TERUGBLIK**

∞

STAP 155 :	DE WERELD ZEGENT ME ALS IK ONTVANG.
STAP 156 :	VANDAAG MAAK IK ME GEEN ZORGEN OVER MEZELF.
STAP 157 :	IK BEN NIET ALLEEN IN HET UNIVERSUM.
STAP 158 :	IK BEN RIJK DUS KAN IK GEVEN.
STAP 159 :	DE ARMEN KUNNEN NIET GEVEN. IK BEN NIET ARM.
STAP 160 :	DE WERELD IS ARM, MAAR IK NIET.
STAP 161 :	TERUGBLIK

∞

STAP 162 :	IK ZAL VANDAAG NIET BEVREESD ZIJN.
STAP 163 :	VANDAAG ZAL IK KENNIS VOELEN.
STAP 164 :	VANDAAG ZAL IK EREN WAT IK WEET.
STAP 165 :	MIJN TAKEN ZIJN KLEIN. MIJN MISSIE IS GROOT.
STAP 166 :	MIJN MISSIE IS GROOT. DAAROM BEN IK VRIJ OM KLEINE DINGEN TE DOEN.
STAP 167 :	MET KENNIS BEN IK VRIJ IN DE WERELD.
STAP 168 :	TERUGBLIK

∞

STAP 169 :	DE WERELD BEVINDT ZICH IN MIJ. DIT WEET IK.
STAP 170 :	VANDAAG VOLG IK DE ALOUDE RITE VAN VOORBEREIDING.
STAP 171 :	MIJN GEVEN IS EEN BEVESTIGING VAN MIJN RIJKDOM.
STAP 172 :	IK MOET MIJN KENNIS TERUGWINNEN.
STAP 173 :	VANDAAG ZAL IK DOEN WAT NOODZAKELIJK IS.
STAP 174 :	MIJN LEVEN IS NOODZAKELIJK.
STAP 175 :	TERUGBLIK

∞

STAP 176 :	VANDAAG ZAL IK KENNIS VOLGEN.
STAP 177 :	VANDAAG ZAL IK LEREN EERLIJK TE ZIJN.
STAP 178 :	VANDAAG ZAL IK DEGENEN DIE AAN MIJ GEGEVEN HEBBEN GEDENKEN.
STAP 179 :	VANDAAG ZAL IK DE WERELD BEDANKEN DAT ZE ME LEERT WAT WAAR IS.
STAP 180 :	IK KLAAG OMDAT HET MIJ AAN KENNIS ONTBREEKT.

| STAP 181 : | VANDAAG ONTVANG IK DE LIEFDE VAN KENNIS. |
| STAP 182 : | TERUGBLIK |

DEEL TWEE

∽

STAP 183 :	IK ZOEK ERVARING, GEEN ANTWOORDEN.
STAP 184 :	MIJN VRAGEN ZIJN GROTER DAN DAT IK ME EERDER HAD GEREALISEERD.
STAP 185 :	IK BEN IN DE WERELD GEKOMEN MET EEN DOEL.
STAP 186 :	IK BEN VOORTGEKOMEN UIT EEN ALOUD ERFGOED.
STAP 187 :	IK BEN EEN INWONER VAN DE GROTERE GEMEENSCHAP VAN WERELDEN.
STAP 188 :	MIJN LEVEN IN DEZE WERELD IS BELANGRIJKER DAN IK ME EERDER REALISEERDE.
STAP 189 :	MIJN SPIRITUELE FAMILIE BESTAAT OVERAL.
STAP 190 :	DE WERELD RIJST OP IN DE GROTERE GEMEENSCHAP VAN WERELDEN EN DAAROM BEN IK GEKOMEN.
STAP 191 :	MIJN KENNIS IS GROTER DAN MIJN MENSELIJKHEID.
STAP 192 :	VANDAAG ZAL IK DE KLEINE DINGEN NIET VERWAARLOZEN.
STAP 193 :	IK ZAL VANDAAG ZONDER OORDEEL NAAR ANDEREN LUISTEREN.
STAP 194 :	VANDAAG ZAL IK DAAR NAARTOE GAAN WAAR IK NODIG BEN.
STAP 195 :	KENNIS IS KRACHTIGER DAN IK ME REALISEER.
STAP 196 :	TERUGBLIK

∽

STAP 197 :	KENNIS MOET WORDEN ERVAREN OM TE WORDEN GEREALISEERD.
STAP 198 :	VANDAAG ZAL IK STERK ZIJN.
STAP 199 :	DE WERELD DIE IK ZIE KOMT OP IN DE GROTERE GEMEENSCHAP VAN WERELDEN.
STAP 200 :	MIJN GEDACHTEN ZIJN TE KLEIN OM KENNIS TE BEVATTEN.
STAP 201 :	MIJN GEEST WERD GEMAAKT OM KENNIS TE DIENEN.
STAP 202 :	VANDAAG AANSCHOUW IK DE GROTERE GEMEENSCHAP.

STAP 203 :	DE GROTERE GEMEENSCHAP BEÏNVLOEDT DE WERELD DIE IK ZIE.
STAP 204 :	VANDAAG ZAL IK TOT RUST KOMEN.
STAP 205 :	VANDAAG ZAL IK DE WERELD NIET VEROORDELEN.
STAP 206 :	LIEFDE STROOMT NU UIT MIJ.
STAP 207 :	IK VERGEEF HEN WAARVAN IK DENK DAT ZE MIJ GEKWETST HEBBEN.
STAP 208 :	ALLES WAAR IK ECHT WAARDE AAN HECHT ZAL VANUIT KENNIS WORDEN UITGEDRUKT.
STAP 209 :	VANDAAG ZAL IK NIET HARTELOOS ZIJN VOOR MEZELF.
STAP 210 :	TERUGBLIK

STAP 211 :	IK HEB GOEDE VRIENDEN BUITEN DEZE WERELD.
STAP 212 :	IK ONTVANG KRACHT VAN IEDEREEN DIE MET MIJ OEFENT.
STAP 213 :	IK BEGRIJP DE WERELD NIET.
STAP 214 :	IK BEGRIJP MEZELF NIET.
STAP 215 :	MIJN LERAREN ZIJN BIJ ME. IK BEN NIET ALLEEN.
STAP 216 :	ER IS EEN SPIRITUELE AANWEZIGHEID IN MIJN LEVEN.
STAP 217 :	IK GEEF MEZELF VANDAAG AAN KENNIS.
STAP 218 :	IK ZAL VANDAAG KENNIS IN MIJZELF HOUDEN.
STAP 219 :	IK ZAL ME VANDAAG NIET LATEN MISLEIDEN DOOR AMBITIE.
STAP 220 :	VANDAAG ZAL IK TERUGHOUDENDHEID BETRACHTEN ZODAT GROOTSHEID IN MIJ KAN GROEIEN.
STAP 221 :	VANDAAG BEN IK VRIJ OM VERWARD TE ZIJN.
STAP 222 :	DE WERELD IS IN VERWARRING. IK ZAL HAAR NIET VEROORDELEN.
STAP 223 :	IK ZAL DEZE DAG KENNIS ONTVANGEN.
STAP 224 :	TERUGBLIK

STAP 225 :	VANDAAG BEN IK TEGELIJKERTIJD SERIEUS EN LUCHTHARTIG.
STAP 226 :	KENNIS IS MET MIJ. IK ZAL NIET BEVREESD ZIJN.
STAP 227 :	VANDAAG ZAL IK NIET DENKEN DAT IK WEET.
STAP 228 :	IK ZAL VANDAAG NIET ARM ZIJN.
STAP 229 :	IK ZAL ANDEREN NIET DE SCHULD GEVEN VAN MIJN PIJN.
STAP 230 :	MIJN LIJDEN VLOEIT VOORT UIT VERWARRING.

STAP 231 :	Ik heb een roeping in deze wereld.
STAP 232 :	Mijn roeping in dit leven vereist de ontwikkeling van anderen.
STAP 233 :	Ik maak deel uit van een Grotere Kracht ten goede in de wereld.
STAP 234 :	Kennis dient de mensheid op alle manieren.
STAP 235 :	De kracht van Kennis begint me duidelijk te worden.
STAP 236 :	Met Kennis zal ik weten wat ik moet doen.
STAP 237 :	Ik begin nog maar net de betekenis van mijn leven te begrijpen.
STAP 238 :	TERUGBLIK

∞

STAP 239 :	Vandaag is vrijheid de mijne.
STAP 240 :	Kleine ideeën kunnen mijn behoefte aan kennis niet vervullen.
STAP 241 :	Mijn boosheid is niet rechtmatig.
STAP 242 :	Mijn grootste geschenk aan de wereld is mijn Kennis.
STAP 243 :	Ik hoef niet bijzonder te zijn om te geven.
STAP 244 :	Ik word geëerd wanneer anderen sterk zijn.
STAP 245 :	Als anderen falen, word ik herinnerd aan de behoefte aan Kennis.
STAP 246 :	Falen in het terugwinnen van Kennis valt niet te rechtvaardigen.
STAP 247 :	Vandaag zal ik naar mijn Innerlijke Leraren luisteren.
STAP 248 :	Ik vertrouw op de Wijsheid van het universum om mij te instrueren.
STAP 249 :	Alleen kan ik niets doen.
STAP 250 :	Ik zal mezelf vandaag niet buiten sluiten.
STAP 251 :	Wanneer ik met Kennis verblijf, zal er geen verwarring zijn in mijn relaties.
STAP 252 :	TERUGBLIK

∞

STAP 253 :	In alles wat ik werkelijk nodig heb, zal worden voorzien.

STAP 254 :	IK VERTROUW MIJN LERAREN DIE BIJ MIJ VERBLIJVEN.
STAP 255 :	DE DWALINGEN VAN DEZE WERELD ZULLEN MIJ NIET ONTMOEDIGEN.
STAP 256 :	DE WERELD KOMT OP IN DE GROTERE GEMEENSCHAP VAN WERELDEN.
STAP 257 :	HET LEVEN IS GROTER DAN IK ME OOIT HEB GEREALISEERD.
STAP 258 :	WIE ZIJN VANDAAG MIJN VRIENDEN?
STAP 259 :	IK BEN GEKOMEN OM DE WERELD TE ONDERWIJZEN.
STAP 260 :	VANDAAG BEN IK EEN VRIEND VAN DE WERELD.
STAP 261 :	IK MOET LEREN GEVEN MET ONDERSCHEIDINGSVERMOGEN.
STAP 262 :	HOE KAN IK MEZELF BEOORDELEN ALS IK NIET WEET WIE IK BEN?
STAP 263 :	MET KENNIS WORDEN ALLE DINGEN DUIDELIJK.
STAP 264 :	IK ZAL DEZE DAG OVER VRIJHEID LEREN.
STAP 265 :	ER WACHT EEN GROTERE VRIJHEID OP MIJ.
STAP 266 :	TERUGBLIK

∽

STAP 267 :	ER IS EEN EENVOUDIGE OPLOSSING VOOR ALLE PROBLEMEN WAAR IK VANDAAG MEE TE MAKEN KRIJG.
STAP 268 :	IK ZAL VANDAAG NIET WORDEN MISLEID DOOR COMPLEXITEIT.
STAP 269 :	DE KRACHT VAN KENNIS ZAL ZICH VANUIT MIJ UITBREIDEN.
STAP 270 :	MET KRACHT KOMT VERANTWOORDELIJKHEID.
STAP 271 :	VANDAAG ZAL IK VERANTWOORDELIJKHEID ACCEPTEREN.
STAP 272 :	MIJN LERAREN ZULLEN MIJ LEIDEN TERWIJL IK VERDER GA.
STAP 273 :	MIJN LERAREN HOUDEN DE HERINNERING AAN MIJN ALOUDE THUIS VOOR MIJ VAST.
STAP 274 :	VANDAAG TRACHT IK VRIJ TE ZIJN VAN AMBIVALENTIE.
STAP 275 :	VANDAAG TRACHT IK VRIJ TE ZIJN VAN ONZEKERHEID.
STAP 276 :	KENNIS IS MIJN VERLOSSING.
STAP 277 :	MIJN IDEEËN ZIJN KLEIN, MAAR KENNIS IS GROOT.
STAP 278 :	WAT ONVERANDERLIJK IS ZAL ZICH VIA MIJ UITDRUKKEN.
STAP 279 :	IK MOET MIJN VRIJHEID ERVAREN OM HAAR TE BESEFFEN.
STAP 280 :	TERUGBLIK

∽

STAP 281 :	BOVEN ALLES ZOEK IK KENNIS.
STAP 282 :	IK ZAL DE VERANTWOORDELIJKHEID LEREN ACCEPTEREN OM KENNIS IN DE WERELD TE BRENGEN.
STAP 283 :	DE WERELD IS AMBIVALENT, MAAR IK NIET.
STAP 284 :	STILTE IS MIJN GESCHENK AAN DE WERELD.
STAP 285 :	IN STILTE KUNNEN ALLE DINGEN GEKEND WORDEN.
STAP 286 :	IK DRAAG VANDAAG STILTE MET ME MEE DE WERELD IN.
STAP 287 :	MET KENNIS KAN IK GEEN OORLOG VOEREN.
STAP 288 :	VIJANDEN ZIJN SLECHTS VRIENDEN DIE NIET GELEERD HEBBEN ZICH AAN TE SLUITEN.
STAP 289 :	VANDAAG BEN IK EEN STUDENT VAN KENNIS.
STAP 290 :	IK KAN ALLEEN MAAR EEN STUDENT ZIJN. DAAROM, ZAL IK EEN STUDENT VAN KENNIS ZIJN.
STAP 291 :	IK BEN MIJN BROEDERS EN ZUSTERS DANKBAAR DIE ZICH TEGEN MIJ HEBBEN VERGIST.
STAP 292 :	HOE KAN IK BOOS ZIJN OP DE WERELD ALS DIE MIJ ALLEEN MAAR DIENT?
STAP 293 :	IK WIL VANDAAG NIET LIJDEN.
STAP 294 :	TERUGBLIK

STAP 295 :	IK DRING DOOR TOT HET MYSTERIE VAN MIJN LEVEN.
STAP 296 :	NASI NOVARE CORAM
STAP 297 :	NOVRE NOVRE COMEY NA VERA TE NOVRE
STAP 298 :	MAVRAN MAVRAN CONAY MAVRAN
STAP 299 :	NOME NOME CONO NA VERA TE NOME
STAP 300 :	VANDAAG ONTVANG IK IEDEREEN DIE DEEL UIT MAAKT VAN MIJN SPIRITUELE FAMILIE.
STAP 301 :	IK ZAL MEZELF VANDAAG NIET VERLIEZEN IN ZORGEN.
STAP 302 :	VANDAAG ZAL IK ME NIET VERZETTEN TEGEN DE WERELD.
STAP 303 :	IK ZAL VANDAAG AFSTAND NEMEN VAN DE OVERTUIGINGSKRACHT VAN DE WERELD.
STAP 304 :	VANDAAG ZAL IK GEEN STUDENT VAN ANGST ZIJN.
STAP 305 :	VANDAAG VOEL IK DE KRACHT VAN LIEFDE.
STAP 306 :	IK ZAL VANDAAG RUSTEN IN KENNIS.

| STAP 307 : | KENNIS LEEFT NU IN MIJ. |
| STAP 308 : | TERUGBLIK |

∞

STAP 309 :	DE WERELD DIE IK ZIE PROBEERT ÉÉN GEMEENSCHAP TE WORDEN.
STAP 310 :	IK BEN VRIJ OMDAT IK VERLANG TE GEVEN.
STAP 311 :	DE WERELD ROEPT ME. IK MOET ME VOORBEREIDEN OM HAAR TE DIENEN.
STAP 312 :	ER ZIJN GROTERE PROBLEMEN VOOR MIJ OM OP TE LOSSEN IN DE WERELD.
STAP 313 :	LAAT ME INZIEN DAT DATGENE WAT COMPLEX IS, EENVOUDIG IS.
STAP 314 :	IK ZAL VANDAAG NIET BANG ZIJN OM TE VOLGEN.
STAP 315 :	VANDAAG ZAL IK NIET ALLEEN ZIJN.
STAP 316 :	IK VERTROUW VANDAAG OP MIJN DIEPSTE NEIGINGEN.
STAP 317 :	IK HOEF ALLEEN MAAR MIJN AMBIVALENTIE OP TE GEVEN OM DE WAARHEID TE KENNEN.
STAP 318 :	ER IS EEN GROTERE KRACHT AAN HET WERK IN DE WERELD.
STAP 319 :	WAAROM ZOU IK BEVREESD ZIJN WANNEER ER EEN GROTERE KRACHT IN DE WERELD IS?
STAP 320 :	IK BEN VRIJ OM IN DE WERELD TE WERKEN.
STAP 321 :	DE WERELD WACHT OP MIJN BIJDRAGE.
STAP 322 :	TERUGBLIK

∞

STAP 323 :	MIJN ROL IN DE WERELD IS TE BELANGRIJK OM TE VERWAARLOZEN.
STAP 324 :	IK ZAL VANDAAG NIET OVER EEN ANDER OORDELEN.
STAP 325 :	DE WERELD KOMT OP IN DE GROTERE GEMEENSCHAP VAN WERELDEN, DAAROM MOET IK GOED OPLETTEN.
STAP 326 :	DE GROTERE GEMEENSCHAP IS IETS DAT IK KAN VOELEN MAAR NIET KAN BEGRIJPEN.
STAP 327 :	IK ZAL VANDAAG DE RUST VINDEN.
STAP 328 :	VANDAAG ZAL IK DEGENEN EREN DIE AAN MIJ HEBBEN GEGEVEN.
STAP 329 :	IK BEN VANDAAG VRIJ OM DE WERELD LIEF TE HEBBEN.
STAP 330 :	IK ZAL DE KLEINE DINGEN IN MIJN LEVEN NIET VERWAARLOZEN.
STAP 331 :	WAT KLEIN IS, DRUKT DAT UIT WAT GROOT IS.

STAP 332 :	Ik begin nu pas de betekenis van Kennis in mijn leven te begrijpen.
STAP 333 :	Een aanwezigheid is bij mij. Ik kan haar voelen.
STAP 334 :	De aanwezigheid van mijn Leraren is iedere dag bij me.
STAP 335 :	Het vuur van Kennis is iedere dag bij me.
STAP 336 :	TERUGBLIK

STAP 337 :	Alleen kan ik niets doen.
STAP 338 :	Vandaag zal ik aandachtig zijn.
STAP 339 :	De aanwezigheid van liefde is nu bij me.
STAP 340 :	Mijn oefening is mijn bijdrage aan de wereld.
STAP 341 :	Ik ben gelukkig, want ik kan nu ontvangen.
STAP 342 :	Vandaag ben ik een student van Kennis.
STAP 343 :	Vandaag eer ik de bron van mijn voorbereiding.
STAP 344 :	Mijn Kennis is het geschenk dat ik aan de wereld geef.
STAP 345 :	Mijn Kennis is mijn geschenk aan mijn Spirituele Familie.
STAP 346 :	Ik ben in de wereld om te werken.
STAP 347 :	Vandaag sta ik toe dat mijn leven zich ontvouwt.
STAP 348 :	Vandaag ben ik getuige van het ontvouwen van de wereld.
STAP 349 :	Ik ben gelukkig dat ik eindelijk de waarheid kan dienen.
STAP 350 :	TERUGBLIK

Laatste lessen

STAP 351 :	Ik dien een groter doel, dat ik nu begin te ervaren.
STAP 352 :	Vandaag ben ik een ware student van Kennis.
STAP 353 :	Mijn Ware Thuis is in God.
STAP 354 :	Ik moet mijn Ware Thuis ervaren terwijl ik in de wereld ben.
STAP 355 :	Ik kan in vrede in de wereld zijn.

STAP 356 :	Vandaag zal ik mijn Zelf vinden.
STAP 357 :	Ik ben in de wereld om mijn Zelf uit te drukken.
STAP 358 :	Ik wens thuis te zijn in de wereld.
STAP 359 :	Ik ben aanwezig om de wereld te dienen.
STAP 360 :	Ik moet leren hoe ik grootsheid in de wereld kan openbaren.
STAP 361 :	Ik word vandaag in het licht van Kennis geleid.
STAP 362 :	Ik leer te leren omdat ik vandaag Kennis in me draag.
STAP 363 :	Kennis is mijn ware verlangen, omdat ik een student van Kennis ben.
STAP 364 :	Kennis draagt me omdat ik een student van Kennis ben.
STAP 365 :	Ik ben toegewijd om te leren te leren. Ik ben toegewijd te geven wat ik bedoeld ben te geven. Ik ben toegewijd omdat ik deel uitmaak van het leven. Ik maak deel uit van het leven omdat ik één ben met Kennis.

Register

Over het vertaalproces

Het verhaal van de Boodschapper

De Stem van Openbaring

Over de Society for the New Message

Boeken van de Nieuwe Boodschap

Zoals geopenbaard aan
MARSHALL VIAN SUMMERS
26 mei – 14 juni 1989
te Albany, New York

Opgedragen

"Met dankbaarheid en hoge verwachting van jullie Spirituele Familie, wordt deze methode gegeven aan alle studenten van Kennis in de wereld.

Volg de instructies zoals ze worden gegeven.

Op deze manier zal de kracht en doeltreffendheid van dit werk aan jou worden geopenbaard en daarmee Ons geschenk aan jou worden gegeven.

Het is met grote bezieling dat Wij dit aan jou schenken en door jou aan jouw wereld."

Stappen naar Kennis

DEEL EEN

Stap 1

IK BEN NU ZONDER KENNIS.

Er moet een vertrekpunt zijn op ieder belangrijk moment van ontwikkeling. Je moet beginnen waar je bent, niet waar je wilt zijn. Je begint hier met het inzicht dat je zonder Kennis bent. Dat wil niet zeggen dat Kennis niet bij jou is. Het zegt gewoonweg dat jij niet met Kennis bent. Kennis wacht op je tot je verder gaat. Kennis wacht om zichzelf aan jou te geven. Daarom begin je nu aan de voorbereiding om in relatie te komen met Kennis, het grotere aspect van je geest dat je hebt meegebracht van je Aloude Thuis.

Besteed vandaag driemaal 10 minuten om na te denken over wat Kennis is, niet alleen door het toepassen van je eigen ideeën of je inzichten uit het verleden, maar door na te denken over wat Kennis werkelijk is.

Oefening 1: *Drie oefenperiodes van 10 minuten.*

Stap 2

Kennis is bij mij. Waar ben ik?

Kennis is bij jou, volledig, maar zij bevindt zich in een deel van je geest waartoe je nog geen toegang hebt verkregen. Kennis vertegenwoordigt jouw Ware Zelf, jouw Ware Geest en je ware relaties in het universum. Zij bevat tevens je grotere roeping in de wereld en een perfect gebruik van jouw aard, al je inherente vermogens en vaardigheden, zelfs je beperkingen – die allemaal ten goede komen aan de wereld.

Kennis is bij jou, maar waar ben jij? Denk vandaag na over waar je bent. Als je niet met Kennis bent, waar ben je dan wel? Denk daarom vandaag driemaal, elke keer 10 minuten, aan waar je bent, niet alleen fysiek of geografisch, maar ook wat betreft je bewustzijn van jezelf in de wereld. Denk heel goed na. Sta niet toe dat je geest je afleidt van deze oriëntatie. Het is nu aan het begin van je voorbereiding essentieel om deze vragen heel serieus te stellen.

OEFENING 2: *Drie oefenperiodes van 10 minuten.*

Stap 3

WAT WEET IK WERKELIJK?

*V*RAAG JEZELF VANDAAG AF WAT JE WERKELIJK WEET en maak onderscheid tussen wat je weet en wat je denkt of hoopt of wilt voor jezelf of jouw wereld, waar je bang voor bent, waar je in gelooft, wat je koestert en waardeert. Onderscheid deze vraag zo goed mogelijk vanuit al deze oriëntaties en stel jezelf de vraag: "Wat weet ik werkelijk?" Je moet voortdurend nagaan welke antwoorden je geeft op deze vraag om te zien of ze jouw overtuigingen of veronderstellingen weergeven of de overtuigingen of veronderstellingen van anderen of misschien zelfs van de mensheid in het algemeen.

STEL DEZE VRAAG VANDAAG DRIEMAAL, en denk elke keer 10 minuten lang heel serieus na over je antwoord en over de betekenis van deze vraag: "Wat weet ik werkelijk?"

OEFENING 3: *Drie oefenperiodes van 10 minuten.*

Stap 4

IK WIL WAT IK DENK DAT IK WEET.

JE WILT DATGENE WAT JE DENKT DAT JE WEET, en dit vormt de basis van je begrip van jezelf en je wereld. In feite vormt het de basis van jouw totale identiteit. Je zult na eerlijk onderzoek echter ontdekken dat je begrip voornamelijk gebaseerd is op veronderstellingen, en deze veronderstellingen zijn voor het merendeel niet gebaseerd op jouw ervaring, als je die al hebt.

DENK VANDAAG, IN JE DRIE KORTE OEFENPERIODES, waarin je jouw volledige aandacht schenkt aan het onderzoeken van je veronderstellingen, aan de dingen die je werkelijk denkt te weten, inclusief de dingen waar je eerder niet aan twijfelde – dingen die je denkt te weten. De oefening van vandaag vloeit dan voort uit de voorgaande stappen waar je het verschil begint te zien tussen wat je denkt dat je weet en echte Kennis zelf, en de relatie tussen wat je beschouwt als Kennis en jouw eigen veronderstellingen, overtuigingen en hoop op dingen.

DAAROM IS HET IN IEDERE OEFENSESSIE heel essentieel voor je om na te denken over de dingen die je denkt te weten. Wanneer je je realiseert dat ze hoofdzakelijk zijn gebaseerd op je aannames, zul je je realiseren hoe zwak je fundament is in de wereld. Dit besef kan verontrustend en onthutsend zijn, maar het is absoluut essentieel voor jou om je de stimulans en het verlangen te geven om je werkelijke fundament in de wereld te ontdekken.

OEFENING 4: *Drie oefenperiodes van 10 minuten.*

Stap 5

IK GELOOF WAT IK WIL GELOVEN.

Deze bewering vertegenwoordigt de grote dwaasheid van de mensheid en haar meest gevaarlijke vormen van zelfbedrog. Overtuigingen zijn hoofdzakelijk gebaseerd op wat men wenst, niet op wat er daadwerkelijk gebeurt en niet op wat waarachtig is. Zij mogen dan wel de grote idealen van de mensheid vertegenwoordigen en er als zodanig een getrouwe afspiegeling van zijn, maar in het dagelijks leven en bij de meeste praktische vragen, baseren mensen hun geloof op dingen waarop ze hopen, niet op dingen die echt bestaan. Je moet heel goed begrijpen dat de benadering van iedere oplossing en iedere constructieve vaststelling moet beginnen met de bestaande realiteit. Wat je bent en wat je vandaag hebt moet je uitgangspunt zijn.

Denk daarom in je drie oefenperiodes vandaag na over deze uitspraak. Onderzoek wat je gelooft en onderzoek vervolgens wat je wilt. Je zult ontdekken dat zelfs je angstige of negatieve opvattingen geassocieerd zijn met je ambities. Alleen een zorgvuldige toepassing van de oefeningen van vandaag zal dit aan je onthullen.

Oefening 5: *Drie oefeningen van 10 minuten.*

Stap 6

IK HEB EEN WAAR FUNDAMENT IN DE WERELD.

BUITEN DE OVERTUIGINGEN EN VERONDERSTELLINGEN die je eigen angst en onzekerheid maskeren, bestaat er voor jou een waar fundament in de wereld. Dit fundament berust op je leven voorbij deze wereld, want daar kom je vandaan en daar zul je weer naar terugkeren. Je bent gekomen van een plek waarnaar je zult terugkeren en je bent niet met lege handen gekomen.

BESTEED VANDAAG TWEE LANGERE PERIODES van 15 tot 20 minuten om na te denken over wat je werkelijke fundament kan zijn. Denk aan al je ideeën hierover. Dit is een heel belangrijke vraag. Je moet je grote behoefte inzien om deze vraag oprecht en met doordringende diepgang te stellen.

ZONDER EEN WAAR FUNDAMENT zouden je werkelijke prestaties en vooruitgang zonder hoop zijn. Het is dan ook een grote zegen dat je dit bezit, zelfs als het niet bekend is voor jou.

OEFENING 6: *Twee oefenperiodes van 15 tot 20 minuten.*

Stap 7

TERUGBLIK

*K*IJK TIJDENS DE TWEE OEFENPERIODES VAN VANDAAG terug op alles wat We tot nog toe hebben behandeld, waarbij je begint met de eerste stap en dan verdergaat tot en met de stap van de afgelopen dag. Denk dan vervolgens na over de hele opeenvolging van de stappen samen. Het is op dit moment heel belangrijk dat je geen conclusies verlangt, maar dat je vragen stelt en je realiseert hoezeer je ware Kennis nodig hebt. Als je deze oefening vandaag oprecht doet, zal het je duidelijk worden dat je deze grote behoefte hebt. Je bent kwetsbaar zonder je veronderstellingen, maar je bent tevens in een positie om waarheid en zekerheid in het leven te ontvangen.

NEEM VANDAAG TWEE OEFENPERIODES van ieder 30 minuten, om na te denken over deze dingen.

OEFENING 7: *Twee oefenperiodes van 30 minuten.*

Stap 8

VANDAAG ZAL IK STIL ZIJN.

BEOEFEN VANDAAG 15 MINUTEN STILTE tijdens je twee meditatieoefeningen. Begin met het nemen van drie diepe ademhalingen en focus je dan op een intern punt. Het mag een denkbeeldig punt of een punt in je fysieke lichaam zijn. Geef dit met gesloten ogen je volledige aandacht, zonder oordeel of evaluatie. Wees niet ontmoedigd als eerste pogingen moeilijk blijken te zijn. Beginnen aan iets belangrijks in het leven kan aanvankelijk moeilijk zijn, maar als je volhoudt zul je dit grote doel bereiken, want in stilte kunnen alle dingen gekend worden.

OEFENING 8: *Twee oefenperiodes van 15 minuten.*

Stap 9

IN STILTE KUNNEN ALLE DINGEN GEKEND WORDEN.

STILTE VAN DE GEEST MAAKT HET MOGELIJK DAT EEN GROTERE GEEST NAAR BOVEN KOMT en zijn Wijsheid openbaart. Diegenen die stilte cultiveren met een verlangen naar Kennis zullen zich voorbereiden op het naar boven komen van grotere openbaringen en waar inzicht. Het inzicht kan naar boven komen tijdens het oefenen of tijdens iedere normale activiteit. Hier is het belangrijkste aspect dat de voorbereiding is getroffen.

BEOEFEN VANDAAG TWEEMAAL DE STILTEOEFENING VAN GISTEREN, maar oefen zonder resultaat te verwachten. Gebruik deze oefening niet om wat voor vraag dan ook te stellen, want je beoefent stilte, waarin alle speculaties, alle vragen en al het zoeken eindigt. Beoefen vandaag opnieuw tweemaal 15 minuten stilte.

OEFENING 9: *Twee oefenperiodes van 15 minuten.*

Waarom doe ik dit eigenlijk?

*Z*EER GOEDE VRAAG! Waarom doe je dit eigenlijk? Waarom stel je zulke vragen? Waarom zoek je naar grotere dingen? Waarom neem je de moeite? Deze vragen zijn onvermijdelijk. We anticiperen erop. Waarom doe je dit? Je doet dit omdat het essentieel is. Als je een groter leven wilt leven dan een louter oppervlakkig en onevenwichtig leven, moet je dieper doordringen en niet alleen vertrouwen op zwakke veronderstellingen en hoopvolle verwachtingen. Er ligt een groter geschenk op je te wachten, maar je moet je mentaal, emotioneel en fysiek voorbereiden. Zonder Kennis ben je je niet bewust van je doel. Je bent je niet bewust van je oorsprong en je bestemming en je zult door dit leven gaan alsof het een onrustige droom is en meer niet.

Stap 10

WAT IS KENNIS?

*L*ATEN WE ZEGGEN DAT KENNIS niet datgene is waarmee zij gewoonlijk geassocieerd wordt. Het zijn geen ideeën. Het is geen hoeveelheid informatie. Het is geen geloofssysteem. Het is geen proces van zelfonderzoek. Zij is het grote mysterie van je leven. Haar uiterlijke verschijningsvormen zijn diepgaande intuïtie, groot inzicht, onverklaarbaar weten, wijze perceptie in het heden en in de toekomst en een wijs begrip van het verleden. Maar ondanks deze grote verworvenheden van de geest, is Kennis groter dan dit. Ze is je Ware Zelf, een Zelf dat niet los staat van het leven.

OEFENING 10: *Lees de les vandaag driemaal.*

Stap 11

IK STA NIET LOS VAN HET LEVEN.

*O*NGEACHT DE GROTE DINGEN die je gedaan hebt op basis van je individualiteit en alles wat met jou persoonlijk verbonden is – je lichaam, je ideeën, je moeilijkheden, je specifieke wijze van uitdrukken, je eigenaardigheden, je talenten – sta je niet los van het leven. Dit is zo duidelijk wanneer je in alle eenvoud naar jezelf kijkt en je realiseert dat de samenstelling van je lichaam, de stof waaruit je fysieke leven is opgebouwd, volledig gemaakt is van wat het leven is in het fysieke. Het is nogal duidelijk dat je gemaakt bent van hetzelfde "spul" als al het andere om je heen. Wat mysterieus is, is je geest. Hij lijkt een afzonderlijk begripscentrum te zijn, maar hij maakt evenzeer deel uit van het leven als je fysieke weefsel. Je bent een individu dat zich niet bewust is van zijn Oorsprong en zijn totale integratie in het leven. Je individualiteit is nu een last, maar ze zal een groot geluk voor je zijn wanneer ze het leven zelf tot uitdrukking kan brengen.

OEFENING 11: *Lees de les vandaag driemaal.*

Stap 12

MIJN INDIVIDUALITEIT DIENT OM HET LEVEN ZELF TOT UITDRUKKING TE BRENGEN.

Jouw uniek zijn is hier een groot goed en een bron van vreugde, niet een bron van pijnlijke vervreemding en geen bron van pijnlijk oordeel over jezelf of anderen. Dit onderscheid verheft je niet boven of plaatst je niet onder iemand anders. Het wijst alleen maar uiterst nauwkeurig het werkelijke doel aan van je individualiteit en de grote belofte die zij inhoudt voor de toekomst. Je bent hier om iets tot uitdrukking te brengen. Dat is de werkelijke betekenis die aan je individualiteit wordt gegeven omdat je niet meer afgescheiden wilt zijn.

Beoefen vandaag bij twee gelegenheden twee stilteperiodes, waarbij je de oefening doet die We tot nu toe hebben toegelicht.

Oefening 12: *Twee oefenperiodes van 15 minuten.*

Stap 13

IK WIL AFGESCHEIDEN ZIJN OM UNIEK TE ZIJN.

DEZE GEDACHTE GEEFT DE WARE BEWEEGREDEN WEER voor afscheiding, maar dat is niet nodig. We geven haar hier niet als een bevestiging maar als een uitdrukking van je huidige staat. Je wilt afgescheiden zijn omdat dit jouw zelf definieert; jouw zelf wordt gedefinieerd in termen van afscheiding, niet in termen van inclusie. Afscheiding is de bron van al jouw pijn en verwarring. Je fysieke leven laat een afgescheiden leven zien, maar alleen vanuit een bepaalde invalshoek. Gezien vanuit een ander invalshoek laat het helemaal geen afscheiding zien. Het laat een unieke uitdrukking zien van een Grotere Realiteit.

CONCENTREER JE VANDAAG BIJ TWEE GELEGENHEDEN 15 minuten op het idee voor vandaag. Denk serieus na over wat deze les betekent en doe een beroep op jouw eigen ervaring om je te bezinnen op het belang ervan voor jouw leven. Denk na over wat je verlangen naar afscheiding je heeft gekost aan tijd, energie en pijn. Word je bewust van je beweegreden voor afscheiding en je zult weten dat je vrij wilt zijn.

OEFENING 13: *Twee oefenperiodes van 15 minuten.*

Stap 14

TERUGBLIK

Bekijk opnieuw alle eerder gegeven lessen. Lees in deze Terugblik opnieuw de instructies die in iedere stap werden gegeven. Bekijk ook al je oefensessies om de diepgang van je betrokkenheid te bepalen tijdens de oefeningen en de resultaten die je hebt ervaren. Gedurende je studieplan zul je de inhoud van je eigen ervaringen onderzoeken. Dit zal zichzelf verder uitbouwen en uiteindelijk de verwezenlijking van jouw eigen Kennis aan je openbaren.

Besteed vandaag één oefenperiode van ongeveer 45 minuten om alle instructies en de resultaten en de kwaliteit van je oefeningen opnieuw te bekijken. Morgen gaan We beginnen met de volgende fase van Onze gezamenlijke voorbereiding.

Oefening 14: *Een oefenperiode van 45 minuten.*

Stap 15

IK ZAL VANDAAG LUISTEREN NAAR MIJN ERVARING.

"Vandaag zal ik naar mijn ervaring luisteren, om de inhoud van mijn geest te ontdekken."

Besef dat de ware inhoud van je geest begraven ligt onder alles wat je hebt toegevoegd sinds je geboorte. Deze ware inhoud wenst zich uit te drukken in de context van je huidige leven en huidige situatie. Om dit op te merken moet je aandachtig luisteren en na verloop van tijd het verschil inzien tussen de ware inhoud van je geest en zijn boodschappen voor jou en alle andere impulsen en wensen die je voelt. Om gedachten te onderscheiden van Kennis is een van de grote verworvenheden die je in deze cursus zult kunnen leren.

De enige oefening van vandaag van 45 minuten wordt gewijd aan innerlijk luisteren. Dit vereist dat je zonder oordeel naar jezelf luistert, zelfs wanneer de inhoud van je gedachten verontrustend is. Zelfs wanneer je gedachten onaangenaam zijn moet je zonder oordeel luisteren om je geest de mogelijkheid te geven zich te openen. Je luistert naar iets diepers dan de geest, maar om daar te komen moet je door de geest heen gaan.

Oefening 15: *Een oefenperiode van 45 minuten.*

Stap 16

VOORBIJ MIJN GEEST IS KENNIS.

Voorbij je geest is Kennis, de ware kern van jouw wezen, jouw Ware Zelf, niet het zelf dat je hebt geconstrueerd om met de wereld om te gaan, maar jouw Ware Zelf. Uit dit Ware Zelf komen gedachten en indrukken, neigingen en je richting. Het grootste deel van wat je Ware Zelf naar je communiceert kun je nog niet horen, maar in de loop van de tijd zul je leren luisteren als je geest stil wordt en naarmate je de noodzakelijke verfijning van luisteren en onderscheidingsvermogen ontwikkelt.

Oefen vandaag in drie periodes van elk 15 minuten. Luister nog aandachtiger dan de dag hiervoor. Luister naar diepere neigingen. Nogmaals, je moet luisteren zonder oordeel. Je mag niets wijzigen. Je moet intensief luisteren zodat je kunt leren om te horen.

Oefening 16: *Drie oefenperiodes van 15 minuten.*

Stap 17

VANDAAG WIL IK DE WAARHEID HOREN.

Het verlangen om de waarheid te horen is zowel een proces als het resultaat van ware voorbereiding. Het ontwikkelen van het vermogen om te horen en het verlangen om te horen zal je datgene geven wat je zoekt. De waarheid is uitermate nuttig voor jou, maar aanvankelijk kan het behoorlijk schokkend en teleurstellend zijn voor je andere plannen en doelen. Dit risico moet je nemen als je de zekerheid en de kracht wilt hebben die de waarheid je zal brengen. De waarheid brengt altijd oplossing van conflict, zorgt altijd voor een ervaring van het zelf, geeft je altijd een besef van de actuele werkelijkheid en geeft je altijd een richting om verder te gaan.

Oefen vandaag tijdens je drie oefenperiodes van 15 minuten het luisteren naar de waarheid en probeer te luisteren voorbij het verstand en de emoties. Nogmaals, wees niet bezorgd als het enige wat je hoort voorbijvliegende gedachten zijn. Vergeet niet: je ontwikkelt het luisteren. Dat is het allerbelangrijkste. Net als bij het trainen van een spier in het lichaam, train je het vermogen van de geest, luisteren genaamd. Oefen daarom vandaag het luisteren en gebruik deze oefenperiodes om jezelf toe te wijden zodat je de waarheid in je op voelt komen.

Oefening 17: *Drie oefenperiodes van 15 minuten.*

Stap 18

VANDAAG VOEL IK DE WAARHEID IN MEZELF OPKOMEN.

*D*E WAARHEID MOET VOLLEDIG WORDEN ERVAREN. Ze is niet slechts een idee; ze is niet slechts een beeld, hoewel beelden en ideeën haar kunnen vergezellen. Het is een ervaring en dus is het iets wat diep gevoeld wordt. Het kan zich op enigszins verschillende manieren manifesteren bij hen die hierin beginnen door te dringen, maar het zal niettemin naar boven komen. Het is iets wat je moet voelen. Om een gevoel van oriëntatie te hebben moet je geest stil zijn. Waarheid is iets wat je zult voelen met je hele lichaam, met je gehele wezen.

KENNIS SPREEKT NIET OP IEDER MOMENT TOT JE, maar zij bevat altijd een boodschap voor je. In de nabijheid van Kennis komen betekent dat je steeds meer als Kennis wordt – meer compleet, meer consequent, eerlijker, meer toegewijd, meer geconcentreerd, met meer zelfdiscipline, met meer mededogen en meer eigenliefde. Al deze kwaliteiten worden ontwikkeld terwijl je dichter bij de bron van deze kwaliteiten komt.

VANDAAG OEFEN JE OM IN DEZE RICHTING TE BEWEGEN terwijl je de waarheid in jezelf voelt opkomen. Dit zal alle aspecten van jou verbinden, waardoor je een uniforme ervaring van jezelf krijgt. Schenk gedurende je drie oefenperioden van 15 minuten je volledige aandacht aan het voelen opkomen van de waarheid in jezelf. Oefen in stilte en wees niet ontmoedigd wanneer het aanvankelijk moeilijk is. Oefen simpelweg en je zult vooruitgaan.

STREEF OOK DE HELE DAG DOOR, zonder twijfel of aarzeling, naar je ware doel in het leven. Vanuit dit ware doel komen alle belangrijke dingen naar boven die je zal moeten volbrengen en de grote kracht van visie en onderscheidingsvermogen die je in staat stelt die personen te vinden voor wie je in de wereld bent gekomen.

OEFENING 18: *Twee oefenperiodes van 15 minuten.*

Stap 19

VANDAAG WENS IK TE ZIEN.

Het verlangen om te zien is als het verlangen om te weten. Dit vereist ook een verfijning van je geestelijke vermogens. Zien met een heldere blik betekent dat je niet ziet met een voorkeur. Het betekent dat je in staat bent waar te nemen wat er werkelijk gebeurt in plaats van wat je wenst te zien. Feitelijk gebeurt er iets buiten je wensen om. Dit is helemaal waar. Het verlangen om te zien is dus het verlangen om een grotere waarheid te zien. Dit vereist een grotere eerlijkheid en een grotere openheid van geest.

Oefen vandaag in je twee oefensessies met het kijken naar één eenvoudig alledaags voorwerp. Haal je ogen niet van dat object af, maar kijk en oefen heel bewust met kijken. Je probeert niet iets te zien. Je kijkt gewoon met een open geest. Wanneer de geest open is, ervaart hij zijn eigen diepte en ervaart hij de diepte van wat hij waarneemt.

Kies een simpel voorwerp dat weinig betekenis voor je heeft en staar er vandaag twee keer ten minste 15 minuten naar. Laat je geest heel stil worden. Haal diep en regelmatig adem terwijl je naar dit object staart. Laat je geest tot rust komen.

Oefening 19: *Twee oefenperiodes van 15 minuten.*

Stap 20

IK ZAL MIJN VOORUITGANG NIET DOOR TWIJFEL EN VERWARRING LATEN VERTRAGEN.

WAT ANDERS DAN JE EIGEN BESLUITELOOSHEID kan je vooruitgang vertragen en wat kan je besluiteloosheid veroorzaken behalve dat wat verwarring produceert? Je hebt een groter doel dat wordt geïllustreerd in dit programma van voorbereiding. Laat twijfel en verwarring geen belemmering voor je vormen. Een ware student zijn betekent dat je heel weinig aanneemt en dat je je leidt op een wijze, die je jezelf niet voorschrijft, maar die je wordt gegeven door een Grotere Kracht. De Grotere Kracht wil je verheffen tot zijn eigen niveau van bekwaamheid. Op deze manier ontvang je het geschenk van voorbereiding zodat je het aan anderen kunt geven. Op deze manier word je datgene gegeven waarin je zelf niet kunt voorzien. Je realiseert je individuele kracht en vermogen, omdat die ontwikkeld moeten worden om een dergelijk programma te kunnen volgen. Je realiseert je ook je inclusie in het leven, omdat het leven ernaar streeft je te dienen in je ware ontwikkeling.

BEOEFEN DAAROM DEZELFDE OEFENING die je de vorige dag in je twee oefenperiodes hebt geoefend en laat je niet ontmoedigen door twijfel of verwarring. Wees een ware student vandaag. Sta jezelf toe je te concentreren op je oefening. Geef jezelf over aan de oefening. Wees een ware student vandaag.

OEFENING 20: *Twee oefenperiodes van 15 minuten.*

Stap 21

TERUGBLIK

*B*EKIJK TIJDENS JE DERDE TERUGBLIK alle lessen van de afgelopen week en de resultaten van die lessen. Oefen vandaag zonder conclusies te trekken, maar herken eenvoudig de lijn van ontwikkeling en neem nota van de vooruitgang die je tot nu toe hebt geboekt. Het is te vroeg voor het trekken van echte conclusies, hoewel het heel verleidelijk kan zijn om dat te doen. Beginnende studenten verkeren niet in de positie om hun eigen curriculum te beoordelen. Dit recht moet worden verworven en komt later, wanneer je wilt dat je beoordelingen wijs zijn en werkelijk effect hebben.

BEKIJK DAAROM IN JE ENE OEFENPERIODE opnieuw het laatste deel van de oefeningen en alles wat je tot nu toe hebt ervaren.

OEFENING 21: *Een oefenperiode van 45 minuten.*

Stap 22

Ik ben omringd door de Leraren van God.

Je bent inderdaad omringd door de Leraren van God, die een training hebben ondergaan die in veel opzichten vergelijkbaar is met de training die jij nu aan het doen bent. Hoewel het in vele verschillende vormen werd gegeven, in andere tijden, in andere werelden, werd hen een in hoge mate gelijksoortige training gegeven, die wijselijk was afgestemd op hun vroegere geestesgesteldheid en de omstandigheden in hun leven.

Voel vandaag in twee oefenperiodes van 15 minuten de aanwezigheid van de Leraren van God. Je kunt ze nog niet waarnemen met je ogen of met je oren, omdat deze zintuiglijke vermogens nog niet voldoende zijn verfijnd, maar je kunt hun aanwezigheid voelen, want hun aanwezigheid omringt en beschermt je. Laat je in je oefening niet storen door andere gedachten. Geef niet toe aan twijfel of verwarring, want je moet je voorbereiden om later de beloning die je zoekt te ontvangen en je moet weten dat je niet alleen bent in de wereld om de kracht, het vertrouwen en de bron van wijsheid te hebben die nodig is om datgene te bereiken waarvoor je hiernaartoe bent gezonden.

Je bent omringd door de Leraren van God. Zij zijn hier om jou lief te hebben, te steunen en te leiden.

Oefening 22: *Twee oefenperiodes van 15 minuten.*

Stap 23

IK WORD OMRINGD, BEMIND EN GESTEUND DOOR DE LERAREN VAN GOD.

DE WAARHEID HIERVAN ZAL EVIDENT WORDEN terwijl je je voorbereidt, maar voor nu kan het een groot vertrouwen van je vragen. Dit idee kan bestaande ideeën en overtuigingen in twijfel trekken, maar het is niettemin waar. Gods Plan is onzichtbaar en wordt door zeer weinigen herkend omdat zeer weinigen de openheid van geest en de kwaliteit van aandacht hebben die hen in staat stelt te zien wat er klaarblijkelijk om hen heen gebeurt, wat op dit punt voor hen helemaal niet vanzelfsprekend is. Je Leraren hebben je lief, omringen je en ondersteunen je, want jij bent aan het opkomen in Kennis. Dit roept hen aan je zijde. Je bent een van de weinigen die de belofte en de mogelijkheid hebben om uit de slaap van je eigen verbeelding te ontwaken in de genade van de Werkelijkheid.

VOEL DAAROM DEZE LIEFDE, STEUN EN RICHTING in je twee oefenperiodes vandaag. Het is een gevoel. Het zijn geen ideeën. Het is een gevoel. Het is iets dat je moet voelen. Liefde is iets dat je moet voelen om het te weten. Je wordt inderdaad bemind, omringd en gesteund door je Leraren en je bent hun grote geschenk zeer waardig.

OEFENING 23: *Twee oefenperiodes van 15 minuten.*

Stap 24

IK BEN GODS LIEFDE WAARDIG.

Je bent inderdaad Gods liefde waardig. In feite ben je echt Gods liefde. Zonder enige pretenties is dit in de kern jouw Ware Zelf. Het is niet het Zelf dat je tot dusver ervaart, en zolang je dit niet ervaart doe dan niet alsof het wel je ervaring is. Maar wees je er waarlijk van bewust dat dit jouw Zelf is. Je bent een persoon, maar je bent groter dan een persoon. Hoe kun je Gods liefde onwaardig zijn als dat is wat je bent? Jouw Leraren omringen je en zorgen voor dat wat je bent, zodat je jezelf en je ware relatie met het leven kunt ervaren.

Oefen in je twee oefenperiodes van vandaag opnieuw in het ontvangen van de liefde, steun en richting van je Leraren en wanneer een gedachte dit blokkeert, wanneer er enig gevoel is dat dit verhindert, herinner jezelf dan aan je grote waardigheid. Je bent waardig niet door wat je in de wereld hebt gedaan. Je bent waardig om wie je bent, waar je vandaan komt en waar je naartoe gaat. Jouw leven kan vol vergissingen en fouten, verkeerde beslissingen en ongelukkige keuzes zijn, maar je bent nog steeds afkomstig van je Aloude Thuis waarnaar je zult terugkeren. In de ogen van God is je waardigheid onveranderd. Er wordt slechts grote inspanning geleverd om je fouten te herstellen, zodat je je Ware Zelf kunt ervaren, opdat het ten goede kan komen aan de wereld.

Beoefen daarom in je oefenperiodes ontvankelijkheid en het ervaren van echte waardigheid. Laat geen gedachte in tegenspraak zijn met de grootste waarheid van het leven.

OEFENING 24: *Twee oefenperiodes van 15 minuten.*

Stap 25

IK BEN EEN MET DE GROOTSTE WAARHEID VAN HET LEVEN.

Wat is de grootste waarheid van het leven? Het is iets wat moet worden ervaren, omdat een grote waarheid niet kan worden vervat in louter een idee, hoewel ideeën haar kunnen weerspiegelen binnen je huidige ervaring. Een grote waarheid vloeit voort uit grote relaties. Je onderhoudt een grote relatie met het leven. Je onderhoudt een grote relatie met je ware Leraren die zich binnenin jou bevinden. Uiteindelijk zul je grote relaties ervaren met mensen in je buitenwereld, maar eerst moet je de bron van je grote relatie ervaren zoals die waarlijk reeds bestaat. Dan is het nog maar een kwestie van overbrengen naar de buitenwereld, hetgeen je in de loop van de tijd op een natuurlijke manier zult doen.

Voel deze relatie terwijl je oefent in je twee oefenperiodes. Opnieuw word je gevraagd te ontvangen, omdat je dit moet ontvangen om het te kunnen geven. Als het eenmaal is ontvangen zal het van nature vanuit zichzelf geven. In dit proces wordt je eigenwaarde hersteld, omdat die vrij duidelijk is. Je hoeft jezelf of je ervaring niet verkeerd voor te stellen. Een grote liefde oprecht delen betekent dat je haar moet ervaren. Het is deze ervaring die We je vandaag wensen te geven.

Oefening 25: *Twee oefenperiodes van 15 minuten.*

Stap 26

MIJN FOUTEN BRENGEN MIJN KENNIS VOORT.

Het is zinloos fouten te rechtvaardigen, maar fouten kunnen je ertoe brengen de waarheid te waarderen, en dat kan leiden tot ware Kennis. Dit is de enige mogelijke waarde. Wij keuren fouten niet goed, maar als er een fout wordt gemaakt willen Wij ervoor zorgen dat deze in je ware behoefte voorziet, zodat je ervan leert en hem niet meer herhaalt. Het is niet de bedoeling dat je je fouten louter vergeet, want dat lukt je niet. Het is niet de bedoeling dat je je fouten louter rechtvaardigt, want dat maakt je oneerlijk. Het is niet de bedoeling dat je je fouten louter als een dienst aan jezelf beschouwt, want ze zijn immers pijnlijk geweest. Wat dit werkelijk betekent is dat je erkent dat een fout een fout is en dat je dan probeert om deze in je voordeel te gebruiken. De pijn van fouten en de ellende van fouten moeten worden geaccepteerd, want dit zal je leren wat echt is en wat niet, wat je moet waarderen en wat je niet moet waarderen. Je fout gebruiken voor je ontwikkeling betekent dat je de fout hebt geaccepteerd en nu probeer je die te gebruiken om er waarde aan te ontlenen, want zolang er geen waarde aan de fout wordt ontleend, is het alleen maar een fout en zal die een bron van pijn en ongemak voor je blijven.

Kijk vandaag in je twee oefenperiodes van 30 minuten naar specifieke fouten die je hebt gemaakt en die erg pijnlijk zijn geweest. Probeer niet de pijn hiervan te verdringen, maar kijk hoe je ze in je huidige levensomstandigheden in je eigen voordeel kunt gebruiken. Fouten op deze manier gebruiken kan je laten zien wat je moet doen en welke correcties of aanpassingen nodig zijn om de kwaliteit van je leven te verbeteren. Vergeet niet dat het oplossen van fouten altijd leidt tot echte herkenning en waarachtig onderscheidingsvermogen in de relatie.

Kijk in je oefenperiodes terug op de fouten die in je opkomen als je rustig alleen zit, en kijk dan hoe je ze op dit moment allemaal in je voordeel kunt gebruiken. Wat moet je ervan leren? Wat moet je doen dat eerder niet is gedaan? Wat moet je niet doen wat je eerder wel hebt gedaan? Hoe kunnen deze fouten op voorhand worden herkend? Wat waren de tekenen die eraan voorafgingen en hoe kunnen dergelijke tekenen van tevoren worden herkend bij toekomstige fouten?

Gebruik deze oefenperiodes voor dit introspectieve proces en spreek wanneer je klaar bent met niemand anders over de resultaten, maar laat het onderzoek op een natuurlijke manier doorgaan, zoals het van nature zal doen.

Oefening 26: *Twee oefenperiodes van 30 minuten.*

Stap 27

IK BEZIT EEN WIJSHEID DIE IK WIL ONTDEKKEN.

DEZE AFFIRMATIE GEEFT JE WARE WIL WEER. Als je dit niet voelt, betekent dit dat je iets koestert dat onwaar is en geen waar fundament heeft in je wezen. Als je ooit het gevoel hebt gehad dat de waarheid je verraden heeft heb je haar waarde niet herkend. Misschien frustreerde ze je plannen en doelen. Misschien ben je iets kwijtgeraakt dat je echt wilde. Misschien belette ze je iets te zoeken wat je graag wilde. Maar in alle gevallen heeft ze je pijn en ellende bespaard. Pas als je ware functie wordt herkend, kun je waarderen hoe de waarheid je heeft gediend, want voordat je functie wordt ontdekt, zul je proberen andere taken op te eisen en te rechtvaardigen. Als deze andere taken door de waarheid worden ontmoedigd of ontkend, kunnen er grote verwarring en conflicten ontstaan. Onthoud echter dat de waarheid je altijd heeft gered van een grotere fout die je anders zou hebben begaan.

MENSEN KUNNEN GEEN KENNIS ERVAREN omdat ze in beslag worden genomen door gedachten en oordelen. Deze gedachten en oordelen vormen een in zichzelf gekeerde wereld voor een individu, een in zichzelf gekeerde wereld van waaruit ze niet naar buiten kunnen kijken. Ze kunnen alleen de inhoud van hun gedachten zien en dit kleurt volledig hun ervaring van het leven, zozeer zelfs dat ze het leven helemaal niet kunnen zien.

KIJK EN ZIE DAAROM IN JOUW TWEE OEFENPERIODES VAN 30-MINUTEN hoe de waarheid je van dienst is geweest. Kijk naar de ervaringen die gelukkig waren. Kijk naar de ervaringen die pijnlijk waren. Kijk vooral bij pijnlijke ervaringen hoe de waarheid je heeft gediend. Kijk met een open blik. Verdedig geen voormalig standpunt als je hiertoe verleid wordt. Als je nog steeds

pijn hebt van een eerder verlies, accepteer dan die pijn en de
bijbehorende moedeloosheid, maar probeer dan te kijken en te
zien hoe dat verlies je feitelijk van dienst is geweest.

DIT GEZICHTSPUNT: GEHOLPEN TE WORDEN DOOR JE ERVARING,
is iets wat je moet ontwikkelen. Het rechtvaardigt niet de
ervaring zelf. Begrijp dit. Het bied je slechts de mogelijkheid je
ervaring te gebruiken voor je vooruitgang en om sterker te
worden. Waarheid werkt in de wereld van illusies om diegenen te
helpen die reageren op de waarheid in hun leven. Je reageert op
de waarheid, anders zou je dit ontwikkelingsprogramma niet
aangaan. Je bent dus aangekomen op het kruispunt waar de
waarheid met andere dingen lijkt te concurreren en daardoor
moeilijk te herkennen is. In dit ontwikkelingsprogramma zal de
waarheid op zo'n manier worden onderscheiden van al het
andere, dat je haar direct kunt ervaren en niet in de war zult
raken van haar verschijning of haar heilzame bestaan in je leven.
Want de waarheid is hier om jou te dienen zoals jij hier bent om
de waarheid te dienen.

OEFENING 27: *Twee oefenperiodes van 30 minuten.*

Stap 28

TERUGBLIK

We zullen onze vierde terugblikperiode beginnen met een speciaal gebed.

"Ik aanvaard mijn Kennis als een geschenk van God. Ik aanvaard mijn Leraren als mijn oudere broeders en zusters. Ik aanvaard mijn wereld als een plaats waar Kennis kan worden herwonnen en ik een bijdrage kan leveren. Ik aanvaard mijn verleden als een demonstratie van een leven zonder Kennis. Ik aanvaard de wonderen in mijn leven als een demonstratie van de aanwezigheid van Kennis, en ik wijd mezelf nu aan de ontwikkeling van wat het hoogste goed is in mezelf om het aan de wereld te geven."

Wij zullen opnieuw terugkijken op de afgelopen oefenweek, waarbij we alle instructies herlezen en bij elke stap nagaan wat er in je oefenperiode is gebeurd. Vraag jezelf in ieder geval af hoezeer je betrokken was bij de oefening – hoe graag je wilde zoeken en onderzoeken, hoe zorgvuldig je je eigen ervaring onderzocht en in hoeverre je gemotiveerd was om door te dringen tot elke hindernis die zich eventueel voordeed.

Onze terugblik in de 45 minuten durende oefenperiode zal je een perspectief beginnen te bieden op je ontwikkeling binnen deze voorbereiding. Dit is niet alleen gunstig voor jezelf, maar ook voor degenen die je in de toekomst zult dienen, want zoals je nu ontvangt, wil je graag geven in elke context en in elke vorm die voor jou geschikt is. Je moet begrijpen hoe mensen leren en hoe mensen zich ontwikkelen. Dit moet voortvloeien uit je eigen ervaring en moet de liefde en het mededogen vertegenwoordigen die de natuurlijke uitstralingen zijn van jouw Kennis. Nogmaals, laat geen enkele twijfel of verwarring je weerhouden van je ware toewijding.

OEFENING 28: *Een oefenperiode van 45 minuten.*

Stap 29

Vandaag zal ik mezelf observeren om over Kennis te leren.

Observeer jezelf op deze bijzondere oefendag de hele dag door, waarbij je je zoveel mogelijk bewust blijft van je gedachten en gedrag. Om deze kwaliteit van zelfobservatie te ontwikkelen moet je zo veel mogelijk zonder oordeel zijn, want oordelen maakt observeren onmogelijk. Je moet jezelf bestuderen alsof je iemand anders bent met wie je veel objectiever kunt zijn.

Vandaag zullen wij op het hele uur oefenen. Ieder uur moet je kijken naar je gedachten en je huidige gedrag observeren. Deze voortdurende zelfcontrole zal het mogelijk maken om veel meer betrokken te raken bij je huidige ervaring en je Kennis in staat stellen haar heilzame invloed in veel hogere mate op je uit te oefenen. Kennis weet wat je nodig hebt en weet hoe ze jou moet dienen, maar je moet leren hoe je kunt ontvangen. Mettertijd moet je ook leren hoe je kunt geven, zodat je meer kunt ontvangen. Jouw ontvangen is belangrijk omdat dat je in staat stelt om te geven, en geven is de essentie van vervulling in deze wereld. Maar je kunt niet geven vanuit een berooide staat. Daarom moet je geven oprecht zijn, afkomstig van de overlopende ontvankelijkheid die je hebt gecultiveerd in jezelf, in je relaties met anderen en met het leven.

Iedere oefenperiode hoeft maar enkele minuten in beslag te nemen maar dient wel jouw volledige aandacht te krijgen. Je hoeft je ogen niet te sluiten om dit te doen, maar als het gepast is zal het je helpen. Je mag oefenen als je in gesprek bent met iemand anders. In feite zijn er maar weinig omstandigheden die dit moment van introspectie verhinderen. Tijdens de oefening vraag je jezelf gewoon af: "Hoe voel ik me?" en "Wat doe ik nu?". Dat is alles. Voel dan of je iets moet doen wat je nu niet doet. Als er geen correcties aangebracht hoeven te worden, ga dan verder met wat je aan het doen bent. Als er wel correcties aangebracht moeten worden, doe dat dan zo doelmatig mogelijk. Laat je innerlijke leiding je beïnvloeden, wat ze zal doen als je niet wordt beheerst door impulsen, angst of ambitie. Observeer jezelf vandaag.

Oefening 29: *Ieder uur oefenen.*

Stap 30

VANDAAG ZAL IK MIJN WERELD OBSERVEREN.

OBSERVEER OP DEZE DAG JOUW WERELD, waarbij je hetzelfde oefenplan volgt als de vorige dag. Observeer je wereld zonder oordeel en observeer wat je in de wereld doet zonder oordeel. Voel vervolgens of er iets gedaan moet worden. Nogmaals, je oefeningen op elk uur duren slechts enkele minuten, en terwijl je oefent zullen ze sneller, scherper en effectiever worden.

WIJ WILLEN DAT JE DE WERELD BEKIJKT zonder te oordelen, want dat stelt je in staat de wereld te zien zoals ze werkelijk is. Denk niet dat je de wereld hebt gezien zoals ze werkelijk is, want wat je hebt gezien is je oordeel over de wereld. De wereld die je zonder oordeel zult zien is een andere wereld dan je ooit eerder hebt gezien.

OEFENING 30: *Ieder uur oefenen.*

Stap 31

IK WENS EEN WERELD TE ZIEN DIE IK NOOIT EERDER HEB GEZIEN.

DIT VERTEGENWOORDIGT JE VERLANGEN NAAR KENNIS. Het vertegenwoordigt je verlangen naar vrede. Het is allemaal hetzelfde verlangen. Dit verlangen komt voort uit je Kennis. Het kan wedijveren met andere verlangens. Het kan andere dingen bedreigen, maar dat hoeft niet per sé. Daarom weerspiegelt de affirmatie voor vandaag je ware wil in het leven. Naarmate deze bekrachtigd wordt, wordt ze duidelijker voor je en ben je na verloop van tijd in staat om haar meer en meer te ervaren.

VOEL VANDAAG IEDER UUR JE VERLANGEN om een andere wereld te zien. Kijk naar de wereld zonder oordeel en zeg tegen jezelf: "Ik wens een andere wereld te zien." Doe dit ieder uur. Probeer geen enkele oefensessie te missen. Oefen ongeacht hoe je jezelf voelt, ongeacht wat er gebeurt. Je bent groter dan je emotionele toestand en je hoeft die dus niet te ontkennen, hoewel hij op termijn wel onder controle moet worden gehouden. Je bent groter dan de beelden die je om je heen ziet, want ze vertegenwoordigen meestal je oordeel over de wereld. Oefen deze dag met kijken zonder oordeel en voel terwijl je kijkt.

OEFENING 31: *Ieder uur oefenen.*

Stap 32

DE WAARHEID IS MET MIJ. IK KAN HAAR VOELEN.

DE WAARHEID IS MET JOU. JE KUNT HAAR VOELEN en ze kan licht uitstralen in je geest en in je emoties als je dat toestaat. Ga vandaag door met je voorbereiding ter ontwikkeling van het verlangen naar de waarheid en het vermogen om de waarheid te ervaren.

TIJDENS JE TWEE LANGERE OEFENPERIODES, die elk 30 minuten duren, ga je rustig zitten met je ogen dicht, adem je diep en regelmatig, en probeer je de waarheid te voelen voorbij de constante rusteloosheid van je geest. Gebruik je ademhaling om je dieper te brengen, want je ademhaling zal je altijd voorbij je gedachten brengen als je je er nauwgezet op toelegt. Laat je door niets afleiden of ontmoedigen. Als er iets in je geest doordringt en je hebt moeite om het los te laten, zeg dan tegen jezelf dat je er wat later naar zult kijken, maar dat je op dit moment een kleine vakantie neemt van je geest. Oefen het voelen van de waarheid. Denk niet de waarheid. Oefen het voelen van de waarheid.

OEFENING 32: *Twee oefenperiodes van 30 minuten.*

Stap 33

IK HEB EEN MISSIE TE VERVULLEN IN MIJN LEVEN.

JE HEBT EEN MISSIE TE VERVULLEN IN JE LEVEN, een missie die je werd gegeven voordat je hier kwam, een missie waarop je zult terugblikken wanneer je heengegaan bent. Het betreft het herwinnen van Kennis en het op de juiste manier betrokken zijn bij anderen om specifieke resultaten in de wereld te bewerkstelligen. Op dit moment is het niet zo belangrijk dat je je huidige leven evalueert om te zien of het dit grotere doel weerspiegelt, want je bent nu bezig met het herwinnen van Kennis. Naarmate je Kennis sterker wordt, zal zij haar weldadige invloed op en door je heen laten schijnen. Je activiteiten zullen dan waar nodig worden bijgesteld. Je hoeft dus niet je verleden of je huidige activiteiten af te keuren of goed te praten, want je hecht nu waarde aan een grotere kracht in jezelf.

STA IN JE TWEE LANGE OEFENPERIODES VAN VANDAAG stil bij het idee dat je een grote missie hebt in het leven. Denk hierover na. Raak niet meteen overtuigd door je eerste reacties. Denk er zorgvuldig over na. Denk na over wat dit kan betekenen. Denk aan de momenten in je leven waarop je hier eerder over hebt nagedacht of de mogelijkheid ervan hebt overwogen. In je twee oefenperiodes heb je dan de gelegenheid om hierover na te denken, maar pas op — trek nog geen conclusies.

OEFENING 33: *Twee oefenperiodes van 30 minuten.*

Stap 34

IK BEN EEN BEGINNEND STUDENT IN KENNIS.

Je bent een beginnend student in Kennis. Ongeacht hoe intuïtief je jezelf beschouwt, ongeacht hoe mentaal capabel je jezelf acht, ongeacht hoe emotioneel eerlijk je jezelf misschien beschouwt, ongeacht hoeveel vooruitgang je herkent, je bent een beginnend student in Kennis. Wees blij dat dit zo is, want beginnende studenten verkeren in de positie om alle dingen te leren en hoeven hun prestaties niet te verdedigen. Wij kleineren je prestaties niet, maar willen in plaats daarvan het licht van de waarheid laten schijnen op de grootsheid die binnenin je wacht om ontdekt te worden, een grootsheid die je ware gelijkwaardigheid in het leven zal geven en in de loop van de tijd zal onthullen wat je hier specifiek komt doen.

BEGIN IN JE TWEE OEFENPERIODES met voor jezelf toe te geven dat je een beginnend student van Kennis bent en jezelf eraan te herinneren dat je geen voorbarige conclusies moet trekken over dit curriculum of over je vaardigheden als student. Zulke oordelen zijn voorbarig en weerspiegelen zelden de waarheid. Ze zijn doorgaans een manier om jezelf te demotiveren en dienen dus geen enkel waardig doel.

NADAT JE HET IDEE VAN VANDAAG AAN JEZELF HEBT VOORGELEGD en jezelf eraan hebt herinnerd dat je niet moet oordelen, oefen dan 15 minuten innerlijke stilte in je twee oefenperiodes. Probeer de waarheid binnenin jezelf te voelen. Concentreer je geest op één punt, een fysiek punt of een denkbeeldig punt indien nodig. Laat alles binnenin je tot rust komen. Laat jezelf zo stil mogelijk worden en wees niet ontmoedigd als dat moeilijk is. Je bent een beginnend student in Kennis en kunt dus alle dingen leren.

OEFENING 34: *Twee oefenperiodes van 15 minuten.*

Stap 35

TERUGBLIK

*D*EZE TERUGBLIK GEEFT JE DE GELEGENHEID iets te leren van De Weg van Kennis van de Grotere Gemeenschap. In de twee oefenperiodes van 30 minuten kijk je terug op de instructies van de afgelopen week en je ervaringen tijdens de oefeningen. Doe dit met zo min mogelijk oordeel. Kijk alleen maar en zie wat werd geïnstrueerd, wat je hebt gedaan en wat het gevolg was. Deze objectieve terugblik verleent je de meeste toegang tot inzicht en begrip met een minimum aan pijn en zelfverwijt. Je leert nu objectief te worden over je leven zonder de inhoud van je emoties te onderdrukken. In plaats van te proberen een aspect van jezelf te vernietigen, probeer je simpelweg een ander aspect te ontwikkelen.

GEBRUIK DIT DAAROM TIJDENS JE TERUGBLIK, als een leidraad: "Ik zal kijken, maar ik zal niet oordelen." Op deze manier zul je in staat zijn om dingen te herkennen. Bedenk hoe veel eenvoudiger het voor je kan zijn om inzicht te hebben in andermans leven en hoe weinig je dat misschien hebt in je eigen leven. Bij anderen is een grotere objectiviteit mogelijk omdat je hun leven niet probeert te gebruiken voor een specifiek doel en hoe meer je dat wel doet, hoe minder je in staat zult zijn om hen, hun aard, hun ontwikkeling of hun bestemming te begrijpen. Dus hoe minder je probeert je leven te gebruiken, hoe meer je in staat zult zijn om het te begrijpen, te waarderen en te werken met het intrinsieke mechanisme ervan voor je grotere vooruitgang.

OEFENING 35: *Twee oefenperiodes van 30 minuten.*

Stap 36

MIJN LEVEN IS EEN MYSTERIE OM TE ONDERZOEKEN.

Je leven is waarlijk een mysterie en ja, als je het doel, de betekenis en de ware richting ervan wilt begrijpen, moet je het echt onderzoeken. Dit is essentieel voor je geluk en vervulling in de wereld, want wanneer je zorgvuldig naar je leven hebt gekeken zul je beseffen dat je niet tevreden bent met kleine dingen. Aan jou die op zoek is naar Kennis moet iets groters worden gegeven. Je moet dieper gaan dan slechts de buitenkant van de dingen, datgene wat de meeste mensen voldoende lijkt te stimuleren. Je moet je diepere verlangen accepteren, anders bezorg je jezelf onnodig verdriet en conflict. Het is niet belangrijk wat andere mensen waarderen. Het is belangrijk wat jij waardeert. Als je op zoek bent naar een diepere betekenis, die de ware betekenis is, dan moet je de oppervlakte van je geest doordringen.

Concentreer je opnieuw tijdens je twee oefenperiodes op het voelen van de aanwezigheid van je Spirituele Leraren. Dit is niet iets wat je moet proberen. Het betekent gewoon ontspannen, ademen en je geest toestaan zich te openen. De kwaliteit van je relatie met je Leraren is essentieel om je kracht en bemoediging te geven, want je kunt terecht twijfelen aan je eigen vaardigheden, maar je hebt een goede reden om volledig te vertrouwen op de vaardigheden van je Leraren, die dit pad eerder hebben gevolgd op hun weg naar Kennis. Zij kennen de weg, die zij nu met jou proberen te delen.

Oefening 36: *Twee oefenperiodes van 15 minuten.*

Stap 37

ER IS EEN WEG NAAR KENNIS.

Hoe kan er geen weg naar Kennis zijn wanneer het je Ware Zelf is? Hoe kan er geen manier zijn voor Kennis om zich uit te drukken wanneer ze de meest natuurlijke vorm van expressie is? Hoe kan er geen manier zijn voor Kennis om je te leiden in jouw relaties, als Kennis de perfecte bron is van al jouw relaties? Er is een weg naar Kennis. Het vereist vaardigheid en verlangen. Het kost tijd om beide te ontwikkelen. Je moet leren de waarheid te waarderen en niet datgene te waarderen wat niet waar is en het kost tijd om te leren die twee te onderscheiden en te herkennen. Het kost tijd om te leren dat het onware je niet tevreden stelt en dat de waarheid je wel tevredenstelt. Dit moet met vallen en opstaan en door middel van contrast worden geleerd. Naarmate je dichter bij Kennis komt wordt je leven vollediger, zekerder en directer. Als je ervan weggaat, kom je weer in verwarring, frustratie en boosheid terecht.

BESTEED VANDAAG TIJDENS JE TWEE OEFENPERIODES, die geen meditatieoefeningen zullen zijn, minstens 15 minuten aan het bedenken van alle manieren om toegang tot Kennis te krijgen. Schrijf op een vel papier alle manieren op om tot Kennis te komen. Besteed hier beide oefenperiodes aan en put alle mogelijkheden uit die in je opkomen. Probeer heel specifiek te zijn. Gebruik je verbeelding, maar breng routes in kaart die je heel reëel en betekenisvol lijken. Op deze manier zul je weten hoe je denkt een weg te vinden naar Kennis, en hierdoor zul je inzien dat God de weg naar Kennis kent.

OEFENING 37: *Twee oefenperiodes van 15 minuten.*

Stap 38

GOD KENT DE WEG NAAR KENNIS.

Hoe kun je de weg vinden wanneer je bent verdwaald? Hoe kun je zekerheid kennen wanneer je het tijdelijke zo waardeert? Hoe kun je de kracht van je eigen leven kennen, wanneer je zo geïntimideerd wordt door de dreiging van verlies en vernietiging? Het leven is vriendelijk voor je, want het biedt niet alleen de beloning, maar ook de weg naar de beloning. Als het aan jou werd overgelaten zou het inderdaad wreed zijn, want je zou iedere mogelijkheid die je maar zou kunnen bedenken moeten uitproberen, en dan zou je de mogelijkheden hebben die anderen hebben bedacht en zelfs de mogelijkheden om Kennis te bereiken die anderen met succes hebben toegepast, maar die in feite misschien niet goed voor jou werken. Hoe kun je dit volbrengen tijdens je korte tijdspanne in de wereld en nog steeds je vitaliteit behouden? Hoe kun je je stimulans voor Kennis behouden als zoveel manieren je zullen teleurstellen?

PUT VANDAAG VERTROUWEN UIT DE WETENSCHAP DAT GOD de weg naar Kennis kent, en je alleen de weg hoeft te volgen die gegeven wordt. Op deze manier komt Kennis eenvoudig naar boven omdat zij erkend wordt, want alleen God kent Kennis in jou, en alleen Kennis in jou kent God. Naarmate de twee samen resoneren worden ze allebei duidelijker. Hierin vind je vrede.

VANDAAG TIJDENS JE TWEE OEFENPERIODES, elk van 30 minuten, oefen zwijgend, in stilte, het voelen van de aanwezigheid van God. Niet nadenken over God, niet speculeren, je niets afvragen, niet twijfelen, maar gewoon voelen. Het is geen illusie waar je je nu op concentreert, ook al ben je gewend om je te concentreren op illusies. In stilte en rust wordt alles duidelijk. God is heel stil want God gaat nergens heen. Als je stil wordt zul je de kracht van God voelen.

OEFENING 38: *Twee oefenperiodes van 30 minuten.*

Stap 39

DE KRACHT VAN GOD IS MET MIJ.

DE KRACHT VAN GOD IS MET JE. Deze bevindt zich in je Kennis. Leer dus je Kennis te herwinnen en je zult leren de kracht te herwinnen die God je heeft gegeven, en je zult ook je eigen kracht herwinnen, want je kracht zal nodig zijn om de kracht van God te benaderen. Dus alles wat waarlijk krachtig is en alles wat waarlijk goed is zal in jou en in God bevestigd worden. Laat deze dag dan een dag zijn om deze aanwezigheid en deze kracht in je leven te ervaren. Je hoeft je God niet voor te stellen in je verbeelding. Je hoeft geen plaatjes of beelden te hebben om je begrip of geloof te versterken. Je hoeft alleen maar gebruik te maken van de oefeningen die hier gegeven worden.

GA IN JE TWEE DIEPE MEDITATIEOEFENINGEN VAN ELK 30 MINUTEN opnieuw de stilte binnen en sta jezelf toe om de kracht van God te voelen. Gebruik je eigen kracht om je geest te sturen en laat je niet weerhouden door twijfels of angsten. De kracht van God vertegenwoordigt het mysterie van je leven, want ze vertegenwoordigt de kracht die je hebt meegebracht van God om deze op de juiste manier te gebruiken in de wereld in overeenstemming met het Grotere Plan. Sta jezelf dus toe om toegewijd, in eenvoud en in nederigheid te oefenen, zodat je de kracht van God kunt voelen.

OEFENING 39: *Twee oefenperiodes van 30 minuten.*

Stap 40

VANDAAG ZAL IK DE KRACHT VAN GOD VOELEN.

*D*E KRACHT VAN GOD IS ZO VOLKOMEN EN ZO ALOMVATTEND dat deze alles doordringt. Alleen die geesten die afgescheiden zijn en verloren in het waarderen van hun eigen gedachten kunnen mogelijkerwijs afgescheiden zijn van de grote welwillendheid van God. Zij die gehoor geven aan God worden te zijner tijd Gods Boodschappers, zodat zij de geschenken van Genade kunnen schenken aan hen die in verwarring achterblijven.

ALLE SCHIJNBARE KRACHTEN VAN JOUW WERELD — de natuurkrachten, het onvermijdelijke van je dood, de altijd aanwezige dreiging van ziekte, verlies en vernietiging en alle optredende conflicten — zijn alle tijdelijke bewegingen in de grote stilte van God. Het is de grote stilte die je oproept terug te keren naar de vrede en het volledige welbehagen van God, maar je moet je voorbereiden.

VANDAAG BEREID JE JE VOOR TIJDENS JE OEFENPERIODES VAN 30 MINUTEN. Probeer tijdens de stiltemeditatie de kracht van God te voelen. Je hoeft geen magische beelden op te roepen, want deze kracht is iets dat je kunt voelen, want ze is overal. Ongeacht je omstandigheid of conditie, al dan niet gunstig voor je ontwikkeling, vandaag kun je de kracht van God voelen.

OEFENING 40: *Twee oefenperiodes van 30 minuten.*

Stap 41

IK BEN NIET BANG VOOR DE KRACHT VAN GOD.

DEZE AFFIRMATIE IS ZO BELANGRIJK VOOR JE GELUK, want je moet opnieuw op de kracht van liefde en de kracht van God leren vertrouwen. Hiervoor moet je afstand doen van je vroegere ideeën, veronderstellingen en evaluaties van pijnlijke ervaringen uit het verleden. Het is pijnlijk om afgescheiden te zijn van datgene waar je boven alles van houdt en de enige manier om deze afscheiding in stand te houden is om dat wat je liefhebt te kwetsen, er een kwade bedoeling aan te geven en dan schuldgevoelens in jezelf op te wekken. Om de kracht van God te voelen en te accepteren moet je kwaad en schuldgevoel loslaten. Je moet datgene wat het meest natuurlijk is durven onderzoeken. Het is alsof je tegelijkertijd een nieuwe weg inslaat en thuiskomt.

OEFEN DAN TWEEMAAL VANDAAG IN STILTE het voelen van de kracht van God. Zoek niet naar antwoorden van God. Je hoeft helemaal niet te spreken, maar alleen maar aanwezig te zijn, want als je leert in relatie te staan met datgene wat de bron is van al je relaties kan de informatie die je nodig hebt gemakkelijk naar je toe komen om je te begeleiden, te troosten en je te corrigeren wanneer dat nodig is. Maar eerst moet je de kracht van God voelen, en hierin zul je jouw eigen kracht vinden.

OEFENING 41: *Twee oefenperiodes van 30 minuten.*

Stap 42

TERUGBLIK

Bekijk vandaag tijdens je terugblik alle instructies van de afgelopen week en je ervaringen tijdens het oefenen. Let er vandaag vooral op hoe diep en hoe zorgvuldig je oefent. Zorg ervoor dat je de lessen niet verandert of aanpast aan je smaak of verwachtingen. Vergeet niet dat je enkel het curriculum hoeft te volgen om de ware beloningen te ontvangen. Jouw aandeel is klein. Ons aandeel is groot. Wij geven de middelen. Jij hoeft ze alleen maar te volgen, in vertrouwen en in ware afwachting. Door dit te doen zal je geduld, onderscheidingsvermogen, vertrouwen, consistentie en eigenwaarde ontwikkelen. Waarom eigenwaarde? Omdat je jezelf hogelijk moet waarderen om jezelf toe te staan de grote geschenken van Kennis te benaderen. Niets anders zal de zelfhaat en het gebrek aan zelfvertrouwen vollediger en doelmatiger ongedaan maken dan het ontvangen van de geschenken die voor jou bestemd zijn.

Bekijk daarom tijdens je ene lange oefenperiode van vandaag opnieuw de oefeningen van de afgelopen week. Kijk en zie zonder oordeel wat aangeboden werd, wat je hebt gedaan en wat mogelijk gedaan kan worden om je oefeningen te verdiepen, zodat je de voordelen ervan directer kunt ervaren. Als je problemen hebt, herken dan de problemen en probeer ze te corrigeren. Wees de komende week meer betrokken. Door dat te doen corrigeer je je gebrek aan zelfvertrouwen en je verwarring louter door het sturen van je wil.

Oefening 42: *Een lange oefenperiode.*

Stap 43

HET IS MIJN WIL OM GOD TE KENNEN.

HET IS JE WIL OM GOD TE KENNEN. Dat is je ware wil. Ieder ander verlangen of motivatie is om te ontsnappen aan hetgeen je wil vertegenwoordigt. Het is jouw wil waar je angstig voor bent geworden. Je bent bang voor wat je weet en diep van binnen voelt. Dit leidt ertoe dat je je toevlucht zoekt tot andere dingen die jou niet vertegenwoordigen, en daarin verlies je je identiteit en probeer je een identiteit te construeren die gerelateerd is aan die dingen waaraan je hebt geprobeerd te ontsnappen. In isolement ben je ellendig, maar geluk wordt teruggevonden in relaties.

HET IS JOUW WIL OM GOD TE KENNEN. Wees niet bang voor je wil. Je bent door God geschapen. Het is Gods wil om jou te kennen. Het is jouw wil om God te kennen. Er bestaat geen andere wil. Alle andere motieven worden louter uit verwarring en angst geboren. God kennen geeft God kracht en geeft ook jou kracht.

OEFEN VANDAAG IN JE TWEE OEFENPERIODES in stille meditatie, het voelen van de kracht van je eigen wil. Laat je geest niet vertroebelen door angst en twijfel. Je hoeft niet te proberen de wil van God te voelen. Die is er gewoon. Het vereist alleen je aandacht om die te herkennen. Oefen daarom diepgaand door gewoon aanwezig te zijn bij deze ervaring.

OEFENING 43: *Twee oefenperiodes van 30 minuten.*

Stap 44

IK WIL MIJN EIGEN KRACHT LEREN KENNEN.

DEZE BEVESTIGING VIND JE MISSCHIEN HEEL ACCEPTABEL omdat je er in je huidige omstandigheden direct behoefte aan hebt, maar de bevestiging gaat veel dieper dan je in eerste instantie misschien beseft. Je hebt veel meer kracht dan waarop je aanspraak hebt gemaakt, maar die kan pas volledig worden gerealiseerd als de toepassing ervan gericht is op een manier die je werkelijk doet herleven en je ware vaardigheden naar voren brengt.

HOE KUN JE JE KRACHT BENADEREN als je je zwak en hulpeloos voelt, als je je onwaardig voelt, als je gebukt gaat onder schuldgevoelens of verwarring of in woede anderen de schuld geeft van je eigen ogenschijnlijke falen? Je kracht opeisen betekent alles loslaten wat je tegenhoudt. Je laat je belemmeringen niet los door te beweren dat ze niet bestaan. Je laat ze los, omdat je de waarde inziet van iets wat groter is. De belemmering is slechts een teken dat je er doorheen moet. Je eigen kracht wordt dan gecultiveerd. Je zoekt je kracht, en je gebruikt die om je kracht te vinden. We willen dat je je kracht kent en deze voor jezelf gebruikt.

PROBEER VANDAAG IN JE TWEE MEDITATIEOEFENINGEN, in stilzwijgen en stilte, je eigen kracht te voelen. Laat je niet door louter gedachten weerhouden, want angsten en twijfels zijn slechts gedachten – vluchtige dingen die als wolken je geest passeren. Achter de wolken van de geest bevindt zich het grote universum van Kennis. Laat daarom de wolken je zicht op de sterren daarachter niet belemmeren.

OEFENING 44: *Twee oefenperiodes van 30 minuten.*

Stap 45

Alleen kan ik niets doen.

Alleen kan je niets doen. Niets is ooit alleen bereikt, zelfs niet in jouw wereld. Niets is ooit alleen gecreëerd, zelfs niet in je geest. Er valt geen eer te behalen met iets alleen doen. Alles is een gezamenlijke inspanning. Alles is het product van relatie.

Verlaagt dit jou als individu? Zeer zeker niet. Het geeft je het kader en het begrip om je ware vaardigheden te verwezenlijken. Je bent groter dan je individualiteit en dus kun je vrij zijn van haar beperkingen. Je werkt door het individu dat jij op persoonlijk vlak bent, maar je bent groter dan dit. Accepteer de beperkingen van een beperkt zelf en vraag niet van een beperkt zelf om God te zijn anders bezorg je het grote lasten en grote verwachtingen en zul je het vervolgens straffen voor zijn falen. Dit leidt tot zelfhaat. Dit leidt tot afkeer van je fysieke leven en tot misbruik van jezelf op persoonlijk, emotioneel en lichamelijk vlak. Accepteer je beperkingen, zodat je de grootsheid in je leven kunt accepteren.

Concentreer je daarom nu in je twee oefenperiodes van vandaag, met je ogen open, op je beperkingen. Herken ze. Beoordeel ze niet als goed of slecht. Herken ze gewoon. Dit schenkt je nederigheid en in nederigheid verkeer je in een positie om grootsheid te ontvangen. Als je je beperkingen verdedigt, hoe kun je dan ontvangen wat hen overstijgt?

Oefening 45: *Twee oefenperiodes van 15 minuten.*

Stap 46

IK MOET KLEIN ZIJN OM GROOT TE ZIJN.

Is het tegenstrijdig dat je klein moet zijn om groot te zijn? Het is niet tegenstrijdig als je de betekenis ervan begrijpt. Door je beperkingen te erkennen kun je binnen een beperkte context zeer succesvol werken. Dit laat een grotere realiteit zien dan die je eerder had kunnen beseffen. Je grootsheid moet niet alleen gebaseerd zijn op hoop of hooggestemde verwachtingen. Ze moet niet gebaseerd zijn op idealisme, maar op ware ervaring. Sta jezelf toe om klein te zijn, en je zult ervaren dat grootsheid bij je is en dat grootsheid deel van je uitmaakt.

Sta jezelf toe in je twee oefenperiodes beperkt te zijn, maar zonder oordeel. Er is geen veroordeling. Gebruik je geest actief om je te concentreren op je beperkingen. Concentreer je zonder te oordelen. Kijk objectief. Je bent voorbestemd om een voertuig te zijn voor een Grotere Realiteit die zich in deze wereld wil uitdrukken. Je voertuig voor expressie is vrij beperkt, maar het is volledig toereikend om de taak te volbrengen die jij moet volbrengen. Door de beperkingen ervan te accepteren kun je het mechanisme ervan begrijpen en er constructief mee leren werken. Dan is het niet langer een beperking, maar een vorm om je vreugdevol uit te drukken.

OEFENING 46: *Twee oefenperiodes van 15 minuten.*

Stap 47

Waarom heb ik Leraren nodig?

Je zult deze vraag vroeg of laat stellen en misschien wel bij veel gelegenheden. Dat je deze vraag zou stellen komt voort uit je verwachtingen van jezelf. Maar als je zorgvuldig naar je leven kijkt, zul je zien dat je onderricht nodig hebt gehad voor alles wat je hebt geleerd. Misschien leken dingen die je van binnen voelde te zijn gecreëerd door jezelf, maar ook die zijn het gevolg van onderricht. Je bent door middel van relaties voorbereid op alles wat je hebt geleerd, of het nu gaat om een praktische vaardigheid of een dieper inzicht. Als je dit beseft krijg je grote waardering voor relaties en een volledige bevestiging van de kracht van het leveren van een bijdrage in de wereld.

Als je van plan was om het leren van een vaardigheid eerlijk te benaderen, moet je eerst erkennen hoeveel je niet weet, dan moet je inzien hoeveel je moet leren, en dan moet je zoeken naar de best mogelijke vorm van onderricht. Dit moet ook gelden voor het terugwinnen van Kennis. Je moet beseffen hoe weinig je weet, hoeveel je moet weten en dan het onderricht ontvangen dat wordt verstrekt. Is het een zwakte om een leraar nodig te hebben? Nee. Het is een eerlijke erkenning op basis van een eerlijke evaluatie. Als je beseft hoe weinig je weet en hoeveel je moet weten en de kracht van Kennis zelf, zul je begrijpen hoe vanzelfsprekend dit is. Hoe kun je geven aan hen die denken dat ze al hebben, terwijl ze in werkelijkheid arm zijn? Dat kun je niet. En hun armoede hebben ze aan zichzelf te wijten en houden ze zelf in stand.

Waarom heb je een Leraar nodig? Omdat je moet leren. En je moet datgene wat je geleerd hebt en jou tegenhoudt, afleren. Denk in je twee oefenperioden van vandaag, met je ogen dicht in meditatie, na over de vraag waarom je een Leraar nodig hebt. Let op alle gedachten die erop lijken te wijzen dat je het zelf zou kunnen, als je maar slim of sterk genoeg was of aan een andere kwalificatie zou voldoen. Als deze verwachtingen opkomen, herken ze dan voor wat ze zijn. Ze vormen een aandrang om onwetend te blijven door jezelf uit te roepen tot een geschikte instructeur. Je kunt jezelf niet aanleren wat je niet weet, en de poging daartoe herhaalt alleen maar oude informatie en bind je sterker aan waar je nu bent.

HERKEN DAAROM IN DE OEFENING VAN VANDAAG je behoefte aan waar onderricht en je weerstand, als die er is, tegen het voorhanden zijn van waar onderricht dat nu beschikbaar is voor je.

OEFENING 47: *Twee oefenperiodes van 30 minuten.*

Stap 48

WAAR ONDERRICHT IS BESCHIKBAAR VOOR MIJ.

WAAR ONDERRICHT IS BESCHIKBAAR. Het heeft op je gewacht tot je het punt van rijpheid had bereikt waarop je de noodzaak ervan in je leven inzag. Hierdoor ontstaat ware leergierigheid. Het vloeit voort uit het erkennen van je beperkingen in het licht van wat je werkelijk nodig hebt. Je moet van jezelf houden om een student van Kennis te worden en voortdurend van jezelf houden om verder te gaan. Er is geen ander obstakel in het leerproces dan dit. Zonder liefde is er angst, want niets anders kan liefde vervangen. Maar liefde is niet vervangen, en ware hulp is beschikbaar voor jou.

PROBEER VANDAAG IN JE TWEE MEDITATIEOEFENINGEN de aanwezigheid van die ware hulp te voelen. Voel dit in stilte en stilzwijgend in je leven en om je heen. Deze meditatieoefeningen zullen een grotere gevoeligheid in je beginnen te ontsluiten, een heel nieuw gevoel. Je zult dingen beginnen te onderscheiden die aanwezig zijn, ook al kun je ze niet zien. Je zult in staat zijn om te reageren op ideeën en informatie, ook al kun je de bron van de boodschap nog niet horen. Dit is het feitelijke creatieve denkproces, want mensen ontvangen ideeën, ze creëren ze niet. Je maakt deel uit van een groter leven. Je persoonlijke leven is het middel om dit tot uitdrukking te brengen. Je individualiteit wordt dan meer gecultiveerd en vreugdevoller, niet langer een gevangenis voor je, maar je vreugdevolle uitdrukkingsvorm.

WARE ONDERSTEUNING IS VOOR JE BESCHIKBAAR. Oefen deze dag in het voelen van haar blijvende aanwezigheid in je leven.

OEFENING 48: *Twee oefenperiodes van 30 minuten.*

Stap 49

TERUGBLIK

Dit markeert de afronding van je zevende oefenweek. In deze Terugblik word je gevraagd terug te kijken op alle zeven oefenweken, terug te kijken op alle instructies en je te herinneren wat je ervaring was bij de toepassing ervan. Dit kan een aantal langere oefenperioden vergen, maar het is heel belangrijk dat je begrijpt wat het betekent een student te zijn en hoe het leren zich eigenlijk voltrekt.

Wees er zeer op bedacht om jezelf als student niet te beoordelen. Je verkeert niet in de positie om jezelf als student te beoordelen. Je kent de criteria niet, want je bent geen leraar in Zelfkennis. Je zult merken dat sommige van je mislukkingen tot grotere successen zullen leiden en dat sommige van je vermeende successen tot mislukkingen kunnen leiden. Dit accentueert je hele evaluatiesysteem en brengt je tot meer herkenning. Dit maakt het mogelijk dat je compassie hebt met jezelf en met anderen die je nu beoordeelt op hun successen en hun mislukkingen.

Kijk dus terug op de eerste achtenveertig oefenlessen. Probeer je te herinneren hoe je op elke stap hebt gereageerd en hoe diepgaand je erbij betrokken was. Probeer te kijken naar je successen, je verworvenheden en je struikelblokken. Je bent zover gekomen. Gefeliciteerd! Je bent geslaagd voor de eerste test. Voel je nu bemoedigd om door te gaan, want Kennis is bij je.

Oefening 49: *Meerdere lange oefenperiodes.*

Stap 50

VANDAAG ZAL IK MET KENNIS ZIJN.

WEES VANDAAG MET KENNIS zodat je de zekerheid en de kracht van Kennis tot je beschikking hebt. Laat Kennis je stilte geven. Laat Kennis je kracht en bekwaamheid geven. Laat Kennis je onderwijzen. Laat Kennis je het universum onthullen zoals het werkelijk bestaat, niet zoals jij het beoordeelt.

OEFEN TIJDENS JE TWEE OEFENPERIODES in stilte het voelen van de kracht van Kennis. Stel geen vragen. Dat is nu niet nodig. Trek de werkelijkheid van je streven niet in twijfel, want dat is verspilling en zinloos. Je kunt pas weten als je ontvangt en om te ontvangen moet je vertrouwen hebben in je neiging tot weten.

WEES VANDAAG MET KENNIS. Laat je niet afleiden tijdens je oefenperiodes. Je hoeft je alleen maar te ontspannen en aanwezig te zijn. Vanuit deze oefeningen zal een grotere aanwezigheid worden herkend en dit zal je angsten beginnen weg te nemen.

OEFENING 50: *Twee oefenperiodes van 30 minuten.*

Stap 51

LAAT ME MIJN ANGSTEN HERKENNEN ZODAT IK DE WAARHEID ERACHTER KAN ZIEN.

JE STRUIKELBLOKKEN MOETEN WORDEN HERKEND wil je er doorheen kunnen kijken. Als ze worden genegeerd of ontkend, als ze worden beschermd of anders worden genoemd zal je de aard van je belemmering niet beseffen. Je zult niet begrijpen wat je onderdrukt. Je leven komt niet voort uit angst. Je Bron komt niet voort uit angst. Om in staat te zijn je angst te herkennen, moet je beseffen dat je deel uitmaakt van iets groters. Als je dit inziet, kun je leren objectief te worden over je leven en je huidige omstandigheden te begrijpen zonder jezelf te veroordelen, want je moet jezelf onder deze omstandigheden cultiveren. Je moet beginnen waar je bent. Hiervoor moet je je sterke en zwakke punten inventariseren.

EVALUEER IN JE TWEE OEFENPERIODES VAN VANDAAG het bestaan van je angsten en herinner jezelf eraan dat jouw werkelijkheid daarbuiten ligt, maar dat je ze moet herkennen om de schadelijke aanwezigheid ervan in je leven te begrijpen. Sluit je ogen en herhaal het idee voor vandaag; denk vervolgens na over elke angst die in je opkomt. Herinner jezelf eraan dat de waarheid zich voorbij deze specifieke angst bevindt. Laat alle angsten opkomen en evalueer ze op deze manier.

OM ZONDER ANGST TE ZIJN MOET JE ANGST BEGRIJPEN — het mechanisme, de invloed op mensen en het gevolg ervan in de wereld. Je moet dit herkennen zonder valse voorstelling van zaken en zonder voorkeur. Je bent een groots wezen dat werkt binnen een beperkte context, in een beperkte omgeving. Als je de beperkingen van je omgeving en de beperkingen van je voertuig begrijpt zul je niet langer een afkeer van jezelf hebben vanwege je beperkingen.

OEFENING 51: *Twee oefenperiodes van 30 minuten.*

Stap 52

IK BEN VRIJ OM DE BRON VAN MIJN KENNIS TE VINDEN.

D E BRON VAN KENNIS BESTAAT BINNENIN JE en ook buiten je. Je kunt niet onderscheiden waar de bron van Kennis zich bevindt, want die is overal aanwezig. Je leven is gered omdat God Kennis in je heeft geplaatst. Maar pas als Kennis de kans heeft gekregen naar boven te komen en jou haar geschenken te geven zul je je verlossing beseffen. Welke andere vrijheid is vrij, behalve die vrijheid die je in staat stelt het geschenk van je ware leven te ontvangen? Alle andere vrijheid is de vrijheid om chaotisch te zijn, de vrijheid om jezelf schade toe te brengen. De grote vrijheid is het vinden van je Kennis en toe te laten dat ze zich via jou tot uitdrukking wordt gebracht. Vandaag ben je vrij om de bron van je Kennis te vinden.

ONTVANG IN JE TWEE OEFENPERIODEN IN STILTE, de bron van je Kennis. Herinner jezelf eraan dat je vrij bent om dit te doen. Sta jezelf toe de bron van je Kennis te ontvangen, ongeacht je angst of zorg, ongeacht alle gevoelens van schuld of schaamte. Vandaag ben je vrij om de bron van je Kennis te ontvangen.

OEFENING 52: *Twee oefenperiodes van 30 minuten.*

Stap 53

MIJN GAVEN ZIJN VOOR ANDEREN.

JE GAVEN ZIJN BEDOELD OM AAN ANDEREN TE GEVEN, maar eerst moet je je gaven herkennen en ze onderscheiden van de ideeën waardoor ze worden beperkt, veranderd, of ontkend. Hoe kun je jezelf begrijpen anders dan binnen de context van een bijdrage aan anderen? Alleen kun je niets doen. Alleen heb je geen betekenis. Dat komt doordat je niet alleen bent. Je zult dit zien als een last en een bedreiging totdat je er de grote betekenis van inziet en het geschenk dat het werkelijk is. Het is de redding van je leven. Wanneer het leven jou terugwint, win jij het leven terug en ontvang je al haar beloningen, die alles wat je jezelf zou kunnen geven ver overtreffen. De waarde van je leven wordt vervuld en volledig gedemonstreerd door je bijdrage aan anderen, want zolang die bijdrage er niet is kun je jezelf slechts gedeeltelijk verwerkelijken — je waarde, je doel, je betekenis en je richting.

VOEL TIJDENS JE TWEE OEFENPERIODES VAN VANDAAG je verlangen om een bijdrage te leveren aan anderen. Je hoeft nu niet te bepalen wat je wilt bijdragen. Dat is niet zo belangrijk als je verlangen om een bijdrage te leveren, want de vorm van de bijdrage zal in de loop van de tijd duidelijk voor je worden en zal zich ook verder ontwikkelen. Het is je verlangen om een bijdrage te leveren, ontstaan uit ware motivatie, dat jou deze dag vreugde zal geven.

OEFENING 53: *Twee oefenperiodes van 30 minuten.*

Stap 54

IK ZAL NIET IN IDEALISME LEVEN.

Wat is idealisme anders dan ideeën over zaken waar je op hoopt gebaseerd op teleurstelling? Je idealisme omvat jezelf, je relaties en de wereld waarin je leeft. Het omvat God en het leven en alle ervaringsgebieden die je je kunt voorstellen. Zonder ervaring is er idealisme. Idealisme kan in het begin behulpzaam zijn, want daardoor kan je de juiste kant opgaan, maar je moet je conclusies of je identiteit er niet op baseren, want alleen ervaring kan je geven wat voor jou waar is en wat je volledig kunt accepteren. Laat je niet door idealisme leiden, want Kennis is hier om je te leiden.

Herken de omvang van je eigen idealisme in je twee oefenperiodes van vandaag. Observeer zorgvuldig wat je wilt zijn, hoe je wilt dat jouw wereld eruitziet en hoe je wilt dat je relaties eruit zullen zien. Herhaal het idee van vandaag en onderzoek met gesloten ogen elk van je idealen. Ook al zien je idealen er misschien heilzaam uit en lijken ze je verlangen naar liefde en harmonie te vertegenwoordigen, ze houden je in feite tegen, want ze vervangen dat wat jou de werkelijke geschenken die je zoekt zou geven.

Oefening 54: *Twee oefenperiodes van 30 minuten.*

Stap 55

IK ZAL DE WERELD ACCEPTEREN ZOALS ZE IS.

*I*DEALISME IS DE POGING DE WERELD NIET TE ACCEPTEREN ZOALS ZE IS. Het rechtvaardigt beschuldiging en veroordeling. Het schept verwachtingen van een leven dat nog niet bestaat en maakt je op die manier kwetsbaar voor ernstige teleurstelling. Je idealisme versterkt je veroordeling.

ACCEPTEER DE WERELD ZOALS ZE IS, niet zoals je wilt dat ze is. Met acceptatie komt liefde, want je kan geen wereld liefhebben waarvan je wilt dat die bestaat. Je kunt alleen maar een wereld liefhebben die bestaat zoals ze is. Accepteer jezelf nu zoals je bestaat en waar verlangen naar verandering en vooruitgang zal op een natuurlijke wijze in je naar boven komen. Idealisme rechtvaardigt veroordeling. Zie deze grote waarheid in en je zult een meer directe en diepgaandere ervaring beginnen te krijgen van het leven en van hetgeen oprecht is en niet gebaseerd op hoop of verwachting, maar op ware betrokkenheid.

CONCENTREER JE VANDAAG DAAROM TIJDENS JE TWEE OEFENPERIODES VAN 30 MINUTEN op het accepteren van dingen precies zoals ze zijn. Je keurt hiermee geweld, conflict of onwetendheid niet goed. Je accepteert slechts de bestaande condities, zodat je er constructief mee kunt werken. Zonder deze acceptatie heb je geen vertrekpunt voor ware betrokkenheid. Laat de wereld precies zijn zoals ze is, want het is deze wereld die jij bent komen dienen.

OEFENING 55: *Twee oefenperiodes van 30 minuten.*

Stap 56

TERUGBLIK

Kijk tijdens de terugblik van vandaag terug op de lessen van de afgelopen week en je betrokkenheid daarbij. Probeer te begrijpen dat hoewel de vooruitgang op het eerste gezicht langzaam lijkt te gaan, dat wat langzaam en regelmatig gaat grote vooruitgang zal boeken. Consequent toegepaste betrokkenheid zal je de rechte lijn naar je vervulling geven.

Wij herinneren je er in je terugblik opnieuw aan dat je je moet onthouden van zelfveroordeling als je niet aan je verwachtingen hebt voldaan. Realiseer je enkel wat nodig is om de instructies op te volgen zoals ze worden gegeven en wees er zo volledig mogelijk bij betrokken. Onthoud dat je leert om te leren en onthoud dat je leert om je eigenwaarde en je ware kwaliteiten terug te winnen.

Oefening 56: *Een lange oefenperiode.*

Stap 57

VRIJHEID IS MET MIJ.

VRIJHEID VERBLIJFT BINNENIN JE, wachtend om in jou te ontluiken, wachtend om opgeëist en geaccepteerd te worden, wachtend om geleefd en toegepast te worden en wachtend om geëerd en gevolgd te worden. Jij die hebt geleefd onder het gewicht van je eigen verbeelding, jij die een gevangene bent geweest van je eigen gedachten en van de gedachten van anderen, jij die geïntimideerd en bedreigd bent door de uiterlijkheden van deze wereld, heb nu hoop, want ware vrijheid verblijft in jou. Ze wacht op je. Je hebt haar meegebracht vanuit je Aloude Thuis. Je draagt haar iedere dag, ieder moment met je mee.

BINNEN DIT ONTWIKKELINGSPROGRAMMA leer je nu om je naar de vrijheid te keren en je af te wenden van de angst en de duisternis van je eigen verbeelding. In vrijheid vind je stabiliteit en consistentie. Dit zal je het fundament geven waarop je je liefde en gevoel van eigenwaarde kunt bouwen en dit fundament zal niet aan het wankelen worden gebracht door de wereld, want het is groter dan de wereld. Het wordt niet geboren uit de onzekerheid van de afscheiding. Het wordt geboren uit de waarheid van je volledige inclusie in het leven.

HERHAAL IEDER UUR HET IDEE VAN VANDAAG en neem even de tijd om te voelen dat vrijheid bij je is. Naarmate je gedurende de dag dichter bij vrijheid komt, zul je steeds duidelijker kunnen herkennen wat je tegenhoudt. Je zult je realiseren dat het slechts je gehechtheid aan je eigen gedachten is die je tegenhoudt. Het is je interesse in je eigen verbeelding die je tegenhoudt. Dit zal je last verlichten en je zult inzien dat een ware keuze beschikbaar is. Dit inzicht zal je de kracht geven om vandaag dichter bij vrijheid te komen.

Herhaal in je twee diepe meditatieoefeningen het idee van vandaag en probeer je geest stil te laten zijn, hetgeen het begin is van zijn vrijheid. Deze oefening in stilte zal je geest in staat stellen om de ketenen los te schudden die hem binden – zijn gebrek aan vergevingsgezindheid vanuit het verleden, zijn angst voor de toekomst en zijn vermijden van het heden. In stilte stijgt je geest uit boven alles wat hem klein, verborgen en geïsoleerd houdt in zijn eigen duisternis. Hoe dicht is de vrijheid bij jou vandaag die slechts stil hoeft zijn om haar te ontvangen. En hoe groot is je beloning, jij die in de wereld bent gekomen, want vrijheid is met jou.

Oefening 57: *Twee oefenperiodes van 30 minuten.*
Ieder uur oefenen.

Stap 58

KENNIS IS MET MIJ.

Vandaag bevestigen Wij de aanwezigheid van Kennis in je leven. Spreek ieder uur deze affirmatie voor jezelf uit en neem dan even de tijd om te proberen deze aanwezigheid te voelen. Je moet haar voelen. Je moet je niet alleen een voorstelling van haar maken, want Kennis moet je ervaren. Herhaal deze affirmatie vandaag onder alle omstandigheden op elk uur en probeer de betekenis ervan te voelen. Je zult merken dat je kunt oefenen in veel situaties waarvan je dacht dat ze ongeschikt waren om te oefenen. Op deze manier zul je merken dat je de kracht hebt om je ervaring zo te sturen dat ze beantwoordt aan je ware geneigdheden en je zult merken dat elke omstandigheid een geschikte omgeving is voor ware voorbereiding en zelftoepassing.

Probeer ieder uur te oefenen. Blijf je bewust van de tijd. Maak je geen zorgen als je een uur mist, maar wijd je opnieuw aan het oefenen in de resterende uren. Kennis is met jou vandaag. Wees vandaag met Kennis.

Oefening 58: *Ieder uur oefenen.*

Stap 59

VANDAAG ZAL IK GEDULD LEREN.

Het is heel moeilijk voor een geest die gekweld wordt om geduldig te zijn. Het is heel moeilijk voor een rusteloze geest om geduldig te zijn. Het is heel moeilijk voor een geest die al zijn waarde heeft gezocht in tijdelijke dingen om geduldig te zijn. Alleen bij het streven naar iets groters is geduld nodig omdat het een grotere inzet vergt. Denk aan je leven in termen van langetermijnontwikkeling, niet in termen van onmiddellijke sensatie en gewin. Kennis is niet slechts stimulatie. Ze is de diepe kracht die universeel en eeuwig is, en haar grootsheid wordt je gegeven om te ontvangen en te geven.

Oefen vandaag ieder uur en bevestig dat je zult leren geduldig te zijn en dat je je leven zult observeren in plaats van kritisch te zijn over je leven. Bevestig dat je objectief zult worden over je capaciteiten en je omstandigheden zodat je er een grotere zekerheid aan kunt toekennen.

Leer vandaag geduld en leer geduldig. Op deze manier zul je sneller, zekerder en liefdevoller vooruitgaan.

Oefening 59: *Ieder uur oefenen.*

Stap 60

IK ZAL VANDAAG NIET OORDELEN OVER DE WERELD.

ZONDER JOUW OORDELEN kan Kennis je wijzen wat je moet doen en begrijpen. Kennis vertegenwoordigt een groter oordeel, maar het is een oordeel dat heel anders is dan het jouwe, want het is niet uit angst geboren. Het bevat geen woede. Het is altijd bedoeld om te dienen en te voeden. Het is rechtvaardig, doordat het ware erkenning geeft aan ieders huidige staat zonder hun betekenis of bestemming te kleineren.

OORDEEL NIET OVER DE WERELD VANDAAG, zodat je de wereld mag zien zoals ze is. Oordeel niet over de wereld vandaag, zodat je haar kunt accepteren zoals ze is. Laat de wereld precies zo zijn zoals ze is, zodat je haar kunt erkennen. Als de wereld eenmaal erkend is zul je inzien hoezeer zij je nodig heeft en hoeveel je zou willen geven aan de wereld. De wereld heeft geen terechtwijzing nodig. Zij heeft dienstverlening nodig. Zij heeft waarheid nodig. En bovenal heeft zij Kennis nodig.

NEEM VANDAAG IEDER UUR EEN MOMENT en kijk naar de wereld zonder oordeel. Herhaal de affirmatie voor vandaag en besteed een moment om naar de wereld te kijken zonder oordeel. Ongeacht welk verschijnsel je ook ziet, of het je behaagt of niet, of je het nu mooi of lelijk vindt, of je het nu waardig vindt of onwaardig, kijk ernaar zonder oordeel.

OEFENING 60: *Ieder uur oefenen.*

Stap 61

LIEFDE GEEFT ZICHZELF DOOR MIJ.

Liefde geeft van zichzelf door jou als je klaar bent om haar voertuig van expressie te zijn. Je hoeft niet te proberen liefdevol te zijn om een gevoel van ongeschiktheid of schuldgevoel te verzachten. Je hoeft niet te proberen liefdevol te zijn om de goedkeuring van anderen te winnen. Versterk je gevoel van hulpeloosheid of onwaardigheid niet door te proberen een gelukkig of welwillend gevoel op hen te leggen. De liefde in je zal zich uitdrukken, want ze is geboren uit Kennis in je, waarvan ze deel uitmaakt.

Als je vandaag elk uur naar de wereld kijkt, erken dan dat liefde in je voor zichzelf zal spreken. Als je zonder oordeel bent, als je in staat bent om met de wereld te zijn zoals deze werkelijk is en als je in staat bent om bij anderen aanwezig te zijn zoals ze werkelijk zijn, dan zal liefde in je voor zichzelf spreken. Probeer niet om liefde voor je te laten spreken. Probeer niet om liefde jouw wensen of jouw behoeften tot uitdrukking te laten brengen, want liefde zelf zal door jou spreken. Als je aanwezig bent voor liefde zul je aanwezig zijn in de wereld en zal liefde door jou spreken.

Oefening 61: *Ieder uur oefenen.*

Stap 62

VANDAAG ZAL IK LEREN LUISTEREN NAAR HET LEVEN.

Als je aanwezig bent voor de wereld, zul je de wereld kunnen horen. Als je aanwezig bent voor het leven, zul je het leven kunnen horen. Als je aanwezig bent voor God, zul je God kunnen horen. Als je aanwezig bent voor jezelf, zul je jezelf kunnen horen.

Oefen daarom vandaag in te luisteren. Oefen ieder uur het luisteren naar de wereld om je heen en de wereld binnenin. Herhaal de affirmatie en oefen dit dan. Het duurt maar even. Je zult merken dat er, ongeacht je omstandigheden, een manier voor je is om dit vandaag te oefenen. Laat je niet beheersen door je omstandigheden. Je kunt in deze omstandigheden oefenen. Je kunt een manier vinden om te oefenen die geen verlegenheid of ongepastheid bij anderen teweegbrengt. Of je nu alleen bent of bezig met anderen, je kunt vandaag oefenen. Oefen ieder uur. Oefen het luisteren. Oefen het aanwezig zijn. Echt luisteren betekent dat je niet oordeelt. Het betekent dat je observeert. Onthoud dat je een geestesvermogen ontwikkelt dat nodig is om de grootsheid van Kennis te kunnen geven en te ontvangen.

Oefening 62: *Ieder uur oefenen.*

Stap 63

TERUGBLIK

Bekijk opnieuw, net als voorheen, tijdens je terugblik de afgelopen oefenweek en bestudeer de mate van je betrokkenheid en hoe deze kan worden vergroot en verbeterd. Deze week is je oefening verder uitgebreid. Je hebt het meegenomen de wereld in om in allerlei situaties toe te passen, ongeacht je emotionele gesteldheid, ongeacht de emotionele gesteldheid van degenen die invloed op je uitoefenen en ongeacht waar je bent en wat je aan het doen bent. Op deze manier wordt alles deel van je oefening. De wereld wordt dan, in plaats van een beangstigende plek die je benauwt, een nuttige plek waar je Kennis cultiveert.

Realiseer de kracht die je gegeven wordt wanneer je in staat bent te oefenen ongeacht je emotionele gesteldheid, want je bent groter dan je emoties en je hoeft ze niet te onderdrukken om dit te beseffen. Om objectief te worden ten opzichte van je eigen innerlijke gesteldheden moet je te werk gaan vanuit een positie waarin je ze kunt observeren en waarin je er niet door beheerst wordt. Dit zal je in staat stellen aanwezig te zijn voor jezelf en zal je werkelijk mededogen en begrip geven. Dan zul je geen tiran zijn voor jezelf en zal er een eind komen aan de tirannie in je leven.

Evalueer in je ene lange oefening de voorbije week zo zorgvuldig mogelijk, zonder veroordeling. Onthoud dat je aan het leren bent hoe je moet oefenen. Onthoud dat je aan het leren bent je vaardigheden te ontwikkelen. Bedenk dat je een student bent. Wees een beginnend student, want een beginnend student neemt weinig dingen zomaar aan en wil alles leren.

Oefening 63: *Een lange oefenperiode.*

Stap 64

VANDAAG ZAL IK NAAR ANDEREN LUISTEREN.

*O*EFEN VANDAAG BIJ DRIE AFZONDERLIJKE GELEGENHEDEN, met luisteren naar iemand anders. Luister zonder evaluatie en zonder oordeel. Luister zonder dat je geest wordt afgeleid door iets anders. Luister gewoon. Oefen vandaag met drie verschillende individuen. Beoefen het luisteren. Wees stil als je luistert. Probeer voorbij hun woorden te horen. Probeer voorbij hun uiterlijk te kijken. Projecteer geen beelden op hen. Luister gewoon.

OEFEN VANDAAG MET LUISTEREN NAAR ANDEREN. Raak niet betrokken bij wat zij zeggen. Om in hun gezelschap te oefenen, hoef je niet ongepast op hen te reageren als ze je direct aanspreken. Betrek je hele geest bij jullie conversatie. Neem dus de tijd om te oefenen met luisteren zonder te spreken. Sta anderen toe zich naar jou toe uit te drukken. Je zult merken dat ze meer met je communiceren dan je in eerste instantie zou verwachten. Je hoeft dit niet uit te zoeken. Oefen vandaag gewoon met luisteren zodat je de aanwezigheid van Kennis kunt horen.

OEFENING 64: *Drie oefenperiodes.*

Stap 65

IK BEN IN DE WERELD GEKOMEN OM TE WERKEN.

Je bent naar de wereld gekomen om te werken. Je bent naar de wereld gekomen om te leren en je bijdrage te leveren. Je bent gekomen vanaf een plaats van rust naar een plaats van arbeid. Wanneer het werk gedaan is, ga je naar huis naar een plaats van rust. Je kunt dit alleen weten en jouw Kennis zal dit aan je onthullen wanneer je er klaar voor bent.

Voor nu, oefen op het uur. Vertel jezelf dat je naar de wereld bent gekomen om te werken, en neem dan even de tijd om de realiteit hiervan te voelen. Je werk is groter dan je huidige baan. Je werk is groter dan wat je momenteel probeert te doen met mensen en voor mensen. Je werk is groter dan wat je voor jezelf probeert te doen. Begrijp dat je niet weet wat je werk is. Dat zal je worden geopenbaard en het zal zich voor jou ontvouwen, maar begrijp vandaag dat je naar de wereld bent gekomen om te werken. Dit zal je kracht, je doel en je bestemming bevestigen. Dit zal de realiteit bevestigen van je ware thuis, van waaruit je je gaven hebt meegebracht.

Oefening 65: *Ieder uur oefenen.*

Stap 66

IK ZAL STOPPEN MET KLAGEN OVER DE WERELD.

KLAGEN OVER DE WERELD BETEKENT dat zij niet beantwoordt aan je idealisme. Klagen over de wereld betekent dat je niet inziet dat je hier gekomen bent om te werken. Klagen over de wereld helpt je niet om de hachelijke situatie waarin zij verkeert te begrijpen. Klagen over de wereld betekent dat je de wereld niet begrijpt zoals zij is. Je klachten geven aan dat bepaalde verwachtingen werden teleurgesteld. Deze teleurstellingen heb je nodig zodat je de wereld begint te begrijpen zoals ze is en jij jezelf begint te begrijpen zoals je werkelijk bent.

HERINNER JEZELF OP HET UUR AAN DEZE AFFIRMATIE en breng die dan in praktijk. Besteed ieder uur een minuut aan niet klagen over de wereld. Laat de uren niet ongemerkt voorbijgaan, maar zorg dat je aanwezig bent om te oefenen. Onderken hoezeer anderen klagen over de wereld en hoe weinig het hen biedt en hoe weinig het de wereld te bieden heeft. De wereld is reeds veroordeeld door degenen die hier verblijven. Als men haar wil liefhebben en cultiveren, moet haar hachelijke toestand herkend en haar mogelijkheden geaccepteerd worden. Wie kan bezwaar maken wanneer een omgeving wordt geboden waar Kennis kan worden teruggewonnen en een bijdrage kan leveren? De wereld heeft alleen behoefte aan Kennis en de expressies van Kennis. Hoe kan zij het waard zijn veroordeeld te worden?

OEFENING 66: *Ieder uur oefenen.*

Stap 67

IK WEET NIET WAT IK WIL VOOR DE WERELD.

Je weet niet wat je wilt voor de wereld omdat je de wereld niet begrijpt, en je nog niet in staat bent geweest haar hachelijke toestand te zien. Wanneer je inziet dat je niet weet wat je voor de wereld wilt, geeft dit je de motivatie en de kans de wereld te observeren, om opnieuw te kijken. Dit is essentieel voor je begrip. Het is essentieel voor je welzijn. De wereld zal je alleen maar teleurstellen als ze verkeerd wordt begrepen. Je zult jezelf alleen maar teleurstellen als je verkeerd begrepen wordt. Je bent naar de wereld gekomen om te werken. Herken de kans die je geboden wordt.

Oefen vandaag, onder alle omstandigheden op het uur. Spreek de affirmatie uit en probeer dan de waarheid hiervan te beseffen. Je weet niet wat je voor de wereld wilt, maar jouw Kennis weet wat zij moet bijdragen. Zonder dat je probeert Kennis te vervangen door je eigen plannen voor de wereld, zal Kennis zich vrijelijk zonder belemmering uitdrukken, en zullen jij en de wereld de grote begunstigden zijn van haar gaven.

Oefening 67: *Ieder uur oefenen.*

Stap 68

IK ZAL VANDAAG HET VERTROUWEN IN MEZELF NIET VERLIEZEN.

VERLIES VANDAAG NIET HET VERTROUWEN IN JEZELF. Ga door met je oefeningen. Behoud je intentie om te leren. Wees zonder conclusies. Heb deze openheid en deze kwetsbaarheid. Waarheid bestaat ook zonder dat je probeert jezelf sterker te maken. Sta jezelf toe er een ontvanger van te zijn.

OEFEN VANDAAG OP IEDER UUR OM JEZELF ERAAN TE HERINNEREN dat je het vertrouwen in jezelf niet zult verliezen. Verlies niet het vertrouwen in Kennis, de aanwezigheid van je Leraren, in de weldaad van het leven of in je missie in de wereld. Sta toe dat al deze dingen worden bevestigd, zodat ze zich te zijner tijd volledig aan je kunnen openbaren. Als je erbij aanwezig bent, zullen ze zo duidelijk voor je worden dat je ze in alles zult zien en voelen. Je visie op de wereld zal worden getransformeerd. Je ervaring van de wereld zal worden getransformeerd. En al je kracht en energie zal zich bundelen om tot uiting te komen.

VERLIES VANDAAG HET VERTROUWEN IN JEZELF NIET.

OEFENING 68: *Ieder uur oefenen.*

Stap 69

VANDAAG ZAL IK STILTE BEOEFENEN.

BEOEFEN VANDAAG STILTE IN JE TWEE OEFENPERIODES VAN 30 MINUTEN. Laat je meditatie diep zijn. Geef jezelf eraan over. Ga de meditatie niet in met vragen en verzoeken. Ga de meditatie in om jezelf eraan over te geven. Waar je jezelf naartoe brengt is de Tempel van de Ware Geest in jezelf. Wees dus in je oefenperiodes aanwezig en wees stil. Sta jezelf toe te baden in de luxe van leegte. Want de aanwezigheid van God wordt eerst ervaren als leegte omdat beweging ontbreekt, en dan begin je in deze leegte de aanwezigheid te voelen die alle dingen doordringt en alle betekenis aan het leven geeft.

BEOEFEN VANDAAG STILTE zodat je kunt weten.

OEFENING 69: *Twee oefenperiodes van 30-minuten.*

Stap 70

TERUGBLIK

*V*ANDAAG IS DE BEKRONING VAN TIEN WEKEN OEFENEN. Gefeliciteerd! Je bent zover gekomen. Een ware student zijn betekent dat je de stappen volgt zoals ze gegeven worden. Om dit te kunnen moet je leren jezelf eer te bewijzen, je bron van instructies in ere te houden, je beperkingen te herkennen en je grootsheid te waarderen. Daarom is dit een dag van eer en een dag van erkenning voor jou.

KIJK TERUG OP DE LAATSTE DRIE OEFENWEKEN. Herlees de instructies en denk terug aan iedere oefenperiode. Denk terug aan wat je wel en wat je niet hebt gegeven. Eer je participatie en probeer die vandaag te versterken. Verdiep je voornemen om Kennis te verkrijgen en verdiep je ervaring om een ware volger te zijn zodat je in de toekomst kunt leren een ware leider te zijn. Verdiep je ervaring een ware ontvanger te zijn, zodat je een ware bijdrager kunt zijn.

LAAT DEZE DAG VAN TERUGKIJKEN, dan een dag zijn van eerbewijs aan jou en een dag die je inzet versterkt. Wees eerlijk in de evaluatie van je participatie. Beoordeel je kennelijke successen en mislukkingen. Je successen zullen je bemoedigen, en je mislukkingen zullen je leren wat je moet doen om je ervaring te verdiepen. Dit is een dag van eerbewijs aan jou die geëerd wordt.

OEFENING 70: *Verscheidene lange oefenperiodes.*

Stap 71

IK BEN HIER OM EEN GROTER DOEL TE DIENEN.

JE BENT HIER OM EEN GROTER DOEL TE DIENEN, voorbij louter overleven en de bevrediging van de dingen die je misschien denkt te willen. Dit is waar omdat je een spirituele aard hebt. Je hebt een spirituele oorsprong en een spirituele bestemming. Je falen in dit leven is het falen om te beantwoorden aan je spirituele aard, die vervormd en verguisd is door de religies van je wereld, die door de wetenschap van je wereld verwaarloosd en ontkend is. Je hebt een spirituele aard. Je hebt een groter doel te dienen. Wanneer je vertrouwt op je neiging tot dit doel, zul je in staat zijn er dichter bij te komen. Wanneer je er vertrouwen in hebt dat ze een echte bron van liefde vertegenwoordigt, dan zul je beginnen jezelf ervoor open te stellen, en dit zal een grote thuiskomst voor je zijn.

STA JEZELF VANDAAG IN JE TWEE MEDITATIEPERIODES toe je open te stellen voor de aanwezigheid van liefde in je leven. Als je in stilte zit en diep ademhaalt, laat jezelf dan echt de aanwezigheid van liefde voelen, die de aanwezigheid van een groter doel in je leven betekent.

OEFENING 71: *Twee oefenperiodes van 30-minuten.*

Stap 72

IK ZAL VANDAAG VERTROUWEN OP MIJN DIEPSTE NEIGINGEN.

VERTROUW OP JE DIEPSTE NEIGINGEN want zij zijn betrouwbaar, maar je moet leren ze waar te nemen en te onderscheiden van de vele andere verlangens, dwangmatigheden en wensen die je voelt en die je beïnvloeden. Dit kun je alleen door ervaring leren. Je kunt dit leren omdat je diepste neigingen je altijd naar betekenisvolle relaties leiden en weg van isolement of verdeeldheid zaaiende verbintenissen. Om dit te leren moet je oefenen, en dat zal tijd kosten, maar elke stap die je in deze richting zet brengt je dichter bij de bron van liefde in je leven en zal je de grotere kracht laten zien die bij je verblijft, die je moet dienen en die je moet leren ontvangen.

ONTVANG VANDAAG IN JE TWEE OEFENPERIODES, in stilte en in rust, deze grotere kracht en vertrouw daarbij op je diepste neigingen. Sta jezelf toe aan deze twee oefenperiodes je volledige aandacht te geven en alle andere dingen terzijde te schuiven voor latere overweging. Sta jezelf toe je diepste neigingen te herkennen, waarop je moet leren vertrouwen.

OEFENING 72: *Twee oefenperiodes van 30-minuten.*

Stap 73

IK ZAL TOESTAAN DAT MIJN FOUTEN MIJ ONDERWIJZEN.

DOOR TOE TE STAAN DAT JE FOUTEN JE INSTRUEREN, ken je er waarde aan toe. Zonder dit zouden ze geen waarde hebben en zouden ze in jouw ogen een smet op je werpen. Fouten gebruiken om van te leren is dus gebruik maken van je eigen beperkingen door ze de weg te laten wijzen naar grootsheid. God wil dat je leert van je fouten, zodat je kunt leren van de grootsheid van God. Dit wordt niet gedaan om je te kleineren, maar om je te verheffen. Je hebt veel fouten gemaakt, en er zijn een paar fouten die je nog zult maken. Om je te behoeden voor herhaling van schadelijke fouten en om van je fouten te leren willen wij je nu instrueren.

HERHAAL OP ELK UUR OP DEZE DAG voor jezelf dat je van je fouten wilt leren en voel een ogenblik wat dit betekent. Zo zal je, door vele oefenperiodes vandaag, de verklaring die je aflegt beginnen te begrijpen en misschien zul je dan beseffen hoe ze tot stand kan worden gebracht. Als je bereid bent van je fouten te leren, zul je niet zo bang zijn ze te erkennen. Dan wil je ze begrijpen, niet ontkennen, er geen getuigenis tegen afleggen, ze niet bij andere namen noemen, maar ze toegeven voor eigen bestwil. Vanuit deze erkenning ben je in staat om anderen bij te staan in het terugwinnen van Kennis, want ook zij moeten leren hoe ze van hun fouten kunnen leren.

OEFENING 73: *Twee oefenperiodes van 30-minuten.*

Stap 74

VREDE VERBLIJFT VANDAAG MET MIJ.

V ANDAAG VERBLIJFT VREDE MET JOU. Verblijf met vrede en ontvang haar zegeningen. Kom tot rust met alles wat je kwelt. Kom met je zware last. Kom niet op zoek naar antwoorden. Kom niet op zoek naar begrip. Kom op zoek naar haar zegeningen. Vrede kan niet inbreken in een leven vol conflicten, maar je kunt wel een leven vol vrede binnengaan. Je komt tot vrede, die op je wacht, en hierin zul je verlost worden van je lasten.

OEFEN VANDAAG IN JE TWEE LANGE OEFENPERIODES, in stilte, het ontvangen van vrede. Sta jezelf toe dit geschenk te ontvangen, en als een ontmoedigende gedachte opkomt, herinner jezelf dan aan je grote waarde – de waarde van je Kennis en de waarde van je zelf. Weet nu dat je bereid bent van je fouten te leren en dat je je er niet mee hoeft te identificeren, maar ze slechts hoeft te gebruiken als een waardevolle bron voor je ontwikkeling, want dat kunnen ze voor je worden.

OEFEN DAN IN HET ONTVANGEN. Stel je vandaag een beetje verder open. Zet alle dingen die je bezighouden opzij om er later over na te denken mocht dat nodig zijn. Vrede verblijft met je vandaag. Verblijf vandaag met vrede.

OEFENING 74: *Twee oefenperiodes van 30-minuten.*

Stap 75

VANDAAG ZAL IK NAAR MIJN ZELF LUISTEREN.

Luister vandaag naar je Zelf, niet naar het kleine zelf in je dat klaagt en zich zorgen maakt en zich verwondert en wenst, maar naar het Grotere Zelf in je. Luister naar het grotere zelf in je, dat Kennis is, dat verenigd is met je Spirituele Leraren, dat verenigd is met je Spirituele Familie en dat je doel en je roeping in het leven bevat. Luister niet om vragen te stellen, maar om te leren luisteren. En naarmate je luisteren dieper wordt, zal je ware zelf, wanneer dat nodig is, op den duur tot je spreken, en je zult dan in staat zijn te horen en te reageren zonder verwarring.

Oefen vandaag in je twee oefenperiodes met luisteren naar je Zelf. Er hoeven geen vragen gesteld te worden. Dat is niet nodig. Het luisteren moet ontwikkeld worden. Luister vandaag naar je Ware Zelf, zodat je kunt leren over dat wat God kent en liefheeft.

Oefening 75: *Twee oefenperiodes van 30-minuten.*

Stap 76

VANDAAG ZAL IK NIET OVER EEN ANDER OORDELEN.

Zonder oordeel kun je zien. Zonder oordeel kun je leren. Zonder oordeel opent je geest zich. Zonder oordeel begrijp je jezelf. Zonder oordeel kun je de ander begrijpen.

Herhaal vandaag op elk uur deze uitspraak terwijl je getuige bent van jezelf en de wereld om je heen. Herhaal deze uitspraak en voel de impact ervan. Laat je oordelen voor enkele ogenblikken los, en voel dan het contrast en de ervaring die dit je zal opleveren. Oordeel vandaag niet over iemand anders. Sta anderen toe zich aan jou te openbaren. Zonder oordeel zul je niet lijden onder je eigen doornenkroon. Zonder oordeel zul je de aanwezigheid van je Leraren die je bijstaan voelen.

Laat je oefeningen op het uur consistent zijn. Als een uur wordt gemist, vergeef jezelf dan en wijd je er opnieuw aan. Fouten zijn er om je te onderwijzen, je te sterken en je te tonen wat je moet leren.

Ongeacht wat een ander doet, ongeacht hoe hij of zij jouw gevoeligheden, jouw ideeën of jouw waarden kan kwetsen, oordeel vandaag niet over een ander.

Oefening 76: *Ieder uur oefenen.*

Stap 77

TERUGBLIK

BEKIJK VANDAAG IN JE TERUGBLIK nogmaals de afgelopen oefen- en instructieweek. Onderzoek nogmaals de kwaliteiten in jezelf die je helpen bij je voorbereiding en de kwaliteiten in jezelf die je voorbereiding bemoeilijken. Observeer deze dingen objectief. Leer die aspecten van jezelf te versterken die je deelname aan het terugwinnen van Kennis aanmoedigen en versterken, en leer de kwaliteiten die in de weg staan aan te passen of te corrigeren. Je moet beide herkennen om over wijsheid te beschikken. Je moet leren van waarheid en je moet leren van fouten. Je moet dit doen om vooruit te komen, en je moet dit doen om anderen te dienen. Tenzij je hebt geleerd van fouten en er objectief naar kunt kijken en kunt begrijpen hoe ze zijn ontstaan en hoe ze kunnen worden bevrijd – pas als je deze dingen hebt geleerd – zul je weten hoe je anderen kunt dienen, en zullen hun fouten je niet boos maken en frustreren. Met Kennis zullen je verwachtingen in harmonie zijn met de natuur van een ander. Met Kennis zul je leren hoe je moet dienen en zul je vergeten hoe te veroordelen.

OEFENING 77: *Een lange oefenperiode.*

Stap 78

IK KAN NIETS ALLEEN DOEN.

Je kunt niets alleen doen, want je bent niet alleen. Een grotere waarheid zul je niet vinden. Toch zul je geen waarheid vinden die meer denkwerk en onderzoek vereist. Neem dit niet voor waar aan, want deze waarheid is zeer groot. Het is noodzakelijk dat je ze bestudeert.

Herhaal deze verklaring vandaag op elk uur en denk na over de impact ervan. Doe dit onder alle omstandigheden, want mettertijd zul je ontdekken hoe je in elke omstandigheid kunt leren, hoe je in elke omstandigheid kunt oefenen, hoe elke omstandigheid je oefening ten goede kan komen en hoe je oefening elke omstandigheid ten goede kan komen.

Je kunt niets alleen doen, en vandaag zul je in je beoefening de hulp ontvangen van je Spirituele Leraren, die jou hun kracht zullen bieden. Je zult dit voelen naarmate jij je eigen kracht biedt. Je zult beseffen dat een grotere kracht dan die van jezelf je in staat zal stellen om voort te gaan, om door de grote sluier van onbegrip heen te dringen en de bron van je Kennis en de bron van je relaties in het leven in te zien. Aanvaard je beperkingen, want alleen kun je niets doen, maar met het leven worden alle dingen je gegeven om te dienen. Met het leven wordt je ware aard gewaardeerd en verheerlijkt in zijn dienstbaarheid aan anderen.

Oefening 78: *Ieder uur oefenen.*

Stap 79

VANDAAG ZAL IK ONZEKERHEID TOELATEN TE BESTAAN.

Onzekerheid toelaten te bestaan betekent dat er groot vertrouwen is. Dit betekent dat er een andere vorm van zekerheid ontstaat. Wanneer je onzekerheid toelaat te bestaan, betekent dit dat je eerlijk wordt, want in werkelijkheid ben je onzeker. Door onzekerheid toelaten te bestaan, word je geduldig, want er is geduld voor nodig om je zekerheid terug te krijgen. Door onzekerheid toelaten te bestaan, word je tolerant. Je neemt afstand van oordeel en wordt een getuige van het leven in jou en van het leven om je heen. Aanvaard vandaag onzekerheid, zodat je kunt leren. Zonder pretentie zul je Kennis zoeken. Zonder oordeel zul je je eigen ware behoefte beseffen.

Herhaal vandaag op elk uur de verklaring en onderzoek wat het betekent. Onderzoek dit vanuit je eigen gevoelens en onderzoek dit in het licht van wat je ziet in de wereld om je heen. Onzekerheid bestaat totdat je zeker bent. Als je het toelaat te bestaan, kun je God toelaten je te dienen.

Oefening 79: *Ieder uur oefenen.*

Stap 80

IK KAN ALLEEN MAAR OEFENEN.

Je kunt alleen maar oefenen. Leven is oefenen. Wij sturen alleen je oefenen bij, zodat het jou dient en zodat het anderen mag dienen. Je oefent de hele tijd, bij herhaling, steeds maar weer. Je oefent verwarring, je oefent oordeel, je oefent schuldprojectie, je oefent schuldgevoel, je oefent dissociatie en je oefent inconsistentie. Je versterkt je oordelen door ze te blijven vellen. Je versterkt je onzekerheden door ze te blijven benadrukken. Je oefent je afkeer van jezelf door die te blijven beïnvloeden.

ALS JE JE LEVEN MAAR EEN MOMENT OBJECTIEF BEKIJKT zul je zien dat je hele leven bestaat uit oefenen. Daarom oefen je, of je nu een onderwijsprogramma hebt ten bate van jezelf of niet. Daarom geven wij het onderwijsprogramma dat je nu kunt beoefenen. Het zal in de plaats komen van de oefeningen die je verward en gekleineerd hebben, die je in conflict gebracht hebben en die je tot dwaling en in gevaar gebracht hebben. Wij geven je een ruimere training zodat je niet die dingen zult beoefenen die je waarde en je zekerheid ondermijnen.

HERHAAL VANDAAG IN JE TWEE MEDITATIEOEFENINGEN de verklaring dat je alleen maar kunt oefenen, en beoefen dan stilte en ontvankelijkheid. Laat je oefening in kracht toenemen, en je zult bevestigen wat wij zeggen. Je kunt alleen maar oefenen. Oefen daarom ten goede.

OEFENING 80: *Twee oefenperiodes van 30-minuten.*

Stap 81

IK ZAL MEZELF VANDAAG NIET VOOR DE GEK HOUDEN.

Oefen op het uur het afleggen van deze verklaring en voel de impact ervan. Versterk je toewijding aan Kennis. Verval niet in het ogenschijnlijke gemak van zelfbedrog. Wees niet tevreden met veronderstellingen of de overtuigingen van anderen. Accepteer geen algemeenheden als waarheid. Accepteer uiterlijkheden niet als representatief voor de werkelijkheid van een ander. Accepteer niet alleen het uiterlijk van jezelf. Hiermee laat je zien dat je geen waarde hecht aan jezelf of aan je leven en dat je te lui bent om energie te steken in jezelf.

Om Kennis te vinden moet je onzekerheid binnengaan. Wat betekent dit? Het betekent simpelweg dat je valse veronderstellingen, zelfgenoegzame ideeën en de luxe van zelfveroordeling opgeeft. Waarom is zelfveroordeling een luxe? Omdat het gemakkelijk is en je de waarheid niet hoeft te onderzoeken. Je aanvaardt dit omdat het geaccepteerd wordt in deze wereld, en het geeft je veel om over te praten met je vrienden. Het roept sympathie op. Daarom is het gemakkelijk en zwak.

Houd jezelf vandaag niet voor de gek. Sta jezelf toe het mysterie en de waarheid van je leven te onderzoeken. Herhaal vandaag op het uur het idee van vandaag en voel wat het betekent. Herhaal ook vandaag, in twee langere oefenperiodes, de verklaring en wijd jezelf dan aan stilte en ontvankelijkheid. Je begint nu te leren hoe je jezelf op stilte kunt voorbereiden –door je adem te gebruiken, je geest te concentreren, je gedachten te laten varen en jezelf eraan te herinneren dat je zo'n inspanning waardig bent. Herinner jezelf aan het doel dat je probeert te bereiken. Houd jezelf vandaag niet voor de gek. Geef niet toe aan wat gemakkelijk en pijnlijk is.

OEFENING 81: *Twee oefenperiodes van 30-minuten.*
Ieder uur oefenen.

Stap 82

IK ZAL VANDAAG NIET OVER EEN ANDER OORDELEN.

OPNIEUW OEFENEN WE DEZE LES, die We met zekere tussenpozen zullen herhalen, naarmate je verder gaat. Oordeel is een besluit om niet te weten. Het is een besluit om niet te kijken. Het is een besluit om niet te luisteren. Het is een besluit om niet stil te zijn. Het is een besluit om een gemakkelijke vorm van denken te volgen die je geest in slaap houdt en jou verloren houdt in de wereld. De wereld is vol fouten. Hoe kan het ook anders? Daarom heeft ze niet jouw veroordeling nodig, maar je opbouwende hulp.

OORDEEL VANDAAG NIET OVER EEN ANDER. Herinner jezelf op ieder uur hieraan en sta er kort bij stil. Herinner jezelf hieraan in je twee meditatieoefeningen, waarin je deze verklaring aflegt en dan de stilte en ontvankelijkheid binnengaat. Oordeel vandaag niet over een ander, zodat jij gelukkig kunt zijn.

OEFENING 82: *Twee oefenperiodes van 30-minuten.*
Ieder uur oefenen.

Stap 83

IK WAARDEER KENNIS BOVEN AL HET ANDERE.

ALS JE DE DIEPGANG EN KRACHT van deze verklaring zou kunnen ervaren, zou dit je bevrijden van alle vormen van slavernij. Het zou alle conflicten in je denken uitwissen. Het zou een volledig einde maken aan alles wat je verontrust en verbijstert. Je zou relaties niet meer zien als een vorm van overheersing of als een vorm van straf. Dit zou je een geheel nieuwe basis van inzicht geven in je participatie met anderen. Het zou je een referentiekader geven waarbinnen je jezelf geestelijk en lichamelijk kunt ontwikkelen, terwijl je daarbij een groter perspectief behoudt. Wat anders heeft je teleurgesteld dan het verkeerd aanwenden van je vermogens? Wat anders doet je verdriet en maakt je kwaad dan het verkeerd aanwenden van de vermogens van andere mensen?

WAARDEER KENNIS. Zij gaat je begrip te boven. Volg Kennis. Ze leid je op manieren die je nog nooit hebt ervaren. Vertrouw op Kennis. Zij geeft je terug aan jezelf. Vertrouwen komt vóór begrip, altijd. Participatie komt vóór vertrouwen, altijd. Participeer daarom met Kennis.

HERINNER JEZELF OP HET UUR AAN JE VERKLARING. Probeer zeer consistent te zijn. Vergeet vandaag niet te benadrukken dat je Kennis waardeert boven al het andere. Bevestig deze verklaring tijdens je twee meditatieoefeningen en sta dan, in stilte, jezelf toe om te ontvangen. Gebruik deze oefeningen niet om antwoorden of informatie te krijgen, maar sta jezelf toe om kalm te worden, want een kalme geest kan alle dingen leren en alle dingen weten.

Woorden zijn slechts één vorm van communicatie. Je leert nu te communiceren, want je geest opent zich nu voor een grotere verbondenheid.

OEFENING 83: *Twee oefenperiodes van 30-minuten.
          Ieder uur oefenen.*

Stap 84

TERUGBLIK

Kijk terug op de oefeningen en instructies van de afgelopen week. Kijk objectief terug op je vooruitgang. Realiseer je hoe veel je moet leren. Je stappen zijn nu klein, maar stevig. Kleine stappen leiden je de hele weg. Er wordt niet van je verwacht dat je grote sprongen maakt, maar toch zal elke kleine stap een grote sprong lijken, want het zal je zoveel meer geven dan je ooit tevoren hebt gehad. Laat je uiterlijke leven zich herschikken naarmate je innerlijke leven naar boven komt en zijn licht op je laat schijnen. Behoud je focus en aanvaard verandering in je uiterlijke leven, want het is in jouw voordeel. Alleen als Kennis wordt geschonden, zal de aanduiding van een fout voor jou duidelijk worden. Dit zal je tot effectieve actie leiden. Als Kennis niet ontstemd raakt door de verandering om je heen, hoef jij dat ook niet te zijn. Na verloop van tijd zul je de vrede van Kennis bereiken. Je zult delen in haar vrede, haar zekerheid en haar ware geschenken.

Voer daarom vandaag je terugblik uit in een lange oefenperiode. Kijk nadrukkelijk en met veel onderscheidingsvermogen terug. Sta jezelf niet toe de herkenning van je leerproces te missen.

Oefening 84: *Een lange oefenperiode.*

Stap 85

VANDAAG VIND IK GELUK IN KLEINE DINGEN.

JE ZULT GELUK VINDEN IN KLEINE DINGEN omdat geluk met je is. Je zult geluk vinden in kleine dingen omdat je leert stil en opmerkzaam te zijn. Je zult geluk vinden in kleine dingen omdat je geest ontvankelijk wordt. Je zult geluk ervaren in kleine dingen omdat je aanwezig bent bij je huidige omstandigheden. Kleine dingen kunnen grote boodschappen overbrengen als je er met je aandacht bij bent. Dan zullen kleine dingen je niet irriteren.

EEN STILLE GEEST IS EEN BEWUSTE GEEST. Een stille geest is een geest die leert om in vrede te zijn. Vrede is geen passieve toestand. Het is een staat van uiterste activiteit, want het verbindt je leven met grote betekenis en intensiteit, activeert al je krachten en geeft ze een uniforme richting. Dit komt voort uit vrede. God is stil, maar alles van God wordt omgezet in constructieve en uniforme actie. Dit geeft vorm en richting aan alle betekenisvolle relaties. Daarom zijn jullie Leraren bij jullie, want er is een Plan.

OEFEN VANDAAG TWEEMAAL STILTE IN DIEPE MEDITATIE. Zeg op het uur de affirmatie van je les op en overdenk die kort. Laat je dag in het teken van oefening staan, zodat de oefening kan inwerken op al je andere activiteiten.

OEFENING 85: *Twee oefenperiodes van 30 minuten.*
Ieder uur oefenen.

Stap 86

IK EER HEN DIE AAN MIJ HEBBEN GEGEVEN.

Hen eren die aan jou hebben gegeven zal dankbaarheid opwekken, en dat is het begin van ware liefde en waardering. Vandaag word je in je twee diepe oefenperiodes gevraagd te denken aan die mensen die aan jou hebben gegeven en tijdens je oefenperiode aan niets anders te denken dan aan hen. Je wordt gevraagd diep na te denken over wat zij voor jou hebben gedaan. Probeer bij degenen op wie je boos bent en door wie je van streek bent geraakt te zien hoe ook zij je van dienst zijn geweest bij het terugwinnen van Kennis. Ontken je gevoelens niet, maar probeer ondanks je gevoelens jegens hen, als er kwade gevoelens zijn, ook de dienst die zij jou bewezen hebben te erkennen. Want je kunt inderdaad wel boos op of verontwaardigd zijn over iemand waarvan je erkent dat hij jou heeft gediend, en dit is vaak het geval. Misschien ben je zelfs boos op dit leerplan, dat slechts beoogt jou te dienen. Waarom zou je boos zijn op dit leerplan? Omdat Kennis alles wegspoelt wat haar in de weg staat. Daarom ben je soms boos en weet je niet eens waarom.

LAAT JE TWEE OEFENPERIODES VRIJ GECONCENTREERD VERLOPEN. Concentreer je. Gebruik de kracht van je geest. Denk aan de personen die jou gediend hebben. Als er personen in je opkomen waarvan je niet had gedacht dat ze je hebben gediend, bedenk dan hoe ook zij je hebben gediend. Laat deze dag een dag van herkenning zijn. Laat dit een dag zijn van herstel.

OEFENING 86: *Twee oefenperiodes van 30 minuten.*

Stap 87

IK ZAL NIET BANG ZIJN VOOR WAT IK WEET.

Oefen vandaag op het uur met het herhalen van deze uitspraak en denk na over de betekenis ervan. Op het uur zul je leren om angst uit je leven te verdrijven, want Kennis zal alle angst verdrijven, en jij zult angst verdrijven om Kennis het recht te geven zich uit te drukken. Vertrouw op wat je weet. Het is voor het grootste goed. Misschien koester je veel woede en wantrouwen jegens jezelf, maar dit is niet tegen Kennis gericht. Het is gericht tegen je persoonlijke geest, die onmogelijk je grotere doel kan begrijpen. Die kan onmogelijk een antwoord geven op je grootste vragen, of zekerheid, doel, betekenis en richting bieden in je leven. Vergeef het feilbare. Eer het onfeilbare. En leer de twee uit elkaar te houden.

Oefen vandaag in je twee langere oefenperiodes het loslaten van angst zodat je kunt weten. Door je geest toe te staan stil en ontvankelijk te worden zonder eisen te stellen laat je zien dat je op Kennis vertrouwt. Dit zal je respijt geven van de kwellingen en vijandigheden van deze wereld. Hierdoor zul je een andere wereld beginnen te zien.

Oefening 87: *Twee oefenperiodes van 30 minuten.*
Ieder uur oefenen.

Stap 88

MIJN HOGERE ZELF IS GEEN INDIVIDU.

Vaak heerst er verwarring over je Hogere Zelf en je Spirituele Leraren. Dit is erg moeilijk op te lossen vanuit het gezichtspunt van afscheiding. Maar wanneer je het leven ziet als een omvattend netwerk van zich ontwikkelende relaties, dan begin je te ervaren en te herkennen dat je Hogere Zelf inderdaad deel uitmaakt van een groter netwerk van relaties. Het is dat deel van jou dat niet afgescheiden is maar zinvol verbonden is met anderen. Daarom is je Hogere Zelf verbonden met het Hogere Zelf van je Leraren. Zij zijn nu zonder dualiteit, want zij hebben geen ander zelf. Jij hebt twee zelven: het Zelf dat geschapen is en het zelf dat jij gecreëerd hebt. Het zelf dat je hebt gecreëerd in dienst brengen van je Ware Zelf verbindt hen samen in een zinvolle verbintenis in doel en dienstbaarheid en beëindigt het interne conflict voorgoed.

Herhaal vandaag op het uur je affirmatie en voel de impact ervan. Gebruik in je twee langere oefenperiodes je affirmatie als een inleiding tot je oefening in stilte en ontvankelijkheid.

Oefening 88: *Twee oefenperiodes van 30 minuten.*
Ieder uur oefenen.

Stap 89

MIJN EMOTIES KUNNEN MIJN KENNIS NIET ONTMOEDIGEN.

EMOTIES VOEREN JE MEE ALS STERKE WINDEN. Zij slepen je van de ene plaats naar de andere plaats. Misschien ben je mettertijd in staat hun mechanisme grondiger te begrijpen. Onze oefening van vandaag is te benadrukken dat zij Kennis niet beheersen. Kennis hoeft je emoties niet te vernietigen. Ze wenst er slechts aan bij te dragen. Mettertijd zul je veel meer gaan begrijpen van je emoties, en je zult je realiseren dat je emoties een groter doel kunnen dienen, net als je geest en je lichaam. Alle dingen die een bron van pijn, ongemak en disassociatie zijn geweest zullen dan, wanneer ze in dienst worden gesteld van één kracht – en dat is de Ene Kracht – uitdrukkingsmiddelen worden die een groter doel dienen. Zelfs woede dient hier een groter doel, want het laat je zien dat je Kennis hebt geschonden. Hoewel je woede misschien niet op een ander is gericht, is het eenvoudigweg een teken dat er iets verkeerd is gegaan en dat er correctie moet plaatsvinden. Je zult de bron van leed begrijpen, en mettertijd zul je de bron van alle emoties begrijpen.

OEFEN OP HET UUR, en herhaal het idee van vandaag aan het begin van je twee langere meditatieoefeningen, en ga dan de stilte binnen. Leer vandaag te waarderen wat zeker is en te begrijpen wat onzeker is, te herkennen wat de oorzaak is en wat de oorzaak in de weg staat, maar wat mettertijd de oorzaak zelf kan dienen.

OEFENING 89: *Twee oefenperiodes van 30 minuten.*
Ieder uur oefenen.

Stap 90

VANDAAG ZAL IK GEEN VERONDERSTELLINGEN MAKEN.

Maak vandaag geen veronderstellingen terwijl je nog één extra dag wijdt aan het terugwinnen van Kennis. Doe geen veronderstellingen over je vooruitgang in het leerproces. Doe geen veronderstellingen over je wereld. Oefen deze dag met een open geest die getuige is van gebeurtenissen en die wil leren. Geniet van de vrijheid die je krijgt zonder veronderstellingen, want het mysterie zal een bron van genade voor je zijn in plaats van een bron van angst en bezorgdheid, naarmate je het leert te ontvangen.

Vandaag kun je tijdens je oefening op het uur en in je twee langere meditatieoefeningen, waarin je stilte en ontvankelijkheid oefent, de waarde en de kracht van deze woorden ervaren. Maak deze dag geen veronderstellingen. Herinner jezelf hier de hele dag door aan, want het doen van veronderstellingen is slechts een gewoonte en wanneer de gewoonte wordt losgelaten kan de geest zijn natuurlijke functie uitoefenen zonder zijn vroegere beperkingen.

Oefening 90: *Twee oefenperiodes van 30 minuten.*
Ieder uur oefenen.

Stap 91

TERUGBLIK

ONZE TERUGBLIK ZAL ZICH OPNIEUW CONCENTREREN op de instructies en je oefeningen van de afgelopen week. Besteed deze tijd om opnieuw te ervaren wat er elke dag is gebeurd en ook om dit vanuit je huidige ervaring te zien. Leer hoe je moet leren. Leer over het leerproces. Gebruik leren niet als een vorm om publiciteit te verwerven. Gebruik leren niet om aan jezelf te bewijzen wat je waard bent. Je kunt je waarde niet bewijzen. Het valt buiten je macht om dat te bewijzen. Jouw waarde zal zichzelf bewijzen wanneer je het toelaat, wat je nu leert te doen. Oefen om te oefenen. Sommige dagen zal het makkelijker gaan. Sommige dagen zal het moeilijker gaan. Sommige dagen heb je zin om te oefenen. Andere dagen wil je misschien niet oefenen. Elke dag oefen je omdat je een Grotere Wil vertegenwoordigt. Dit laat consistentie zien, wat een demonstratie van kracht is. Dit toont een grotere toewijding. Dit geeft je zekerheid en stabiliteit en stelt je in staat met mededogen om te gaan met alle dingen van geringere kracht.

JE LANGE TERUGBLIK VAN VANDAAG zal een toetsing zijn van je leerproces. Denk eraan jezelf niet te veroordelen, zodat je kunt leren.

OEFENING 91: *Een lange oefenperiode.*

Stap 92

ER IS EEN ROL VOOR MIJ WEGGELEGD IN DE WERELD.

Je bent in een zeer belangrijke tijd in de wereld gekomen. Je bent gekomen om de wereld te dienen in haar huidige behoeften. Je bent gekomen om toekomstige generaties voor te bereiden. Kan dit alles nu van betekenis zijn voor jou persoonlijk? Misschien niet, want je werkt voor het heden en voor de toekomst. Je werkt voor het leven dat jij zult leven en voor levens die na het jouwe zullen komen. Dit geeft je nu voldoening, want je bent gekomen om dit geschenk te geven. Zonder pretentie en onzekerheid, zal dit op een natuurlijke manier in je naar boven komen en zich aan de wereld geven. Het verweeft jouw leven met andere levens op een heel specifieke manier en is bedoeld om jou en allen met wie je in contact komt te verheffen. Het Plan is groter dan je persoonlijke ambitie, en alleen je persoonlijke ambitie kan je visie van wat je moet doen vertroebelen. Wees daarom vandaag dankbaar dat er voor jou een rol is weggelegd in de wereld. Je bent in de wereld gekomen om deze rol te vervullen – voor je eigen vervulling, voor de vooruitgang van je wereld en voor dienstbaarheid aan je Spirituele Familie.

Concentreer je vandaag tijdens je twee oefenperiodes en bevestig dat er voor jou een rol is weggelegd. Probeer die rol niet in te vullen volgens je ideeën of je wensen, maar laat die rol zichzelf vervullen, want Kennis in jou zal die vervullen zodra je er klaar voor bent. Bevestig in stilte en aanvaarding dat er voor jou een rol is weggelegd in de wereld en ervaar de kracht en de waarheid van dit grootse idee.

Oefening 92: *Twee oefenperiodes van 30 minuten.*

Stap 93

IK BEN HIERHEEN GEZONDEN MET EEN DOEL.

Je bent naar de wereld gezonden met een doel, om je gaven bij te dragen die zullen voortkomen uit Kennis. Je bent hier gekomen met een doel, om je je Ware Thuis te herinneren terwijl je in de wereld bent. Het grote doel dat je draagt is op dit moment bij je, en het zal in fasen naar boven komen terwijl je de voorbereiding ondergaat die Wij voor je verzorgen. Dit doel is groter dan alle doelen die jij je jezelf hebt voorgesteld. Het is groter dan alle doelen die je hebt geprobeerd voor jezelf te leven. Het heeft jouw verbeelding of jouw creaties niet nodig, want het zal zichzelf door jou vervullen en het zal jou perfect integreren terwijl het dat doet. Je hebt een doel in de wereld te vervullen. Je bereidt je nu stap voor stap voor om dit te ervaren en te leren aanvaarden, zodat het jou zijn grote geschenken kan geven.

BEVESTIG IN JE TWEE OEFENPERIODES de realiteit van deze uitspraak. Sta in stilte en ontvankelijkheid toe dat je geest kan wennen aan zijn ware functie. Sta jezelf toe een leerling te zijn, wat betekent dat je jezelf toestaat ontvankelijk en verantwoordelijk te zijn voor het gebruik van datgene wat jou wordt aangereikt. Laat deze dag een bevestiging zijn van je ware leven in de wereld, niet van het leven dat je voor jezelf hebt gemaakt.

OEFENING 93: *Twee oefenperiodes van 30 minuten.*

Stap 94

MIJN VRIJHEID DIENT VOOR HET VINDEN VAN MIJN DOEL.

WELKE WAARDE KAN VRIJHEID ANDERS HEBBEN dan je in staat te stellen je doel te vinden en te vervullen? Zonder doel is vrijheid slechts het recht om chaotisch te zijn, het recht om te leven zonder uiterlijke beperkingen. Maar zonder uiterlijke beperking zul je slechts de hardvochtigheid van je innerlijke beperking ten uitvoer brengen. Is dit een verbetering? Over het algemeen is het geen verbetering, hoewel het kan leiden tot mogelijkheden tot zelfontdekking.

NOEM CHAOS GEEN VRIJHEID, want dit is geen vrijheid. Denk niet dat je in een verheven toestand verkeert omdat anderen je niet beperken. Realiseer je dat je vrijheid dient om je in staat te stellen je doel te vinden en het te vervullen. Als je vrijheid op deze manier begrijpt, kun je alle aspecten van je leven gebruiken – je huidige situatie, je relaties, je betrokkenheid, je successen, je fouten, je eigenschappen en je beperkingen – alles ten behoeve van het ontdekken van je doel. Want wanneer een groter doel zich via jou begint uit te drukken op een manier die je kunt herkennen en aanvaarden, zul je eindelijk voelen dat je leven volledig geïntegreerd is. Je zult niet langer afgescheiden individuen in jezelf zijn, maar één persoon, heel en verenigd, met alle aspecten van jezelf betrokken bij het dienen van dit ene doel.

DE VRIJHEID OM FOUTEN TE MAKEN ZAL JOU NIET VERLOSSEN. Fouten kunnen onder alle omstandigheden worden gemaakt, en vrijheid kan onder alle omstandigheden worden gevonden. Probeer daarom over vrijheid te leren. Kennis zal zich uiten wanneer zij bevrijd is en wanneer jij als persoon voldoende ontwikkeld bent om haar grote missie in de wereld te kunnen dragen. Je Spirituele Leraren, die bij je blijven voorbij je visuele zicht, zijn hier om je in te wijden in Kennis. Zij hebben hun eigen methode om dit te doen, want zij begrijpen de ware betekenis van vrijheid en het ware doel ervan in de wereld.

DAAROM BEVESTIGEN WIJ TIJDENS JE OEFENPERIODES nogmaals de kracht van deze uitspraak en geven je twee gelegenheden om haar diep in jezelf te ervaren. Je hoeft niet te proberen hier mentaal over te speculeren, maar ontspan je gewoon zodat het ervaren kan worden. Concentreer je geest volledig om hem de grootsheid te laten ervaren van de aanwezigheid van God die bij je is en die in je is, want dit is kijken in de richting van vrijheid waar vrijheid werkelijk bestaat.

OEFENING 94: *Twee oefenperiodes van 30 minuten.*

Stap 95

HOE KAN IK MEZELF OOIT VERVULLEN?

HOE KUN JE JEZELF OOIT VERVULLEN als je niet weet wie je bent, als je niet weet waar je vandaan komt en waar je naar toe gaat, als je niet weet wie je gezonden heeft en wie er op je zal wachten als je terugkeert? Hoe kun je jezelf ooit alleen vervullen als je deel uitmaakt van het leven zelf? Kun je jezelf vervullen los van het leven? Alleen in fantasie en verbeelding kun je mogelijkerwijs de gedachte koesteren jezelf te vervullen. Hier is geen sprake van vervulling, alleen van toenemende verwarring. Naarmate de jaren vorderen, zul je een groeiende duisternis in je voelen, alsof een grote kans verloren is gegaan. Verlies deze kans niet om te beseffen hoe het leven werkelijk is en vervulling te ontvangen zoals die je werkelijk wordt aangereikt.

ALLEEN IN JE FANTASIE KUN JE JEZELF OP EEN ANDERE MANIER VERVULLEN, en fantasie is geen werkelijkheid. Dit aanvaarden kan in het begin een beperking en een teleurstelling lijken, want je hebt al plannen en motieven voor je eigen persoonlijke vervulling, of je die nu hebt ervaren of niet. Je hele agenda voor je vervulling moet nu in twijfel worden getrokken, niet om je iets van waarde te ontnemen, maar om je te bevrijden van een gebondenheid die je in de loop der tijd alleen maar om de tuin zou kunnen leiden en teleurstellen. Daarom stelt het aanvaarden van de hopeloosheid van je poging om jezelf te vervullen je eindelijk open om het grote geschenk te ontvangen dat voor jou beschikbaar is en dat op je wacht. Dit grote geschenk is bedoeld om via jou in de wereld te worden gegeven op een manier die specifiek is voor jouw geluk en voor het geluk van degenen die zich op natuurlijke wijze tot jou aangetrokken zullen voelen.

HOE KUN JE JEZELF OOIT VERVULLEN? Herhaal deze vraag vandaag op het hele uur en sta er even ernstig bij stil, ongeacht je omstandigheden. Kijk, terwijl je op het uur oefent, naar de wereld en zie hoe mensen zichzelf proberen te vervullen, zowel in

situaties die nu bestaan als in situaties waarop gehoopt wordt.
Begrijp hoezeer dit hen scheidt van het leven zoals het werkelijk
bestaat. Begrijp hoe dit hen scheidt van het mysterie van hun
eigen bestaan en van het wonder van het leven dat zij elk
moment van elke dag vrijelijk mogen ontmoeten. Sta niet toe dat
je zo tekort wordt gedaan. Fantasie zal altijd een groots beeld
voor je schetsen, maar het heeft geen fundament in de
werkelijkheid. Alleen zij die elkaars fantasieën trachten te
versterken, zullen hiervoor een relatie met elkaar proberen aan te
gaan, en hun teleurstelling zal wederzijds zijn, waarvoor zij
geneigd zullen zijn elkaar de schuld te geven. Zoek dus niet
datgene wat je slechts ongelukkig kan maken en slechts de grote
kans op relatie voor je teniet kan doen.

HERHAAL DEZE VERKLARING OP HET UUR. Treed in je twee
oefenperiodes binnen in stilte en ontvankelijkheid, zodat je
vervulling kunt leren ontvangen zoals ze werkelijk bestaat.

OEFENING 95: *Twee oefenperiodes van 30 minuten.*
       Ieder uur oefenen.

Stap 96

HET IS GODS WIL DAT IK ONBELAST BEN.

*G*ODS EERSTE STAP IN JE VERLOSSING en je bekrachtiging is je te ontlasten van dingen die niet nodig zijn voor je geluk, je te ontlasten van dingen die je onmogelijk kunnen bevredigen, je te ontlasten van dingen die je alleen maar pijn bezorgen en de doornenkroon die je draagt van je hoofd te halen, die je poging tot vervulling in de wereld vertegenwoordigt. Er bestaat een Grotere Wil in jou die zich wil uiten. Wanneer je dit ervaart, zul je eindelijk voelen dat je gekend wordt door jezelf. Je zult eindelijk waar geluk ervaren, want je leven zal eindelijk geïntegreerd zijn. Je moet onbelast zijn om deze ontdekking te kunnen doen. Niets van waarde zal je ontnomen worden. Het is niet Gods bedoeling om je eenzaam en verlaten te maken, maar je de gelegenheid te bieden je ware belofte te verwezenlijken, zodat je met kracht en ware motivatie verder kunt.

AANVAARD DAAROM DIT EERSTE GROTE AANBOD om je te ontlasten van de hopeloze conflicten die je probeert op te lossen, van zinloze bezigheden die je nergens toe brengen, van valse beloften van deze wereld en van je eigen idealisme dat een beeld schetst dat de wereld onmogelijk kan ondersteunen. In eenvoud en nederigheid zal de grootsheid van het leven tot je doordringen, en je zult weten dat je niets hebt weggegeven voor iets van de grootste waarde.

HERHAAL DEZE VERKLARING OP HET UUR en denk erover na. Zie de betekenis ervan in termen van je huidige omstandigheden. Zie hoe ze tot uiting komt in het leven van mensen overal om je heen. Observeer de realiteit ervan in termen van je eigen bestaan, waarvan je nu objectief getuige leert te zijn.

Probeer je vandaag tijdens je twee langere oefenperiodes, op dit idee te concentreren en het specifiek op je leven toe te passen. Zet je geest actief in en probeer na te denken over de betekenis van deze verklaring in termen van je huidige ambities, je huidige plannen, enzovoort. Veel dingen kunnen in twijfel worden getrokken als je dit doet, maar realiseer je dat Kennis niet wordt beïnvloed door jouw plannen en voornemens of door jouw hoop en teleurstellingen. Zij wacht slechts op het moment dat zij op natuurlijke wijze in jou tevoorschijn kan komen, en jij zult de eerste ontvanger zijn van haar grote geschenken.

Oefening 96: *Twee oefenperiodes van 30 minuten.*
Ieder uur oefenen.

Stap 97

IK WEET NIET WAT VERVULLING IS.

Is deze verklaring een zwaktebod? Is dit een berusten in hopeloosheid? Nee, dat is het niet. Het is het begin van ware eerlijkheid. Wanneer je beseft hoe weinig je begrijpt maar toch tegelijkertijd beseft dat het grote aanbod van Kennis voor je beschikbaar is, alleen dan zul je deze kans met grote aanmoediging en met toewijding aangrijpen. Je kunt je slechts een voorstelling maken van vervulling, maar in jou leeft en brandt de Kennis van vervulling. Dit is een vuur dat je niet kunt doven. Dit is een vuur dat nu in je aanwezig is. Dit vertegenwoordigt je grotere verlangen naar vervulling, naar vereniging en naar het leveren van een bijdrage. Diep onder al je hoop en angsten, onder je plannen en ambities, brandt nu dit vuur. Laat dus je ideeën over vervulling varen, maar wees niet wanhopig, want je brengt jezelf in een positie om de geschenken te ontvangen die voor jou bestemd zijn. Jij hebt deze gaven met je mee de wereld in gebracht. Ze liggen verborgen in jou, waar je ze niet kunt vinden.

Je weet niet wat vervulling is. Gelukkige stimulans alleen kan geen vervulling zijn, want vervulling is een staat van gemoedsrust. Het is een staat van innerlijke aanvaarding. Het is een staat van totale integratie. Het is een tijdloze staat die zich uitdrukt in de tijd. Hoe kan zelfs de gelukkigste stimulans je datgene geven wat onder alle omstandigheden kan blijven bestaan en wat niet ophoudt wanneer de stimulans voorbij is? Wij willen je gelukkige stimulansen niet ontzeggen, want zij kunnen heel goed zijn, maar zij zijn van voorbijgaande aard en kunnen je slechts een glimp geven van de grotere mogelijkheid. Hier willen Wij jou rechtstreeks naar de grotere mogelijkheid brengen door de grote rijkdommen in jouw geest te cultiveren en jou een manier te leren om de wereld te zien, zodat jij het ware doel ervan kunt leren kennen.

Herhaal daarom vandaag op het uur het idee van vandaag en overdenk het grondig met het oog op jezelf en de wereld om je heen. Besteed vandaag, in je twee lange oefenperioden, opnieuw tijd aan het grondig overwegen van dit idee. Vergeet niet in deze oefenperioden aan je eigen leven te denken en het idee van vandaag toe te passen op de plannen waarvan je je bewust bent met betrekking tot je eigen vervulling. Deze denkmeditaties vergen mentale inspanning. Hier zul je niet stil zijn. Je zult onderzoeken. Je zult verkennen. Je gebruikt je geest actief om door te dringen tot dingen waarvan je weet dat ze bestaan. Dit is een tijd voor serieuze introspectie. Wanneer je je realiseert dat wat je dacht te weten slechts een vorm van verbeelding is, dan zul je beseffen hoe groot je behoefte aan Kennis is.

Je moet begrijpen wat je hebt om te leren meer te ontvangen. Als je denkt dat je meer hebt dan je in werkelijkheid hebt, dan ben je verarmd zonder dat je je er zelfs maar bewust van bent en begrijp je het Grote Plan niet dat voor jou is gemaakt. Je moet beginnen waar je bent, want op deze manier kun je verder gaan, elke stap in zekerheid, elke stap voorwaarts, voortbouwend op de stap ervoor. Hier val je niet terug, want je zult stevig op je pad naar Kennis staan.

Oefening 97: *Twee oefenperiodes van 30 minuten.*
 Ieder uur oefenen.

Stap 98

TERUGBLIK

Kijk in je terugblik opnieuw terug op alle instructies van de lessen en alles wat je tot nu toe hebt ervaren in de afgelopen oefenweek. Evalueer in alle eerlijkheid je betrokkenheid bij deze lessen en herken wat ze je hebben gebracht op het gebied van inzicht. Probeer heel eerlijk te zijn in je beoordeling. Vergeet niet dat je een student bent. Beweer niet dat je meer hebt begrepen dan je feitelijk hebt ervaren.

De eenvoud van deze benadering lijkt misschien voor de hand te liggen, maar voor veel mensen is dit heel moeilijk te doen, want zij zijn zo gewend te denken dat zij meer hebben dan zij hebben of minder hebben dan ze hebben, dat het heel moeilijk voor hen is om hun werkelijke omstandigheden in te schatten, ook al zijn hun omstandigheden volkomen duidelijk.

Kijk daarom terug op je lessen in deze ene lange oefenperiode, en overdenk elke les diepgaand, herinner je de bijbehorende activiteit op de dag dat ze werden gegeven wat je er op dit moment van begrijpt. Bekijk alle zes voorafgaande stappen heel zorgvuldig en kijk uit voor het trekken van conclusies die je werkelijke ervaring niet weergeven. Het is beter onzeker te zijn dan verkeerde conclusies te trekken.

Oefening 98: *Een lange oefenperiode.*

Stap 99

VANDAAG ZAL IK DE WERELD NIETS VERWIJTEN.

Oefen vandaag in de wereld niets te verwijten, niet te oordelen over haar duidelijke fouten en niet te beweren of te stellen dat anderen ook verantwoordelijk zijn voor deze fouten. Kijk in stilte naar de wereld. Sta je geest toe stil te zijn.

Oefen dit op het uur en kijk naar de wereld met je ogen open. Tijdens je twee langere oefenperiodes, oefen je ook met open ogen naar de wereld te kijken. Het maakt niet uit waar je naar kijkt, want het is allemaal hetzelfde. Je concentratie zal vandaag zijn om zonder oordeel te kijken, want dit zal de ware vermogens van je geest ontwikkelen.

Oefen daarom tijdens je oefenperiodes kijken met je ogen open, kijk zonder te oordelen. Kijk naar je directe omgeving. Kijk alleen naar dingen die er werkelijk zijn. Laat je niet leiden door je verbeelding. Laat je gedachten niet afdwalen naar het verleden of naar de toekomst. Wees alleen getuige van wat er is. Als er gedachten opkomen die oordelen, zet ze dan gewoon van je af zonder erover na te denken, want vandaag beoefen je het zien – het zien zonder oordeel, zodat je kunt zien wat er werkelijk is.

Oefening 99: *Twee oefenperiodes van 30 minuten.*
Ieder uur oefenen.

Stap 100

VANDAAG BEN IK EEN BEGINNEND STUDENT VAN KENNIS.

Je bent een beginnend student van Kennis. Accepteer dit beginpunt. Maak voor jezelf geen aanspraak op meer, want je begrijpt de weg naar Kennis niet. Op de weg naar grotere veronderstellingen heb je misschien grote beloningen geoogst voor jezelf, maar dat leidt in een andere richting dan de weg naar Kennis, waar alle dingen die onecht zijn worden losgelaten en alle dingen die echt zijn worden omarmd. De weg naar Kennis is geen weg die mensen zichzelf hebben voorgesteld, want hij is niet uit fantasie ontstaan.

Wees daarom een beginnend student van Kennis. Herhaal op het uur deze verklaring en denk er grondig over na. Ongeacht hoe je jezelf ziet, of dat verheven of kleinerend is, wat je ook eerder gedaan hebt, wat je ook als je verdiensten beschouwt, je bent een beginnend student van Kennis. Als beginnend student zul je alles willen leren wat er geleerd kan worden, en je zal niet de druk voelen die het gevolg is van het verdedigen van datgene waarvan je denkt dat je het al hebt verworven. Dit zal je last in het leven aanzienlijk verlichten en je de mogelijkheid bieden om echt gemotiveerd en enthousiast te zijn, waar het nu aan ontbreekt.

Wees een beginnend student van Kennis. Begin je twee langere oefenperiodes met deze affirmatie en sta jezelf toe in stilte te zitten en te ontvangen. Sta zonder smeekbeden, zonder vragen en zonder verwachtingen of eisen toe dat je geest stil is, want je bent een beginnend student van Kennis en weet nog niet wat je moet vragen of wat je kunt verwachten.

OEFENING 100: *Twee oefenperiodes van 30 minuten.*
Ieder uur oefenen.

Stap 101

DE WERELD HEEFT ME NODIG, MAAR IK WACHT.

*W*AAROM WACHTEN ALS DE WERELD JE NODIG HEEFT? Lijkt dit niet tegenstrijdig met het onderricht dat wij presenteren? Het is eigenlijk helemaal niet tegenstrijdig als je de betekenis ervan begrijpt. Aangezien de wereld je nodig heeft, zou wachten onrechtvaardig en onverantwoordelijk zijn. Is dit niet tegenstrijdig met wat wij onderwijzen? Nee, het is niet tegenstrijdig als je de betekenis ervan begrijpt. Als je zorgvuldig hebt nagedacht over wat Wij je tot nu toe in je voorbereiding hebben gegeven, zul je beseffen dat Kennis in jou uit zichzelf zal reageren op de wereld, en je zal je geroepen voelen om op bepaalde plaatsen te geven en je niet geroepen voelen om op andere plaatsen te geven. Dit grote antwoord in jou zal niet voortkomen uit persoonlijke zwakte, persoonlijke onzekerheid of de behoefte aan acceptatie of erkenning. Het zal geen vorm van vermijding of schuldgevoel zijn. In feite zal het helemaal niets met jou te maken hebben. Daarom is het zo groots, want het is niet bedoeld om je nietigheid te verhelpen, maar om de kracht van Kennis te demonstreren die in de wereld aanwezig is, zodat je er getuige van kunt zijn en een voertuig kunt zijn voor de uitdrukking ervan.

WAAROM WACHTEN ALS DE WERELD JE NODIG HEEFT? Omdat jij nog niet klaar bent om te geven. Waarom wachten als de wereld je nodig heeft? Omdat je haar behoefte nog niet begrijpt. Waarom wachten als de wereld je nodig heeft? Omdat je dan om de verkeerde redenen geeft en je dilemma alleen maar versterkt. De tijd van geven zal komen, en je leven zal uit zichzelf geven, en je zult bereid zijn dit te aanvaarden, het te beantwoorden en de leiding van Kennis te volgen die in je zit. Als je de wereld werkelijk van dienst wil zijn, moet je voorbereid zijn, en dat is waar Wij nu mee bezig zijn.

LAAT JE NIET DOOR DE BEPROEVINGEN VAN DE WERELD verontrusten. Laat de dreiging van vernietiging je geen angst aanjagen. Laat de onrechtvaardigheden van deze wereld je woede niet aanwakkeren, want als het dat doet, kijk je zonder Kennis. Je ziet je eigen mislukte idealisme. Dit is niet de manier van zien, en dus is het niet de manier van geven. Jij werd gezonden om te geven, en jouw geven is intrinsiek. Je hoeft het niet te sturen, want het zal uit zichzelf geven wanneer je bent voorbereid. Daarom is je dienstbaarheid aan de wereld op dit moment je voorbereiding om een bijdrager te zijn, en hoewel dit je geen onmiddellijke bevrediging zal geven voor je behoefte om te geven, zal het de weg vrijmaken voor een grotere dienstbaarheid die zal worden verleend.

DENK TIJDENS JE TWEE OEFENPERIODES VANDAAG actief na over het idee van vandaag en beschouw het in het licht van je gedrag, je neigingen, je ideeën en je overtuigingen.

OEFENING 101: *Twee oefenperiodes van 30 minuten.*

Stap 102

ER IS VEEL DAT IK AF MOET LEREN.

Jouw leven staat bol van je eigen behoeften en ideeën, van je eigen eisen en ambities, van je eigen angsten en van je eigen verwikkelingen. Daardoor is je voertuig om te geven belast en chaotisch en wordt je energie grotendeels verkeerd aangewend. Daarom is het Gods eerste stap om je te ontlasten. Totdat dit gebeurt, probeer je eenvoudigweg je situatie op te lossen zonder te weten wat je moet doen, zonder je hachelijke situatie te begrijpen en zonder de hulp te aanvaarden die je te zijner tijd zeker nodig zult hebben. Aanvaardt daarom om af te leren, want het zal je ontlasten en je de geruststelling geven dat een groter leven mogelijk en onvermijdelijk voor jou is, jij die hier gekomen bent om te geven.

Herhaal op het uur deze verklaring en denk erover na. Bekijk de realiteit ervan in termen van je perceptie van de wereld. Oefen in je twee langere oefenperiodes opnieuw mentale rust in stilte, waarin niets wordt geprobeerd en waarin niets wordt vermeden. Je zet je geest er alleen toe aan om stil te zijn, zodat hij kan leren uit zichzelf te reageren op dat wat hem roept. Met elke stap die je zet in het proces van afleren, zal Kennis datgene invullen wat haar vervangen heeft. Dit gebeurt onmiddellijk, want je brengt jezelf alleen maar in een positie om te ontvangen, zodat jouw geven ruimhartig, oprecht en vervullend voor je kan zijn.

OEFENING 102: *Twee oefenperiodes van 30 minuten.*
Ieder uur oefenen.

Stap 103

IK WORD GEËERD DOOR GOD.

Jij wordt geëerd door God, en toch kan deze uitspraak je gevoel van onzekerheid aanwakkeren, je schuldgevoel oproepen, je gevoel van trots in verwarring brengen en allerlei conflicten aanwakkeren die je nu in je hebt. In het verleden heb je geprobeerd iets te zijn dat onwerkelijk is, en dat is je niet gelukt. Nu ben je bang om iets te zijn uit angst dat mislukking je opnieuw zal achtervolgen. Zo blijkt grootsheid kleinheid te zijn en kleinheid grootsheid, en alle dingen worden achterstevoren of omgekeerd van hun ware betekenis waargenomen.

Jij wordt geëerd door God of je het nu kunt accepteren of niet. Het is waar ongeacht de menselijke evaluatie, want alleen dingen die buiten de evaluatie vallen, zijn waar. Wij nemen je mee naar wat buiten de evaluatie valt, en wat de grootste ontdekking zal zijn die mogelijk is in dit leven of in elk ander leven.

Herhaal op het hele uur deze verklaring en denk er goed over na. Sta in je twee oefenperiodes toe dat je geest opnieuw stil en ontvankelijk wordt, zodat je kunt leren de hulde te ontvangen die God voor jou heeft. Deze eer moet ongetwijfeld gericht zijn op een deel van jou waarvan je je nauwelijks bewust bent. Het is niet je gedrag dat geëerd wordt. Het is niet je idealisme dat geëerd wordt. Het zijn niet je overtuigingen, je veronderstellingen, je eisen of je angsten. Deze kunnen ten goede of ten kwade dienen. Ze kunnen je van dienst zijn of je misleiden. Maar deze eer is voorbehouden aan iets groters, hetgeen je nu leert te herkennen.

OEFENING 103: *Twee oefenperiodes van 30 minuten.*
Ieder uur oefenen.

Stap 104

GOD WEET MEER OVER MIJ DAN DAT IK WEET.

God weet inderdaad meer over jou dan jijzelf. Dat moet duidelijk zijn als je eerlijk naar jezelf hebt gekeken. Maar denk eens na over de implicaties hiervan. Als God meer van jou weet dan jijzelf, zou Gods beoordeling dan niet iets zijn dat je zou willen leren onderzoeken? Natuurlijk zou dat zo zijn. En zouden jouw bevindingen over jezelf niet noodzakelijkerwijs onjuist zijn? Alleen hierin heb je gezondigd, want zonde is alleen maar dwaling. Dwaling vraagt om correctie, niet om een oordeel. Jij zou jezelf veroordelen en dan denken dat God jouw voorbeeld zou volgen en jou nog meer af zou wijzen. Daarom hebben mensen God naar hun beeltenis gemaakt, en daarom moet je afleren wat je gemaakt hebt, opdat je ontdekt wat je weet en opdat je creaties in deze wereld ten goede zullen zijn en een blijvende waarde zullen hebben.

GOD WEET MEER VAN JOU DAN JIJZELF. Doe niet alsof jij jezelf kunt veranderen, want je bent al tot stand gebracht en dat wat authentiek is gecreëerd, is veel groter en gelukkiger dan het leven dat je tot nu toe hebt gerealiseerd. Het is jouw verdriet dat je naar de waarheid brengt, want het stimuleert je om een echte oplossing te vinden. Natuurlijk is dit de waarheid.

HERHAAL OP HET UUR DEZE VERKLARING en denk er goed over na. Observeer daarbij de wereld om je heen in een poging iets te leren over de betekenis van het idee van vandaag. Sta in je langere oefensessies in stilte toe dat je geest tot rust komt, zodat hij kan leren van zijn grootsheid te genieten. Geef hem deze gelegenheid tot vrijheid, en hij zal jou in plaats daarvan vrijheid geven.

OEFENING 104: *Twee oefenperiodes van 30 minuten.*
Ieder uur oefenen.

Stap 105

TERUGBLIK

*V*olg tijdens je Terugblik de voorbeelden van de afgelopen periode en kijk terug op de week van de instructies en de week van oefenen. Besteed vandaag bijzondere aandacht aan de ideeën die Wij hebben gepresenteerd. Begrijp dat deze ideeën door vele stadia van ontwikkeling moeten worden overdacht en ervaren. Hun betekenis is te diep en te groot om nu helemaal duidelijk voor je te zijn, maar ze zullen dienen als een herinnering dat Kennis bij je is en dat je gekomen bent om Kennis te geven in de wereld.

Ons onderricht zal dus alles vereenvoudigen, waardoor de conflicten die je nu met je meedraagt zullen worden opgelost en waardoor conflicten in de toekomst onnodig zullen worden. Want voor zover je met Kennis bent, bestaan conflicten niet. Een leven zonder conflicten is de grootste bijdrage die aan de wereld kan worden gegeven, want dit is een leven dat het begin van Kennis in allen zal ontsteken, een vonk die zich tot ver voorbij je individuele leven in de toekomst kan voortplanten. Het is de bedoeling dat je deze grote vonk aan de wereld geeft, want dan zal je gift geen einde kennen en je huidige generatie en toekomstige generaties dienen.

De zegeningen die je nu ervaart in jouw wereld zijn het gevolg van deze echo's die van generatie op generatie worden overgedragen, wanneer Kennis in de wereld levend wordt gehouden. De mogelijkheid voor jou om Kennis te bezitten komt voort uit het geven van hen die eerder leefden, zoals jouw gift de mogelijkheid tot vrijheid zal bieden aan hen die zullen volgen. Dit is je grotere doel in het leven: Kennis levend houden in de wereld. Maar eerst moet je Kennis leren kennen – leren herkennen, leren aanvaarden, leren onderscheiden van de andere impulsen in je geest en de vele ontwikkelingsstadia leren kennen die nodig zullen zijn om Kennis te volgen naar haar grote vervulling. Daarom ben je een beginnend student van Kennis.

Neem in je ene lange oefening, je Terugblik zo gedetailleerd mogelijk ter hand. Laat verwarring en onzekerheid toe, want dit is noodzakelijk in dit stadium van je onderzoek. Wees dus blij met alles wat waarlijk herkend kan worden en weet dat Kennis bij je is, zodat je vrij bent om onzeker te zijn.

Oefening 105: *Een lange oefenperiode.*

Stap 106

ER LEVEN GEEN MEESTERS IN DE WERELD.

ER LEVEN GEEN MEESTERS IN DE WERELD, want Meesterschap wordt bereikt voorbij de wereld. Er zijn gevorderde studenten. Er zijn studenten met grote vaardigheden. Maar in de wereld leven geen Meesters. Volmaaktheid wordt hier niet gevonden, alleen het leveren van een bijdrage. Wie in de wereld verblijft, verblijft hier om de lessen van de wereld te leren. De lessen van de wereld moet je niet alleen leren in je individuele leven, maar ook door het leveren van een bijdrage. Jouw daadwerkelijke scholing gaat veel verder dan wat je tot nu toe hebt bereikt. Het is niet alleen het corrigeren van fouten. Het is de bijdrage van talenten.

ER LEVEN GEEN MEESTERS IN DEZE WERELD. Daarom mag je jezelf verlossen van de grote last van het streven naar of het vereisen van Meesterschap voor jezelf. Jijzelf kunt geen Meester zijn, want het leven is de Meester. Dat is het grote verschil dat voor jou het verschil zal maken wanneer je de ware betekenis en de waarde ervan gaat begrijpen.

DENK TIJDENS JE TWEE OEFENPERIODES VAN VANDAAG, aan alle personen die je als Meesters hebt beschouwd – personen die je hebt ontmoet, van wie je hebt gehoord of die je je hebt voorgesteld, personen uit het verleden en personen die op dit moment leven. Denk aan alle kwaliteiten die hen tot Meesters hebben gemaakt en hoe je die hebt gebruikt om jezelf te beoordelen en je leven en je gedrag te evalueren. Het is niet de bedoeling van gevorderde studenten om het criterium te worden waarmee mensen met minder capaciteiten zichzelf veroordelen. Dat is niet hun gave, hoewel zij mettertijd moeten begrijpen dat hun gaven zó verkeerd zullen worden geïnterpreteerd.

Als Wij je eraan herinneren dat er geen Meesters in de wereld leven, aanvaard dan de verlichting van je last. Probeer dit in je twee langere oefenperiodes tot je door te laten dringen. Probeer de opluchting te voelen die je wordt geboden. Maar bega niet de vergissing te denken dat dit leidt tot passiviteit van jouw kant, want je betrokkenheid bij het terugwinnen van Kennis zal groter dan ooit zijn. Je toewijding aan de opkomst van Kennis zal groter dan ooit zijn. Je betrokkenheid en inzet kunnen nu sneller vooruitgaan, want ze worden ontdaan van je idealisme, hetgeen je alleen maar op een dwaalspoor kan brengen.

Oefening 106: *Twee oefenperiodes van 30 minuten.*

Stap 107

VANDAAG ZAL IK LEREN GELUKKIG TE ZIJN.

Leren gelukkig te zijn is gewoon leren natuurlijk te zijn. Leren om gelukkig te zijn is leren om vandaag Kennis te accepteren. Kennis is gelukkig vandaag. Als je niet gelukkig bent, ben je niet met Kennis. Geluk betekent niet altijd een glimlach op je gezicht hebben. Het is geen gedrag. Oprecht geluk is een gevoel van zelf, een gevoel van heelheid en tevredenheid. Als je een verlies hebt geleden, een verlies van een geliefde, kun je nog steeds gelukkig zijn, al kun je tranen laten. Het is goed om tranen te laten, want dit hoeft niet een groter geluk in jou te verloochenen, want dit kunnen ook tranen van geluk zijn. Geluk is geen vorm van gedrag. Laat Ons je hieraan herinneren. Het is een gevoel van innerlijke voldoening. Kennis zal je dit geven omdat het je leven zal vereenvoudigen en je geest in staat zal stellen zich te concentreren op datgene wat hem in werkelijkheid is opgedragen. Dit geeft je kracht, maakt je eenvoudiger en zorgt voor een grotere harmonie dan je voorheen hebt gekend.

STA DAAROM VANDAAG, TIJDENS JE TWEE OEFENPERIODES, je geest toe om opnieuw stil te worden. Dit is een tijd van stilte. Dit is geen oefening van mentaal onderzoek, maar een oefening van mentale stilte.

OEFENING 107: *Twee oefenperiodes van 30-minuten.*

Stap 108

Geluk is iets dat ik opnieuw moet leren.

Alles moet nu opnieuw geëvalueerd worden. Alles moet nu opnieuw worden bekeken, want je hebt zien met Kennis en je hebt zien zonder Kennis. Ze leveren verschillende resultaten op. Ze leiden tot verschillende beoordelingen en verschillende reacties. We hebben gezegd dat geluk geen vorm van gedrag is, want het gaat veel dieper dan dat. Probeer daarom niet dit idee te gebruiken om bij anderen in de gunst te komen of om aan jezelf te laten zien dat je gelukkiger bent dan je in werkelijkheid bent. Wij willen geen vernisje van gedrag over je huidige ervaring leggen. Wij willen je begeleiden naar die ervaring die authentiek is voor jouw natuur, die je aard uitdrukt en die je aard bijdraagt aan het leven.

Leer dan opnieuw over geluk. Ga in je twee oefenperioden met je geest op onderzoek uit. Denk na over je ideeën over geluk en de vormen van gedrag die ze volgens jou vertegenwoordigen. Denk aan alle manieren waarop je hebt geprobeerd gelukkiger te zijn dan je bent. Denk aan alle verwachtingen en eisen die je aan jezelf hebt gesteld om gelukkig te zijn en aan jezelf en aan anderen te bewijzen wat je waard bent. Besef, terwijl je deze dingen herkent, dat zonder deze pogingen het geluk vanzelf zal opkomen, want jij bent van nature gelukkig. Zonder beperking zal je geluk vanzelf opkomen, zonder dat je het aan je geest en aan je lichaam oplegt. Zonder dat je het oplegt, zal het geluk vanzelf opkomen. Denk hier vandaag over na, maar wees niet tevreden met eenvoudige conclusies, want je bent een beginnend student van Kennis en belangrijke conclusies komen later.

Oefening 108: *Twee oefenperiodes van 30 minuten.*

Stap 109

VANDAAG ZAL IK ME NIET HAASTEN.

NEEM VANDAAG ELKE STAP LICHTVOETIG. Haast je niet. Je hoeft je niet te haasten, omdat je met Kennis bent. Je kunt je afspraken in de wereld nakomen en ze op het geplande tijdschema houden, maar wees niet gehaast in jezelf. Je kunt zoeken naar Kennis, vervulling en bijdrage, maar wees niet gehaast. Wanneer je haast hebt, laat je je huidige stap achterwege voor stappen die je prefereert, en hoe kunnen stappen de voorkeur verdienen tenzij je de stap vóór je negeert? Je hoeft alleen maar de stap te nemen die voor je ligt, en de volgende stap zal zich vanzelf aandienen. Haast je niet. Je kunt niet sneller gaan dan je kunt. Mis niet alles wat Wij je als oefening aanreiken, wat vereist dat je je niet haast.

HERINNER JEZELF ER VANDAAG DE HELE DAG aan om je niet te haasten. Zeg tegen jezelf: "Ik zal me vandaag niet haasten," en denk hier een moment over na. Je kunt je wereldse verantwoordelijkheden nakomen zonder je te haasten. Je kunt je grotere doelen bereiken zonder je te haasten. Put troost uit het feit dat je een beginnend student bent, want beginnende studenten weten niet waar ze heen gaan omdat ze in een positie verkeren om te ontvangen, niet om te beheren. Dit is nu een grote zegen voor jou en zal je mettertijd de kracht geven om je geest en je zaken met Kennis te regelen. Je zult een vriendelijk heerser zijn die dwalingen niet zal veroordelen en zondaars niet zal straffen, zoals je je nu voorstelt dat God doet.

KENNIS HEEFT GEEN HAAST. Waarom zou jij dat dan hebben? Kennis kan jou snel of langzaam voortbewegen. Je kunt dan snel of langzaam bewegen, maar in jezelf heb je geen haast. Dit is een deel van het mysterie van het leven dat je nu kunt leren ontdekken.

OEFENING 109: *Ieder uur oefenen.*

Stap 110

VANDAAG ZAL IK EERLIJK TEGEN MEZELF ZIJN.

VANDAAG ZAL IK VOLKOMEN EERLIJK ZIJN; herkennen wat ik werkelijk weet en niet wat ik alleen maar geloof of hoop. Ik zal niet doen alsof ik dingen weet die ik niet weet. Ik zal niet doen alsof ik rijker ben dan ik ben of armer dan ik ben. Ik zal proberen precies te zijn waar ik vandaag ben."

PROBEER VANDAAG PRECIES TE ZIJN WAAR JE BENT. Wees eenvoudig. Wees op je gemak. Observeer de wereld om je heen. Voer je wereldse taken uit. Verhef jezelf niet. Verneder jezelf niet. Laat deze dag alles functioneren zoals het feitelijk gaat, zonder te trachten jezelf te sturen of te manipuleren. De enige uitzondering hierop is dat je je zelfdiscipline gebruikt om je oefeningen voor deze dag uit te voeren.

TIJDENS JE TWEE LANGERE OEFENPERIODES, herhaal je de affirmatie voor vandaag en treed je de stilte binnen. Hier moet je de kracht van je geest in praktijk brengen. Hier probeer je niets dat bedrieglijk is of iets dat onecht is. Je staat toe dat je geest in zijn natuurlijke staat komt, in een staat van vrede.

OEFENING 110: *Twee oefenperiodes van 30 minuten.*
Ieder uur oefenen.

Stap 111

VANDAAG ZAL IK ME OP MIJN GEMAK VOELEN.

WEES VANDAAG OP JE GEMAK IN DE WETENSCHAP dat Kennis bij je is, in de wetenschap dat je Leraren bij je zijn en dat je Spirituele Familie bij je is. Laat je vandaag niet door angsten of de last van zorgen van je oefening afhouden.

OEFEN TERWIJL JE DOOR DE DAG BEWEEGT op het uur, herinner je je eraan om je op je gemak te voelen, want Kennis is nu je gids. Als zij niet bezorgd is, hoef jij niet bezorgd te zijn. Bevrijd jezelf van je gebruikelijke bekommernissen, van je gebruikelijke verplichtingen. Sterk je besluit dit te doen en het zal mettertijd gemakkelijker worden. Dan zal het allemaal vanzelf gaan. Je geest heeft denkgewoonten. Meer zijn ze niet. Als ze worden vervangen door nieuwe gewoontes, zal Kennis beginnen te schijnen door de structuur die je haar hebt opgelegd. Hier zal Kennis beginnen te schijnen, om je handelingen te leiden, om je tot inzicht en belangrijke ontdekkingen te brengen en om je een grotere kracht en zekerheid te geven dan je ooit hebt gekend.

GEBRUIK DAAROM TIJDENS JE OEFENINGEN OP HET UUR je zelfdiscipline ten gunste van jezelf. Blijf in je twee meditatieoefeningen zeer alert maar met een stille geest.

OEFENING 111: *Twee oefenperiodes van 30 minuten.*
Ieder uur oefenen.

Stap 112

TERUGBLIK

Voor je terugblik van vandaag, zullen We het een beetje anders doen. Denk er op het hele uur aan om je Kennis te herinneren. Herhaal bij jezelf: "Ik zal me Kennis herinneren. Ik zal aan Kennis denken", waarbij je de hele dag in gedachten houdt dat je nog niet weet wat Kennis is, maar er wel zeker van bent dat zij bij je is. Ze is uit God geboren. Het is de Wil van God in jou. Het is je Ware Zelf. Zo leer je dat wat groot is te volgen. Binnen je begrensde staat krijg je toegang tot dat wat geen grenzen kent. Zo word je vandaag een brug naar Kennis.

Herhaal daarom op het uur dat je je Kennis zult herinneren. Vergeet vandaag je oefening niet, zodat je jezelf kunt versterken en bekrachtigen.

Oefening 112: *Ieder uur oefenen.*

Stap 113

IK LAAT ME NIET DOOR ANDEREN OVERTUIGEN.

ELKE GEEST DIE MEER VASTBERADEN IS DAN DE JOUWE kan je overtuigen en invloed op je uitoefenen. Daar is niets mysterieus aan. Het is gewoon het gevolg van het feit dat de ene geest meer geconcentreerd of gericht is dan de andere. Geesten oefenen een relatieve mate van invloed op elkaar uit, afhankelijk van hun concentratie en afhankelijk van het soort invloed dat ze uitoefenen. Laat Kennis je overtuigen, want dat is de grootsheid die je in je draagt. Laat je niet verleiden door de meningen of de wil van anderen. Laat je alleen beïnvloeden door hun Kennis, want alleen die kan jouw Kennis beïnvloeden. Dit zal heel wat anders zijn dan je gedomineerd, gemanipuleerd of overgehaald te voelen door anderen.

BLIJF DAAROM DICHT BIJ JEZELF. Volg Kennis. Als iemand anders jouw Kennis stimuleert, geef die persoon dan je aandacht, zodat je de ware overtuigingskracht kunt leren kennen. Maar laat je niet beïnvloeden door de overtuigingen van deze wereld, – haar grieven, haar gekoesterde idealen, haar moraal, haar eisen of haar compromissen – want je volgt Kennis, en je hoeft niet de overtuigingen van de wereld te volgen.

HERINNER JEZELF IEDER UUR AAN HET IDEE VAN VANDAAG en beoefen de stilte diepgaand in je twee meditatieoefeningen van vandaag. Laat alleen Kennis je overtuigen, want dit is alles wat je in de wereld hoeft te volgen.

OEFENING 113: *Twee oefenperiodes van 30 minuten.*
Ieder uur oefenen.

Stap 114

MIJN WARE VRIENDEN ZIJN BIJ ME. IK BEN NIET ALLEEN.

Hoe kun je alleen zijn als je Leraren bij je zijn? Welk een betere vriend heb je dan hij of zij die jouw Kennis aanvaardt? Deze vriendschappen zijn niet in deze wereld ontstaan. Ze zijn buiten de wereld gecreëerd, en ze bestaan om jou nu te dienen. Je zult de aanwezigheid voelen van hen die bij je zijn zodra je geest tot rust komt. Zodra je niet langer bezig bent met je eigen vurige wensen en angsten, zul je deze aanwezigheid beginnen te voelen die zo gracieus, zo zacht en zo geruststellend is.

Herinner jezelf er vandaag op het uur aan dat je vrienden bij je zijn. Sta in je twee diepe oefenperioden je geest toe hun aanwezigheid te ontvangen, zodat je de ware aard van relaties in de wereld kunt begrijpen. Met oefenen zal dit besef zo sterk worden dat je in staat zult zijn de ideeën, de aanmoediging en de correctie te ontvangen van hen die krachtiger zijn dan jij, die er zijn om jou te dienen in je ware taak in de wereld. Zij zijn je initiators in Kennis, en zij staan in relatie met jouw Kennis, want jouw Kennis bevat je ware relaties met al het leven.

OEFENING 114: *Twee oefenperiodes van 30 minuten.*
Ieder uur oefenen.

Stap 115

VANDAAG ZAL IK NAAR DE KRACHT VAN KENNIS LUISTEREN.

LUISTER VANDAAG NAAR DE KRACHT VAN KENNIS. Het vereist je aandacht. Het vereist je verlangen. Het vereist dat je afstand doet van dingen die je bezighouden en zorgen baren, dingen die je niet in je eentje kunt oplossen. Luister vandaag naar Kennis, zodat zij je kan troosten en vervullen. In haar stilte zul je ook een solide geruststelling en vertrouwen vinden. Want als Kennis zwijgt, hoef jij je geen zorgen te maken over je leven, en als Kennis spreekt, hoef jij alleen maar te volgen, zodat je de kracht van Kennis leert kennen.

JE WORDT STIL OMDAT KENNIS STIL IS. Je wordt daadkrachtig omdat Kennis daadkrachtig is. Je leert met eenvoud te spreken omdat Kennis met eenvoud spreekt. Je leert om op je gemak te zijn omdat Kennis op haar gemak is. Je leert te geven omdat Kennis geeft. Je bent nu bezig met dit ontwikkelingsprogramma om je opnieuw in relatie te brengen met je Kennis.

HERINNER JEZELF ER VANDAAG op het uur aan om te luisteren naar Kennis en neem daar ongeacht de omstandigheden even de tijd voor. Je eerste activiteit bij het luisteren is stilte. Oefen dit vandaag geconcentreerd tijdens je twee meditatieoefeningen, waar je stilte en ontvankelijkheid beoefent omdat je vandaag naar Kennis wenst te luisteren.

OEFENING 115: *Twee oefenperiodes van 30 minuten.*
Ieder uur oefenen.

Stap 116

VANDAAG ZAL IK GEDULDIG ZIJN MET KENNIS.

WEES GEDULDIG MET KENNIS zodat je Kennis kunt volgen. Kennis is veel stiller dan jij bent. Ze is veel krachtiger dan jij. Ze is veel zekerder dan jij bent, en al haar handelingen zijn diepgaand en betekenisvol. Er bestaat slechts een tegenstelling tussen jou en Kennis omdat je leeft in het zelf dat je voor jezelf hebt gemaakt, en je hebt tijdelijk het contact met Kennis verloren. Maar Kennis verblijft bij jou, want je kunt haar nooit verlaten. Zij zal er altijd zijn om je te verlossen, je te redden en je tot haarzelf terug te winnen, want zij is je Ware Zelf. Sta niet toe dat overtuigingen en veronderstellingen zich voordoen als Kennis. Sta je geest toe om steeds rustiger en stiller te worden terwijl je de activiteiten van de dag onderneemt.

HERHAAL HET IDEE OP HET UUR en sta jezelf in je twee diepe meditatieoefeningen toe de stilte en de zekerheid binnen te gaan die Kennis voor jou beschikbaar heeft. Op deze manier zal je geest resoneren met de Geest van het universum en zul je beginnen je oude vermogens en oude herinneringen terug te winnen. Nu zal het idee van Spirituele Familie betekenis voor je beginnen te krijgen, en je zult je realiseren dat je in de wereld bent gekomen om te dienen.

OEFENING 116: *Twee oefenperiodes van 30 minuten.*
Ieder uur oefenen.

Stap 117

HET IS BETER OM EENVOUDIG TE ZIJN DAN ARM.

*E*envoud stelt je in staat toegang te verwerven tot het leven en elk moment te genieten van die weldadigheid. Complexiteit is een staat waarin je niet meer met jezelf in verbinding staat, waardoor je niet meer in staat bent van het leven te genieten en je rol daarin waar te nemen. Dit is de bron van alle grote armoede, want geen enkele wereldse verrichting en geen enkel werelds bezit kan het gevoel van isolement en ellende uitbannen dat met een dergelijke dissociatie gepaard gaat.

Beoefen daarom vandaag je stilte oefening nog intenser dan voorheen, zodat je de kracht van Kennis die bij je is kunt ervaren. Sta jezelf toe eenvoudig te zijn, want in eenvoud kan alles je gegeven worden. Als je jezelf als complex beschouwt, of je problemen als complex, dan komt dat omdat je jezelf en je problemen zonder Kennis bekijkt en dus verdwaalt in je evaluaties. Dan verwar je dingen van grotere waarde met dingen van mindere waarde, dingen van hogere prioriteit met dingen van lagere prioriteit. Waarheid moet altijd eenvoud met zich meebrengen, want eenvoud brengt helderheid en een juist begrip en schept vrede en vertrouwen in hen die haar kunnen ontvangen.

Oefen intens vandaag. Herhaal het idee van vandaag op het uur, en herinner jezelf er in je twee diepe meditatieoefeningen aan dat Kennis bij je is en ga dan de stilte binnen. Sta jezelf toe eenvoudig te zijn en vertrouw erop dat Kennis je op alle manieren zal leiden.

Oefening 117: *Twee oefenperiodes van 30 minuten.*
Ieder uur oefenen.

Stap 118

VANDAAG ZAL IK DE WERELD NIET VERMIJDEN.

HET IS NIET NODIG DE WERELD TE VERMIJDEN, want de wereld kan je niet domineren als je met Kennis bent. Wanneer je met Kennis bent, ben je hier om de wereld te dienen. De wereld is dan geen gevangenis meer. Zij is niet langer een voortdurende bron van ongemak en teleurstelling. Zij biedt je een gelegenheid om te geven en een gelegenheid om je ware begrip te herstellen. Zoek geen toevlucht in spirituele dingen, want jouw doel is te geven aan de wereld. Laat de wereld zijn zoals ze is en je beoordeling ervan zal je niet meer achtervolgen. Want zonder oordeel is er alleen de mogelijkheid om te geven. Dit zal een beroep doen op je Kennis, die uit zichzelf zal geven, en jij zult het voertuig zijn voor haar gift.

DENK HIER NU AAN. Sta jezelf tijdens je twee oefenperiodes toe om de aanwezigheid van Kennis in je leven te ervaren. Eis niets van haar. Tracht niet haar te betwijfelen. Sta alleen jezelf toe haar te ervaren, want daarmee keert alles wat je zoekt op natuurlijke wijze naar je terug, zonder dat je er moeite voor hoeft te doen. Gebruik je zelfdiscipline alleen om je geest in de juiste richting te sturen. Als hij eenmaal zo bezig is, zal hij uit zichzelf terugkeren naar Kennis. Want dat is zijn bestemming, dat is zijn liefde, dat is zijn ware metgezel en dat is zijn ware huwelijk in het leven.

OEFENING 118: *Twee oefenperiodes van 30 minuten.*

Stap 119

TERUGBLIK

Kijk in deze speciale Terugblik terug op de oefeningen van de afgelopen twee weken, waarin je terugblikt op elke instructie en je elke oefendag voor de geest haalt. Probeer je te herinneren hoe serieus je over de oefening van elke dag hebt nagedacht en hoe goed je die oefening hebt toegepast. Denk niet dat je met recht over deze voorbereiding kunt klagen, tenzij je er optimaal gebruik van maakt. Jouw rol is hier enkel de stappen te volgen zoals ze gegeven worden en ze niet aan te passen aan jouw voorkeuren. Op deze manier breng je jezelf in een positie om te ontvangen, wat de positie is die je nu voor jezelf moet verwerven.

Kijk vandaag tijdens je twee lange oefenperiodes, die elk worden besteed aan een oefenweek, nog eens naar de afgelopen twee weken. Probeer heel aardig voor jezelf te zijn, maar onderken als je tekortschiet en bedrieg jezelf in dit opzicht niet. Wijd jezelf opnieuw aan het verdiepen van je oefening en je vastberadenheid, waarbij je jezelf herinnert aan de eenvoud van je leven en de werkelijke waarde die je wordt gegeven. Op deze manier zul je een nieuwe manier van leven leren. Je leert hoe je moet ontvangen en geven, en je leven zal bevrijd worden van de duisternis van complexiteit. Want eenvoud behoort altijd tot het licht; behoort altijd tot het goede.

Wijd jezelf daarom vol overgave aan deze Terugblik, zodat je kunt begrijpen hoe je leert. Deze evaluaties zullen je eigen leervermogen en je eigen aanleg om te leren laten zien. Zij zullen je de noodzakelijke dingen leren die je in de toekomst zult moeten weten wanneer je zover bent dat je ook anderen kunt helpen met leren.

Oefening 119: *Twee lange oefenperiodes.*

Stap 120

IK ZAL ME MIJN KENNIS VANDAAG HERINNEREN.

*D*ENK VANDAAG AAN JE KENNIS. Onthoud dat ze je vervult, waar je ook gaat of wat je ook doet. Onthoud dat ze je werd gegeven om je te dienen, je te voeden en ook om je te verheffen. Onthoud dat je je niet hoeft te ergeren aan de wereld, want je kunt de wereld aanvaarden zoals ze is. Onthoud dat je de wereld accepteert zoals ze is, zodat je in staat bent aan haar te geven, want de wereld ontwikkelt zich, net als jij. Onthoud dat Kennis bij je is, en jij alleen maar met Kennis hoeft te zijn om haar volledige invloed te beseffen.

HERINNER JEZELF ER VANDAAG OP HET UUR AAN dat Kennis bij je is en sta hier even bij stil. Laat heftige emoties of diepe depressies geen schaduw werpen op je oefening, want je oefening is groter dan je emotionele gesteldheid, die verandert als de wind en de wolken, maar het universum erboven niet kan maskeren.

BESEF DAAROM DE KLEINHEID van je emotionele gesteldheid en de grootsheid van Kennis. Op die manier zal Kennis je emotionele gesteldheid in evenwicht brengen en je de bron van je eigen emoties, die de bron is van je expressie in de wereld, onthullen. Dit is het mysterie van het leven dat je nu leert onderzoeken.

OEFENING 120: *Ieder uur oefenen.*

Stap 121

VANDAAG BEN IK VRIJ OM TE GEVEN.

JE BENT VANDAAG VRIJ OM TE GEVEN, omdat je leven eenvoudig wordt en je in je behoeften wordt voorzien. Dit maakt je vrij om te geven, want als je eenmaal ontvangen hebt, zal je alleen nog maar willen geven.

VANDAAG ZUL JE TWEEMAAL EEN SPECIALE OEFENING DOEN, waarbij je denkt aan iemand in nood en diegene een kwaliteit geeft die je zelf wenst te ontvangen. Stuur die persoon die kwaliteit. Stuur hen liefde of kracht of geloof of aanmoediging of vastberadenheid of overgave of aanvaarding of zelfdiscipline – wat zij ook nodig hebben om een oplossing in hun leven te bewerkstelligen. Je bent vrij om dit vandaag te geven, want aan je eigen behoeften wordt voldaan.

BRENG DAAROM IN ELK VAN JE TWEE OEFENINGEN, met gesloten ogen, individuen in gedachten en geef hen wat je weet dat ze nodig hebben. Probeer niet hun problemen voor hen op te lossen. Probeer niet een gewenste uitkomst te versterken, want je kunt gewoonlijk voor geen enkele andere persoon de juiste uitkomst kennen. Maar je kunt altijd karaktersterkte geven en hun geestesvermogen versterken. Dit zal jou je eigen gevoel van betekenis bieden en deze kwaliteiten in jezelf bevestigen, want je moet ze bezitten om ze te kunnen geven, en door ze te geven besef je dat ze al in je bezit zijn.

TWIJFEL ER VANDAAG TIJDENS JE OEFENING niet aan dat wat je voor anderen doet ten goede zal worden ontvangen.

OEFENING 121: *Twee oefenperiodes van 30 minuten.*

Stap 122

IK GEEF VANDAAG ZONDER VERLIES.

WAT JE GEVRAAGD WORDT TE GEVEN, kan alleen maar toenemen naarmate je het geeft. Het is niet iets fysieks dat je geeft, hoewel fysieke dingen ten goede kunnen worden gegeven. Het is niet iets dat je kunt kwantificeren, want je hebt geen idee van de omvang ervan. Je geeft kracht en aanmoediging.

GA VANDAAG IN JE TWEE OEFENPERIODES door met geven aan anderen. Dit is een actieve vorm van gebed. Denk niet dat de kracht ervan niet wordt ontvangen door degenen op wie je je hebt geconcentreerd. Denk eraan vandaag niet te proberen de gevolgen van hun dilemma of hun behoefte te bepalen, maar hen alleen aan te moedigen en de kracht te geven om met hun eigen vermogens verder te gaan. Je wilt Kennis in hen stimuleren, zoals Kennis nu in jou wordt gestimuleerd. Dit geven heeft dus niet de verwachting van een tegenprestatie, want je geeft datgene wat anderen in staat stelt sterk te zijn in hun leven. Je bent niet in een positie om het gevolg te beoordelen, want het gevolg van je geven zal zich pas later openbaren, wanneer het geschenk is aanvaard en zijn plaats heeft gevonden in de ontvanger. Geef daarom vrij en zonder verwachting en geef om deze dag de kracht van je geschenk te ervaren.

OEFENING 122: *Twee oefenperiodes van 30 minuten.*

Stap 123

IK ZAL VANDAAG GEEN MEDELIJDEN MET MEZELF HEBBEN.

Hoe kun je medelijden met jezelf hebben als Kennis bij je is. Medelijden moet alleen een oud idee van jezelf herbevestigen, dat verstoken is van waarheid, verstoken van hoop en verstoken van enig zinvol fundament. Heb vandaag geen medelijden met jezelf, want je bent niet zielig. Is dit een droevige of verwarrende dag, dan komt dit alleen maar omdat je het contact met Kennis hebt verloren, wat je vandaag kunt oefenen om terug te winnen.

Wees je, terwijl je vandaag oefent, bewust van de vele subtiele vormen van zelfmedelijden die je koestert. Wees je bewust van de vele subtiele vormen van manipulatie van anderen wanneer je probeert te bereiken dat ze je aardig vinden of accepteren naar een beeld dat je voor jezelf claimt. Wanneer je met Kennis bent, hoef je jezelf niet te verkondigen; je hoeft jezelf niet te laten zien; je hoeft anderen niet te sturen om je aardig te vinden of te accepteren, want Kennis is bij je.

Heb daarom geen medelijden met jezelf, want je bent niet zielig. Wees vandaag een beginnend student van Kennis, want dat is allesbehalve zielig. Je kunt jezelf geen betere positie voorstellen.

Herhaal dit idee op het uur. Laat het je geest binnenkomen en denk er een moment over na. In je twee oefenperiodes, herhaal deze affirmatie en treed dan de stilte binnen. Niemand die zielig is, kan de stilte binnentreden, want stilte is de ervaring van diepgaande verwantschap en stilte is het accepteren van diepgaande liefde. Wie kan zielig zijn onder zulke omstandigheden?

Oefening 123: *Twee oefenperiodes van 30 minuten.*
Ieder uur oefenen.

Stap 124

VANDAAG ZAL IK NIET DOEN ALSOF IK GELUKKIG BEN.

JE HOEFT NIET TE DOEN ALSOF JE GELUKKIG BENT, want dat maskeert alleen een gevoel van zelfmedelijden, vergroot je verwarring en verdiept je dilemma. Wees vandaag jezelf, maar blijf jezelf observeren en houd in gedachte dat Kennis bij je is terwijl je heen en weer zwalkt, naar en weg van Kennis zelf. Omdat Kennis niet weifelt, is het voor jou een bron van zekerheid, consistentie en stabiliteit. Omdat ze niet bang is voor de wereld, is ze voor jou een bron van onverschrokkenheid. Je bent niet zielig, dus je hoeft niet te doen alsof.

DOE VANDAAG NIET ALSOF JE GELUKKIG BENT, want hij of zij die werkelijk tevreden is, kan zich op elke manier in de wereld uiten, maar in zijn of haar expressie zal de kracht van Kennis liggen. Dit is het belangrijkste. Kennis is geen vorm van gedrag. Het is een intense levenservaring. Probeer daarom jezelf of anderen niet te overtuigen met een demonstratie van gedrag, want dat is niet nodig.

HERHAAL DEZE VERKLARING OP HET UUR en voel haar kracht en haar geschenk van vrijheid. Sta jezelf toe om precies te zijn zoals je bent vandaag. Sta jezelf in je twee diepe meditatieoefeningen toe om de stilte binnen te treden, want als je niet probeert iemand te zijn, kun je de luxe van stilte hebben, wat de luxe van liefde is.

OEFENING 124: *Twee oefenperiodes van 30 minuten.*
Ieder uur oefenen.

Stap 125

VANDAAG HOEF IK NIET IEMAND TE ZIJN.

Je bent al iemand, dus waarom zou je proberen iemand te zijn? Het is beter om de persoon te zijn die je al bent. De persoon die je al bent, is de kracht van Kennis gedragen in het voertuig van de aard van een individu. Dit is er al, en het is momenteel in ontwikkeling. Waarom vandaag proberen iets te zijn als je al iets bent? Waarom niet zijn wat je bent? Ontdek wat je bent. Dit vereist veel moed, want je moet het risico lopen je eigen idealistische kijk op jezelf en de wereld teleur te stellen. Dit vereist aanmoediging omdat je het risico moet lopen je zelfhaat op te geven, wat een manier is om jezelf van het leven af te scheiden.

Wees vandaag daarom precies zoals je bent. Herinner jezelf hieraan op het uur. En sta jezelf toe in je twee meditatieoefeningen van vandaag stil te zijn en te ontvangen, want je probeert vandaag niet iemand te zijn.

Oefening 125: *Twee oefenperiodes van 30 minuten.*
Ieder uur oefenen.

Stap 126

TERUGBLIK

De Terugblik van vandaag zal gericht zijn op de oefeningen van de afgelopen week. Hij zal opnieuw benadrukken dat je leert om te leren. Je leert begrijpen hoe je leert. Je leert je sterke en zwakke kanten te begrijpen. Je leert je aanleg begrijpen – de kwaliteiten in jezelf die je moet cultiveren en die kwaliteiten die je moet bedwingen en onder bewuste controle moet brengen. Je leert jezelf te observeren. Zo leer je eindelijk objectief te zijn tegenover jezelf. Deze objectiviteit is bijzonder belangrijk, want zij stelt je in staat gebruik te maken van datgene wat er is om je te dienen zonder je veroordeling. Zo wordt je dienstbaarheid aan jezelf direct en doeltreffend.

Als je kunt leren objectief te zijn met jezelf, kun je leren objectief te zijn met de wereld. Dit stelt Kennis in staat door je heen te schijnen, want je zult niet proberen de wereld te maken tot wat je wilt dat ze is, en je zult niet proberen jezelf te maken tot wat je wilt dat je bent. Dit is het begin van echte vastberadenheid en echt geluk, maar nog belangrijker, het is het begin van een oprechte bijdrage.

In je lange oefenperiode vandaag, kijk je terug op de afgelopen week, waarbij je deze dingen in gedachten houdt. Versterk je ervaring van Kennis vandaag door haar uiterlijke manifestaties te ondersteunen en twijfel niet aan de kracht van deze voorbereiding die je naar Kennis zelf toebrengt.

Oefening 126: *Een lange oefenperiode.*

Stap 127

VANDAAG ZAL IK NIET PROBEREN WRAAK TE NEMEN OP GOD.

PROBEER GEEN WRAAK TE NEMEN OP GOD door een ellendig persoon te zijn, want God kent je alleen als deel van de Schepping. Probeer geen wraak te nemen op God door de wereld behoeftig te maken, want God schiep een wereld van schoonheid en kansen. Probeer geen wraak te nemen op God door te weigeren jezelf lief te hebben of te accepteren, want God kent je nog steeds zoals je bent. Probeer vandaag geen wraak te nemen op God door je relaties te ruïneren voor je eigen egoïstische doeleinden, want God begrijpt je relaties zoals ze werkelijk bestaan en begrijpt ook hun grotere belofte. Je kunt geen wraak nemen op God. Je kunt alleen jezelf schade toebrengen.

ACCEPTEER DAAROM DAT JE DE STRIJD TEGEN GOD hebt verloren. In je nederlaag ligt je grootste overwinning, want God is jou nooit kwijtgeraakt, al ben jij in je verbeelding God tijdelijk kwijtgeraakt. Jouw liefde voor God is zo diepgaand dat je er vooralsnog bang voor bent, want zij vertegenwoordigt de grootste kracht in je die je maar kunt bezitten. Dit moet je leren door directe ervaring. Probeer daarom vandaag geen wraak te nemen op God door een idee over jezelf te versterken dat uitsluitend gebaseerd is op dwaling en veronderstelling, want Kennis is met jou. Jij bent de gelukkige overwinnaar in je eigen nederlaag.

HERHAAL IN JE TWEE OEFENPERIODES VANDAAG dit idee en probeer er dan over na te denken. Onze oefeningen van vandaag zullen de geest aanzetten tot onderzoek en analyse. Dit is een nuttige toepassing van je geest. Denk na over deze boodschap en al je bijbehorende ideeën, en je zult je eigen huidige geloofssysteem beginnen te begrijpen. Je zult in staat zijn dit objectief te begrijpen. Dan zul je ermee kunnen werken, want de geest zit vast in een bepaalde structuur totdat hij voor andere doeleinden wordt gebruikt. Accepteer deze structuur niet als jouw werkelijkheid, want de uiterlijke manifestatie van je geest is een structuur die jij hem hebt opgelegd. Maar haar werkelijke innerlijke harmonie en aard willen zich alleen maar uitdrukken. Om dit mogelijk te maken moet je een adequate structuur in de geest hebben om de geest in staat te stellen zich zonder beperking of vervorming in de fysieke wereld uit te drukken. Vandaag zullen wij hier naartoe werken.

OEFENING 127: *Twee oefenperiodes van 30 minuten.*

Stap 128

MIJN LERAREN ZIJN BIJ ME. IK HOEF NIET BANG TE ZIJN.

JE INNERLIJKE LERAREN ZIJN BIJ JE, en je hoeft niet bang te zijn. Als je voldoende vertrouwen hebt in Kennis, gebaseerd op werkelijke ervaring, en voldoende vertrouwen in de aanwezigheid van je Leraren, gebaseerd op werkelijke ervaring, zal dit je een zekerheid en een vertrouwen in het leven geven dat alle onnodige angst zal tegengaan. Dit zal je geest geruststellen.

ALLEEN DE ZORG DAT JE KENNIS wordt geschonden zal voortkomen uit Kennis, en dan alleen om aan te geven dat je je daden en ideeën opnieuw moet beoordelen. Kennis heeft een zelfcorrigerend principe. Daarom is zij je Innerlijke Leiding. Als je tegen je Kennis ingaat, zul je je ongemakkelijk voelen met jezelf, en dit zal aanleiding geven tot onrust. Veel van de angst die je van moment tot moment ervaart maak je gewoon zelf, met je eigen negatieve verbeelding. Maar dan is er angst die voortkomt uit het schenden van Kennis. Dit is eerder een ongemak dan een angst, want het brengt zelden enige vorm van verbeelding met zich mee, hoewel ideeën in je geest kunnen opkomen als een vorm van waarschuwing als je een gedrag of een manier van denken gaat vertonen die gevaarlijk of destructief is.

ANGST DIE VOORTKOMT UIT NEGATIEVE VERBEELDING, omvat het overgrote deel van de angst waarmee je jezelf bezighoudt. Dit moet je leren tegengaan, want het is een ongepast gebruik van je geest. Hier schep je een ervaring voor jezelf, ervaar je die en noem je die vervolgens werkelijkheid. Ondertussen ben je helemaal niet aanwezig geweest bij het leven. Je zat alleen maar in je eigen fantasiewereld. Negatieve verbeelding put je emotioneel, fysiek en mentaal uit. Het kan zo hoog oplopen dat het je denken volledig overheerst. Want hoe kun je anders afgescheiden zijn van het universum dan in je eigen gedachten? Je kunt niet werkelijk gescheiden zijn van God. Je kunt niet werkelijk gescheiden zijn van Kennis. Je kunt je alleen verbergen in je eigen gedachten en ze zo in elkaar vlechten dat je voor jezelf een aparte identiteit en ervaring schept die, hoewel heel demonstratief, in feite volledig een illusie is.

GA VANDAAG IN JE TWEE MEDITATIEOEFENINGEN opnieuw de stilte in. Vandaag zal er geen mentale bespiegeling of activiteit zijn, want de geest zal opnieuw tot rust komen zodat hij zijn realiteit kan ervaren. Laat je niet afschrikken door angst of bezorgdheid. Bedenk dat dit alleen je negatieve verbeelding is. Alleen Kennis kan aangeven of je iets doet dat ongepast is, en dat zal alleen gebeuren in het licht van directe gebeurtenissen. Je zult merken dat dit iets heel anders is dan negatieve verbeelding en een andere reactie van je vraagt.

OEFENING 128: *Twee oefenperiodes van 30 minuten.*

Stap 129

Mijn Leraren zijn bij me. Ik zal bij hen zijn.

Je Leraren zijn bij je. Ze spreken niet tegen je, behalve in zeer zeldzame gevallen, en dan alleen als je in staat bent om te horen. Van tijd tot tijd sturen zij hun gedachten in je geest, en je zult dit ervaren als je eigen inspiratie vonk. Je bent je er nog niet van bewust hoe je geest is verbonden met alle andere geesten, maar na verloop van tijd zul je dit gaan ervaren binnen de context van je eigen wereld. De demonstratie hiervan zal zo duidelijk worden dat je je zult afvragen hoe je er ooit aan had kunnen twijfelen.

Je Leraren zijn bij je en oefen vandaag in je twee langere oefenperiodes om bij hen te zijn. Je hoeft je geen beeld van hen te vormen om deze ervaring te hebben. Je hoeft geen stem te horen of een gezicht te zien, want hun aanwezigheid is voldoende om je volledig te laten ervaren dat jullie in feite samen zijn. Als je stil bent, diep ademhaalt en geen fantasieën vlecht – geen gelukkige fantasieën of angstige fantasieën – zul je beginnen te ervaren wat er werkelijk is. Je Leraren zijn er echt. En vandaag kun je oefenen om bij hen te zijn.

Oefening 129: *Twee oefenperiodes van 30 minuten.*

Stap 130

RELATIES ZULLEN NAAR MIJ TOEKOMEN ALS IK VOORBEREID BEN.

WAAROM STREVEN NAAR RELATIES IN DE WERELD als ware relaties naar je toe zullen komen als je voorbereid bent? Om dit te begrijpen moet je een groot vertrouwen hebben in de kracht van Kennis in jou en in anderen. Naarmate dit bewustzijn groeit, zal de basis voor je streven en je wanhopige bezigheden wegvallen, waardoor ware vrede en verwezenlijking voor je mogelijk worden.

INDIVIDUEN ZULLEN OP MYSTERIEUZE WIJZE NAAR JE TOE KOMEN omdat je Kennis cultiveert. Zoals je relaties met elkaar hebt op persoonlijk niveau, heb je ook relaties op het niveau van Kennis. Dit niveau zul je beginnen te ervaren, eerst in kleine stapjes. Uiteindelijk, als je je voorbereidingen op de juiste manier voortzet, zal deze ervaring groeien en heel diepgaand voor je worden.

JE HOEFT NIET NAAR RELATIES TE ZOEKEN. Je hoeft je alleen maar aan je voorbereidingen over te geven en erop te vertrouwen dat mensen naar je toe komen als je ze nodig hebt. Dit vereist dat je je behoeften afzet tegen je wensen. Indien jouw wensen niet je werkelijke behoeften vertegenwoordigen, zul je je leven ernstig in verwarring brengen. Je zult jezelf en degenen met wie je je bezighoudt een last opleggen die hen en ook jou alleen maar kan onderdrukken. Zonder deze druk zullen mensen vrij zijn om naar je toe te komen als je ze werkelijk nodig hebt.

HERINNER JEZELF HIER VANDAAG OP HET UUR AAN, en in je twee langere oefenperiodes sta je je geest toe om ontvankelijk te worden. Sta jezelf toe de aanwezigheid van je Leraren te voelen. Maak jezelf niet gek met verlangens naar relaties en je eisen voor

personen of voor wat zij bezitten. Heb er vandaag vertrouwen in
dat Kennis alle mensen naar je toe zal trekken als je ze werkelijk
nodig hebt.

OEFENING 130: *Twee oefenperiodes van 30 minuten.*
Ieder uur oefenen.

Stap 131

VANDAAG ZOEK IK DE ERVARING VAN HET WARE DOEL IN HET LEVEN.

ZOEK DE ERVARING VAN HET WARE DOEL. Dit vormt het fundament voor alle betekenisvolle relaties. Zoek geen relaties buiten deze context, want die zullen een fundament missen en, hoewel misschien erg verleidelijk, erg moeilijk voor je blijken te zijn. Of je nu een huwelijk zoekt, goede vriendschap of iemand om je te helpen in je werk, bedenk dat Kennis alle individuen naar je toe zal trekken zoals je ze werkelijk nodig hebt.

CONCENTREER JE DAAROM VANDAAG OP HET DOEL en niet op relaties. Hoe groter je ervaring van het doel, hoe groter je begrip van relaties. Hoewel je zult zien dat mensen samenkomen voor plezier en aanmoediging, zit er een veel grotere component in hun ontmoeting. Weinig mensen herkennen dit, maar het is je gegeven dit door oefening en ervaring te herkennen. Je kunt er zeker van zijn dat als je niet probeert mensen in te passen in je eigen idee van een doel, je jezelf openstelt voor de ware ervaring van het doel zelf. Als je jezelf objectief begint te observeren, zul je de manifestaties van je eigen wil in contrast tot Kennis gaan zien, en dit zal zeer essentieel zijn voor je leerproces.

HERINNER JEZELF VANDAAG OP HET UUR AAN je intentie om je bewust te worden van je doel. Laat vandaag een stap in die richting zijn – een stap die je jaren en jaren tijd zal besparen, een stap die je voor altijd vooruit zal helpen naar je doel van Kennis, want Kennis trekt je aan. Sta in je twee diepere oefenperiodes toe dat Kennis je aantrekt. Voel de grotere aantrekkingskracht in je, die je vanzelf voelt als je niet bezig bent met kleine dingen.

OEFENING 131: *Twee oefenperiodes van 30 minuten.*
Ieder uur oefenen.

Stap 132

LAAT ME LEREN VRIJ TE ZIJN ZODAT IK KAN DEELNEMEN.

*J*E ONAFHANKELIJKHEID VAN HET VERLEDEN – je oordelen uit het verleden, associaties uit het verleden, pijnen uit het verleden, wonden uit het verleden en moeilijkheden uit het verleden – geven je onafhankelijkheid in het heden. Dit dient niet om je afscheiding te verstevigen of completer te maken, maar om je in staat te stellen zinvol samen te werken in een relatie. Laat dit een stilzwijgend begrip zijn: Je kunt niets doen in de wereld zonder relaties. Je kunt niets bereiken; je kunt geen vooruitgang boeken in geen enkele richting; je kunt geen waarheid realiseren; je kunt niets waardevols bijdragen zonder relatie. Dus naarmate je onafhankelijkheid van het verleden groeit, groeit ook je belofte van deelname aan het heden en de toekomst. Want vrijheid is bedoeld om je in staat te stellen deel te nemen.

HERINNER JE DIT IDEE OP HET UUR, en neem het in overweging in het licht van al je ervaringen van vandaag. Sta in je twee meditatieoefeningen toe dat de aantrekkingskracht van Kennis je dieper in jezelf trekt. Sta jezelf toe deze ervaring van vrijheid te hebben.

OEFENING 132: *Twee oefenperiodes van 30 minuten.*
Ieder uur oefenen.

Stap 133

TERUGBLIK

Vandaag zullen We terugblikken op de afgelopen week van voorbereiding. Kijk objectief en zonder oordeel terug, en realiseer je opnieuw je vorderingen en je beperkingen en versterk je vastberadenheid. Want het is jouw verlangen naar Kennis die Wij wensen te cultiveren evenals je vermogen tot Kennis. Op een juiste manier denken, handelen en ware motivatie brengen je op natuurlijke wijze verder in de richting waarin je bedoeld bent te gaan. Elke stap voorwaarts zal je een groter gevoel van doel, betekenis en richting in het leven geven en zal je bevrijden van pogingen om zaken op te lossen die geen oplossing behoeven en van pogingen om dingen te begrijpen vanuit angst en bezorgdheid. Hoe meer je in vrede bent met je natuur, hoe meer je natuur de grootsheid kan uitdrukken die je hebt meegebracht. Zo word je een licht voor iedereen om je heen en zul je jezelf verwonderen over de gebeurtenissen in je eigen leven, wat op zichzelf al een wonder is.

Onderneem vandaag tijdens je lange oefenperiode je terugblik met diepgang en oprechtheid. Laat vandaag niets je van je oefening afbrengen. Je oefening is je geschenk aan God, want je geeft jezelf in je oefening, en je ontvangt ook je geschenk.

Oefening 133: *Een lange oefenperiode.*

Stap 134

IK ZAL MIJN DOEL NIET VOOR MIJZELF DEFINIËREN.

JE HOEFT JE DOEL NIET TE DEFINIËREN want mettertijd zal je doel gewoon opkomen en door jou gekend worden. Leef niet met definities. Leef met ervaring en begrip. Je hoeft je doel niet te definiëren, en als je dat toch probeert, bedenk dan altijd dat het een tijdelijk hulpmiddel is. Geef het geen grotere geloofwaardigheid. Op deze manier kan de wereld je niet kwaad maken, want wat kan de wereld anders doen dan je eigen definitie van jezelf ondermijnen? Als je niet vanuit je definities leeft, kan de wereld je geen kwaad doen, want zij kan de plaats van Kennis in jou niet raken. Alleen Kennis kan Kennis raken. Alleen Kennis in de ander kan Kennis in jou raken. Alleen Kennis in jou kan Kennis in de ander raken.

DEFINIEER DAAROM VANDAAG JE DOEL NIET. Wees zonder definitie zodat de ervaring van je doel kan groeien. En terwijl het groeit, zal het je de inhoud van je doel geven, zonder vervorming of bedrog. Je zult dit niet hoeven te verdedigen in de wereld, maar het alleen als een juweel in je hart te dragen.

HERINNER JEZELF ER OP HET UUR AAN je doel niet te definiëren, en begin na te denken over wat het je heeft gekost in termen van je eigen ervaringen in het verleden. Sta jezelf toe in je twee meditatieoefeningen stil te zijn. Op elke uitademing spreek je het woord RAHN uit. RAHN. RAHN. Je hoeft tijdens je meditatie alleen het woord RAHN bij de uitademing uit te spreken. Laat dit je totale focus zijn. Dit woord zal dienen om Aloude Kennis in jezelf te stimuleren en je de kracht te geven die je nu het meest nodig hebt.

OEFENING 134: *Twee oefenperiodes van 30 minuten.*
Ieder uur oefenen.

Stap 135

IK ZAL VANDAAG NIET MIJN LOTSBESTEMMING BEPALEN.

Net als je doel blijft je bestemming buiten je definitie. Je hoeft maar een stap in zijn richting te zetten om de groeiende aanwezigheid van Kennis in je leven te voelen. Hoe dichter je bij Kennis bent, hoe meer je het zult ervaren. Hoe meer je het ervaart, hoe dichterbij je zult willen komen, want dit is een natuurlijke aantrekkingskracht. Dit is ware liefde, de aantrekking van gelijken. Dit is wat het universum al zijn betekenis geeft. Dit is wat het leven volledig verbindt. Wees deze dag vrij van definities, en laat je geest zijn natuurlijke vorm aannemen. Laat je hart zijn natuurlijke loop volgen. Sta toe dat Kennis zich uitdrukt via je geest, waarvan de uiterlijke structuur nu open en vrij wordt.

Herinner jezelf aan je oefening op het uur. Ga in je twee diepe meditaties van vandaag door met je RAHN-oefening, waarbij je bij elke uitademing het woord RAHN uitspreekt. Sta jezelf toe de aanwezigheid van je eigen leven, de aanwezigheid van je Leraren en de diepte van je eigen Kennis te voelen. Sta toe dat je zelfdiscipline vandaag zinvol wordt ingezet, om je geest op deze manier bezig te houden. Want als de geest in de nabijheid van zijn ware bestemming wordt gebracht, zal hij dienovereenkomstig reageren en zal alles zijn natuurlijke verloop volgen. Dan zul je voelen dat Gratie met je is.

Oefening 135: *Twee oefenperiodes van 30 minuten.*
Ieder uur oefenen.

Stap 136

MIJN DOEL IS MIJN KENNIS TERUG TE WINNEN EN HAAR TOE TE STAAN ZICH UIT TE DRUKKEN IN DE WERELD.

*D*IT ZAL JE VRAGEN over je doel beantwoorden. Terwijl je dit doel volgt, zal je roeping in het leven – een specifieke rol die van je gevraagd wordt – stap voor stap vanzelf naar voren komen. Je hoeft die niet te definiëren. Zij komt gewoon tevoorschijn, en je zult haar bij elke stap dieper en vollediger begrijpen, want elke stap zal haar nog meer vervullen.

JOUW KENNIS IS JE DOEL. Herinner jezelf hieraan op het uur, en wees blij dat er een antwoord werd gegeven. Maar het antwoord is niet slechts een idee. Het is een mogelijkheid om je voor te bereiden, want alle ware antwoorden op alle ware vragen zijn een vorm van voorbereiding. Het is de voorbereiding die jij nodig hebt en niet alleen de antwoorden. Je geest zit al vol antwoorden, en wat hebben die anders gedaan dan de last van je denken te vergroten? Volg dus de voorbereiding die deze dag en elke dag in Ons programma wordt gegeven, zodat je het antwoord op je vraag kunt ontvangen. Jouw doel is je Kennis terug te winnen, en dat is wat Wij vandaag gaan ondernemen.

HERINNER JEZELF OPNIEUW OP HET UUR AAN JE AFFIRMATIE. Denk er de hele dag aan, zodat zij vandaag de enige focus is van je begrip. Blijf in je twee langere meditatieoefeningen het woord RAHN herhalen, dat de Aloude Kennis in je zal stimuleren. Je hoeft de kracht van deze oefening niet te begrijpen om het volledige voordeel ervan te ontvangen. Om het volledige voordeel ervan te ontvangen, hoef je haar enkel te beoefenen zoals ze gegeven wordt.

OEFENING 136: *Twee oefenperiodes van 30 minuten.*
Ieder uur oefenen.

Stap 137

IK ZAL HET MYSTERIE VAN MIJN LEVEN ACCEPTEREN.

JOUW LEVEN IS EEN MYSTERIE. Jouw oorsprong, jouw doel hier en jouw bestemming wanneer je weggaat zijn erg mysterieus. Ze kunnen alleen ervaren worden om ze te begrijpen. Hoe kun jij op dit moment het mysterie van je leven begrijpen? Je zou aan het einde van je leven pas kunnen begrijpen wat er blijkbaar tot dan toe is gebeurd, en je bent nog niet aan het einde van je leven in de wereld. Je zou de wereld vanuit je Aloude Thuis moeten zien om de ware betekenis van de wereld te begrijpen. Je bent nu in de wereld, dus je moet aanwezig zijn in de wereld. Toch kan en moet dit mysterie ervaren worden. Je kunt het nu op dit moment niet begrijpen, maar op dit moment kun je het wel volledig ervaren. Binnen deze ervaring zal het alles wat je nodig hebt aandragen om de vitale stap te zetten die op je wacht.

BELAST DAAROM JE GEEST NIET met de wens om te begrijpen, want dan zoek je het onmogelijke en breng je jezelf alleen maar in verwarring en vergroot je de last van je denken. Geef jezelf liever de ruimte om met verwondering en waardering het mysterie van je leven te ervaren, dat de wereld veel groter is dan wat je zintuigen tot nu toe hebben gemeld en dat je leven veel groter is dan wat je verstand heeft vastgesteld.

HERHAAL DIT IDEE OP HET UUR en beoefen jouw RAHN-meditatie vandaag twee keer met veel diepgang en oprechtheid. Sta je oefening vandaag toe om je toewijding aan Kennis opnieuw te bevestigen, want je hoeft alleen de stappen te volgen zoals ze zijn gegeven.

OEFENING 137: *Twee oefenperiodes van 30 minuten.*
Ieder uur oefenen.

Stap 138

IK HOEF ALLEEN MAAR DE STAPPEN TE VOLGEN ZOALS ZE ZIJN GEGEVEN.

DE WAARHEID HIERVAN IS ZO OVERDUIDELIJK, als je denkt aan de vele dingen die je hebt geleerd door simpelweg de stappen in de voorbereiding te volgen. Niet deelnemen en proberen te begrijpen is volkomen nutteloos, uiterst frustrerend en zonder enig gelukkig of bevredigend resultaat. We bereiden je voor om deel te nemen aan het leven, niet om het te beoordelen, want het leven houdt een grotere belofte in dan jouw oordelen ooit kunnen onthullen. Je begrip ontstaat uit deelname en is het resultaat van deelname. Dus, leer deel te nemen en dan te begrijpen, want dit is de juiste volgorde van dingen.

DENK VANDAAG IEDER UUR AAN JE OEFENING en laat je twee meditaties in stilte dieper worden. Sta niet toe dat gedachten van angst, bezorgdheid of gebrek aan zelfvertrouwen je afhouden van jouw grotere activiteit. Jouw vermogen om te oefenen, ongeacht je emotionele staat, demonstreert dat Kennis binnenin jou is, toont aan dat de aanwezigheid van Kennis binnenin je is, want Kennis overstijgt alle emotionele toestanden en wordt er niet door belemmerd. Als je de sterren wenst te zien, moet je achter de wolken kijken. Wat zijn je angsten anders dan wolken die door je geest drijven? Ze veranderen alleen het karakter van de oppervlakte van je geest, maar de diepte van je geest blijft voor altijd onveranderd.

OEFENING 138: *Twee oefenperiodes van 30 minuten.*
Ieder uur oefenen.

Stap 139

IK BEN NAAR DE WERELD GEKOMEN OM TE DIENEN.

JE BENT NAAR DE WERELD GEKOMEN OM TE DIENEN, maar eerst moet je ontvangen. Eerst moet je afleren wat je jezelf hebt geleerd, zodat je dat wat je hebt meegebracht weer kunt terugwinnen. Deze voorbereiding is essentieel voor je succes en ook voor je geluk. Denk niet dat je alleen door begrip in staat zult zijn je ware gaven te herkennen en te geven. Jouw deelname is jouw voorbereiding, want je wordt voorbereid om deel te nemen aan het leven. Dus, brengen we je meer en meer in het mysterie en de manifestatie van het leven. Op deze manier zul je in staat zijn het mysterie als mysterieus en met verwondering te behandelen, en kun je de manifestatie van het leven praktisch en objectief behandelen. Daarmee zul je een brug kunnen zijn van je Aloude Thuis naar de zichtbare wereld. Over deze brug kan de Wijsheid van Kennis zich uitdrukken, en kun je jouw grootste vervulling vinden.

OEFEN JE RAHN-MEDITATIE TWEE KEER VANDAAG met grote diepgang en concentratie, en herinner je je idee op het uur zodat je alle gebeurtenissen van vandaag voor jezelf kunt gebruiken.

OEFENING 139: *Twee oefenperiodes van 30 minuten.*
Ieder uur oefenen.

Stap 140

TERUGBLIK

Vandaag voltooi je twintig weken van oefening. Je bent zover gekomen, en vanaf hier zul je met meer kracht en zekerheid verder gaan, want Kennis zal je steeds meer gaan leiden en motiveren naarmate je meer aandacht aan haar besteedt. Je wenst tegelijkertijd de dienaar en de Meester te zijn, want in jou bevindt zich de dienaar en de Meester. Jij persoonlijk bent niet de Meester, maar de Meester bevindt zich in jou. Jij persoonlijk bent een dienaar, maar je hebt een relatie met de Meester, en zo is je verbintenis compleet. Zo vinden alle aspecten van jezelf hun juiste plaats. Alle dingen zijn op een lijn en in harmonie gebracht met één doel en één bestemming. Je leven is eenvoudig omdat het in harmonie en in evenwicht is. Kennis zal alle dingen aangeven die door jou gedaan moeten worden – fysiek, emotioneel en mentaal – om dit evenwicht te ontwikkelen en te handhaven in je huidige omstandigheden. Denk niet dat enig vitaal aspect over het hoofd wordt gezien of nagelaten wordt.

Gefeliciteerd met je prestaties tot dusver. Blik terug op de laatste zes dagen van oefening en peil je inzicht in je voortgang op een correcte wijze. Sta jezelf toe een beginnend student van Kennis te zijn zodat je het maximale zult ontvangen. Naarmate je leert alle dingen ten bate van jezelf te gebruiken, zul je vanaf hier met grotere zekerheid en snelheid en eveneens met meer betrokkenheid verdergaan.

Oefening 140: *Een lange oefenperiode.*

Stap 141

VANDAAG ZAL IK VOL VERTROUWEN ZIJN.

Heb er vandaag het volste vertrouwen in dat je in voorbereiding bent op de weg naar Kennis. Vertrouw er vandaag op dat Kennis bij je is en bij je verblijft en dat je nu stap voor stap leert haar genade, haar zekerheid en haar richting te ontvangen. Vertrouw er vandaag op dat je geboren bent uit Gods liefde en dat je leven in deze wereld, dit korte bezoek hier, slechts een gelegenheid is om je ware identiteit te herstellen op een plek waar die vergeten is. Heb er vandaag vertrouwen in dat de inspanningen die je nu voor jezelf doet, je zullen leiden naar het grote doel dat je hier bent komen zoeken, want deze voorbereiding komt van je Aloude Thuis om je van dienst te zijn terwijl je in de wereld bent, want je bent naar de wereld gekomen om te dienen.

Herhaal deze affirmatie op het uur en beschouw haar in het licht van alle dingen die vandaag gebeuren. Herhaal in je twee langere oefenperiodes de verklaring en sta jezelf dan toe vrede en stilte binnen te gaan. Laat je vertrouwen jouw angst, twijfel en bezorgdheid verdrijven. Steun je inspanningen vandaag, want ze vereisen jouw steun ten behoeve van een grotere zekerheid die je nu leert ontvangen.

OEFENING 141: *Twee oefenperiodes van 30 minuten.*
Ieder uur oefenen.

Stap 142

IK ZAL VANDAAG CONSISTENT ZIJN.

OEFEN VANDAAG CONSISTENTIE, ongeacht wat er in je of buiten je gebeurt. Deze consistentie vertegenwoordigt een Grotere Kracht in jou. Deze consistentie zal je zekerheid en stabiliteit geven wanneer je geconfronteerd wordt met alle verstoringen, met alle externe gebeurtenissen en met alle emotionele toestanden in jezelf. Deze consistentie zal je stabiliseren en in evenwicht brengen en na verloop van tijd alles in jou op orde brengen. Je oefent consistentie zodat je het kunt leren en ervaren. Als je dit doet, zal het je de kracht geven die je nodig hebt om een bijdrage te leveren in deze wereld.

OEFEN DAAROM VANDAAG CONSISTENTIE. Oefen op het uur, en herinner jezelf eraan consistent te zijn. Houd in je twee meditaties je geest rustig en geconcentreerd, en laat hem in zichzelf rusten zodat hij zijn eigen aard kan ervaren. Onderdruk niet wat er in je gebeurt. Oefen geen controle uit over wat er buiten je gebeurt. Blijf gewoon consistent, en alle dingen zullen een juiste balans en relatie hiermee vinden. Aldus breng je Kennis in de wereld voort, want Kennis is volledig consistent. Dit zal je tot een persoon van grote aanwezigheid en kracht maken. Anderen zullen je consistentie mettertijd gaan ervaren, naarmate die door jou vollediger wordt ontvangen en volvlediger wordt ontwikkeld. Zij zullen hun toevlucht vinden in jouw consistentie, en dit zal hen ook herinneren aan hun doel, dat wacht om ontdekt te worden.

OEFENING 142: *Twee oefenperiodes van 30 minuten.*
Ieder uur oefenen.

Stap 143

Vandaag zal ik stil zijn.

Wees vandaag stil in je twee meditatieoefeningen, zodat je de aanwezigheid van Kennis in je kunt ontvangen. Neem een moment van stilte in je oefening op het uur, zodat je herkent waar je bent en wat je doet. Op die manier kun je toegang krijgen tot het grotere aspect van de geest, zodat het je op elk uur kan dienen en je het in de wereld kunt uitdragen. Wees vandaag stil, zodat je de wereld kunt observeren. Wees vandaag stil, zodat je de wereld kunt zien. Wees vandaag stil, zodat je de wereld kunt horen. Voer je dagelijkse taken uit, maar wees in jezelf stil. Op deze manier zal Kennis zich aandienen en zal je dan beginnen te leiden zoals het bedoeld is.

OEFENING 143: *Twee oefenperiodes van 30 minuten.*
Ieder uur oefenen.

Stap 144

VANDAAG ZAL IK MEZELF EREN.

EER JEZELF VANWEGE JE ERFGOED, vanwege je bestemming en vanwege je doel. Eer jezelf omdat het leven jou eert. Eer jezelf omdat God geëerd wordt in Gods schepping in jou. Dit overschaduwt alle oordelen die je over jezelf hebt geveld. Dit is groter dan alle kritiek die je op jezelf hebt uitgeoefend. Dit is groter dan alle trots die je hebt gebruikt om je pijn te compenseren.

HERINNER JEZELF ER IN ALLE EENVOUD EN NEDERIGHEID aan om jezelf te eren. Sta jezelf toe in je twee diepere oefeningen van vandaag de aanwezigheid van Kennis te ervaren, want dit eert jou evenals Kennis. Eer jezelf vandaag zodat Kennis geëerd kan worden, want in werkelijkheid ben jij Kennis. Dit is je Ware Zelf, maar het is het Zelf die je nu begint terug te winnen.

OEFENING 144: *Twee oefenperiodes van 30 minuten.*
Ieder uur oefenen.

Stap 145

VANDAAG ZAL IK DE WERELD EREN.

*E*ER DE WERELD VANDAAG, want het is de plek waar je gekomen bent om Kennis terug te winnen en haar gaven te schenken. Zo biedt de wereld in haar schoonheid en in haar beproeving de juiste omgeving voor jou om je doel te vervullen. Eer de wereld omdat God in de wereld is en de wereld eert. Eer de wereld omdat Kennis in de wereld is en de wereld eert. Eer de wereld omdat je zonder je oordeel zult beseffen dat het een plaats van genade is, een plaats van schoonheid en een plaats die je zegent naarmate je leert haar te zegenen.

HERHAAL JE LES OP HET UUR. Ervaar in je twee langere oefenperiodes, het liefhebben van de wereld. Sta Kennis toe haar genade te schenken. Je hoeft hier niet te proberen liefdevol te zijn, maar slechts open te staan en Kennis haar grote genegenheid te laten uiten.

EER DE WERELD VANDAAG zodat jij geëerd wordt omdat je in de wereld bent, want de wereld eert jou, terwijl jij jezelf eert. De wereld wordt erkend, wanneer je jezelf erkent. De wereld heeft jouw liefde en zegeningen nodig. Ze heeft ook je goede werken nodig. Op deze manier word je geëerd, want je bent hier gekomen om te geven.

OEFENING 145: *Twee oefenperiodes van 30 minuten.*
Ieder uur oefenen.

Stap 146

VANDAAG ZAL IK MIJN LERAREN EREN.

JOUW LERAREN, DIE MYSTERIEUS ZIJN en leven voorbij het zichtbare, verblijven bij jou terwijl je in de wereld bent. Nu je begonnen bent om de stappen naar het terugwinnen van Kennis te zetten, zal hun activiteit in je leven sterker en duidelijker worden. Je zult je aandacht hieraan beginnen te schenken, en hun behoefte dat jij je ontwikkelt zal groter zijn, zoals jouw behoefte aan hen groter zal zijn.

DENK OP HET UUR EN IN JE TWEE LANGERE OEFENINGEN aan je Leraren en denk actief aan hen. Eer je Leraren dan, want dit verkondigt dat je oude relaties inderdaad levend zijn en nu aanwezig zijn om je hoop, zekerheid en kracht te geven. Eer je Leraren zodat je de diepte van je eigen relatie met hen kunt ervaren. In je relatie met je Leraren zit de vonk van herinnering die je herinnert aan je Aloude Thuis en aan je ware bestemming. Eer je Leraren zodat jij geëerd wordt, want het is jouw eer die je moet terugwinnen. Ondanks alle fouten die je hebt begaan, is het je eer die je moet opeisen. Als je dit werkelijk doet, zal het gebeuren in nederigheid en eenvoud, want als je jezelf eert, eer je de grootsheid van het leven, waarvan je een klein maar integraal deel vormt.

OEFENING 146: *Twee oefenperiodes van 30 minuten.*
Ieder uur oefenen.

Stap 147

TERUGBLIK

Laat deze week in je terugblik de lessen tot je doordringen die je worden aangeboden. Let vooral op de kracht die je wordt aangeboden als je je wil ten goede uitoefent. Let ook op de eis dat je jezelf accepteert voorbij je huidige begrip, dat je jezelf eert voorbij je huidige evaluatie van jezelf en dat je het leven ervaart voorbij je eigen gedachten en vooroordelen. Onderken de kans die je wordt geboden, en besef dat elk moment dat je in oprechte beoefening doorbrengt, je vooruitgang enorm bevordert en een permanente vooruitgang voor je betekent. Als je denkt aan wat je aan de wereld zou willen geven, geef dan je vooruitgang. Hieruit zullen alle goede dingen die je komt geven, overeenkomstig je aard en je blauwdruk volledig gegeven worden. Derhalve is je geschenk aan de wereld nu je voorbereiding, zodat je mag leren geven.

Bekijk in je lange oefenperiode de afgelopen week – je lessen, je oefeningen, je ervaringen, je prestaties en je moeilijkheden. Bekijk dit objectief en bepaal hoe je je in de toekomst meer volledig aan je oefeningen kunt wijden.

Oefening 147: *Een lange oefenperiode.*

Stap 148

MIJN OEFENING IS MIJN GESCHENK AAN GOD.

JOUW OEFENING IS JE GESCHENK AAN GOD, want God wil dat je Kennis ontvangt, zodat je haar aan de wereld kunt geven. Zo word jij geëerd als ontvanger en als voertuig van Kennis, God wordt geëerd als bron van Kennis, en allen die haar ontvangen zullen ook geëerd worden. Dit is nu je geschenk – de ware voorbereiding te doorlopen waar je nu bij betrokken bent.

BEHANDEL VANDAAG DAAROM ELKE OEFENPERIODE als een vorm van geven. Geef jezelf op het uur in elke situatie waarin je je bevindt. Geef jezelf volledig in je twee diepe meditatieoefeningen. Kom niet met smeekbeden om ideeën of informatie, maar ontvang en geef. Als je jezelf geeft, zul je ontvangen en zo leer je de oude wet dat geven ontvangen is. Dit moet volledig in je ervaring ontstaan, zodat je de betekenis ervan en de toepassing ervan in de wereld volledig kunt begrijpen.

JOUW OEFENING IS JE GESCHENK AAN GOD. Jouw oefening is je geschenk aan jezelf. Kom vandaag tot je oefening om te geven, want in je geven zul je de diepte van je eigen bronnen beseffen.

OEFENING 148: *Twee oefenperiodes van 30 minuten.*
Ieder uur oefenen.

Stap 149

MIJN OEFENING IS MIJN GESCHENK AAN DE WERELD.

Je geeft aan de wereld door je eigen ontwikkeling op dit moment, want je bereidt je voor om een groter geschenk te geven dan je ooit eerder hebt gegeven. Dus, elke dag dat je de oefening in overeenstemming met de betreffende stap uitvoert, geef je een geschenk aan de wereld. Waarom? Omdat je je nut en waarde erkent. Je erkent je Aloude Thuis en je Aloude Bestemming. Je erkent degenen die je hebben gezonden en degenen die je zullen ontvangen wanneer je deze wereld verlaat. Dit alles wordt aan de wereld gegeven telkens wanneer je oprecht oefent, op elke dag, op elk uur. Dit is een groter geschenk aan de wereld dan je op dit moment kunt begrijpen, maar mettertijd zul je de totale behoefte zien die hiermee wordt vervuld.

Daarom is je oefening een geschenk aan de wereld, want zij geeft datgene wat je in jezelf bevestigt. Wat je in jezelf bevestigt, bevestig je voor alle individuen, in alle omstandigheden, in alle werelden en in alle dimensies. Zo bevestig je de realiteit van Kennis. Zo bevestig je je Aloude Thuis terwijl je hier bent.

Geef op het uur aan de wereld door je oefening in geven. Herinner jezelf hieraan. Geef je in je twee langere oefenperioden volledig over aan stilte en rust. Geef vanuit je hart en vanuit je geest. Geef alles wat je beseft te kunnen geven, want dit is een geschenk aan de wereld. Al kun je het resultaat nog niet zien, heb er vertrouwen in dat dit geven verder zal reiken dan je eigen geest en alle geesten in het universum zal beroeren, want alle geesten zijn in werkelijkheid waarlijk verbonden.

Oefening 149: *Twee oefenperiodes van 30 minuten.*
Ieder uur oefenen.

Stap 150

VANDAAG ZAL IK LEREN HOE IK MOET LEREN.

Vandaag leer je hoe je moet leren. Je leert hoe je moet leren omdat je moet leren. Je moet leren hoe je moet leren, zodat je leren doeltreffend en doelmatig wordt, diepgang en consistentie heeft en een gezonde vooruitgang oplevert waarop je in de toekomst onder alle omstandigheden kunt vertrouwen. Denk niet dat je het proces van leren al begrijpt, want dat leer je nu terwijl je de betekenis van vooruitgang begrijpt, de betekenis van mislukking, de betekenis van aanmoediging, de betekenis van ontmoediging, de betekenis van enthousiasme en de betekenis van gebrek aan enthousiasme. Daarom kijk je aan het eind van elke week terug op je oefeningen, zodat je je vooruitgang kunt begrijpen en het mechanisme van het leren kunt doorgronden. Het is essentieel dat je dit beseft, want zolang je dat niet doet, zul je je stappen verkeerd interpreteren, zul je je handelingen verkeerd begrijpen, zul je niet begrijpen hoe je een leerplan moet volgen en zul je nooit leren hoe je zelf een leerplan moet onderwijzen.

Daarom leer je vandaag hoe je moet leren. Dit positioneert je als een beginnend student van Kennis, wat je alle rechten en alle stimulans geeft om alles te leren wat nodig is, zonder aanmatiging, zonder hoogmoed, zonder ontkenning en zonder valsheid van welke aard dan ook. Naarmate je leert te leren, zul je je bewust worden van het mechanisme van het leren. Dit zal je wijsheid en mededogen geven in je omgang met mensen. Je kunt mensen niet onderwijzen vanuit idealisme, want dan leg je hen de last van je eigen verwachtingen op. Je eist van hen wat zelfs het leven niet kan bieden. Maar de zekerheid van je ervaring en je Kennis, die je aan anderen zult geven, zal zuiver zijn, en zij zullen haar op hun eigen manier kunnen ontvangen en gebruiken. Dan stel je geen persoonlijke eisen aan hen bij het

leren, maar sta je Kennis in jou toe om aan Kennis in hen te
geven. Je zult dan getuige zijn van het onderricht en ook van het
leren.

Wees daarom vandaag getuige van je eigen leren en leer
hoe je moet leren. Herinner jezelf op het uur dat je leert hoe je
moet leren. Sta jezelf in je twee meditatieoefeningen toe om stilte
en vrede binnen te gaan. Observeer jezelf als je vooruitgaat en als
je jezelf tegenhoudt. Gebruik je wil ten behoeve van jezelf met
mededogen en vastberadenheid, en oordeel niet over je
vooruitgang, want je verkeert niet in een positie om te oordelen,
omdat je leert hoe je moet leren.

Oefening 150: *Twee oefenperiodes van 30 minuten.*
Ieder uur oefenen.

Stap 151

IK ZAL GEEN ANGST GEBRUIKEN OM MIJN OORDELEN TE ONDERSTEUNEN.

GEBRUIK GEEN ANGST OM JE OORDELEN over jezelf en de wereld te ondersteunen, want deze oordelen komen voort uit je onzekerheid en angst. Dus missen ze het fundament van Kennis. Dus missen ze de betekenis en waarde die alleen Kennis kan geven. Vertrouw niet op je oordelen over jezelf en de wereld. Als je je daarvan distantieert, zul je beseffen dat hun bron angst is, want je probeerde jezelf alleen maar te troosten met je oordelen, teneinde een valse zekerheid, stabiliteit en identiteit te verkrijgen die je meent te missen. Wees daarom zonder substituut voor Wijsheid en Kennis, en laat Wijsheid en Kennis op natuurlijke wijze opkomen.

HERHAAL OP HET UUR JE VERKLARING, en denk erover na in het licht van alle dingen die vandaag gebeuren. Overweeg in je twee diepere oefeningen de betekenis van het idee van vandaag terwijl je er zorgvuldig over nadenkt. Breng je geest in een staat van activiteit terwijl je probeert de betekenis van de les van vandaag te doorgronden. Laat je niet door voorbarige conclusies blij maken. Stel met je geest een diepgaand onderzoek in tijdens je oefenperiodes. Gebruik je geest actief. Overweeg veel dingen in jezelf terwijl je je blijft concentreren op het idee van vandaag. Als je dit doet, zul je veel dingen begrijpen over wijsheid en onwetendheid, en je begrip zal voortkomen uit mededogen en ware zelfwaardering. Want alleen vanuit een plaats van eigenliefde kun je jezelf en anderen corrigeren.

OEFENING 151: *Twee oefenperiodes van 30 minuten.*
Ieder uur oefenen.

Stap 152

IK ZAL DE ANGST IN DE WERELD NIET VOLGEN.

DE MENSHEID WORDT BEHEERST DOOR GOLVEN VAN ANGST die mensen her en der meesleuren, golven van angst die hun handelingen, hun denken, hun conclusies, hun overtuigingen en hun veronderstellingen beheersen. Volg niet de golven van angst die over de wereld trekken. Blijf in plaats daarvan standvastig en stil in Kennis. Sta jezelf toe de wereld te observeren vanuit dit punt van stilte en zekerheid. Laat je niet meeslepen door de golven van angst. Op die manier zul je een bijdrage kunnen leveren aan de wereld en niet alleen haar slachtoffer zijn. Je bent hier om te geven, niet om te oordelen, en in stilte ben je zonder oordeel over de wereld. Herken dan de golven van angst, maar laat ze je niet raken, want in Kennis kunnen ze je niet raken omdat Kennis boven alle angst staat.

HERHAAL JE IDEE VOOR DE DAG OP HET UUR, en overweeg het in het licht van alles wat je vandaag ervaart. Gebruik je geest actief tijdens je twee langere oefenperiodes om te proberen de les van vandaag te begrijpen. Nogmaals, dit is een vorm van mentale toewijding. We zullen vandaag geen stilte en mentale rust beoefenen, maar mentale toewijding, zodat je leert constructief te denken. Want wanneer je geest niet stil is, zou hij constructief moeten denken. Hij zou op onderzoek uit moeten gaan. Vertrouw niet op voorbarige conclusies. Vertrouw niet op zelfgenoegzame ideeën. Sta vandaag jezelf toe kwetsbaar te zijn, want je bent alleen kwetsbaar naar Kennis. Toch zal Kennis je beschermen tegen alle kwaad in deze wereld en je een troost en een stabiliteit bieden die de wereld nooit kan veranderen. Leer hiervan vandaag, zodat je een bron van Kennis in de wereld kunt zijn, zodat jouw Bron zich via jou kan uiten.

OEFENING 152: *Twee oefenperiodes van 30 minuten.*
Ieder uur oefenen.

Stap 153

MIJN BRON WENST ZICH VIA MIJ UIT TE DRUKKEN.

JE BENT GESCHAPEN OM EEN EXPRESSIE van je Bron te zijn. Je bent geschapen om een uitbreiding van je Bron te zijn. Je bent geschapen om deel uit te maken van je Bron. Jouw leven is communicatie, want communicatie is leven. Communicatie is de uitbreiding van Kennis. Ze is niet slechts het delen van kleine ideeën van de ene afgescheiden geest naar de andere. Communicatie is veel groter, want communicatie creëert leven en breidt het leven uit, en daarin ligt alle vreugde en vervulling. Hierin ligt de diepte van alle betekenis. Hier vermengen duisternis en licht zich en houden hun afscheiding op. Hier vermengen alle tegenstellingen zich en versmelten met elkaar. Dit is de eenheid van al het leven.

STA JEZELF DAN TOE JEZELF TE ERVAREN als een communicatiemiddel, en weet dat wat je werkelijk wilt communiceren ook volledig tot uitdrukking zal komen, want het zelf dat je werkelijk bent is een uitbreiding van het Zelf dat het leven zelf is. Hierin zul je volledig worden bevestigd en zal het leven om je heen worden bevestigd. Jouw gaven zullen door het leven worden ontvangen en geïntegreerd, want dit soort giften kan alleen maar een groter resultaat opleveren, die het begrip van de mensheid te boven gaat.

HERINNER JEZELF OP HET UUR ERAAN dat je bedoeld bent om de wil van je Bron uit te drukken. Sta jezelf vandaag in je twee oefenperiodes toe om opnieuw stilte en vrede binnen te gaan. Sta jezelf toe een open voertuig te zijn waardoor het leven vrij kan stromen, waardoor het leven zich vandaag kan uitdrukken.

OEFENING 153: *Twee oefenperiodes van 30 minuten.*
Ieder uur oefenen.

Stap 154

TERUGBLIK

BLIK TERUG OP DE OEFENINGEN VAN DE AFGELOPEN WEEK. Doorloop opnieuw alle gegeven instructies en ook je oefeningen. Overweeg hoe diep je de vrede bent binnengetreden. Overweeg hoe diep je je geest hebt gebruikt om onderzoek te doen. Onthoud dat je training een vorm van geven is. Geef jezelf daarom in je terugblik aan je oefeningen. Zie hoe je geven vollediger en dieper kan worden, zodat je steeds grotere beloningen kunt ontvangen, voor jezelf en voor de wereld.

KIJK VANDAAG IN JE ENE LANGE OEFENPERIODE terug op de week training die net achter de rug is. Denk eraan jezelf niet te veroordelen. Denk eraan getuige te zijn van je leerproces. Denk eraan dat je oefening een vorm van geven is.

OEFENING 154: *Een lange oefenperiode.*

Stap 155

DE WERELD ZEGENT ME ALS IK ONTVANG.

JE LEERT NU OM TE ONTVANGEN. De wereld zegent je als je leert te ontvangen, want als je een open ontvanger voor Kennis wordt, zal Kennis binnenstromen. En je zult dat wat leven is naar je toetrekken, want het leven wordt altijd aangetrokken door hen die geven.

BEGRIJP DIT TEN VOLLE DEZE DAG terwijl je jezelf er op het uur aan herinnert dat het leven aan je geeft als je stil bent. Ga in je twee meditatieoefeningen opnieuw de stilte binnen en voel hoe het leven naar je toe wordt getrokken. Dit is een natuurlijke aantrekkingskracht. Naarmate jouw geven en stilte groter worden, zul je voelen dat het leven naar je toe wordt getrokken, want op den duur zal je een voedingsbron voor het leven worden.

OEFENING 155: *Twee oefenperiodes van 30 minuten.*
Ieder uur oefenen.

Stap 156

VANDAAG MAAK IK ME GEEN ZORGEN OVER MEZELF.

Zorgen maken over jezelf is een vorm van gewoonte-denken, dat ontstaat uit negatieve verbeelding en uit fouten die niet werden gecorrigeerd. Dit versterkt je gevoel van mislukking en beïnvloedt zo je gebrek aan zelfvertrouwen en zelfwaardering. Onze les voor vandaag is dus: versterk dat wat oprecht is in jezelf. Als je bij Kennis verblijft, zal Kennis zorg dragen voor alles wat jouw aandacht nodig heeft. Denk niet dat er iets blijft liggen dat voor jou bestemd is. Alle behoeften van grotere spirituele aard en ook van de meest alledaagse zullen door jou worden vervuld en begrepen, want Kennis kent geen verwaarlozing. Jij die gewend is aan verwaarlozing, die in het verleden zijn geest niet goed heeft gebruikt, die niet in staat is geweest de wereld te zien of te horen, kan nu gerust zijn, want je hoeft je vandaag geen zorgen te maken over jezelf.

Hiervoor moet je je geloof en je vertrouwen vergroten dat Kennis voor je zal zorgen. Hierdoor zul je op den duur de gave van Kennis ontvangen, die alle twijfel en verwarring zal verdrijven. Je moet je voorbereiden op deze ervaring. Hierin moet je je geloof en vertrouwen vergroten. Wees deze dag vol vertrouwen. Herken de dingen die je aandacht vragen, ook al zijn ze van alledaagse aard, en zorg er goed voor, want Kennis is er niet op uit om je uit de wereld te halen, maar om je in de wereld te brengen, want je bent hier gekomen om te geven.

Versterk je begrip van het idee van vandaag door het op het uur te herhalen en het een moment van oprechte overweging te geven. Versterk je oefening van vandaag door er gebruik van te maken in je diepere oefeningen waarbij je stilzwijgend de stilte betreedt. Je kunt alleen stilte en vredigheid binnengaan als je je geen zorgen over jezelf maakt. Zo is je verbintenis om jezelf aan je oefening te geven, een bevestiging van de veiligheid en de zekerheid die bij je verblijven.

OEFENING 156: *Twee oefenperiodes van 30 minuten.*
Ieder uur oefenen.

Stap 157

IK BEN NIET ALLEEN IN HET UNIVERSUM.

Je bent niet alleen in het universum omdat je deel uitmaakt van het universum. Je bent niet alleen in het universum omdat je geest verbonden is met alle geesten. Je bent niet alleen in het universum omdat het universum met jou is. Je leert nu met het universum te zijn, zodat je relatie met het leven volledig kan worden herwonnen en zich in je wereld kan uiten. De wereld geeft hiervoor een slecht voorbeeld, want de mensheid heeft haar relatie met het leven verloren en zoekt nu wanhopig in de sferen van verbeelding en fantasie om dat te vinden wat verloren is gegaan. Wees dan blij dat je vandaag de middelen hebt gekregen om het leven terug te winnen, zodat je jezelf kunt geven aan je oefening en aan je bestemming. Op deze manier word je bevestigd. Je bent niet alleen in het universum. De diepgang van dit idee is veel groter dan het op het eerste gezicht lijkt. Het is een verklaring van absolute waarheid, maar je moet haar ervaren om het te begrijpen.

Herinner jezelf daarom op het uur aan deze verklaring. Probeer haar te voelen, ongeacht de omstandigheden waarin je je bevindt. Probeer in je twee langere meditatieoefeningen je volledige inclusie in het leven te ervaren. Je hoeft niet aan ideeën te denken of beelden te zien, maar voel alleen de aanwezigheid van het leven waarvan je deel uitmaakt. Je bent in het leven. Je bent ondergedompeld in het leven. Het leven omarmt je. Buiten alle beelden die de wereld eventueel laat zien, buiten alle handelingen die de wereld eventueel tentoonspreidt, bevind je je in de liefdevolle omarming van het leven.

Oefening 157: *Twee oefenperiodes van 30 minuten.*
Ieder uur oefenen.

Stap 158

IK BEN RIJK DUS KAN IK GEVEN.

ALLEEN DE RIJKEN KUNNEN GEVEN, WANT ZIJ ZIJN NIET BEHOEFTIG. Alleen de rijken kunnen geven, want zij voelen zich niet op hun gemak met een bezit tenzij het wordt weggegeven. Alleen de rijken kunnen geven, want zij kunnen hun bezit pas begrijpen als het wordt gegeven. Alleen de rijken kunnen geven, want zij willen dankbaarheid ervaren als hun enige beloning.

JE BENT RIJK EN JE KUNT GEVEN. Je beschikt al over een rijkdom aan Kennis, en dit is het grootst mogelijke geschenk. Elke andere handeling, elke andere gunst, elk ander object dat een geschenk is, heeft alleen betekenis voor zover het doordrongen is van Kennis. Dit is de ongeziene essentie van alle ware geschenken en al het ware geven. Je hebt een grote voorraad van deze essentie, die je moet leren ontvangen. Je bent rijker dan je je bewust bent. Zelfs als je financieel behoeftig bent, zelfs als je denkt dat je alleen bent, ben je rijk. Jouw geven zal dit vandaag laten zien. Jouw geven zal de bron, de diepte en de betekenis van je rijkdom laten zien en zal al je geven doordringen met de essentie van het geven zelf. Mettertijd zul je merken dat je klakkeloos geeft en dat je leven zelf een geschenk is. Dan zal je leven de rijkdom tonen die ieder mens bezit, maar die hij nog niet heeft leren ontvangen.

HERHAAL DIT IDEE OP HET UUR, en ervaar in je twee langere meditatieoefeningen je eigen rijkdom. Ervaar de aanwezigheid en de diepte van Kennis. Wees de ontvanger van Kennis en geef jezelf aan Kennis, want door jezelf aan je oefening te geven, bevestig je reeds je eigen rijkdom, die slechts bevestigd hoeft te worden om volledig gerealiseerd te worden.

OEFENING 158: *Twee oefenperiodes van 30 minuten.*
Ieder uur oefenen.

Stap 159

DE ARMEN KUNNEN NIET GEVEN. IK BEN NIET ARM.

De armen kunnen niet geven, want ze zijn hulpbehoevend. Zij moeten ontvangen. Jij bent niet hulpbehoevend, want de gave van Kennis is met jou. Daarom verkeer je in een positie om te geven, en in je geven zul je je waarde beseffen en elk gevoel van armoede zal je verlaten. Wees ervan overtuigd dat Kennis zal voorzien in alle materiële zaken die je werkelijk nodig hebt. Hoewel ze misschien niet levert wat je wenst, zal ze leveren wat je nodig hebt en in de juiste hoeveelheid. Zo heb je wat je nodig hebt om bij te dragen overeenkomstig je aard en je roeping in de wereld. Maar je zult niet belast worden met datgene wat jou alleen maar kan belasten. Je zult precies hebben wat je nodig hebt, en de wereld zal je niet belasten met haar ontberingen of haar excessen. Zo zal alles perfect in evenwicht zijn. Kennis zal je geven wat je nodig hebt, en wat je nodig hebt is wat je werkelijk wilt. Je kunt je behoeften nog niet inschatten, want je bent verdwaald in wat je wilt. Maar je behoeften zullen zich openbaren door Kennis, en mettertijd zul je de aard van de behoefte begrijpen en hoe die vervuld kan worden.

JIJ BENT NIET ARM, want het geschenk van Kennis is met jou. Herhaal de verklaring van vandaag op het uur en denk erover na in het licht van je observaties van anderen. Sta jezelf toe in je diepere oefenperiodes de rijkdom aan Kennis te ervaren die je nu bezit.

OEFENING 159: *Twee oefenperiodes van 30 minuten.*
Ieder uur oefenen.

Stap 160

DE WERELD IS ARM, MAAR IK NIET.

*D*E WERELD IS ARM, MAAR JIJ BENT NIET ARM. Ongeacht je omstandigheden, is dit juist omdat je de rijkdom van Kennis terugvordert. Dan begrijp je de betekenis van verarming. Dan begrijp je de betekenis van rijkdom. Denk niet dat degenen die meer voorwerpen bezitten dan jij op enigerlei wijze rijker zijn dan jij, want zonder Kennis zijn zij verarmd en zullen zij alleen dingen verwerven om hun ellende en onzekerheid te compenseren. Hun verarming wordt dus verergerd door hun aankopen.

DE WERELD IS ARM, MAAR JIJ NIET, want jij hebt Kennis meegebracht naar de wereld waar Kennis vergeten is en wordt ontkend. Door je eigen rijkdom terug te winnen, zal de wereld ook haar rijkdom terugwinnen, want je zult Kennis in iedereen stimuleren, en hun rijkdom zal zich beginnen te openbaren in jouw aanwezigheid en in de aanwezigheid van Kennis die jou leidt.

VRAAG DAAROM NIETS VAN DE WERELD, behalve wat materiële zaken die je nodig hebt om je functie te vervullen. Dit is een klein verzoek in het licht van wat jij bent komen geven. En als je eisen niet verdergaat dan wat je nodig hebt, zal de wereld ze je graag geven in ruil voor een groter geschenk dat jij bezit.

DENK OP ELK UUR NA OVER HET IDEE VOOR DE DAG. Laat geen uur voorbijgaan zonder deze herkenning. Versterk je voornemen om elke oefening tijdens alle omstandigheden van de dag te gebruiken, zodat je leven in al haar gebeurtenissen zinvol kan zijn. Treed in je twee langere oefenperiodes van vandaag de stilte en de vrede binnen om meer te leren van de rijkdom die jij bezit.

OEFENING 160: *Twee oefenperiodes van 30 minuten.*
Ieder uur oefenen.

Stap 161

TERUGBLIK

*D*ENK VANDAAG BIJ JE TERUGBLIK AAN ELKE LES en elke oefening van iedere dag in de afgelopen week. Leer meer van het proces van leren. Besef dat je om dit te leren je leven niet vanuit een oordeel kunt bekijken, want je leert hoe je moet leren. Realiseer je dat rijkdom in je leven zichtbaar is door de oefeningen die je doet, die je zonder Kennis niet zou kunnen doen. Je onderneemt deze voorbereiding vanwege Kennis, en elke dag zet je je in voor je oefening vanwege Kennis. Elke dag volbreng je je oefeningen vanwege Kennis. Dus, zonder jouw ontkenning of inmenging, zal Kennis zelf je leiden in je voorbereiding en tevoorschijn komen terwijl je elke stap onderneemt. Hoe gemakkelijk is succes op deze manier. Hoe eenvoudig is het om te ontvangen zonder ontkenning of aandrang van jouw kant. Want zonder verbeelding is het leven evident. De schoonheid ervan is duidelijk. Haar genade is duidelijk. Het doel ervan is duidelijk. Het werk dat het vereist is duidelijk. De beloningen zijn duidelijk. Zelfs de moeilijkheden van deze wereld zijn duidelijk. Alles wordt duidelijk als je geest stil en helder wordt.

BEKIJK DAAROM IN ÉÉN LANGE OEFENPERIODE de oefeningen van de week. Geef dit je volledige aandacht. Geef jezelf aan je oefening en weet dat Kennis in jou je motiveert.

OEFENING 161: *Eén lange oefenperiode.*

Stap 162

IK ZAL VANDAAG NIET BEVREESD ZIJN.

Laat vandaag niet je geest door vrees beheersen. Laat niet de gewoonte van negatieve verbeelding je aandacht en emoties in beslag nemen. Wees betrokken bij het leven zoals het werkelijk is, die je zonder veroordeling kunt waarnemen. Angst is als een ziekte die je overvalt. Maar je hoeft niet toe te geven aan angst, want je bron en je wortels zijn diep verankerd in Kennis, en je wordt nu sterker in Kennis.

Herinner jezelf er op het uur aan dat je je niet laat overnemen door angst. Wanneer je het effect ervan begint te voelen, in welke hoedanigheid het ook zijn invloed op jou uitoefent, trek je er dan van terug en claim je trouw aan Kennis. Schenk je vertrouwen aan Kennis. Geef jezelf in je twee diepere oefenperiodes van vandaag aan Kennis. Geef je geest en je hart zodat dat je gesterkt wordt in die zekerheid waar angst nooit kan binnendringen. Je onverschrokkenheid moet in de toekomst niet voortkomen uit veinzerij, maar uit je zekerheid in Kennis. Op die manier zul je een toevlucht zijn voor vrede en een bron van rijkdom voor anderen. Zo ben je bedoeld. Daarom ben je in de wereld gekomen.

OEFENING 162: *Twee oefenperiodes van 30 minuten.*
Ieder uur oefenen.

Stap 163

VANDAAG ZAL IK KENNIS VOELEN.

VOEL DE BLIJVENDE KWALITEIT VAN KENNIS, die altijd voor je beschikbaar is, voorbij je gedachten en je eigen vooringenomenheden. Voel vandaag op het uur Kennis. Herhaal het idee voor de dag en neem een moment om haar aanwezigheid te voelen. De aanwezigheid van Kennis is iets dat je overal mee naartoe kunt nemen, in elke ontmoeting, onder alle omstandigheden. Het is overal op zijn plaats. Daarmee ben je in staat elke omstandigheid en gebeurtenis te zien. Je zal in staat zijn te horen. Je zal kunnen geven. Je zal in staat zijn te begrijpen. Deze stabiliteit heeft de wereld hard nodig, en jij die rijk bent met Kennis kunt dit geven.

VOEL DEZE DAG KENNIS in je diepere oefenperiodes. Geef jezelf hieraan, want dit is jouw geschenk aan God en aan de wereld. Laat deze dag een dag zijn van bekrachtiging en bevestiging. Laat je vandaag door geen enkele kleine mislukking van je grotere taak afbrengen. Realiseer je dat alle tegenslagen je alleen kunnen stoppen in je vooruitgang, en je hoeft alleen maar een stap voorwaarts te zetten om door te gaan. Het antwoord op elke mislukking, klein of groot, is dus simpelweg het besluit om door te gaan. Want je hoeft slechts de stappen te volgen die hier worden gegeven om voor jezelf de resultaten van deze voorbereiding te bereiken. Hoe eenvoudig is het pad naar Kennis. Hoe duidelijk is haar weg als je haar voorziening stap voor stap volgt.

OEFENING 163: *Twee oefenperiodes van 30 minuten.*
Ieder uur oefenen.

Stap 164

VANDAAG ZAL IK EREN WAT IK WEET.

*E*ER VANDAAG WAT JE WEET. Blijf trouw aan wat je weet. Sta toe dat je Kennis je specifiek leidt. Probeer Kennis niet te gebruiken om jezelf te vervullen, want dan gebruik je alleen dat wat jij denkt dat Kennis is, en dan maak je weer een illusie voor jezelf die je verstrikt en je berooft van leven, enthousiasme en zekerheid. Laat Kennis je vandaag beroeren. Ga verder met je normale activiteiten. Volg alle verplichtingen die je in het leven hebt, maar laat Kennis bij je verblijven zodat ze haar mysterieuze geschenk overal waar je gaat kan geven en je concreet richting kan geven wanneer dat daadwerkelijk nodig is.

HERHAAL DEZE VERKLARING OP HET UUR en overweeg haar in het licht van je directe omstandigheden. Geef je vandaag in je diepere oefenperiodes opnieuw over aan stilte en vrede. Eer Kennis vandaag door jezelf aan Kennis te geven en door bij Kennis te verblijven.

OEFENING 164: *Twee oefenperiodes van 30 minuten.*
Ieder uur oefenen.

Stap 165

MIJN TAKEN ZIJN KLEIN. MIJN MISSIE IS GROOT.

JE TAKEN IN DE WERELD ZIJN KLEIN. Ze zijn bedoeld om voorzieningen die je fysiek nodig hebt veilig te stellen en om die allianties met anderen te onderhouden die gunstig zijn voor jouw welzijn en ook voor hun welzijn. Deze taken zijn belangrijk, maar jouw missie is groter. Ondermijn je vermogen om je missie te ontvangen niet door je plichten te verzaken. Dit is slechts een vorm van jezelf ontwijken. Voer deze dag specifiek je taken uit met betrekking tot je werk en je omgang met anderen. Verwar dit niet met je missie, die veel groter is en die je nu pas begint te ontvangen en te ervaren. Zo zullen je taken een basis voor je vormen terwijl je de voorbereiding voor het terugwinnen en de gift van Kennis op je neemt.

BEDENK DAT ALLE VERWARRING het verwarren van de verschillende niveaus is. Verwar missie niet met taak. Dit is een zeer belangrijk onderscheid dat je moet maken. Je taken in de wereld zijn specifiek, maar je missie is veel groter. Naarmate je missie zich in jou begint uit te drukken en je leert haar te ontvangen, zal zij ook een meer specifieke invloed op je taken uitoefenen. Dit gaat geleidelijk en is volkomen natuurlijk voor je. Dit vereist alleen dat je zelfdiscipline toont, consequent bent en genoeg vertrouwen hebt om haar stappen te volgen.

VOER DAAROM VANDAAG JE TAKEN UIT, zodat je een beginnend student van Kennis kunt worden. Herinner jezelf aan je oefening op het uur, en zet je geest in je twee langere oefenperioden actief in om het idee voor vandaag te overwegen. De ware betekenis ervan is niet oppervlakkig, en je moet het onderzoeken om de volle waarde ervan te begrijpen. Wees niet zelfgenoegzaam met voorbarige conclusies. Sta niet aan de buitenzijde van Kennis en probeer haar niet voor jezelf te beoordelen. Treed binnen, zodat je vandaag een leerling kunt zijn, want je bent nu een leerling van Kennis. Je geeft jezelf nu aan de wereld in je voorbereiding.

OEFENING 165: *Twee oefenperiodes van 30 minuten.*
Ieder uur oefenen.

Stap 166

Mijn missie is groot. Daarom ben ik vrij om kleine dingen te doen.

Alleen door je grootse ideeën, die een dekmantel zijn voor angst, bezorgdheid en wanhoop, zou je de kleine dingen die van je verlangd worden in de wereld uit de weg gaan. Nogmaals, verwar de grootheid van je missie niet met de nietigheid van je taken. Grootheid uit zich in het kleinste ding, in de kleinste handeling, in de meest vluchtige gedachte, in het eenvoudigste gebaar en in de meest alledaagse omstandigheden. Handhaaf dus je kleine handelingen in de wereld, zodat Kennis zich er op den duur door kan uiten. Acties in de wereld zijn klein in tegenstelling tot de grootheid van Kennis. Vóór je voorbereiding werd de wereld als groot en Kennis als klein beschouwd, maar je leert nu dat het omgekeerde waar is – dat Kennis groot is en de wereld klein. Dit betekent ook dat jouw activiteiten in de wereld klein zijn, maar het zijn voertuigen waarmee Kennis zich kan uitdrukken.

Wees daarom tevreden met kleine dingen in de wereld. Wees eenvoudig en nederig in de wereld, zodat grootsheid ongehinderd door je heen kan stromen.

Deze oefening vereist herhaling op het uur en een diepe beschouwing in je twee langere oefenperiodes, waarin je je geest actief betrekt bij het begrijpen van de betekenis van het idee van vandaag. Gebruik je geest om te onderzoeken. Sta jezelf toe deze dingen in overweging te nemen. Vertrouw niet op conclusies, maar ga door met je onderzoek. Dit is de juiste manier om je geest te gebruiken, die je tot een groter begrip zal leiden. Hier weeft de geest niet slechts visioenen en illusies om zichzelf te onttrekken aan zijn eigen angst. Hier onderzoekt de geest zijn eigen inhoud. Hier werkt de geest ten bate van de Kennis, zoals hij bedoeld is.

OEFENING 166: *Twee oefenperiodes van 30 minuten.*
Ieder uur oefenen.

Stap 167

MET KENNIS BEN IK VRIJ IN DE WERELD.

MET KENNIS BEN JE VRIJ IN DE WERELD. Je bent vrij om je aan te sluiten. Je bent vrij om te vertrekken. Je bent vrij om afspraken te maken. Je bent vrij om afspraken aan te vullen en te wijzigen. Je bent vrij om jezelf over te geven. Je bent vrij om je los te maken. In Kennis ben je vrij.

OM ER ZEKER VAN TE ZIJN DAT JE DE WARE BETEKENIS hiervan begrijpt en zijn onmiddellijke waarde voor jou realiseert in je huidige omstandigheden, moet je begrijpen dat je Kennis niet kunt gebruiken om jezelf te vervullen. Dit moet een stilzwijgend begrip zijn. Verlies dit nooit uit het oog, want als je denkt dat je Kennis gebruikt om jezelf te vervullen, zul je Kennis verkeerd interpreteren en niet ervaren. Je zult alleen maar proberen je illusies en je vluchtpogingen te versterken. Dit kan alleen maar de wolken die nu boven je hoofd hangen nog meer verduisteren. Dit kan alleen maar teleurstelling veroorzaken als een vorm van tijdelijke stimulans en je gevoel van isolement en ellende vergroten.

IN KENNIS BEN JE VRIJ. Nu is er geen beperking, want Kennis zal je slechts geven waar je bedoeld bent om te worden gegeven en zich via jou uitdrukken waar het de bedoeling is om uitgedrukt te worden. Dit zal je bevrijden van alle ongepaste betrokkenheid en verbintenissen en je leiden naar die personen die op je wachten. Dit zal je naar die omstandigheden leiden die voor jou het gunstigst zijn en voor anderen die erbij betrokken zijn. Hier is Kennis de gids. Hier ben jij de ontvanger. Hier lever jij de bijdrage. Er bestaat geen grotere vrijheid dan deze, want hierin ben je vrij.

Herinner jezelf aan dit idee op het uur, en in je twee diepere meditatieoefeningen, betreed je opnieuw de rust en de stilte. Sta je geest opnieuw toe om stil te zijn, want hierin ben je vrij. Bereid jezelf voor op je oefeningen door het idee te herhalen en je aan je oefening te wijden. Zonder jouw overheersing zal je geest vrij zijn en zijn eigen diepte in Kennis ervaren.

Oefening 167: *Twee oefenperiodes van 30 minuten.*
Ieder uur oefenen.

Stap 168

TERUGBLIK

Kijk terug op de afgelopen week. Kijk terug op elke les zoals die gegeven werd en op elke oefening die je hebt ervaren. Kijk terug op de hele week, zodat je het leerproces dat je nu onderneemt kunt versterken. Bedenk dat je leert om te leren. Bedenk dat je een beginnende student van Kennis bent. Bedenk dat je evaluatie, als die niet voortkomt uit Kennis, niet bruikbaar is. Zonder deze evaluatie zal blijken hoe je je betrokkenheid kunt versterken, hoe je je voorbereiding kunt versterken en hoe je aanpassingen kunt maken in je uiterlijke leven om je te ondersteunen in je streven. Dit kan worden gedaan zonder jezelf te veroordelen. Het kan worden gedaan omdat het noodzakelijk is, en je in staat bent te reageren op dat wat noodzakelijk is zonder jezelf of de wereld te straffen. Deze voorbereiding is noodzakelijk, want zij vertegenwoordigt jouw wil.

Neem vandaag in je lange oefenperiode de week met oprechtheid en diepgang door. Geef dit je volle aandacht, zodat je de geschenken kunt ontvangen waarop je je nu voorbereidt.

Oefening 168: *Eén lange oefenperiode.*

Stap 169

DE WERELD BEVINDT ZICH IN MIJ. DIT WEET IK.

DE WERELD BEVINDT ZICH BINNENIN JOU. Je kunt dit voelen. Door Kennis kun je de aanwezigheid van alle relaties voelen. Dit is de ervaring van God. Daarom houden je betekenisvolle relaties met andere individuen zo'n grote belofte in, want in oprechte verbondenheid met een ander kun je beginnen de verbondenheid met al het leven te ervaren. Daarom zoek je oprecht naar relaties. Dit is je ware motivatie in relaties – eenheid ervaren en je doel uitdrukken. Mensen denken dat hun relaties bedoeld zijn om hun fantasieën te vervullen en zich te sterken tegen hun eigen angst. Dit moet worden afgeleerd, zodat het ware doel van relaties kan worden onthuld en begrepen. Afleren komt dus eerst in het leerproces. Hierin leer je hoe je moet leren. Hierin leer je hoe je moet ontvangen.

OEFEN DEZE DAG OP HET UUR, en denk aan je idee. Gebruik vandaag in je diepere meditaties opnieuw het woord RAHN om je verder in de diepte van Kennis te brengen. Herhaal het idee aan het begin van je oefening en herhaal dan bij elke uitademing het woord RAHN in stilte voor jezelf. Laat dit je geest richten. Laat dit je verbinden met de diepte van Kennis. Hier ga je dieper dan je ooit bent gegaan. Hierin zul je alles vinden wat je zoekt, en er zal geen verwarring heersen over de wereld.

OEFENING 169: *Twee oefenperiodes van 30 minuten.*
Ieder uur oefenen.

Stap 170

VANDAAG VOLG IK DE ALOUDE RITE VAN VOORBEREIDING.

DEZE VOORBEREIDING DIE JE ONDERNEEMT is van eeuwenoude oorsprong. Ze wordt al eeuwenlang gebruikt, in deze wereld en ook in andere werelden. Zij is alleen aangepast in de taal en in haar relevantie voor jullie huidige tijd, maar zij bereidt de geest voor op de manier waarop geesten altijd werden voorbereid in De Weg van Kennis, want Kennis verandert niet en de voorbereidingen passen zich alleen aan de huidige gebeurtenissen aan en aan het huidige inzicht, zodat zij relevant zijn voor de ontvangers. Toch blijft het ware voorbereidingsmechanisme onveranderd.

JE ONDERNEEMT EEN ALOUDE RITE in het terugwinnen van Kennis. Ontstaan uit de Grote Wil van het universum, is deze voorbereiding samengesteld voor de vooruitgang van studenten van Kennis. Je werkt nu samen met vele anderen, zowel in deze wereld als in andere werelden. Want Kennis wordt onderwezen in alle werelden waar intelligent leven bestaat. Jouw inspanningen worden dus ondersteund en verlicht door de inspanningen van hen die zich samen met jou voorbereiden. Hierin vertegenwoordigen jullie een gemeenschap van leerlingen. Denk dus niet dat jouw inspanningen uniek zijn. Denk dus niet dat jij de enige bent in de wereld die zich bezighoudt met het terugwinnen van Kennis. Denk dus niet dat je geen deel uitmaakt van een gemeenschap van leerlingen. Dit zal je mettertijd duidelijker worden als je degenen begint te herkennen die zich samen met jou voorbereiden. Dit zal mettertijd duidelijker worden naarmate je ervaring van de aanwezigheid van je Leraren zich verdiept. Dit zal mettertijd duidelijker worden naarmate de resultaten van jouw Kennis zelfs voor jou duidelijk worden. Dit zal mettertijd duidelijker worden naarmate je je leven beschouwt als deel van een Grotere Gemeenschap van werelden.

Herinner jezelf op het uur aan je oefening. Ontvang in je diepere oefeningen in stilte het voordeel van allen die met jou oefenen. Herinner jezelf eraan dat je niet alleen bent en dat hun beloningen aan jou worden gegeven zoals jouw beloningen aan hen worden gegeven. Zo deel je samen in je prestaties. De kracht van je inspanning wordt zo gigantisch ondersteund door de inspanning en het geven van anderen, dat zij je eigen vermogen ver te boven gaan. Wanneer je dit beseft, zal dit je op alle mogelijke manieren aanmoedigen en voor altijd het idee uitbannen dat je ontoereikend bent voor de taken die je gegeven worden. Want jouw geven wordt aangevuld door het geven van anderen, en dit vertegenwoordigt de Wil van God in het universum.

Oefening 170: *Twee oefenperiodes van 30 minuten.*
Ieder uur oefenen.

Stap 171

MIJN GEVEN IS EEN BEVESTIGING VAN MIJN RIJKDOM.

JOUW GEVEN IS EEN BEVESTIGING VAN JE RIJKDOM, want je geeft van je eigen rijkdom. Het is niet het geven van voorwerpen waarover Wij hier spreken, want je kunt al je bezittingen weggeven en dan niets overhouden. Maar wanneer je Kennis geeft, neemt Kennis toe. En wanneer je een voorwerp doordrenkt met Kennis geeft, neemt Kennis toe. Daarom zul je, wanneer je Kennis ontvangt, haar willen geven, want dit is de natuurlijke uitdrukking van je eigen ontvankelijkheid.

HOE KUN JE KENNIS UITPUTTEN als Kennis de Kracht en de Wil van het universum is? Hoe klein is je voertuig, hoe groot de essentie die zich door jou uitdrukt. Hoe groot is jouw relatie met het leven, en hoe groot ben jij dan, die met het leven is? Er is hier geen zelfingenomenheid. Er is hier geen zelfoverschatting, want je beseft dat je klein en groot tegelijk bent, en je erkent de bron van je beperktheid en de bron van je grootheid. Je erkent de waarde van je beperktheid en de waarde van je grootheid. Je erkent dan al het leven en niets blijft buiten je grote evaluatie van jezelf, die voortkomt uit liefde en waar begrip. Dit is dan het begrip dat je mettertijd moet cultiveren, waarbij je je opnieuw realiseert dat je inspanningen in deze worden verfraaid door de inspanningen van anderen die ook studenten van Kennis zijn in jouw wereld. Zelfs studenten in andere werelden verfraaien je inspanningen, want in Kennis is er geen tijd en afstand. Aldus heb je nu grote steun tot je beschikking, en daarin word je je bewust van je ware relatie met het leven.

OEFEN OP HET UUR en laat in je diepere meditaties het woord RAHN je meevoeren naar Kennis. Zwijgend en in stilte, terwijl je wegzinkt in de diepten van Kennis, ontvang je de vrede en de bevestiging die je geboorterecht zijn.

OEFENING 171: *Twee oefenperiodes van 30 minuten.*
Ieder uur oefenen.

Stap 172

IK MOET MIJN KENNIS TERUGWINNEN.

Je moet je Kennis terugwinnen. Dat is niet slechts een voorkeur die concurreert met andere voorkeuren. Het feit dat het een vereiste is in het leven geeft dit de noodzaak en het belang dat het werkelijk verdient. Denk niet dat je vrijheid op enigerlei wijze gehinderd wordt door deze noodzaak, want je vrijheid is het gevolg van deze noodzaak en zal uit deze noodzaak voortkomen. Hier betreed je een wereld waarin je een vitale richting kiest in plaats van toevallige keuzes. Hier word je serieus betrokken bij het leven in plaats van een afstandelijke toeschouwer te zijn die slechts getuige kan zijn van je eigen ideeën.

De noodzaak van Kennis is dus het belang dat zij belichaamd voor jou en je wereld. Een welkome noodzaak dus, want die bevrijd je van de toename en de belemmering van ambivalentie. Zij bevrijdt je van zinloze keuzes en leid je naar dat wat werkelijk van vitaal belang is voor jouw welzijn en voor het welzijn van de wereld. Kennis is een noodzaak. Jouw leven is een noodzaak. Het belang ervan is niet alleen voor jezelf, maar ook voor de wereld.

Als je dit in alle oprechtheid kunt begrijpen, zal dit elk gevoel van onwaardigheid of onverschilligheid dat je nog bezit, tenietdoen. Want als jouw leven een noodzaak is, dan heeft het een doel, betekenis en richting. Als jouw leven een noodzaak is, dan zijn alle andere levens ook een noodzaak. Daarin zul je niemand kwaad willen doen, maar juist proberen om Kennis in iedereen te bevestigen. Deze noodzaak draagt dan de kracht en de richting in zich die je nodig hebt en verschaft je de genade en diepgang die je voor jezelf moet ontvangen. Een noodzakelijk leven is een zinvol leven. Kennis is een noodzaak. Geef je over

aan je noodzaak, en je zult voelen dat je zelf een noodzaak bent.
Dit zal je gevoel van onwaardigheid en schuld wegnemen en je
weer in relatie met het leven brengen.

OEFEN OPNIEUW OP HET UUR, en laat in je twee
meditatieoefeningen het woord RAHN je dieper meenemen in
de aanwezigheid van Kennis zelf. De kracht van dit woord, een
woord dat onbekend is in je eigen taal, zal resoneren met je
Kennis en haar stimuleren. De middelen zijn dus mysterieus, maar
het resultaat is concreet.

OEFENING 172: *Twee oefenperiodes van 30 minuten.*
Ieder uur oefenen.

Stap 173

VANDAAG ZAL IK DOEN WAT NOODZAKELIJK IS.

DOEN WAT NODIG IS ZAL JE BETREKKEN bij de vitaliteit van het leven, want het leven in de wereld, in al zijn vormen, houdt zich bezig met wat nodig is. Dit lijkt aanvankelijk beklemmend voor de mens, want hij is gewend te leven in een fantasie, waarin alles de voorkeur geniet en niets werkelijk noodzakelijk is.

MAAR JUIST WANNEER IETS ECHT NOODZAKELIJK IS IN HET LEVEN, zelfs als het een extreme omstandigheid is, zijn mensen in staat zich even te bevrijden van hun fantasieën en voelen zij een doel, betekenis en richting. Dit, dan, is een geschenk aan de mensheid, maar meestal geven mensen zichzelf dit geschenk alleen onder extreme omstandigheden.

NU MOET JE ONDER GELUKKIGER OMSTANDIGHEDEN leren dit te ontvangen en de noodzaak ervan te verwelkomen als een alles goedmakende eigenschap in je leven, want je wil nodig zijn, je wil erbij horen, je wil vitaal zijn en je wil een wezenlijk deel uitmaken van de gemeenschap. Dit is allemaal noodzakelijk. Het is niet slechts een voorkeur van jouw kant. Het kan niet voortvloeien uit een toevallige keuze, maar uit een diepe overtuiging, want je grotere geven moet voortkomen uit een diepe overtuiging, wil het groots en volledig zijn. Anders zul je bij de eerste tegenslag of teleurstelling alleen achterblijven en je terugtrekken in fantasie en illusie.

VERWELKOM DAN DE NOODZAKELIJKHEDEN VAN DEZE DAG. Verricht kleine taken zonder klagen, want ze zijn klein. Volg vandaag je procedure in de voorbereiding, want die is noodzakelijk en groot. Verwar het grote en het kleine niet, want het kleine dient slechts om het grote uit te drukken. Probeer niet het kleine groot of het grote klein te maken. Begrijp hun ware relatie tot elkaar, want in jou bevindt zich zowel het grote als het kleine. In jou wil het grote zich uitdrukken via het kleine.

Voer daarom vandaag je alledaagse activiteiten uit. Doe vandaag wat nodig is. Herinner jezelf op het uur aan Ons idee voor vandaag, en geef je over aan je oefening, zodat je dag een dag van geven en ontvangen wordt. Ga in je diepere meditatieoefeningen de stilte binnen en gebruik het woord RAHN om je diep in meditatie te brengen. Doe dit omdat het nodig is. Doe dit uit noodzaak en je zult de kracht van je eigen wil voelen.

Oefening 173: *Twee oefenperiodes van 30 minuten.*
Ieder uur oefenen.

Stap 174

MIJN LEVEN IS NOODZAKELIJK.

JE LEVEN IS NOODZAKELIJK. Het is geen biologisch toeval. Het is geen toevallige omstandigheid dat je op deze wereld bent aangekomen. Jouw leven is noodzakelijk. Als je je kon herinneren wat je hebt doorgemaakt om in deze wereld te komen en de voorbereiding die daarvoor nodig was – zowel in deze wereld als daarbuiten – dan zou je het belang van je aanwezigheid hier beseffen en het belang van de Kennis die je in je draagt. Jouw leven is noodzakelijk. Hier is geen sprake van een vorm van hoogmoed. Het is eenvoudig een herkenning van de waarheid. In je beoordeling van jezelf is je leven ofwel ellendig ofwel grandioos. Toch heeft de noodzaak van je leven niets te maken met je beoordelingen, hoewel je beoordelingen je dichterbij of verder van deze ene ware herkenning kunnen brengen.

JE LEVEN IS NOODZAKELIJK. Begrijp dit en het zal je oordelen over en veroordelen van jezelf uitbannen. Begrijp dit en het zal nederigheid brengen in je grandioze ideeën over jezelf. Begrijp dit en je plannen kunnen op den duur aangepast worden aan Kennis zelf, want je leven is noodzakelijk.

HERHAAL DEZE VERKLARING OP HET UUR en denk erover na, ongeacht je emoties, je omstandigheden en gangbare gedachten, want Kennis is groter dan gedachten en is bedoeld om gedachten te sturen. Laat het woord RAHN je in je twee meditatieoefeningen diep in de oefening meenemen. Voel de noodzaak van je eigen leven – de waarde en het belang ervan. Dit is iets dat je direct kunt ervaren. Het vereist geen evaluatie van jou. Het vereist niet dat je jezelf als belangrijker beschouwt dan anderen. Het is slechts een diepgaande ervaring van de werkelijkheid, want jouw leven is noodzakelijk. Het is noodzakelijk voor jou. Het is noodzakelijk voor jouw wereld. Het is noodzakelijk voor het leven zelf.

OEFENING 174: *Twee oefenperiodes van 30 minuten.*
Ieder uur oefenen.

Stap 175

TERUGBLIK

Als je terugblikt op de oefeningen van deze week, besef dan opnieuw de waarde van het jezelf geven aan de oefening. Jezelf geven aan de oefening is dus de eerste stap in het begrijpen van de ware betekenis van geven en de ware betekenis van doel in de wereld.

Kijk in je ene langere oefenperiode terug op de week die net voorbij is. Kijk terug op je betrokkenheid bij de oefening van elke dag en denk na over de betekenis van het idee van elke dag. Geef dit vandaag tijdens je lange oefenperiode je volledige aandacht en besef, terwijl je getuige bent van je eigen ontwikkeling, dat je jezelf voorbereidt om aan anderen te geven.

Oefening 175: *Eén lange oefenperiode.*

Stap 176

VANDAAG ZAL IK KENNIS VOLGEN.

Ervaar op elk uur van deze dag dat je Kennis volgt. Neem kleine beslissingen over kleine dingen als dat nodig is, maar neem geen grote beslissingen zonder Kennis. Je hebt een persoonlijke geest om kleine, onbelangrijke beslissingen te nemen. Maar grotere beslissingen moeten genomen worden met Kennis.

Volg Kennis vandaag op het uur. Sta toe dat haar vrede en zekerheid bij jou verblijft. Sta toe dat haar algemene richting door jou wordt onderscheiden. Sta toe dat haar kracht je raakt. Sta haar toe zichzelf aan jou te geven zoals je nu leert jezelf aan haar te geven.

Treedt in je twee langere meditatieoefeningen van vandaag, met het woord RAHN, diep binnen in Kennis. Treedt diep binnen in de aanwezigheid van het leven. Treedt diep binnen in deze ervaring. Blijf je geest richten op deze vaardigheid. Blijf alles opzijzetten wat jou beïnvloedt of tegenhoudt. Op deze manier train je de geest en bereid je hem ook voor op dat wat voor hem de meest natuurlijke gang van zaken is.

Volg Kennis deze dag. Als Kennis iets aangeeft en je bent hier heel zeker van, volg het dan en wees opmerkzaam. Kijk wat er gebeurt en probeer Kennis te leren onderscheiden van je impulsen, je wensen, je angsten en datgene waar je aan tracht te ontkomen. Dit moet je leren door ervaring. Op deze manier worden Kennis en alles wat zich voordoet als Kennis in contrast uit elkaar getrokken. Dit zal je meer zekerheid en meer zelfvertrouwen geven, die je in de tijden die komen gaan nodig zult hebben.

OEFENING 176: *Twee oefenperiodes van 30 minuten.*
Ieder uur oefenen.

Stap 177

VANDAAG ZAL IK LEREN EERLIJK TE ZIJN.

*E*EN GROTERE EERLIJKHEID WACHT OP JE om ontdekt te worden. Je moet een grotere eerlijkheid gebruiken ten behoeve van jezelf. Het is niet voldoende om te weten hoe je je voelt. Het is een grotere vereiste te voelen wat je weet. Dit is een grotere eerlijkheid en een eerlijkheid die in harmonie is met het leven zelf, een eerlijkheid die de ware vooruitgang van alle wezens in de wereld weerspiegelt. Dit betekent niet gewoon uiten en eisen dat je persoonlijke intentie wordt uitgevoerd. In plaats daarvan wordt geëist dat de noodzaak van het leven in jou zich uitdrukt op een manier die authentiek is voor het leven zelf. De vorm en de wijze waarop dit tot uitdrukking komt, zullen vervat zijn in de boodschappen die je aan anderen zult moeten overbrengen wanneer de tijd daar is.

LEER DAN TE VOELEN WAT JE WEET. Dit is een grotere eerlijkheid. Het vereist zowel openheid als terughoudendheid. Het vereist zelfonderzoek. Het vereist objectiviteit over je leven. Het vereist stilte en vrede, maar ook het vermogen om je geest actief te betrekken bij het onderzoek. Zo wordt alles wat je tot nu toe geleerd hebt, ingebracht en gebruikt in de oefening van vandaag.

HERINNER JEZELF OP HET UUR AAN DE OEFENING VAN VANDAAG en sta serieus stil bij het moment waarin je je bevindt. Betreed tijdens de langere oefeningen van vandaag opnieuw de stilte en betrek je geest bij deze zinvolle activiteit. De geest moet in de nabijheid van zijn Aloude Thuis worden gebracht om troost en vrede te vinden. Dit vereist in het begin zelfdiscipline, maar als de verbintenis eenmaal is aangegaan, voltrekt het proces zich op natuurlijke wijze.

LEER VANDAAG EERLIJKER TE WORDEN. Leer een groter niveau van eerlijkheid te onderscheiden, een oprecht niveau van eerlijkheid die je eigen aard bevestigt en je hoogste doel niet verraadt.

OEFENING 177: *Twee oefenperiodes van 30 minuten.*
Ieder uur oefenen.

Stap 178

VANDAAG ZAL IK DEGENEN DIE AAN MIJ GEGEVEN HEBBEN GEDENKEN.

Dit is een speciale dag om de aanwezigheid van echte relaties in je leven te erkennen. Het is een speciale dag van het erkennen voor de geschenken die je hebt gekregen. Het is een dag voor dankbaarheid.

Herhaal dan op het uur deze verklaring en neem even de tijd om degenen die aan jou hebben gegeven in herinnering te brengen. Probeer heel zorgvuldig te denken aan de personen die jou hebben bevoordeeld, zowel door hun wijsheid als door hun dwaling te demonstreren. Denk aan hen die je de weg hebben gewezen die je moet gaan en de weg die je niet moet gaan. Als je dit verder onderzoekt in je twee langere oefenperiodes van vandaag, probeer dan zorgvuldiger na te denken en sta elk individu die in je opkomt toe om het onderwerp van je onderzoek te zijn. Dit is een actieve oefentijd in je meditatie periodes.

Herhaal in je langere oefenperiode de verklaring aan het begin van de oefening en laat individuen naar je toe komen. Leer hun bijdrage aan het terugwinnen van Kennis te herkennen. Leer hun bijdrage te herkennen aan je fysieke en emotionele welzijn. Leer te herkennen hoe zij jou gediend hebben. Op deze manier kan je hele concept van geven en ontvangen en van dienstbaarheid in de wereld worden uitgebreid en ontwikkeld. Dit zal je een ware visie op de wereld geven, zodat je kunt leren mededogen te hebben met jezelf en met anderen.

Dit is dus een dag van affirmatie en een dag van dankbaarheid. Laat je oefeningen zinvol en effectief zijn, zodat je hun beloning kunt ontvangen.

Oefening 178: *Twee oefenperiodes van 30 minuten.*
Ieder uur oefenen.

Stap 179

VANDAAG ZAL IK DE WERELD BEDANKEN DAT ZE ME LEERT WAT WAAR IS.

DE WERELD IN ZIJN GROOTSHEID EN IN ZIJN DWAASHEID leert je wat je moet waarderen en wat je als waarheid moet herkennen. Wil je dit onderscheid kunnen maken, dan moet het contrast in het leren evident zijn. Om onderscheid te maken tussen wat waar is en wat onwaar is en tussen wat zinvol en wat zinloos is, moet er een contrast in het leren aanwezig zijn. Je moet het betekenisloze proeven om de ware aard en inhoud ervan te ontdekken, en je moet het betekenisvolle proeven om de ware aard en inhoud ervan te ontdekken. De wereld bied je voortdurend de gelegenheid om beide te doen.

OP DIT MOMENT IS HET JE BEHOEFTE om steeds meer van het ware te proeven, en daarom benadrukken Wij dit nu in je dagelijkse oefening. Je hebt je al zozeer overgegeven aan het onware dat het je geest en aandacht heeft gedomineerd. Nu voeden Wij je met het ware, maar je moet ook leren profiteren van wat het onware je heeft gegeven. Dan hoef je het onware niet meer te onderzoeken. Het onware heeft zich al aan je gepresenteerd. Nu leer je zijn presentatie te herkennen en gebruik te maken van het voordeel dat dit je kan bieden. Het enige voordeel dat het onware je kan bieden is dat je leert inzien dat het geen inhoud heeft, zodat je kunt verlangen om te weten wat waar is en een groter vermogen hebt om dat te ontvangen.

DUS DANK DE WERELD VANDAAG VOOR HAAR STEUN, voor haar grootsheid en haar dwaasheid, voor haar momenten van inspiratie en voor haar groot vertoon van illusie. De wereld die je tot nu toe ziet bestaat grotendeels uit de fantasie van individuen, maar er valt een grotere wereld te zien voor jou, een wereld die er daadwerkelijk is, een wereld die ook in jou Kennis, waardering en ware toepassing van jezelf zal opwekken. Want het is jouw doel om de evolutie van deze wereld te dienen, zoals het het doel van de wereld is om jouw evolutie te dienen.

Onderzoek vandaag in je twee langere oefenperiodes dit idee actief met je geest. Gebruik je geest om te begrijpen hoe de wereld jou heeft gesteund. Denk hier heel zorgvuldig over na. Dit is geen oppervlakkig onderzoek. Het is een onderzoek dat je noodzakelijkerwijs en serieus moet verrichten, want het zal je levenservaring bepalen, zowel in het heden als in de toekomst.

Denk op het uur aan Onze verklaring voor vandaag en houd die in gedachten als je de wereld bekijkt. Laat deze dag niet aan je voorbijgaan. Deze dag is een dag van herkenning, een dag van dankbaarheid en een dag van wijsheid.

Oefening 179: *Twee oefenperiodes van 30 minuten.
Ieder uur oefenen.*

Stap 180

IK KLAAG OMDAT HET MIJ AAN KENNIS ONTBREEKT.

Wanneer je klaagt over het leven, vraag je om Kennis. Kennis heeft haar eigen verklaring over het leven, maar die is heel anders dan de klaagzang die je in jezelf en om je heen hoort. Herken daarom, als je vandaag Kennis benadert, de aard van het geklaag – hoe dat je zwakheid en de overheersing van de wereld over jou benadrukt en hoezeer dat in contrast staat met wat je nu leert. Je leert nu om je grootsheid en jouw overheersing over de wereld te ontdekken. Je hebt een relatie met de wereld. Laat deze relatie gezond en betekenisvol worden. Laat de bijdrage van de wereld aan jou gegeven worden. Laat jouw bijdrage aan de wereld gegeven worden.

Bedank daarom de wereld vandaag nogmaals voor wat zij jou heeft gegeven. Ga vandaag in je diepere meditatieoefening, in rust de stilte binnen. Gebruik het woord RAHN om je te helpen hier diep naar binnen te gaan. Gebruik het woord RAHN om je geest en denken te oriënteren, zodat je geest zich kan verenigen met de klank van dit ene oude woord.

Dit is een dag met een belangrijke bijdrage. Klaag niet over deze dag. Besef dat alles wat er gebeurt voor jou een gelegenheid is om je oefening toe te passen en de ware vermogens van je geest te ontwikkelen. Klagen zou slechts een ontkenning zijn van de bijdrage van de wereld aan jou. Ontken dit daarom niet. Klaag vandaag niet over de wereld, zodat je haar gaven kunt ontvangen.

Oefening 180: *Twee oefenperiodes van 30 minuten.*

Stap 181

VANDAAG ONTVANG IK DE LIEFDE VAN KENNIS.

KENNIS BEZIT HET WARE ZAAD VAN DE LIEFDE, niet de liefde die slechts een sentiment is, niet de liefde die een vorm van bedwelming is rond een dringend verlangen dat voortkomt uit angst. Kennis is het zaad van ware liefde, niet de liefde die wil veroveren, bezitten en domineren, maar de liefde die wil dienen, kracht wil geven en de ander wil bevrijden. Wordt vandaag de ontvanger van deze liefde, zodat zij door jou naar de wereld kan stromen, want zonder jouw ontkenning zal zij dit zeer zeker doen.

HERHAAL OP HET UUR DEZE VERKLARING en voel de volledige impact ervan, ongeacht de omstandigheid waarin je je bevindt. Sta toe dat elke omstandigheid je oefening ondersteunt, en je zult merken dat je oefening een steeds krachtiger effect zal hebben op je externe leven. Ga vandaag in je twee diepere oefeningen de aanwezigheid van Kennis binnen en ontvang haar liefde. Bevestig je waardigheid en ontvankelijkheid. Laat je pretenties over jezelf en de wereld los, en sta jezelf toe een ervaring te hebben die de waarheid voorbij elke veronderstelling zal aantonen. Dit is vandaag jouw oefening. Dit is jouw geschenk aan jezelf, aan jouw wereld en aan jouw Schepper, zodat je het geschenk van liefde mag ontvangen.

OEFENING 181: *Twee oefenperiodes van 30 minuten.*
Ieder uur oefenen.

Stap 182

TERUGBLIK

Vandaag markeert een belangrijk keerpunt in je voorbereiding. Vandaag markeert de voltooiing van de eerste fase van je voorbereiding en het begin van een nieuwe fase. Neem de afgelopen week in één lange oefenperiode door en neem dan de tijd om te bedenken hoe ver je bent gekomen en hoe ver je nog moet gaan. Herken je groeiende kracht en sterkte. Denk aan je uiterlijke leven en herken hoeveel er daar bereikt moet worden, zowel voor jezelf als voor het welzijn van anderen. Besef hoe weinig je weet en hoeveel je tot je beschikking hebt. Laat je niet door twijfel aan jezelf ontmoedigen in je streven, want je hoeft alleen maar deel te nemen om het grootste geschenk te ontvangen dat het leven je kan geven.

Blik terug op de afgelopen week en denk nu aan wat er tot nu toe in je voorbereiding is gebeurd. Observeer de ontwikkeling die zich de afgelopen maanden in je heeft voltrokken – het groeiende gevoel van aanwezigheid, het groeiende gevoel van innerlijke zekerheid, het groeiende gevoel van innerlijke kracht. Sta toe dat je uiterlijke leven zich begint te openen. Bepaalde dingen die eerder vaststonden zijn nu losgelaten, zodat ze voor jou herschikt kunnen worden. Sta toe dat je uiterlijke leven wordt herschikt, nu je het niet probeert te domineren voor je persoonlijke bescherming. Naarmate er een grotere zekerheid in je ontstaat, moeten de uiterlijke omstandigheden namens jou worden herschikt. Zo word je een bron van verandering en niet alleen de ontvanger ervan.

Besef hoever je bent gekomen, maar houd in gedachten dat je een beginnende student van Kennis bent. Laat dit je uitgangspunt zijn, zodat je weinig veronderstelt en veel ontvangt. Vanuit dit grote referentiepunt zul je verder kunnen kijken dan de vooroordelen en de veroordeling van de mensheid. Je zult verder kunnen kijken dan een persoonlijk standpunt en een visie op de wereld hebben die de wereld wanhopig verlangt te ontvangen.

OEFENING 182: *Eén lange oefenperiode.*

Stappen naar Kennis

DEEL TWEE

In de tweede helft van Ons voorbereidingsprogramma zullen We nieuwe gebieden verkennen, je ervaring van Kennis verder cultiveren en je voorbereiden om een bijdrage te leveren aan Kennis in de wereld. In de komende dagen zullen We dingen verkennen waarmee je vertrouwd bent en dingen waarmee je niet vertrouwd bent, dingen die je eerder hebt herkend en dingen die je nooit eerder hebt gezien. Het mysterie van jouw leven roept om jou, want uit het mysterie komen alle dingen van concrete waarde in de wereld voort.

Geef jezelf daarom in de stappen die komen gaan, met toenemende toewijding. Neem je gevoel van twijfel weg. Sta jezelf toe om met grotere zekerheid verder te gaan. Alleen jouw deelname is vereist, want als je Kennis stimuleert, zal Kennis vanzelf opkomen. Zij zal vanzelf opkomen wanneer de mentale en fysieke condities van je leven op de juiste manier zijn voorbereid en aangepast.

Laten we nu verder gaan met de volgende stap van je voorbereiding.

Stap 183

IK ZOEK ERVARING, GEEN ANTWOORDEN.

ZOEK VANDAAG ERVARING, want ervaring zal alle vragen beantwoorden en vragen overbodig maken. Zoek vandaag ervaring, zodat die je naar steeds meer ervaring kan leiden. Het is beter voor jou om vragen te stellen aan Kennis en dan de ervaring te ontvangen die Kennis jou kan geven. Je bent gewend zo weinig te ontvangen als antwoord op je vragen. Een antwoord betekent zo weinig. Een echt antwoord moet een uitnodiging zijn om deel te nemen aan een grotere voorbereiding, aan een voorbereiding die je niet voor jezelf hebt bedacht, maar die voor jou is bedacht. Zoek daarom niet naar kleine dingen die je tijdelijk verlichting of troost geven. Zoek naar datgene wat het fundament is van je leven, wat jouw leven kan geven als nooit tevoren.

WORDT VANDAAG, IN JE TWEE DIEPERE OEFENINGEN, ontvankelijk voor deze ervaring. Je mag het woord RAHN gebruiken als je dat nuttig vindt, maar ga diep de ervaring van Kennis binnen. Zoek niet naar antwoorden. Ideeën zullen op hun eigen tijd en op hun eigen manier tot je komen. Daar kun je zeker van zijn. Wanneer je geest is voorbereid, zal hij werkelijk ontvankelijk worden en werkelijk in staat zijn dat wat hij ontvangt uit te voeren. Dit is de erkenning die je nodig hebt. Die moet voortkomen uit een grootse ervaring.

HERINNER JEZELF OP HET UUR AAN JE OEFENING, en besef dat het een authentieke ervaring is die je zoekt en niet alleen antwoorden. Je geest zit vol met antwoorden, en die hebben je vragen tot nu toe niet beantwoord.

OEFENING 183: *Twee oefenperiodes van 30 minuten.*
Ieder uur oefenen.

Stap 184

MIJN VRAGEN ZIJN GROTER DAN DAT IK ME EERDER HAD GEREALISEERD.

WAAR JE WERKELIJK OM VRAAGT is veel groter dan waar je je eerder mee hebt beziggehouden. Hoewel je vragen voortkomen uit directe omstandigheden, vraag je om veel meer dan een onmiddellijke oplossing voor urgente zaken. Een onmiddellijke oplossing zal worden gegeven, maar vanuit een Grotere Bron. Je bent op zoek naar deze Grotere Bron, want je streeft ernaar je aard hier te verwezenlijken, en probeert de voorbereiding te vinden die je in staat stelt je giften te schenken, zodat je werk in de wereld voltooid kan worden. Begrijp daarom dat je hier bent om te dienen. Je bent hier om te geven. En daarmee zul je vervulling vinden. Dit zal jou geluk brengen.

BETREED VANDAAG IN JE TWEE LANGERE OEFENPERIODES opnieuw rust en stilte, waarbij je in gedachten houdt dat stilte de geest cultiveert om te ontvangen. In stilte ontdek je dat je dingen die je tot nu toe verwaarloosd hebt, al weet. Door deze oefenperiodes zal je geest verfijnen en meer diepte krijgen, meer concentratie en een grotere focus in alle aspecten van je leven.

WAAR JE VANDAAG NAAR OP ZOEK BENT is iets groters dan waar je tot nu toe aan gedacht hebt. Je zoekt naar de betekenis van jouw Kennis door middel van haar demonstratie.

OEFENING 184: *Twee oefenperiodes van 30 minuten.*

Stap 185

IK BEN IN DE WERELD GEKOMEN MET EEN DOEL.

OPNIEUW BEVESTIGEN WIJ DEZE GROTE WAARHEID, waarvan je vanuit jouw Kennis zult weten dat ze waar is. Ongeacht je persoonlijke ontwikkelingsstadium op dit moment, blijft de realiteit van je levensdoel bestaan. Daarom herhalen Wij van tijd tot tijd bepaalde lessen die essentieel zijn voor je welzijn en je ontwikkeling. Wij formuleren ze van tijd tot tijd anders, zodat je ze steeds beter kunt ervaren. Zo kunnen ze hun weg naar je hart vinden, zodat je hart de weg naar je bewustzijn vindt.

JE BENT HIER OM TE DIENEN. Je bent hier om te geven. Je bent hier omdat je rijk bent aan Kennis. Ongeacht je levensomstandigheden, zal je eigen gevoel van armoede voorgoed verdwijnen als Kennis in je naar boven komt, want een gevoel van ontbering is niet mogelijk als Kennis wordt ervaren en uitgedrukt. Dit is de belofte van dit voorbereidingsprogramma. Dit is de belofte van je leven. Dit is je bestemming en je missie hier. Van hieruit zal je specifieke roeping in de wereld aan je worden gegeven. Ze zal toegespitst zijn op je activiteiten en je gedrag. Voordat dit kan gebeuren, moet je geest worden gecultiveerd, en je leven moet worden herschikt en in werkelijk evenwicht worden gebracht, zodat hij jouw Kennis weerspiegelt en niet alleen je angsten en wensen. Een groter leven moet voortkomen uit een Grotere Bron in jou. Een groter leven wordt nu voor jou mogelijk gemaakt.

JE BENT HIER OM TE DIENEN, maar om te dienen moet je ontvangen. Oefen in je langere oefenperiodes vandaag ontvankelijkheid. Ga dieper in op je beoefening van stilte. Cultiveer deze oefening. Je leert nu de specifieke vaardigheden die je daarbij zullen helpen. Wanneer je wil wordt ervaren, zullen de methoden vanzelf volgen. We geven alleen zoveel methodologie als nodig is om je geest in de juiste richting te sturen. Van hieruit kun je je oefening verfijnen zodat ze aan je behoeften voldoen, zonder de instructies in deze cursus te verloochenen.

VOLG DAAROM DE AANWIJZINGEN die worden gegeven en maak zo nodig kleine aanpassingen. Wanneer je met je karakter leert werken, zul je het ten behoeve van jezelf leren te gebruiken. Oefen op het uur, zodat je oefening overal met je meegaat en zodat alles wat je vandaag overkomt deel kan uitmaken van je oefening.

OEFENING 185: *Twee oefenperiodes van 30 minuten.*
Ieder uur oefenen.

Stap 186

IK BEN VOORTGEKOMEN UIT EEN ALOUD ERFGOED.

Je bent voortgekomen uit een Aloud Erfgoed. Dit zal op natuurlijke wijze in je geest opkomen, hoewel het woorden en beschrijvingen te boven gaat. In wezen is het een zuivere ervaring van leven en verbondenheid. Wat in deze ervaring wordt herinnerd, zijn de relaties die je tot nu toe in je evolutie hebt gecultiveerd. Alleen het terugwinnen van relaties kan worden voortgezet na je leven in deze wereld. De individuen die je tot jezelf hebt teruggeroepen als je Spirituele Familie, bestaan nu als je Spirituele Familie. Zij vormen het groeiend lichaam van Kennis en opname in het leven dat je nu in staat bent te ervaren.

Je bent hier om je Spirituele Familie te dienen, jouw kleine leergroep die door vele eeuwen en omstandigheden heen heeft samengewerkt om hun leden te cultiveren en vooruit te helpen, zodat jouw groep zich kan aansluiten bij andere groepen, enzovoort. Zoals rivieren zich samenvoegen tot steeds grotere lichamen van bewegend water, volg jij je onvermijdelijke koers naar de bron van je leven. Dit is de natuurlijke weg, de ware weg, de weg die bestaat voorbij alle speculaties en filosofie, voorbij alle angsten en ambities van de mensheid. Dit is de weg der dingen - altijd mysterieus, voorbij je begrip en toch volledig beschikbaar om je te dienen in de directe omstandigheden van je leven. Zo groot is het mysterie van je leven, en zo is de toepassing ervan in zelfs het kleinste detail van je leven. Zo is je leven hier compleet.

Je bent voortgekomen uit een groot erfgoed. Grootsheid vergezelt je dus vanwege je relaties. Ontvang dit erfgoed in stilte in je twee diepe meditatieoefeningen van vandaag en erken het op het uur. Sta deze dag toe om zowel de realiteit als de ontkenning van deze grote waarheid te laten zien, want als je ziet hoe de wereld in haar ontkenning probeert Kennis te vervangen, zul je Kennis leren waarderen en beseffen dat Kennis er al is.

Oefening 186: *Twee oefenperiodes van 30 minuten.*
Ieder uur oefenen.

Stap 187

IK BEN EEN INWONER VAN DE GROTERE GEMEENSCHAP VAN WERELDEN.

JE BENT NIET SLECHTS EEN MENS in deze ene wereld. Je bent een inwoner van de grotere gemeenschap van werelden. Dit is het fysieke universum dat je herkent door je zintuigen. Het is veel groter dan je nu kunt bevatten. De omvang van haar relaties is veel groter dan je je zelfs maar kunt voorstellen, want de werkelijkheid is altijd groter dan de verbeelding.

JE BENT EEN INWONER VAN EEN GROTER FYSIEK UNIVERSUM. Hiermee wordt niet alleen je afkomst en je erfgoed erkend, maar ook je levensdoel op dit moment, want de wereld van de mensheid verenigt zich met het leven van de Grotere Gemeenschap van Werelden. Dit is bij jou bekend, ook al is het misschien nog niet in je overtuigingen terug te vinden.

BEVESTIG VANDAAG, OP HET UUR, je burgerschap in de Grotere Gemeenschap van Werelden, want dit bevestigt een groter leven dat je nu begint te ontdekken. Treed in je twee meditatieoefeningen opnieuw de stilte en de rust binnen. Deze groeiende ervaring van stilte zal je in staat stellen alle dingen te begrijpen, want jouw geest werd gemaakt om Kennis op te nemen, en zo ontstaat begrip. Het vergaren van ideeën en het vergaren van theorieën vormen noch Kennis noch begrip, want begrip komt voort uit ware affiniteit en ervaring. In die zin kent het geen gelijke in de wereld en kan het dus de wereld die jij waarneemt dienen.

OEFENING 187: *Twee oefenperiodes van 30 minuten.*
Ieder uur oefenen.

Stap 188

MIJN LEVEN IN DEZE WERELD IS BELANGRIJKER DAN IK ME EERDER REALISEERDE.

Is dit een grandioos idee? Nee, dat is het niet. Verraad dit idee je behoefte aan nederigheid? Nee, dat doet het niet. Je bent hier voor een groter doel dan je je kunt voorstellen, want je verbeelding bevat niet de betekenis van jouw doel in het leven. In het leven heb je alleen het doel en alle dingen die een vervanging zijn voor dit doel, en die voortvloeien uit angstige verbeelding. Je bent hier om een groter leven te leiden dan je je tot nu toe hebt gerealiseerd, en je draagt deze grootsheid in je. Zij kan worden uitgedrukt in de eenvoudigste levensstijl en in de eenvoudigste activiteiten. Activiteiten zijn groots vanwege de essentie die ze overbrengen, niet vanwege de prikkels die ze bij andere mensen oproepen.

Begrijp dit onderscheid heel goed, en je zult beginnen te leren grootsheid van kleinheid te onderscheiden en te leren hoe kleinheid grootsheid kan dienen. Dit zal elk aspect van jezelf integreren, want een deel van jou is groot en een deel van jou is klein. Je persoonlijke geest en je fysieke lichaam zijn klein en zijn bedoeld om de grootsheid van Kennis te dienen. Dit integreert jou. Dit is ook wat het leven integreert. Hier is geen sprake van ongelijkheid, want alles werkt samen om een groter doel te dienen, waarvoor jij gekomen bent.

Zet vandaag in je langere oefenperiodes je geest actief in om te proberen deze dingen te begrijpen. Je begrip zal ontstaan uit je onderzoek, niet alleen uit ideeën die je zelf prettig vindt of die je persoonlijk bevallen. Gebruik je geest om te onderzoeken. Denk terwijl je ogen gesloten zijn aan deze dingen. Concentreer je heel zorgvuldig, en wanneer je concentratie ten einde is, laat je alle ideeën los en treed je binnen in stilte en rust. Zo wordt de geest doelgericht ingeschakeld, en vervolgens in stilte gebracht. Dit zijn de twee functies van de geest die je vandaag zult beoefenen.

Herinner jezelf op het uur aan je oefening en gebruik deze dag voor je ontwikkeling, die jouw geschenk aan de wereld is.

Oefening 188: *Twee oefenperiodes van 30 minuten.*
Ieder uur oefenen.

Stap 189

MIJN SPIRITUELE FAMILIE BESTAAT OVERAL.

JE SPIRITUELE FAMILIE IS GROTER DAN JE BESEFT. Ze bestaan in vele werelden. Haar invloed is overal. Daarom is het zo zinloos om jezelf als alleenstaand te beschouwen, terwijl je deel uitmaakt van zoiets groots dat het grootste van alle doelen dient. Je moet het veroordelen van jezelf en je gevoel van kleinheid achter je laten om dit te weten, want je hebt je geïdentificeerd met je gedrag in de wereld, dat klein is. Maar nu begin je je relatie met het leven zelf te realiseren door middel van Kennis, die groot is. Dit gebeurt zonder de persoonlijke geest of het fysieke lichaam te straffen, want ze worden nuttig en bruikbaar als ze leren een groter doel te dienen. Dan is het lichaam gezond en wordt de persoonlijke geest gebruikt, waardoor ze betekenis krijgen die ze nu missen.

JE LICHAMELIJKE BEHOEFTE IS GEZONDHEID, maar je gezondheid moet een groter doel dienen. Je persoonlijke geest moet op de juiste manier gebruikt worden, zodat hij zin en waarde krijgt, want hij wil alleen deel uitmaken van dat wat zinvol is. Wat je persoonlijke geest en je fysieke lichaam in staat stelt hun rechtmatige plaats in je leven te vinden is Kennis, die je doel, betekenis en richting geeft.

DIT GELDT IN ALLE WERELDEN. Dit geldt voor het hele fysieke universum waarvan jij een inwoner bent. Verruim je kijk op jezelf, zodat je objectief leert te zijn over je wereld. Projecteer niet alleen menselijke waarden, veronderstellingen en doelen op je wereld, want dit verblind je voor het doel en de evolutie van de wereld en maakt het veel moeilijker voor je om te waarderen dat je een burger bent van een groter leven.

Betrek vandaag tijdens je twee langere oefeningen je geest bij het actief onderzoeken van dit idee. Besteed het eerste kwartier van je beide langere oefenperiodes aan dit onderzoek. Probeer de betekenis van het idee van vandaag serieus te onderzoeken. Wanneer je onderzoek voltooid is, laat je je geest weer terugkeren naar de stilte. Besef het contrast tussen actieve mentale betrokkenheid en mentale stilte. Begrijp dat beide belangrijk zijn en elkaar aanvullen. Herhaal op het uur het idee en denk erover na terwijl je de wereld om je heen bekijkt.

Oefening 189: *Twee oefenperiodes van 30 minuten.*
Ieder uur oefenen.

Stap 190

DE WERELD RIJST OP IN DE GROTERE GEMEENSCHAP VAN WERELDEN EN DAAROM BEN IK GEKOMEN.

Je BENT OP EEN GROOT KEERPUNT IN DE WERELD GEKOMEN, een keerpunt waarvan je tijdens je eigen leven slechts een deel zult zien. Het is een keerpunt waarop jouw wereld contact krijgt met de werelden uit haar omgeving. Dit is de natuurlijke evolutie van de mensheid, zoals het de natuurlijke evolutie is van al het intelligente leven in alle werelden. Jouw wereld is op zoek naar een Grotere Gemeenschap. Dit vereist dat de eigen binnenlandse gemeenschap van jouw wereld verenigd wordt. Dit maakt eveneens deel uit van de evolutie van al het intelligente leven in alle werelden. Je bent hier gekomen om dit te dienen. De dienstbaarheid kent vele niveaus en er moet veel worden bijgedragen - op persoonlijk, gemeenschaps- en wereldniveau. Jij maakt deel uit van deze grote levensbeweging, want je bent hier niet alleen voor je eigen doeleinden. Je bent hier om de wereld te dienen, en bijgevolg gediend te worden.

ONDERZOEK VANDAAG IN JE TWEE LANGERE OEFENPERIODES het idee van de dag. Denk er serieus over na en observeer de ideeën die ermee in overeenstemming komen en de ideeën die er niet mee overeenstemmen. Onderzoek je gevoelens voor en tegen dit idee. Onderzoek je voorkeuren, je vooroordelen, je overtuigingen, je hoop, je angsten, enzovoort. Dit vormt de eerste helft van elke oefenperiode. Treed in de tweede helft stilte en rust binnen, waarbij je het woord RAHN gebruikt als je dat nuttig vindt. Onthoud dat beide mentale activiteiten noodzakelijk zijn en elkaar aanvullen, zoals je in de toekomst zult leren.

Herhaal op het uur het idee voor vandaag. Sta toe dat het je dat verschaft wat je nodig hebt om de wereld op een nieuwe manier te zien.

OEFENING 190: *Twee oefenperiodes van 30 minuten.*
Ieder uur oefenen.

Stap 191

MIJN KENNIS IS GROTER DAN MIJN MENSELIJKHEID.

JOUW KENNIS IS VOORTGEKOMEN UIT HET UNIVERSELE LEVEN. Zij overschaduwt je menselijkheid, maar geeft je menselijkheid ware betekenis. Het grotere Leven wil zich uitdrukken in jouw wereld, in jouw tijdperk en in de omstandigheden die nu feitelijk bestaan. Zo drukt het grote zich uit via het kleine, en ervaart het kleine zichzelf als het grote. Dit is de weg van al het leven. Je menselijkheid is zonder betekenis, tenzij zij een groter verband dient en deel uitmaakt van een Grotere Realiteit. Zonder dit is het eerder een vorm van gebondenheid – een beperking, een opsluiting en een opgelegde last voor jouw aard dan een bevestiging van jouw aard.

JE KENNIS IS GROTER DAN JE MENSELIJKHEID. Zo kan je menselijkheid betekenis krijgen, want ze heeft iets om te dienen. Zonder dienstbaarheid is je menselijkheid slechts een beperking, datgene wat je beperkt en gevangenhoudt. Maar je menselijkheid is bedoeld om een Grotere Realiteit te dienen, die je vandaag in je draagt. Deze werkelijkheid bevindt zich in jou, maar je bezit haar niet. Je kunt haar niet gebruiken voor je eigen persoonlijke vervulling. Je kunt haar alleen ontvangen en haar toestaan zich uit te drukken. Zij zal zich uiten via je menselijkheid, en zij zal je een grotere ervaring van jezelf geven.

STA JEZELF VANDAAG IN JE LANGERE OEFENPERIODEN toe opnieuw de stilte binnen te gaan, en herhaal dit idee op het uur, zodat je de ware betekenis ervan kunt overdenken. Accepteer geen loutere veronderstellingen of voorbarige conclusies, want het idee van vandaag vereist jouw diepe betrokkenheid. Het leven heeft diepte. Je moet het doorgronden. Je moet het binnentreden.

Je moet het ontvangen en het van binnenuit onderzoeken. Dan zul je weer betrokken raken bij je natuurlijke relatie met het leven.

Oefening 191: *Twee oefenperiodes van 30 minuten.*
Ieder uur oefenen.

Stap 192

VANDAAG ZAL IK DE KLEINE DINGEN NIET VERWAARLOZEN.

VERWAARLOOS DE KLEINE DINGEN NIET VANDAAG, die voor jou belangrijk zijn om te doen. Kleine dingen doen betekent op geen enkele manier dat je klein bent. Wanneer je je niet identificeert met je gedrag en activiteiten kun je je grootsheid toestaan te bestaan wanneer je ze onderneemt. Iemand die groot is kan kleine dingen doen zonder klacht. Iemand die met Kennis is kan gewone activiteiten ondernemen zonder enig gevoel van eerverlies. Activiteiten zijn slechts activiteiten. Ze vormen niet je ware aard of wezen. Je ware aard of wezen is de bron van jouw leven, die zichzelf zal uitdrukken door jouw kleine activiteiten als je leert om het te ontvangen en in het juiste perspectief te zien.

VERWAARLOOS KLEINE DINGEN NIET. Zorg voor kleine dingen zodat je leven in de wereld stabiel kan zijn en op de juiste manier vooruit kan gaan. Betreed vandaag in je diepere oefeningen opnieuw de grootsheid en de diepte van Kennis. Omdat je aandacht hebt besteed aan kleine dingen, kun je nu tijd besteden aan devotie en geven. Op deze manier wordt je uiterlijke leven goed beheerd en wordt ook je innerlijke leven verzorgd, want je bent een tussenpersoon tussen het grootse leven en het leven in de wereld. Zo verzorg je het kleine en ontvang je het grote. Dit is je ware functie, want je bent hier om Kennis aan de wereld te geven.

HERHAAL ZOALS VOORHEEN JE OEFENING OP HET UUR. Neem haar met je mee. Vergeet het niet.

OEFENING 192: *Twee oefenperiodes van 30 minuten.*
Ieder uur oefenen.

Stap 193

IK ZAL VANDAAG ZONDER OORDEEL NAAR ANDEREN LUISTEREN.

LUISTER VANDAAG ZONDER OORDEEL NAAR ANDEREN. Kennis zal aangeven of wat zij zeggen waardevol is of niet. Zij zal dit doen zonder enige vorm van veroordeling, zonder enige vergelijking en zonder enige beoordeling van jouw kant. Kennis wordt aangetrokken door Kennis, en zij wordt niet aangetrokken door dat wat geen Kennis is. Daarom kun je je rechtmatige weg vinden zonder een oordeel of haat over de wereld uit te spreken. Dit is je Innerlijke Geleidingssysteem dat jou van dienst is. Het zal je leiden naar waar je moet zijn en zal je leiden naar waar je bijdragen van de grootste waarde kunnen zijn. Als je zonder oordeel naar anderen luistert, zul je zowel Kennis als de roep om Kennis horen. Je zult zien waar kennis bestaat en waar zij ontkend wordt. Dit is natuurlijk. Je hoeft niet over mensen te oordelen om dit vast te stellen. Het wordt gewoon gekend.

LUISTER NAAR ANDEREN, ZODAT JE ZELF KUNT ERVAREN dat je luistert, want het is niet jouw taak om over de wereld te oordelen of te bepalen waar en hoe jouw gaven gegeven moeten worden. Het is jouw taak om jezelf in het leven te ervaren en Kennis toe te staan naar boven te komen, want Kennis zal zichzelf geven wanneer en waar dit toepasselijk is. Dit stelt je in staat vrede te hebben, want je probeert de wereld niet te beheersen.

LAAT JE OEFENINGEN DIEP ZIJN. Oefen op het uur zoals voorheen. Luister vandaag naar anderen, zodat je jezelf in relatie met hen kunt ervaren, zodat hun ware boodschap aan jou gegeven en begrepen kan worden. Dit zal voor jou zowel de aanwezigheid van Kennis als de behoefte aan Kennis in de wereld bevestigen.

OEFENING 193: *Ieder uur oefenen.*

Stap 194

VANDAAG ZAL IK DAAR NAARTOE GAAN WAAR IK NODIG BEN.

STA JEZELF TOE OM TE GAAN WAAR JE NODIG BENT, waar je heen moet. Deze noodzaak tot handelen zal waarde en betekenis geven aan je activiteiten en zal deze dag je waarde in al je activiteiten bevestigen. Ga daar naar toe waar je nodig bent, waar je heen moet. Onderscheid de werkelijke motivatie hiervoor en onderscheid die van enig gevoel van schuld of verplichting jegens anderen. Stel geen onnatuurlijke eisen aan jezelf. Sta niet toe dat anderen onnatuurlijke eisen aan jou stellen die verder gaan dan je gewone taken op deze dag. Ga daar naar toe waar je werkelijk nodig bent.

HERINNER JEZELF HIER OP HET UUR AAN, want de betekenis moet worden doorgrond om haar te kunnen ervaren. Als je gewend bent je schuldig en verplicht te voelen, zal het idee van vandaag je moeilijkheden lijken te vergroten. Maar het idee van vandaag is in werkelijkheid een bevestiging van Kennis in jou, die Kennis de gelegenheid biedt jou te leiden en jou haar waarde te tonen. Het heeft niets te maken met afhankelijkheid, want je moet niet gebonden zijn aan valse dingen om datgene te volgen wat waar is. Dit is de waarde van alle onafhankelijkheid.

GA IN JE LANGERE OEFENPERIODES diep op in Kennis. En wanneer je in de wereld bent, houd dit idee levend. Sta jezelf toe een diepere aanwezigheid in je te voelen als je in de wereld van alledaagse dingen bent, als je in de wereld van kleine overwegingen bent. Grootsheid is er om het kleine te dienen. Onthoudt dat.

OEFENING 194: *Twee oefenperiodes van 30 minuten.*
Ieder uur oefenen.

Stap 195

KENNIS IS KRACHTIGER DAN IK ME REALISEER.

KENNIS IS KRACHTIGER DAN JE BESEFT. Het is ook wonderbaarlijker dan je beseft. Je bent er vooralsnog bang voor vanwege haar grote kracht. Je weet niet zeker of zij je zal overheersen of beheersen, niet zeker waarheen zij je zal brengen en wat je zal moeten doen en niet zeker wat het gevolg van dit alles zal zijn. Maar als je je verwijdert van Kennis, raak je opnieuw in verwarring en kom je weer in de wereld van de verbeelding terecht. Als je dichter bij Kennis komt, betreed je zekerheid, bevestiging en een wereld van realiteit en doelgerichtheid. Hoe kun je Kennis van een afstand kennen? Hoe kun je haar betekenis bepalen zonder haar gaven te ontvangen?

KOM VANDAAG DICHT BIJ KENNIS. Laat haar in stilte in je verblijven, terwijl je leert in stilte bij haar te verblijven. Niets is belangrijker voor je natuurlijke ervaring dan de ervaring van Kennis. Wees blij dat zij groter is dan je beseft, want je evaluatie is klein geweest. Wees blij dat je haar nog niet kunt begrijpen, want je begrip zou haar en haar nut voor jou alleen maar beperken. Laat het grote bij je zijn, zodat jouw grootsheid vandaag gedemonstreerd en ervaren kan worden.

NEEM DIT IDEE MET JE MEE EN BEOEFEN het op het uur. Houd het de hele dag in gedachten. Sta jezelf toe in je twee langere oefenperiodes de diepte van Kennis te ervaren. Voel de kracht van Kennis. Versterk je vastberadenheid. Gebruik je zelfdiscipline, want hier wordt zelfdiscipline wijselijk ingezet. Kennis is groter dan je beseft. Daarom moet je leren haar grootsheid te ontvangen.

OEFENING 195: *Twee oefenperiodes van 30 minuten.
Ieder uur oefenen.*

Stap 196

TERUGBLIK

KIJK VANDAAG TERUG OP DE AFGELOPEN TWEE WEKEN VAN VOORBEREIDING. Lees de instructies van elke dag en bekijk dan je praktijkervaring voor die dag. Begin met de eerste dag in de periode van twee weken, en volg elke dag stap voor stap. Vanaf nu zul je je voorbereiding met tussenpozen van twee weken opnieuw bekijken. Dit word je nu zo meegegeven omdat je waarneming en begrip beginnen te ontluiken en te groeien.

DENK AAN ELKE DAG. Probeer je oefening en ervaring te herinneren. Als je het vergeten bent, zullen de lessen zelf je deze ervaring in herinnering brengen. Probeer de voortgang van het leerproces te zien, zodat je kunt begrijpen hoe je moet leren. Probeer te zien wat Kennis bevestigt en wat Kennis ontkent in jezelf, zodat je met deze neigingen kunt leren werken.

EEN WARE STUDENT VAN KENNIS WORDEN zal een grotere zelfdiscipline, een consequente toepassing en een grotere aanvaarding van je waarde vereisen dan alles wat je tot nu toe hebt ondernomen. Het volgen bereid je voor om een leider te worden, want alle grote leiders zijn grote volgers. Als de bron van je leiderschap goedheid en waarheid vertegenwoordigt, dan moet je zeker leren die te volgen. En om die te volgen, moet je leren hoe je ervan leert, hoe je ze ontvangt en hoe je ze geeft.

LAAT JE LANGE TIJD VAN TERUGBLIKKEN VAN VANDAAG, die meer dan twee uur kan duren, een terugblik zijn op de afgelopen twee weken, waarbij je al deze dingen in gedachten houdt. Wordt objectief over je leven. Veroordeling is hier niet nodig, want je leert hoe je moet leren, je leert hoe je moet volgen en je leert Kennis aan te wenden, zoals Kennis jou zeker zal aanwenden. Hier komen Kennis en jij samen in ware huwelijksband en in ware harmonie. Dan is Kennis krachtiger, en ben jij krachtiger. Hier is geen sprake van ongelijkheid, en vinden alle dingen hun natuurlijke uitdrukkingsvorm.

GEBRUIK DEZE TERUGBLIK OM JE BEGRIP van je voorbereiding te vergroten en te verdiepen, waarbij je in gedachten houdt dat begrip altijd achteraf komt. Dit is een grote waarheid in De Weg van Kennis.

OEFENING 196: *Eén lange oefenperiode.*

Stap 197

KENNIS MOET WORDEN ERVAREN OM TE WORDEN GEREALISEERD.

VANDAAG ZAL IK NIET DENKEN DAT IK KENNIS MET MIJN INTELLECT KAN BEGRIJPEN of dat ik mij een beeld kan vormen van de grootsheid van het leven. Ik zal vandaag niet denken dat ik door een louter idee of veronderstelling volledig toegang kan krijgen tot Kennis zelf. Met dit besef zal ik begrijpen wat er van mij gevraagd wordt en wat ik aan mijn oefeningen moet geven, want ik moet mezelf geven.

JE MOET JEZELF GEVEN. Je kunt niet alleen maar aan ideeën denken en hopen dat ze je grootste behoefte beantwoorden. Realiseer je dit vandaag, herhaal je oefening op het uur en in je diepere meditaties geef je jezelf volledig aan de ervaring van Kennis. Treed binnen in stilte. Sta jezelf toe volledig betrokken te zijn. Hiermee gebruik je de kracht van je eigen geest ten gunste van jezelf. Je zult je dan realiseren dat je de kracht hebt om afleidingen te verdrijven; je de kracht hebt om angst te verdrijven; je de kracht hebt om obstructies te verdrijven, omdat het je wil is om Kennis te kennen.

OEFENING 197: *Twee oefenperiodes van 30 minuten.*
Ieder uur oefenen.

Stap 198

VANDAAG ZAL IK STERK ZIJN.

WEES STERK VANDAAG. Volg het plan dat je wordt gegeven. Houd jezelf niet tegen en verander de instructies op geen enkele manier. Er zijn geen sluiproutes; er is alleen de directe weg. Je hebt de stappen gekregen. Volg ze. Wees sterk vandaag. Alleen je ideeën over jezelf spreken van zwakte. Alleen jouw beoordeling van jezelf zegt dat je zielig, onbekwaam of ontoereikend bent. Je moet vertrouwen hebben in je kracht en dit geloof uitoefenen om je kracht te realiseren.

HERHAAL OP HET UUR DEZE VERKLARING en probeer haar ongeacht de omstandigheden te ervaren. Gebruik vandaag tijdens je twee diepere oefenperiodes je kracht om de stilte volledig te betreden. Sta toe dat je geest bevrijd wordt van de ketenen van zijn eigen concepten. Laat je lichaam bevrijd worden van een gekwelde geest. Zo zullen je geest en je lichaam volledig tot rust komen in hun natuurlijke functie, en zullen alle dingen in jou in de juiste volgorde worden gebracht. Kennis zal dan via je geest en via je lichaam tot uitdrukking komen. Van hieruit zul je in staat zijn datgene in de wereld te brengen wat groter is dan de wereld, en je leven zal daardoor bevestigd worden.

OEFENING 198: *Twee oefenperiodes van 30 minuten.*
Ieder uur oefenen.

Stap 199

DE WERELD DIE IK ZIE KOMT OP IN DE GROTERE GEMEENSCHAP VAN WERELDEN.

ZONDER DE BEPERKING van een zuiver menselijk gezichtspunt zul je de evolutie van je wereld in een grotere context kunnen zien. Als je de wereld bekijkt zonder de vervorming van je persoonlijke wensen en angsten, zul je de grotere beweging ervan kunnen waarnemen en haar algemene richting kunnen onderscheiden. Het is dus essentieel dat je je de richting van je wereld realiseert, want dit is de context die betekenis geeft aan je doel en aan je specifieke roeping terwijl je hier in deze wereld bent. Want je bent gekomen om de wereld te dienen in haar huidige evolutie, en je gaven zijn bedoeld om haar te dienen in het toekomstige leven.

JOUW WERELD BEREIDT ZICH VOOR OP DE OPKOMST in een Grotere Gemeenschap. Het bewijs hiervan is overal, als je maar kijkt. Zonder geloof of ontkenning kunnen de dingen eenvoudigweg worden herkend. Het leven demonstreert dit duidelijk en het hoeft niet onderscheiden te worden van ingewikkeldheden. Wat het leven ingewikkeld maakt, is dat mensen willen dat het leven is wat het niet is, dat zij zelf willen zijn wat zij niet zijn en dat zij willen dat hun lot is wat het niet is. Dan proberen ze uit het leven datgene te halen wat hun eigen idealisme bevestigt, en omdat het leven dat niet kan bevestigen, wordt alles angstig, conflictueus en ingewikkeld. Het mechanisme van het leven mag dan gecompliceerd zijn in zijn kleinste details, maar de zin van het leven is direct duidelijk voor iedereen die kijkt zonder de vervorming van oordeel of voorkeur.

HERKEN DAT JE WERELD ZICH VOORBEREIDT OP DE OPKOMST in de Grotere Gemeenschap. Doe dit zonder deze herkenning te verfraaien met je eigen verbeelding. Je hoeft de toekomst geen vorm te geven. Begrijp alleen de huidige koers van je wereld. Hierin zal de betekenis van je eigen inherente vermogens en hun toekomstige toepassing je steeds duidelijker worden.

Herhaal deze verklaring op het uur en neem haar in alle ernst in overweging, want zij is het absolute fundament van je leven en het is noodzakelijk dat je dit begrijpt. Het is niet louter geloof; het is de evolutie van de wereld. Zet je geest tijdens je twee diepere meditatieoefeningen van vandaag actief in om dit idee te overdenken. Kijk naar je eigen overtuigingen die voor of tegen dit idee spreken. Kijk naar je eigen gevoelens hierover. Onderzoek jezelf objectief terwijl je je met dit krachtige idee bezighoudt. Dit is een tijd voor mentale betrokkenheid. Maak met volle overgave gebruik van je oefenperiodes en betrek jezelf er volledig bij. Sta je geest toe de oppervlakkigheid van zijn eigen oppervlakkige ideeën te doorgronden.

In Kennis wordt alles stil en rustig. Alles wordt gekend. Hier begin je het verschil te zien tussen weten en denken. Je beseft hoe denken alleen kan dienen als voorbereiding op Kennis, maar dat Kennis het bereik en het bevattingsvermogen van iemands denken ver te boven gaat. Hier zul je begrijpen hoe de geest je spirituele natuur kan dienen. Hier begrijp je de evolutie van de wereld.

Oefening 199: *Twee oefenperiodes van 30 minuten.*
Ieder uur oefenen.

Stap 200

Mijn gedachten zijn te klein om Kennis te bevatten.

Je gedachten zijn te klein, want Kennis is groter. Je overtuigingen zijn te beperkt, want Kennis is groter. Behandel Kennis daarom als een mysterie en probeer er geen vorm voor te creëren, want zij is groter dan dit en ze zal je verwachtingen overtreffen. Laat Kennis dus mysterieus zijn, zodat ze je zonder beperkingen haar gaven kan geven. Laat je denken en ideeën van toepassing zijn op de zichtbare wereld die je ziet, want hier kan je denken zich op een nuttige manier ontwikkelen terwijl je het mechanisme van je fysieke leven en van je betrokkenheid bij anderen begrijpt. Maar sta toe dat Kennis de mechanische toepassing van je geest overstijgt, zodat ze in elke situatie kan stromen, die kan zegenen en doel, betekenis en richting kan bieden.

Herinner jezelf aan dit idee op het uur en denk er serieus over na ongeacht de situatie waarin je je bevindt. Sta jezelf in je twee meditatieoefeningen van vandaag opnieuw toe de stilte te betreden, met behulp van de RAHN-oefening mocht je dat nuttig vinden. Sta jezelf toe verder te gaan dan ideeën. Sta jezelf toe voorbij gewoontepatronen te gaan. Sta je geest toe zichzelf te worden, want hij is gemaakt om Kennis te dienen.

Oefening 200: *Twee oefenperiodes van 30 minuten.*
Ieder uur oefenen.

Stap 201

Mijn geest werd gemaakt om Kennis te dienen.

DOOR DIT TE BEGRIJPEN ZUL JE DE WAARDE van je geest beseffen, en je zult hem niet kleineren. Door dit te beseffen, zul je de waarde van je lichaam begrijpen, en het niet verwaarlozen. Want je geest en je lichaam zijn slechts voertuigen om Kennis uit te drukken. Hierin word je de ontvanger van Kennis. Hierin herinner je je grote Erfgoed. Hierin word je getroost door de zekerheid van je grote bestemming.

HIER IS GEEN SPRAKE VAN ILLUSIE. Hier is geen sprake van zelfbedrog. Hier vinden alle dingen hun juiste volgorde. Hier begrijp je de ware verhouding van alle dingen. Hier begrijp je de waarde van je geest, en wil je hem geen taken geven waartoe hij niet in staat is. Aldus wordt je geest constructief toegepast en zal hij niet langer belast worden met het onmogelijke te proberen. Als je je dit realiseert, zul je zien dat je lichaam gemaakt is om je geest te dienen, en zul je de waarde van je lichaam en zijn grote toepassing als communicatiemiddel begrijpen. Hierin zul je zijn beperkingen accepteren, want beperkt moet het zijn. Je zult ook het mechanisme ervan waarderen. Je zult alle ontmoetingen met andere mensen in deze wereld waarderen. Je zult dan blij zijn dat je een geest en een lichaam hebt, zodat je de kracht en de essentie van Kennis kan communiceren.

HERHAAL JE IDEE VOOR VANDAAG OP HET UUR en neem het in overweging. Sta in je twee diepere meditatieoefeningen toe dat je geest stil wordt, zodat hij leert te dienen. Je moet opnieuw leren wat voor jou natuurlijk is, want je hebt het onnatuurlijke geleerd, dat nu moet worden afgeleerd. In plaats daarvan zal het natuurlijke worden gestimuleerd, want als het natuurlijke wordt gestimuleerd, wordt het tot uitdrukking gebracht. Dan krijgt de geest zijn ware functie terug en vinden alle dingen hun ware waarde.

Oefening 201: *Twee oefenperiodes van 30 minuten.*
Ieder uur oefenen.

Stap 202

VANDAAG AANSCHOUW IK DE GROTERE GEMEENSCHAP.

Je kunt de Grotere Gemeenschap aanschouwen, want je leeft te midden van de Grotere Gemeenschap. Dat je je aan de oppervlakte van de wereld bevindt, in beslag genomen door menselijke activiteiten en beperkt door tijd en ruimte, betekent niet dat je de grootsheid van de Grotere Gemeenschap niet kunt aanschouwen. Je kunt dit aanschouwen door naar de hemel boven en naar de wereld beneden te kijken. Je kunt dit beseffen door de relatie van de mensheid te begrijpen tot het universum in het algemeen en door te beseffen dat de mensheid slechts een ras is dat evolueert om zijn intelligentie en zijn Kennis te ontwikkelen, zodat zij een ware betrokkenheid kan vinden wanneer zij oprijst in de Grotere Gemeenschap. Zo kijken bied je een groter perspectief. Door zo te kijken kun je de aard van de verandering in de wereld begrijpen. Zo kijken stelt je in staat mededogen te hebben met jezelf en met andere mensen, want mededogen komt voort uit Kennis. Kennis veroordeelt niet wat er gebeurt, maar probeert het ten goede te beïnvloeden.

Neem op het uur de waarde van het idee van vandaag in overweging. Kijk de wereld in en beschouw jezelf als een getuige van de Grotere Gemeenschap. Zie jouw wereld als een van de vele, vele werelden die zich in een vergelijkbaar ontwikkelingsstadium bevinden. Kwel je geest niet door te proberen vorm te geven aan dat wat buiten het bereik van je waarneming ligt. Sta jezelf toe te leven in een groot en mysterieus universum dat je nu pas begint te begrijpen.

Sta jezelf toe om in je twee diepe meditaties je geest actief in te zetten bij het overwegen van dit idee. Probeer je leven niet vanuit een zuiver menselijk perspectief te bekijken, want vanuit een zuiver menselijk perspectief zie je alleen een menselijk leven, een menselijke wereld en een menselijk universum. Je leeft niet in een menselijk universum. Je leeft niet in een menselijke wereld. Je leeft geen zuiver menselijk leven. Begrijp dat je menselijkheid hier niet wordt ontkend, maar breder geïntegreerd wordt in een groter leven. Zo wordt je menselijkheid een bron en een middel van expressie in plaats van een beperking die je jezelf oplegt. Sta toe dat je diepere oefenperiodes uiterst actief worden. Gebruik je geest constructief. Gebruik je geest objectief. Kijk naar je ideeën. Laat je er niet zomaar door leiden. Kijk naar je overtuigingen. Volg of ontken ze niet zomaar. Leer deze objectiviteit, en je zult leren zien met Kennis, want Kennis kijkt gelijkmoedig naar alle mentale en fysieke dingen.

OEFENING 202: *Twee oefenperiodes van 30 minuten.*
Ieder uur oefenen.

Stap 203

DE GROTERE GEMEENSCHAP BEÏNVLOEDT DE WERELD DIE IK ZIE.

ALS JE KUNT AANVAARDEN DAT JOUW WERELD DEEL UITMAAKT van een Grotere Gemeenschap, wat eenvoudigweg duidelijk is als je kijkt, dan moet je aanvaarden dat de wereld wordt beïnvloed door de Grotere Gemeenschap, want de wereld maakt deel uit van een Grotere Gemeenschap en kan daar niet onafhankelijk van zijn. Hoe de Grotere Gemeenschap jouw wereld beïnvloedt, gaat je huidige begripsvermogen te boven. Maar als je begrijpt dat de wereld wordt beïnvloed, kun je haar vanuit een groter perspectief bekijken, wat je vanuit een zuiver menselijk gezichtspunt niet zou kunnen, want een zuiver menselijk gezichtspunt laat het bestaan van ander intelligent leven niet toe. De absurditeit van dit standpunt wordt heel duidelijk als je het universum objectief begint te bekijken. Dit zal je verwondering, grotere interesse en ook behoedzaamheid inboezemen. Dit is heel belangrijk, want de wereld wordt beïnvloed door de Grote Gemeenschap, en jij maakt deel uit van de wereld die wordt beïnvloed.

ZOALS DE FYSIEKE WERELD WAARIN JIJ LEEFT wordt beïnvloed door grotere fysieke krachten buiten je gezichtsveld, zo wordt de wereld mentaal beïnvloed door intelligent leven dat zich met jouw wereld bezighoudt. Dit intelligente leven vertegenwoordigt krachten ten goede en krachten ten kwade. Hierbij moet je een fundamentele waarheid begrijpen: zwakkere geesten worden beïnvloed door sterkere geesten. Dit is zo in jouw wereld en in alle werelden. Buiten het fysieke gaat dit niet op, maar in het fysieke leven is dit het geval. Daarom ben je nu bezig je geest sterk te maken en te leren reageren op Kennis, die overal in het universum de kracht ten goede vertegenwoordigt. Naarmate je sterker wordt, ga je steeds meer begrijpen en doorgronden. Je geest moet dus gecultiveerd worden in Kennis om sterker te worden, zodat hij een waar doel kan dienen.

Herhaal vandaag op het uur het idee voor de dag en probeer je in je twee diepere oefenperiodes te concentreren op de woorden die Wij je hier geven. Gebruik je geest actief. Laat hem niet afdwalen en toevlucht zoeken in betekenisloze of kleine dingen. Denk aan de grootsheid van deze ideeën, maar beschouw ze niet met angst, want angst is niet nodig. Wat nodig is, is objectiviteit, zodat je de grootsheid van je wereld, je universum en jouw gelegenheid daarin kunt begrijpen.

Oefening 203: *Twee oefenperiodes van 30 minuten.*
Ieder uur oefenen.

Stap 204

VANDAAG ZAL IK IN VREDE LEVEN.

*H*EB VANDAAG VREDE. Laat je negatieve verbeelding geen beelden van verlies en vernietiging oproepen. Laat je angst je concentratie op Kennis niet overheersen. Je wereld en de Grotere Gemeenschap waarin je leeft objectief beschouwen zou geen angst, maar respect moeten oproepen – respect voor de kracht van de tijd waarin je leeft en het belang ervan voor de toekomst, respect voor je eigen opkomende vermogens en hun nut in de wereld die je waarneemt, respect voor de grootsheid van het fysieke universum en respect voor de kracht van Kennis die zelfs groter is dan het universum dat je waarneemt.

HERINNER JEZELF ERAAN OM OP HET UUR IN VREDE TE LEVEN. Gebruik hiervoor je kracht en je toewijding. Geef jezelf hieraan over. Laat je geest in je diepere meditatiebeoefening, indien nodig met het RAHN-woord, stil te worden, zodat hij de grootsheid van Kennis kan binnentreden, waarvoor hij bedoeld is. Heb vandaag vrede, want Kennis is bij je. Heb vandaag vrede, want je leert met Kennis te zijn.

OEFENING 204: *Twee oefenperiodes van 30 minuten.*
Ieder uur oefenen.

Stap 205

VANDAAG ZAL IK DE WERELD NIET VEROORDELEN.

Laat je geest zichzelf niet kleineren door schuld te projecteren op de wereld. Met schuld wordt de wereld verkeerd begrepen, en wordt je geest een last in plaats van een aanwinst voor jou. Het idee van vandaag vereist oefening, discipline en toepassing, want jouw geest en alle geesten in de wereld worden verkeerd begrepen, misbruikt en verkeerd gericht. Je leert nu dus de geest positief te gebruiken door hem een werkelijke functie in dienst van de Kennis te geven.

Beschuldig de wereld vandaag niet. Oordeel vandaag niet over de wereld. Laat je geest stil zijn terwijl je ernaar kijkt. Kennis over de wereld ontstaat geleidelijk. Ze ontstaat op natuurlijke wijze. Een idee kan erover spreken, maar een idee kan haar niet bevatten. Kennis vertegenwoordigt een algemene verschuiving in je gezichtspunt, een algemene verandering in je ervaring, een algemene verschuiving in je accent en een algemene transformatie van je waardesysteem. Dit is het bewijs van Kennis.

Beschuldig de wereld vandaag niet. Zij treft geen blaam, want zij toont slechts aan dat Kennis niet wordt opgevolgd. Wat kan zij anders doen dan dwaling en dwaasheid begaan? Wat kan zij anders doen dan haar grote hulpmiddelen verspillen? Zonder Kennis kan de mensheid alleen maar dwalen. Ze kan alleen maar fantasie creëren. Zij kan zich alleen bezighouden met verlies. Daarom verdient zij geen veroordeling. Zij verdient het toepassen van Kennis.

Oefen op het uur met de wereld niet te beschuldigen. Laat geen uren voorbijgaan zonder je betrokkenheid. Geef deze dag om de wereld op deze manier te dienen, want zonder jouw veroordeling zal je liefde voor de wereld op natuurlijke wijze naar voren komen en uitgedrukt worden. Sta in je twee diepere oefenperiodes toe dat je geest de stilte betreedt. Zonder schuld en veroordeling wordt stilte toegankelijk omdat ze natuurlijk is. Laat je geest zonder het opleggen van je veroordeling stil zijn. In stilte is er geen schuld of oordeel. In stilte zal liefde uit je stromen in alle richtingen en verder gaan dan wat je met je zintuigen kunt waarnemen.

OEFENING 205: *Twee oefenperiodes van 30 minuten.*
Ieder uur oefenen.

Stap 206

LIEFDE STROOMT NU UIT MIJ.

LIEFDE STROOMT UIT JOU, en vandaag kun je proberen dit te ervaren en die dingen los te laten die dit belemmeren. Zonder oordeel, zonder illusie, zonder fantasie en zonder de beperkingen van een zuiver menselijk gezichtspunt zul je zien dat er liefde uit jou stroomt. Je zult zien dat al je frustratie in het leven je onvermogen is om deze liefde, die uit jou wil stromen, te ervaren en uit te drukken. Ongeacht de omstandigheden waarin je frustratie ontstaat, komt dat altijd doordat je de liefde niet tot uitdrukking kunt brengen. Je beoordeling van moeilijkheden en dilemma's kan dit feit zeker verhullen, maar kan het bestaan ervan niet ontkennen.

LAAT OP HET UUR LIEFDE UIT JE STROMEN, in het besef dat je geen enkele vorm van gedrag hoeft te vertonen, want liefde zal op natuurlijke wijze uit je voortkomen als de geur van een bloem. Sta in je diepere oefeningen toe, dat je geest stil wordt, zodat liefde uit jou kan stromen. Zo zul je de natuurlijke functie van je geest beseffen en de grootsheid van Kennis, die in jou aanwezig is maar niet jouw bezit is.

LAAT JE VANDAAG DOOR GEEN ENKELE ZELFKRITIEK of gebrek aan zelfvertrouwen van deze gelegenheid weerhouden. Zonder je bemoeienis zal de liefde op natuurlijke wijze uit je stromen. Je hoeft je niet anders voor te doen. Je hoeft je hiervoor geen enkele vorm van gedrag eigen te maken. Je gedrag zal op den duur datgene vertegenwoordigen wat van nature uit je stroomt. Laat liefde vandaag op natuurlijke wijze uit je stromen.

OEFENING 206: *Twee oefenperiodes van 30 minuten.*
Ieder uur oefenen.

Stap 207

IK VERGEEF HEN WAARVAN IK DENK DAT ZE MIJ GEKWETST HEBBEN.

*D*EZE VERKLARING VERTEGENWOORDIGT JE INTENTIE om Kennis te verwerven, want niet vergevingsgezind zijn is slechts het toekennen van schuld aan een situatie waarin je niet in staat was Kennis te begrijpen of toe te passen. Al je fouten zijn in dit opzicht jouw eigen fouten. Dit kan in eerste instantie lijken op een schuldenlast, totdat je beseft dat het je een grotere kans biedt. Want als alle mislukkingen door jezelf zijn veroorzaakt, zul je beseffen dat je de mogelijkheid hebt alle correcties door te voeren. Het falen van iemand anders is niet je eigen falen, maar je veroordeling ervan is je eigen falen. Daarom is elke mislukking die bij jou wrok teweegbrengt jouw mislukking, want de mislukking van de ander hoeft bij jou geen wrok of schuld teweeg te brengen. Sterker nog, in de toekomst zullen de mislukkingen van anderen je mededogen en het toepassen van Kennis teweegbrengen en hoeven ze geen aanleiding te geven tot schuld of een ongelukkig gevoel in jezelf.

KENNIS IS NIET GESCHOKT BIJ HET ZIEN van de wereld. Kennis is niet verbijsterd. Kennis is niet ontmoedigd. Kennis is niet beledigd. Kennis beseft de kleinheid van de wereld en de fouten van de wereld. Zij beseft dit omdat zij alleen zichzelf kent, en alles wat geen Kennis is, is slechts de mogelijkheid voor Kennis om opnieuw aangewend te worden. Jouw rancune is dus gewoon een gelegenheid om Kennis opnieuw toe te passen.

HERHAAL HET IDEE VAN VANDAAG OP HET UUR en onderschat de waarde ervan niet, voor jou, die nu tracht verlost te worden van verdriet en ellende. Denk in je twee diepere oefenperioden een voor een aan diegenen die je niet kunt vergeven - individuen die je persoonlijk hebt gekend en individuen waar je van hebt gehoord of aan hebt gedacht, individuen die met mislukking in verband zijn gebracht. Zij zullen bij je naar boven komen als je hen aanroept, want zij wachten er allemaal op door jou vergeven te worden. Laat ze nu een voor een naar boven komen. Terwijl ze naar boven komen, vergeef je jezelf dat je Kennis niet hebt toegepast. Herinner ze eraan dat je nu leert je Kennis toe te passen en dat je niet voor hen zult lijden en dat zij dus niet voor jou hoeven te lijden. De toezegging om te vergeven is dus de toezegging om Kennis te realiseren en Kennis toe te passen, want Kennis verdrijft rancune zoals het licht de duisternis verdrijft. Want er is alleen Kennis en de behoefte aan Kennis. Dat is alles wat je in het universum kunt waarnemen.

JE TWEE OEFENPERIODES ZIJN DAAROM gewijd aan het onder ogen zien van degenen die je hebt beschuldigd en aan het vergeven van jezelf voor het niet toepassen van Kennis in je begrip van en betrokkenheid bij hen. Doe dit zonder enige vorm van schuld of zelfverwijt, want hoe zou je in vredesnaam niet kunnen falen als Kennis niet voor jou beschikbaar zou zijn of als jij niet beschikbaar zou zijn voor Kennis. Accepteer dus je vroegere beperkingen en wijd je nu aan het opnieuw waarnemen van de wereld, zonder schuld en met de grootsheid van Kennis.

OEFENING 207: *Twee oefenperiodes van 30 minuten.*
Ieder uur oefenen.

Stap 208

Alles waar ik echt waarde aan hecht zal vanuit Kennis worden uitgedrukt.

Alles wat in het menselijk leven het meest gewaardeerd wordt - liefde, geduld, toewijding, verdraagzaamheid, vergevingsgezindheid, ware prestatie, moed en geloof - komt van nature voort uit Kennis, want Kennis is hun bron. Ze zijn slechts de uiterlijke expressie van een geest die Kennis dient. Ze hoeven dus niet opgedrongen te worden door middel van strenge zelfdiscipline. Ze ontstaan vanzelf, want de geest die Kennis dient kan alleen zijn eigen grootsheid en zijn eigen mogelijkheden illustreren. Wat zelfdiscipline vereist is het heroriënteren van je focus, het heroriënteren van je toewijding en het heroriënteren van je dienstbaarheid. Ofwel je dient Kennis, of je dient de vervangers van Kennis, want in alles moet je dienen.

Herhaal dit idee op het uur voor jezelf, zodat je er de hele dag over na kunt denken. Zet je geest in je twee diepere oefenperiodes actief in om na te denken over de diepte van dit idee. Je moet hier constructief denken. Verzin niet zomaar beelden voor jezelf die je prettig vindt. Oordeel niet eenvoudigweg over dingen die je jezelf of anderen kwalijk neemt. Leer opnieuw door oefening om objectief te worden in het toepassen van je geest. Sta je geest toe zijn betrokkenheid te verdiepen. Neem geen genoegen met eenvoudige antwoorden die je geruststellen.

Denk aan voorbeelden waarover Wij vandaag hebben gesproken, want er zijn voorbeelden die je kunt herkennen. Alles waar je werkelijk waarde aan hecht zal voortkomen uit Kennis, want Kennis is hun bron.

Oefening 208: *Twee oefenperiodes van 30 minuten.*
Ieder uur oefenen.

Stap 209

VANDAAG ZAL IK NIET HARTELOOS ZIJN VOOR MEZELF.

*W*EES NIET HARTELOOS VOOR JEZELF door te proberen je doornenkroon te dragen, die staat voor je systeem van overtuigingen en veronderstellingen. Projecteer niet het gewicht van schuld en wrok op jezelf. Probeer je geest niet te dwingen een voorbeeld te zijn van de kwaliteiten die je dierbaar zijn, want die komen vanzelf voort uit Kennis.

BETREED IN PLAATS DAARVAN DE STILTE in je twee diepere oefenperiodes, waarbij je je opnieuw realiseert dat alle dingen waaraan je de meeste waarde hecht op natuurlijke wijze tot uiting komen in Kennis. Al die dingen die je verafschuwt zullen op natuurlijke wijze verdwijnen. Een aldus bevrijde geest kan het grootst mogelijke geschenk aan de wereld geven.

OVERDENK DIT DAN OP HET UUR, als je probeert het idee van vandaag toe te passen op alles wat je ziet, hoort en doet. Wees vandaag niet harteloos voor jezelf, want daar is geen rechtvaardiging voor. Sta jezelf toe gezegend te worden, zodat jij de wereld kunt zegenen. Sta jezelf toe de wereld te zegenen, zodat jij zelf gezegend wordt.

OEFENING 209: *Twee oefenperiodes van 30 minuten.*
Ieder uur oefenen.

Stap 210

TERUGBLIK

KIJK VANDAAG TERUG OP DE AFGELOPEN TWEE WEKEN VAN VOORBEREIDING, lees elke les zoals die wordt gegeven en breng je oefening voor die dag in herinnering. Begin vandaag in je lange oefenperiode opnieuw het verloop van de gebeurtenissen en al je oefeningen te beoordelen. Begin te zien dat er een verband bestaat tussen hoe je je geest gebruikt en wat je daardoor ervaart. Bekijk je leven objectief, zonder schuld of blaam, zodat je kunt begrijpen hoe je leven werkelijk tot stand komt.

TIJDENS JE LANGE OEFENPERIODE VAN VANDAAG zet je je geest actief in. Je leert objectief te worden over je eigen vooruitgang als student. Je leert objectief te worden over de aard van het leren zelf. Je leert objectief te worden zodat je kunt zien. Laat deze terugblik je dan een groter perspectief geven op het werk van Kennis in de wereld en de aanwezigheid van Kennis in jouw leven.

OEFENING 210: *Eén lange oefenperiode.*

Stap 211

IK HEB GOEDE VRIENDEN BUITEN DEZE WERELD.

JIJ HEBT GOEDE VRIENDEN BUITEN DEZE WERELD. Daarom wil de mensheid toetreden tot de Grotere Gemeenschap, aangezien de Grotere Gemeenschap een breder scala van haar ware relaties vertegenwoordigt. Je hebt ware vrienden buiten deze wereld omdat je niet alleen bent in de wereld en je niet alleen bent in de Grotere Gemeenschap van werelden. Je hebt vrienden buiten deze wereld omdat je Spirituele Familie overal haar vertegenwoordigers heeft. Je hebt vrienden buiten deze wereld omdat je niet alleen werkt aan de evolutie van jouw wereld, maar ook aan de evolutie van het universum. Buiten je voorstellingsvermogen, boven je conceptuele vermogens, is dit zeer zeker waar.

VOEL DAN DE GROOTSHEID VAN HET UNIVERSUM waarin je leeft. Voel dan de mogelijkheid die je hebt om de Grotere Gemeenschap te dienen waarvan jouw wereld deel uitmaakt. Je dient je goede vrienden binnen de wereld en je vrienden daarbuiten, want het werk van Kennis gaat overal door. Het is de aantrekkingskracht van God. Het is het toepassen van het goede. Het is de kracht die alle afgescheiden geesten verlost en doel, betekenis en richting geeft aan het universum. Ongeacht het mechanisme van het fysieke leven, wordt de waarde ervan bepaald door zijn oorsprong en zijn bestemming, die beide je begrip te boven gaan. Als je beseft dat Kennis het middel is dat de wereld in zijn ware richting stuwt, kun je datgene waarderen en ontvangen wat je leven doel, betekenis en richting geeft.

OVERWEEG VANDAAG OP HET UUR dat je vrienden hebt buiten deze wereld, zowel in andere werelden als buiten het zichtbare. Bedenk dat je deze grotere associatie hebt. Sta in je twee diepere oefenperiodes van vandaag toe dat je geest de stilte betreedt, zodat zulke dingen ervaren kunnen worden. Fantaseer er niet over in je verbeelding, maar sta in plaats daarvan toe dat je geest stil wordt, zodat hij Kennis kan overbrengen in je bewustzijn en ervaring. Je hebt vrienden buiten deze wereld, en zij oefenen vandaag met jou.

Oefening 211: *Twee oefenperiodes van 30 minuten.*
Ieder uur oefenen.

Stap 212

IK ONTVANG KRACHT VAN IEDEREEN DIE MET MIJ OEFENT.

JE ONTVANGT INDERDAAD KRACHT VAN IEDEREEN DIE SAMEN MET JOU oefent, want elke geest die zich met Kennis probeert te verbinden, versterkt ook alle andere geesten die dat doen. Zo oefen je invloed uit op de wereld. Zo oefenen alle anderen die een waar doel nastreven hun invloed op jou uit. Dit werkt de onwetende krachten van de wereld tegen. Dit werkt de destructieve krachten in de wereld tegen. Dit oefent zijn invloed uit op alle geesten die beginnen te ontwaken.

NEEM DAN HET VERTROUWEN VAN HET IDEE VAN VANDAAG in ontvangst, want het zal jou vertrouwen geven als je beseft dat je eigen oefening zo enorm wordt aangevuld door de oefening van anderen. Dit zal elk gevoel van ontoereikendheid dat je zou kunnen hebben, overtreffen. Dit zal je helpen elk gevoel van ambivalentie ten aanzien van een ware voorbereiding te overwinnen, want alle andere geesten die bezig zijn met het terugwinnen van Kennis zijn beschikbaar om je hier en nu bij te staan.

DUS, GROOTSHEID IS MET JOU, de grootsheid van Kennis en de grootsheid van iedereen die probeert Kennis terug te winnen. Met hen deel je een waar doel, want je ware doel is om Kennis levend te houden in de wereld. Vanuit Kennis worden alle goede dingen, of ze nu van spirituele of materiële aard zijn, geschonken aan de rassen voor wie ze bedoeld zijn.

HERHAAL OP HET UUR HET IDEE VAN VANDAAG, en probeer tijdens je diepere oefenperioden de invloed te ontvangen van iedereen die kennis probeert terug te winnen. Laat hun geschenk je geest binnenkomen, zodat je ware waardering voor het leven kunt ervaren en de betekenis en doeltreffendheid van je eigen inspanningen als student van Kennis begint te begrijpen.

OEFENING 212: *Twee oefenperiodes van 30 minuten.*
Ieder uur oefenen.

Stap 213

IK BEGRIJP DE WERELD NIET.

JE BEGRIJPT DE WERELD NIET. Je hebt er alleen oordelen over en probeert vervolgens je oordelen te begrijpen. De wereld zal zich aan je openbaren als je zonder deze beperkingen kijkt. Dan zul je ontdekken dat je overtuigingen nuttig kunnen worden doordat ze je in staat stellen elke volgende stap in je leven te zetten. Ze hoeven je waarneming van het universum niet te beperken. Je kunt niet in de wereld zijn zonder overtuigingen of veronderstellingen. Toch zijn je overtuigingen en veronderstellingen bedoeld als hulpmiddelen om je geest te dienen, hem een tijdelijke structuur te geven en hem in staat te stellen zijn natuurlijke vermogens op een positieve manier in te zetten.

VANDAAG BEGRIJP JE DE WERELD NIET. Wees blij dat dit zo is, want jouw veroordeling is ongegrond. Je begrijpt de wereld niet vandaag. Dit geeft je een kans om getuige te zijn van de wereld.

HERHAAL DIT IDEE OP HET UUR terwijl je naar de wereld kijkt. Herinner jezelf eraan dat je niet begrijpt wat je ziet, dus ben je vrij om opnieuw te kijken. Als je niet vrij bent om te kijken, betekent dat eenvoudig dat je je eigen oordelen probeert te rechtvaardigen. Dit is niet kijken. Dit is slechts het onderhouden van je eigen fantasieën. Laat je geest in je twee diepere oefenperioden van vandaag tot rust komen, want zonder de last van je pogingen om je fantasieën te rechtvaardigen, zal je geest op natuurlijke wijze zijn ware plaats zoeken in dienst van Kennis. Vandaag begrijp je de wereld niet, en dus begrijp je jezelf niet.

OEFENING 213: *Twee oefenperiodes van 30 minuten.*
Ieder uur oefenen.

Stap 214

Ik begrijp mezelf niet.

Dit is geen verklaring van mislukking of beperking. Het is gewoon een verklaring om je te bevrijden van je eigen belemmeringen. Hoe kun je jezelf begrijpen als Kennis je niet alles duidelijk maakt? Hoe kun je de wereld begrijpen als Kennis de wereld niet aan je openbaart? Dit is pure ervaring, voorbij alle concepten en overtuigingen, want concepten en overtuigingen kunnen alleen de ervaring volgen en proberen een structuur te bieden waarin de ervaring opnieuw kan ontstaan. Op geen enkele manier kunnen overtuigingen, veronderstellingen of ideeën Kennis zelf imiteren.

Natuurlijk begrijp je jezelf en de wereld niet, want je begrijpt alleen je ideeën, en die zijn niet eeuwig. Daarom kunnen ze geen stevig fundament bieden waarop je moet leren staan. Ze kunnen dus alleen maar falen en je misleiden als je op hen vertrouwt in plaats van op Kennis om jezelf en de wereld aan je te openbaren.

Herinner jezelf er op het uur aan dat je jezelf niet begrijpt. Bevrijd jezelf van de last van het rechtvaardigen van je eigen oordelen. Kijk naar jezelf in je diepere meditatieoefeningen en herinner jezelf eraan dat je jezelf niet begrijpt. Nu ben je vrij om de stilte te betreden, want je probeert je ervaring niet te gebruiken om je fantasieën over jezelf te rechtvaardigen. Hier wordt je geest vrij om zichzelf te zijn, en jij wordt vrij om jezelf te waarderen.

Oefening 214: *Twee oefenperiodes van 30 minuten.*
Ieder uur oefenen.

Stap 215

MIJN LERAREN ZIJN BIJ ME. IK BEN NIET ALLEEN.

JE LERAREN ZIJN BIJ JE, op de achtergrond. Zij zijn heel voorzichtig om hun invloed niet te sterk naar jou uit te breiden, want je bent nog niet in staat die te ontvangen en voor jezelf te gebruiken. Besef dus dat je met veel assistentie door het leven reist, want je Leraren zijn bij je om je te helpen Kennis te realiseren en te cultiveren.

EERST MOETEN ZE JE HELPEN JE BEHOEFTE aan Kennis te beseffen, want je behoefte aan Kennis moet volledig tot stand komen voordat je je kunt bezighouden met het terugwinnen van Kennis. Je moet beseffen dat zonder Kennis het leven hopeloos is, want je bent zonder doel, betekenis en richting. Dan kunnen alleen je fouten je leren, en alleen zij kunnen je meedogenloosheid ondersteunen.

ALS JE BESEFT DAT JE EIGEN IDEEËN geen vervanging zijn voor Kennis, kun je je tot Kennis wenden en de gelukkige ontvanger worden van haar ware gaven. Hier zullen alle dingen die je werkelijk hebt gezocht zinvol worden bevredigd. Hier zul je een waar fundament in het leven hebben. Hier zullen Hemel en Aarde in jou samenkomen en zal alle afscheiding eindigen. Hier kun je de beperkingen van je fysieke bestaan en de grootsheid van je spirituele leven accepteren. Je tot Kennis wenden is daarom van het grootste nut voor jou.

HERINNER JEZELF AAN DIT IDEE op het uur, en betreed vandaag tijdens je twee diepere oefeningen de stilte, waarbij je het woord RAHN gebruikt als dat je helpt. Wees vandaag blij dat je datgene kunt ontvangen wat je bevrijdt.

OEFENING 215: *Twee oefenperiodes van 30 minuten.*
Ieder uur oefenen.

Stap 216

ER IS EEN SPIRITUELE AANWEZIGHEID IN MIJN LEVEN.

De Spirituele Aanwezigheid in je leven is altijd bij je, altijd voor je beschikbaar en herinnert je er altijd aan verder te kijken dan je eigen oordelen. Zij verschaft je altijd de steun, de hulp en de begeleiding die nodig zijn om de verkeerde toepassing van je geest te minimaliseren en de juiste toepassing van je geest te versterken, zodat Kennis in je naar boven kan komen.

Je leert nu om deze Spirituele Aanwezigheid te ontvangen en te respecteren, en mettertijd zul je beseffen hoe belangrijk zij is voor jou en voor de wereld. Dit zal tegelijkertijd grootsheid en nederigheid in je opwekken, want je zult beseffen dat jij niet de bron bent van je grootsheid, maar het voertuig voor het tot uitdrukking brengen ervan. Dit zorgt ervoor dat je in de juiste verhouding staat tot datgene wat je dient. In relatie ontvang je alle voordelen van datgene waarvan je beweert dat het van jou is. En toch zul je met Kennis niet zelfgenoegzaam worden, omdat je je eigen beperkingen en de diepte van je eigen behoefte aan Kennis zult beseffen. Met dit inzicht besef je en accepteer je de bron van het leven. Daarmee zul je beseffen dat je in de wereld bent om Kennis te dienen en dat de wereld bedoeld is om de ontvanger van Kennis te zijn.

Er is een Spirituele Aanwezigheid in jouw leven. Voel dit op het uur terwijl je het idee van vandaag herhaalt. Betreed tijdens je twee diepere oefenperiodes deze Aanwezigheid diep, want deze Aanwezigheid is zeer zeker bij jou en wil zich deze dag aan jou geven.

Oefening 216: *Twee oefenperiodes van 30 minuten.*
Ieder uur oefenen.

Stap 217

IK GEEF MEZELF VANDAAG AAN KENNIS.

Geef jezelf vandaag aan Kennis door de oefening van vandaag met ware inzet en toewijding te doen, en laat geen valse of zelfbeperkende ideeën je oprechte streven in de weg staan. Op deze manier geef je jezelf aan Kennis door Kennis toe te staan zichzelf aan jou te geven. Hoe klein is dan datgene wat van je gevraagd wordt en hoe groot is je beloning. Voor elk moment dat je doorbrengt met het ervaren van stilte of het zinvol bezig zijn met je geest, wordt Kennis sterker en steeds meer aanwezig in je. Je vraagt je misschien af: "Wat is mijn geschenk aan de wereld?" Jouw geschenk is wat je hier vandaag ontvangt. Geef jezelf aan Kennis, zodat zij zichzelf aan jou kan geven.

Denk op het uur aan het idee van vandaag en betreed Kennis in je twee diepere oefenperiodes. Toon vandaag tijdens al je oefeningen je intentie om jezelf aan Kennis te geven, wat stilte en zelfaanvaarding vereist.

Oefening 217: *Twee oefenperiodes van 30 minuten.*
Ieder uur oefenen.

Stap 218

IK ZAL VANDAAG KENNIS IN MIJZELF HOUDEN.

Samen met Kennis komt de Wijsheid van hoe je Kennis in de wereld moet gebruiken. Kennis is dus de bron van je inzicht en Wijsheid is leren hoe je haar zinvol en constructief kunt toepassen in de wereld. Je bent nog niet wijs, dus houdt Kennis vandaag in jezelf. Sta haar toe zichzelf te versterken. Sta haar toe te groeien. Ze zal zichzelf op natuurlijke wijze geven, zonder dat je probeert haar uitdrukking te forceren. Mettertijd zul je leren wijs te worden, zowel door de demonstratie van Kennis als door je eigen fouten. Je hebt al voldoende fouten gemaakt om alles wat Wij je vertellen te demonstreren.

Houd Kennis vandaag in jezelf, zodat zij sterk in je kan worden. Sta jezelf toe haar aanwezigheid uit te breiden tot slechts een of twee personen van wie je weet dat ze haar kunnen waarderen, want je bewustzijn van Kennis in jou is nog een fragiele jonge scheut en kan de perikelen van deze wereld nog niet weerstaan. Ze is nog niet sterk genoeg geworden in je eigen begrip om de heftige angst en haat tegen te gaan die over de wereld raast. Kennis kan dit zonder moeite weerstaan, maar jij, die leert om een ontvanger en een voertuig voor Kennis te worden, bent nog niet sterk genoeg.

Sta toe dat Kennis vandaag in je bewaard wordt zodat zij kan groeien. Herinner jezelf er op elk uur aan terwijl je dit juweel in je hart draagt. In je diepere oefenperioden, die voor jou tijden van vrijwaring van beperking zijn, sta je jezelf toe terug te keren naar je grote liefde, zodat je een ware relatie met Kennis kunt aangaan. Na verloop van tijd zullen alle beperkingen voor de expressie van Kennis worden opgeheven, terwijl je leert haar communicatie wijselijk toe te passen in de wereld. Maar bewaar voor nu, Kennis in je hart zodat zij sterker en sterker kan worden.

OEFENING 218: *Twee oefenperiodes van 30 minuten.*
Ieder uur oefenen.

Stap 219

IK ZAL ME VANDAAG NIET LATEN MISLEIDEN DOOR AMBITIE.

Nu Kennis in je begint te ontkiemen, moet je je niet laten misleiden door je eigen ambitie. Je ambitie komt voort uit je persoonlijke behoefte aan erkenning en geruststelling. Het is een poging om angst tegen te gaan door de meningen van anderen te controleren. Je ambitie is hier destructief, maar net als alle andere vermogens van de geest die nu worden misbruikt, kan ze op den duur de grootsheid van Kennis dienen. Je hebt deze staat nog niet bereikt; probeer daarom niets te doen met je Kennis, want het is niet aan jou om Kennis te gebruiken, maar om Kennis te ontvangen. Het is in je ontvankelijkheid voor Kennis dat je zult merken dat Kennis je het meest van dienst en nut is.

Laat je niet door je ambitie meeslepen naar waar je niet heen kunt. Laat haar je vitaliteit en energie niet misbruiken. Leer geduldig en kalm te worden met Kennis, want Kennis heeft zijn eigen doel en richting in het leven, die je nu leert volgen.

Sta jezelf toe om vandaag de hele dag in je oefeningen op het uur en ook in je diepere meditaties zonder ambitie te zijn, want je weet niet wat je met Kennis moet doen. Sta in je langere meditaties toe dat dit je bevrijdt, zodat je de stilte betreedt en de wereld van de fysieke dingen verlaat.

OEFENING 219: *Twee oefenperiodes van 30 minuten.*
Ieder uur oefenen.

Stap 220

VANDAAG ZAL IK TERUGHOUDENDHEID BETRACHTEN ZODAT GROOTSHEID IN MIJ KAN GROEIEN.

WEES TERUGHOUDEND MET DIE VERMOGENS waarvan je inziet dat ze schadelijk of hinderlijk zijn voor het terugwinnen van Kennis. Weerhoud jezelf met opzet, zodat Kennis in je kan groeien. Dit is geen beperking die je jezelf oplegt. Integendeel, het is het zinvolle gebruik van je geest en kracht om een bewustzijn van de Grotere Kracht in je te cultiveren en deze toe te staan tevoorschijn te komen, je te leiden en te sturen.

IN DE LES VAN VANDAAG, NET ALS IN VOORGAANDE LESSEN, leer je de bron van Kennis en het voertuig van Kennis te herkennen en de twee niet te verwarren. Leer vandaag terughoudendheid, zodat Kennis in je kan groeien. Denk niet dat terughoudendheid slechts verwijst naar gedrag in het verleden, waarbij je beperkte wat oprecht was in jezelf. Nee, je richt je vandaag op het leren van de vorm van opzettelijke terughoudendheid die een uitdrukking is van je kracht en zelfdiscipline. Je kracht en zelfdiscipline moeten nu worden uitgeoefend om sterk te worden, want je geest en lichaam zijn voertuigen van Kennis, en als voertuigen moeten ze worden ontwikkeld en versterkt.

BEPERK VANDAAG TIJDENS JE DIEPERE OEFENINGEN, zowel als in je oefeningen op het uur, die vormen van denken en gedrag die je Kennis verloochenen, zodat je in stilte en in vrede Kennis kunt binnentreden. Met deze terughoudendheid zal vrijheid worden ontdekt, want vrijheid wordt voorbij deze wereld gevonden en in deze wereld gebracht, want vrijheid is het geschenk van Kennis.

OEFENING 220: *Twee oefenperiodes van 30 minuten.*
Ieder uur oefenen.

Stap 221

VANDAAG BEN IK VRIJ OM VERWARD TE ZIJN.

Zie je verwarring niet als een mislukking. Zie je verwarring niet als iets dat je in gevaar brengt of kleineert. Verwarring is hier slechts een teken dat je je bewust wordt van de beperkingen van je eigen ideeën en veronderstellingen. Je moet deze opgeven om Kennis toe te staan zich aan je te openbaren, want in het aangezicht van alle belangrijke beslissingen die deze dag je aandacht vragen, heeft Kennis al een antwoord gegeven. Het is geen antwoord dat je kunt vinden tussen de vele antwoorden die je jezelf geeft of waarvan je veronderstelt dat anderen die geven.

Laat daarom alle substituten voor Kennis in je vervagen. Sta jezelf toe verward te zijn, want in je echte verwarring kan Kennis op natuurlijke wijze naar boven komen. Dit vertegenwoordigt dan je vrijheid, want in vrijheid ben je vrij om verward te zijn.

Herinner jezelf op het uur aan dit idee, en wees niet zelfingenomen met eenvoudige verklaringen of veronderstellingen over de grote betekenis die het voor jou heeft. Je moet er diep over nadenken en beseffen dat het ware begrip dat het voor jou inhoudt, mettertijd zal worden onthuld. Sta jezelf vandaag toe verward te zijn, want je bent verward, en je moet altijd beginnen waar je bent. Kennis is met jou. Je bent vrij om verward te zijn. Betreed vandaag in je langere oefenperiodes de stilte, of je nu verward bent of niet, want stilte, genade en vrede zijn altijd voor je beschikbaar.

OEFENING 221: *Twee oefenperiodes van 30 minuten.*
Ieder uur oefenen.

Stap 222

DE WERELD IS IN VERWARRING. IK ZAL HAAR NIET VEROORDELEN.

Het enige oordeel dat je over de wereld kunt vellen is dat ze verward is. Dit oordeel vraagt niet om enige vorm van aanval. De wereld is verward. Oordeel er niet over. Hoe kan de wereld zeker zijn als de wereld zonder Kennis is? Je kunt naar je leven tot nu toe kijken en je realiseren hoe groot je eigen verwarring is. Hoe kon het anders zijn toen je zonder Kennis was? Kennis is nu bij je, net als toen. Je begint Kennis terug te winnen, zodat haar zekerheid zich steeds meer via jou kan uiten. Dit is het grote geschenk dat je nu leert te ontvangen. Het is een geschenk dat de wereld via jou zal leren ontvangen.

ELK UUR ALS JE NAAR DE WERELD en al haar activiteiten kijkt, oordeel er dan niet over, want zij is slechts verward. Als je vandaag in nood verkeert, oordeel dan niet over jezelf, want je bent slechts verward. Sta jezelf toe om vandaag in je diepere oefenperiodes de stilte te betreden. Je betreedt de stilte door gewoonweg de stilte te willen betreden. Het is een geschenk dat je jezelf toestaat. Om dit te doen, geef je jezelf om het geschenk in ontvangst te nemen. Hier is er geen gever en afzender van het geschenk, want het geschenk weerklinkt tussen jou en je Bron. Kennis en haar voertuig bevestigen elkaar slechts.

DE WERELD IS VERWARD. Ze is zonder Kennis. Maar jij bent een geschenk voor de wereld, want je leert vandaag Kennis te ontvangen.

OEFENING 222: *Twee oefenperiodes van 30 minuten.*
Ieder uur oefenen.

Stap 223

IK ZAL DEZE DAG KENNIS ONTVANGEN.

Ontvang Kennis op het uur. Ontvang Kennis in je twee diepere oefenperiodes. Geef jezelf aan het ontvangen van Kennis. Dit is je oefening voor vandaag. Al het andere is slechts een vorm van verwarring. Er is geen enkele gebeurtenis in je uiterlijke leven die je oefening van vandaag hoeft te vervangen, want Kennis zegent alle dingen in jou en daarbuiten. Zij verdrijft dat wat onnodig is en houd je doelbewust bezig met dat wat noodzakelijk is en echt potentieel voor je heeft.

Keer dan terug naar Kennis, ongeacht de omstandigheden van je uiterlijke leven. Ontvang Kennis zodat je zeker bent in de wereld en zodat je je eigen betekenis en waarde begrijpt.

Oefening 223: *Twee oefenperiodes van 30 minuten.*
Ieder uur oefenen.

Stap 224

TERUGBLIK

Oefen vandaag objectiviteit door de laatste twee oefenweken door te nemen. Lees nogmaals elke les van die dag en herinner je de oefening van die dag. Begin met de eerste oefening van de twee weken, en volg dan elke dag stap voor stap. Versterk je vermogen om je vooruitgang objectief te observeren. Kijk wat er gebeurt op dagen dat je sterk bent met oefenen en op dagen dat je zwak bent. Stel je daarbij even voor dat je kijkt door de ogen van je Leraren, die van ver boven je, jouw leven gadeslaan. Zij zijn zonder oordeel. Zij nemen slechts nota van je sterke en zwakke punten, versterken de eerste en minimaliseren de gevolgen van de tweede. Als je leert je leven objectief te bekijken, zul je leren je leven te zien door de ogen van je Leraren. Dit is kijken met Kennis. Dit is kijken zonder oordeel. Zo wordt de geest een voertuig voor Kennis, en Kennis zal je alle ideeën en activiteiten schenken die werkelijk heilzaam voor je zijn.

Sta toe dat je in de periode van terugblikken van vandaag bezig bent met jezelf. Gebruik je geest doelgericht en laat hem niet afdwalen. Doorbreek de gewoonte om onbedachtzaam te denken. Doorbreek de gewoonte om je met dwaze en betekenisloze dingen bezig te houden. Sta toe dat je terugblik van vandaag je laat zien dat je een ware student van Kennis bent.

Oefening 224: *Eén lange oefenperiode.*

Stap 225

VANDAAG BEN IK TEGELIJKERTIJD SERIEUS EN LUCHTHARTIG.

*A*LS JE DE BOODSCHAP VAN VANDAAG BEGRIJPT, is die niet tegenstrijdig. Als je je leven serieus neemt, ontvang je de ware genade ervan, die je heel gelukkig zal maken. Daarom moet je nu heel serieus met jezelf omgaan terwijl je leert om een voertuig voor Kennis te worden, en je mag heel blij en luchthartig zijn dat Kennis bij je is. Dit is dan de ware toepassing van je geest, want je bent luchthartig met wat luchthartig is, en je bent ernstig met wat ernstig is. Een geest die ernstig is in zijn uiterlijke gerichtheid en luchthartig in zijn innerlijke verrukking, zal een geest zijn die volledig geïntegreerd is. Dit zal een geest zijn waar Hemel en Aarde elkaar raken.

DE GENADE DIE JE DEZE DAG ZULT ONTVANGEN zal geluk en echte waardering voortbrengen, maar de toepassing waar zij om vraagt, vereist je serieuze inzet, je oprechte toewijding en de oprechte toepassing van je mentale en fysieke vermogens. Hier vertegenwoordigen je krachten je geluk, en je geluk wordt versterkt door de aanwending van je ware vermogens.

DENK HIERAAN OP HET UUR als je je idee voor vandaag herhaalt. Terwijl je je diepere meditatieoefeningen uitvoert, schakel je je geest serieus in, zodat hij de luchthartigheid en de grote vreugde van Kennis kan ervaren. Hierin zul je zien dat het idee van vandaag in zijn betekenis volkomen uniform is. Hierdoor zul je dat wat gelukkig is niet verwarren met dat wat serieus is. Dit zal je een groter inzicht in de wereld geven.

OEFENING 225: *Twee oefenperiodes van 30 minuten.*
Ieder uur oefenen.

Stap 226

KENNIS IS MET MIJ. IK ZAL NIET BEVREESD ZIJN.

KENNIS IS MET JOU en als jij met Kennis bent, zul je niet bevreesd zijn. Mettertijd zal angst naarmate je leert bij Kennis te verblijven meer en meer uitwendig worden voor jouw ware ervaring. De waarde van het idee van vandaag moet worden erkend in het licht van het feit dat jouw geest in zo'n grote mate uit gewoonte met angst bezig is, dat dit het terugwinnen van Kennis en het toepassen van Kennis erg moeilijk voor je lijkt te maken. Dit lijkt alleen moeilijk omdat je geest in het verleden zo uit gewoonte met angst bezig is geweest. Gewoonten kunnen worden doorbroken. Nieuwe denk- en gedragsgewoonten kunnen worden aangeleerd en versterkt. Het is slechts het gevolg van het toepassen van je geest. Het is het gevolg van oefenen.

OEFEN VANDAAG HET VERBLIJVEN MET KENNIS, waardoor alle gewoonten die zich tegen jou en de wereld hebben gericht ongedaan worden gemaakt. In het leven staan is oefenen en is altijd een vorm van dienen. Oefen vandaag de waarheid en dien de waarheid, en hierin worden alle dwalingen verzwakt. Hun fundament wordt weggenomen, en in de plaats daarvan zul je een nieuwe manier van zijn in de wereld beginnen te leren, een nieuwe manier om je met de wereld bezig te houden, en je zult een grotere structuur hebben om je mentale en fysieke vermogens toe te passen.

VERBLIJF OP HET UUR MET KENNIS. Verdrijf angst en herinner jezelf eraan dat Kennis bij je is. Herinner jezelf eraan dat je Leraren bij je zijn. Herinner jezelf eraan dat studenten over de hele wereld die betrokken zijn bij het terugwinnen van Kennis bij je zijn. Hierin zal de wereld klein worden en jij groot worden. Gun jezelf in je diepere oefeningen de vrijheid om Kennis te ervaren. Treed binnen in de grote diepte en stilte van de geest, terwijl hij zich onderdompelt in de aanwezigheid van liefde.

OEFENING 226: *Twee oefenperiodes van 30 minuten.
Ieder uur oefenen.*

Stap 227

VANDAAG ZAL IK NIET DENKEN DAT IK WEET.

*B*EGINNENDE STUDENTEN DENKEN ALTIJD DAT ZE DINGEN WETEN die ze niet weten, en ze denken altijd dat ze dingen niet weten die ze wel weten. Dit vergt veel uitzoekwerk. Het vereist het ontdekken van het ware en het valse en, door deze tegenstelling, het leren scheiden van de twee. Mettertijd zul je het onderscheid tussen het ware en het valse beseffen en je niet laten misleiden door de pretenties die het valse kan maken in zijn imitatie van het ware.

HERINNER JEZELF ER VANDAAG OP HET UUR aan niet te denken dat je het weet. Denken dat je het weet is slechts een vorm van vervanging. Je weet of je weet het niet. Je denken ondersteunt of ontkent hier slechts datgene wat je weet. Maar denken dat je weet is denken zonder Kennis, dat altijd gedachteloos is en verwarring en twijfel aan zichzelf veroorzaakt.

LAAT JE VANDAAG IN JE DIEPERE OEFENPERIODES niet misleiden door te denken dat je weet. Keer opnieuw terug naar de zuivere ervaring van Kennis zelf. Geef je vandaag in stilte en in vrede volledig over aan je oefening. Kennis is een ervaring. Zij zal haar eigen ideeën voortbrengen. Ze zal die vormen van gedrag en die vormen van aanwending van jezelf stimuleren en ondersteunen die werkelijk je ware aard ondersteunen. Wees niet tevreden met dingen die je denkt te weten, want dit is slechts een andere vorm van ontkenning die jou opnieuw verzwakt.

OEFENING 227: *Twee oefenperiodes van 30 minuten.*
Ieder uur oefenen.

Stap 228

IK ZAL VANDAAG NIET ARM ZIJN.

Je hoeft niet arm te zijn, want armoede is noch je erfenis, noch je ware bestemming. Wees vandaag niet arm, want Kennis is de grote rijkdom, en zodra die in een geest naar boven mag komen, begint ze op natuurlijke wijze haar aanwezigheid in de wereld te genereren. Zij begint de geest die haar voertuig is in evenwicht te brengen en te harmoniseren, en zij begint op specifieke manieren aan bepaalde individuen te geven. Dit is het genie dat bij je is. Hoe kun je arm zijn met zo'n gave? Alleen je zelf ondermijnende ideeën en vormen van gedrag kunnen armoede veroorzaken.

Begin daarom vandaag dieper te kijken naar die dingen die je in de weg staan. Denk hieraan op het uur. Zet je geest in je twee diepere oefenperiodes actief in om te proberen specifieke vormen van zelfbedrog en zelf belemmering te onderscheiden. Doe dit zonder te oordelen, maar met de objectiviteit die nodig is om jezelf helder te zien. Wees niet verbaasd dat er vele subtiele vormen van zelfbedrog bestaan. Het zijn slechts kleine variaties op zeer eenvoudige thema's. Hun schijnbare complexiteit en aantal zijn onbelangrijk, als je ze maar herkent. Ze komen allemaal voort uit angst en de poging om angst te compenseren door je in te laten met illusie en door te proberen anderen te betrekken bij het ondersteunen van illusie. Alle ideeën zonder Kennis dienen dit doel, direct of indirect. Toch is het werkelijke doel de grote kracht achter ideeën die gericht zijn op ware dienstbaarheid, zoals het de grote kracht is achter alle vormen van actie en gedrag die gericht zijn op ware dienstbaarheid.

Vandaag kijken we naar obstakels, maar niet met schaamte, schuld of angst. Kijk alleen om de aanwezigheid en de toepassing van Kennis te versterken en alleen om jezelf voor te bereiden om een groter voertuig voor Kennis in de wereld te zijn. Dat is het doel van de oefening van vandaag. Oefen daarom met ware intentie. Je bent groter dan de fouten die je waarneemt, en ze kunnen je niet misleiden als je ze objectief bekijkt.

OEFENING 228: *Twee oefenperiodes van 30 minuten.*
Ieder uur oefenen.

Stap 229

IK ZAL ANDEREN NIET DE SCHULD GEVEN VAN MIJN PIJN.

Het idee van vandaag vertegenwoordigt een enorme begripsverandering. Deze moet echter uit Kennis voortkomen om werkelijk effect te hebben. De betekenis ervan is niet onmiddellijk duidelijk, want je zult spoedig ontdekken dat er veel omstandigheden zijn waarin anderen volledig verantwoordelijk lijken voor jouw pijn. Het zal heel moeilijk zijn, gezien je gebruikelijke manier van denken en de vooronderstellingen van waaruit je leeft, om te ontkennen dat anderen inderdaad de oorzaak van je pijn zijn. Zo ziet Kennis jou echter niet, en jij moet leren jezelf niet zo te zien.

Pijn is altijd een besluit dat je neemt als reactie op prikkels uit je omgeving. Het lichaam zal fysieke pijn ervaren als het zo gestimuleerd wordt, maar dat is slechts een zintuiglijke reactie. Dat is niet de ware pijn die je pijn doet. De pijn die jou pijn doet is de doornenkroon van je eigen ideeën en veronderstellingen, je eigen onzekerheden en verkeerde informatie en je eigen onvergevingsgezindheid jegens jezelf en de wereld. Dit veroorzaakt pijn in je geest en ook in je lichaam. Het is deze pijn die we vandaag willen verlichten.

Beschouw het idee van vandaag daarom als een vorm van remedie tegen pijn. Als een ander de oorzaak is van jouw pijn, heb je geen andere remedie dan die ander aan te vallen of te veranderen. Zelfs je poging om de ander ten goede te veranderen zal een vorm van aanval zijn, want onder je altruïsme gaan haat en wrok schuil. Daarom is er geen remedie voor pijn als de oorzaak ervan buiten jou ligt. Maar er is wel een remedie voor alle pijn, omdat Kennis bij je is.

Daarom moet alle pijn worden herkend als het gevolg van je eigen beslissing. Pijn moet worden herkend als het gevolg van je eigen interpretatie. Je kunt het gevoel hebben dat je onrecht is aangedaan door iemand anders of door de wereld. Dit gevoel is in feite aanwezig in je geest, dus hoef je het niet te ontkennen, maar je moet voorbij het gevoel kijken naar de bron ervan en naar het mechanisme waardoor het ontstaat. Daarvoor moet je je eigen vermogens gebruiken. Dit zal je grote kracht geven. Je zult dit kunnen doen omdat Kennis bij je is en omdat je met Kennis alle dingen kunt doen die Kennis van je vraagt.

Zonder veroordeling is de wereld zo opgelucht dat ze kan beginnen zichzelf te herstellen. Herhaal daarom op het uur dit idee en overdenk de betekenis ervan. Ga er diep naar binnen om te ontdekken wat het werkelijk voor jou inhoudt. Betreed in je langere oefenperiodes stilte en vrede, want zonder oordeel over de wereld en jezelf is de geest al tot rust gekomen.

Oefening 229: *Twee oefenperiodes van 30 minuten.*
Ieder uur oefenen.

Stap 230

MIJN LIJDEN VLOEIT VOORT UIT VERWARRING.

JOUW LIJDEN VLOEIT VOORT UIT VERWARRING. Sta jezelf toe om verward te zijn, zodat je het ware pad van reclamatie herkent. Is dit idee verwarrend voor jou? Het kan verwarrend zijn omdat mensen hun verwarring niet willen aanvaarden. Ze vertellen er leugens over, zeggen dat ze zeker zijn terwijl ze verward zijn, projecteren de schuld op anderen om zichzelf te verontschuldigen of projecteren de schuld op zichzelf om anderen te verontschuldigen. Dit alles staat voor verwarring.

ALS JE BESEFT DAT JE VERWARD BENT, kun je de middelen opeisen om je zekerheid terug te winnen. Als je niet aanvaardt dat je verward bent, leg je jezelf en de wereld vervangingsmiddelen voor zekerheid op en ontneem je jezelf daarmee de mogelijkheid om je zekerheid te ontvangen. Daarom moet je beseffen dat je verwarring de bron is van je lijden, en je moet jezelf toestaan verward te zijn om je ware hachelijke situatie te herkennen. Wanneer je je ware hachelijke situatie herkent, zul je de grote behoefte aan Kennis inzien, en dit zal in jou de toewijding en de drang tot zelfrealisatie teweegbrengen die nodig zijn om datgene te ontvangen wat jouw erfenis is.

HERHAAL DIT IDEE VANDAAG OP HET UUR en vergeet het niet te doen. Zet je geest tijdens je twee langere oefenperiodes actief in om te proberen de diepte en de betekenis van het idee van vandaag te begrijpen. Herken objectief alle gevoelens en gedachten die ervoor zijn en alle gevoelens en gedachten die ertegen zijn. Let er vooral op dat je eventuele bezwaren tegen het idee van vandaag herkent. Onderken dan de kracht van dit idee in je eigen geest. Hierdoor zul je het idee van vandaag en zijn ware betekenis herkennen. Dit zal je ook in staat stellen de huidige opbouw van je geest objectief te beseffen. Dit alles maakt deel uit van je opleiding tot student van Kennis. Geef je over aan de bestudering van het idee van vandaag en wees niet zelfingenomen met eenvoudige antwoorden en verklaringen, want het idee van vandaag bevat een geschenk dat je nog niet hebt ervaren.

OEFENING 230: *Twee oefenperiodes van 30 minuten.*
Ieder uur oefenen.

Stap 231

IK HEB EEN ROEPING IN DEZE WERELD.

Je hebt een roeping in deze wereld. Ze is niet wat je denkt dat ze is. Ze zal voortkomen uit je Kennis, zodra Kennis toestemming heeft in je geest tevoorschijn te komen. Je hebt een roeping in deze wereld omdat je hier bent gekomen om enkele zeer specifieke dingen te doen. Je doel in deze wereld is je Kennis terug te winnen en je Kennis toe te staan zich uit te drukken. Dat is een heel eenvoudige verklaring van je doel, maar het is een verklaring die veel diepgang bevat en veel dat mettertijd vervuld moet worden.

Je hebt een roeping in deze wereld omdat je hierheen bent gezonden om iets te doen. Om die reden is je geest zoals hij is en heb je een specifieke aard die zich onderscheidt van anderen. Naarmate je roeping in je naar boven komt, zul je beseffen waarom je denkt en handelt zoals je doet, en dit alles zal in ware balans en harmonie worden gebracht. Dit zal alle reden om jezelf te veroordelen wegnemen, want je aard vertegenwoordigt een waarde die je nog niet beseft. Met andere woorden, je bent speciaal gemaakt voor iets dat je nog niet begrijpt. Hieraan voorafgaand zul je je verzetten tegen je aard, denkend dat het een beperking voor je is. Mettertijd zul je beseffen dat het een bron van onschatbare waarde is voor je vaardigheid, want je hebt een roeping in de wereld.

Herinner jezelf er op het uur aan en herinner jezelf eraan dat je nog niet weet wat je roeping is. Zonder veronderstellingen zul je in staat zijn de waarheid te ontdekken. Betreed vandaag in je diepere oefenperiodes opnieuw stilte en stilzwijgen, en gebruik het woord RAHN als je dat nuttig vindt. Dit is voor jou een dag van voorbereiding om je ware roeping in de wereld te realiseren. Het is een dag die besteed wordt aan Kennis en een dag die onttrokken wordt aan valse veronderstellingen en zelfbedrog. Een dag besteed aan Kennis brengt je dichter bij het realiseren van je roeping, die zonder je veronderstellingen vanzelf zal opkomen zodra jij en degenen waarbij je betrokken moet zijn, voorbereid zijn.

OEFENING 231: *Twee oefenperiodes van 30 minuten.
Ieder uur oefenen.*

Stap 232

MIJN ROEPING IN DIT LEVEN VEREIST DE ONTWIKKELING VAN ANDEREN.

OM JE ROEPING IN JE LEVEN NAAR BOVEN TE LATEN KOMEN, is niet alleen je eigen ontwikkeling essentieel, maar ook de ontwikkeling van anderen met wie je direct te maken hebt. Omdat je doel in het leven je betrokkenheid bij anderen impliceert, is het geen individueel streven. Het is geen individuele vervulling. In werkelijkheid is er geen enkel individu dat volledig losstaat van andere individuen, omdat individualiteit alleen betekenis heeft in termen van het uitdrukken van datgene wat al het leven bindt en verbindt.

ONTWIKKEL DAAROM DEZE DAG DE WIJSHEID en het begrip dat jouw ware vaardigheid afhankelijk is van de vaardigheid van anderen. Denk niet dat je weet wie al die anderen zijn, want je hebt ze nog niet allemaal ontmoet. Sommigen zijn in deze wereld en sommigen zijn buiten de wereld. Misschien bevinden ze zich helemaal niet in jouw persoonlijke sfeer.

HOE KUN JE DAN VERDER GAAN als je prestatie gedeeltelijk afhankelijk is van anderen? Je gaat verder door jezelf te geven aan je voorbereiding. De kracht die daarvan uitgaat, zal diegenen versterken met wie je de roeping van je leven aangaat. Omdat jullie inzet elkaar versterkt, zijn jullie al in relatie; jullie beïnvloeden elkaar al. Hoe dichter jij bij dat punt komt waar Kennis opkomt, hoe dichterbij zij ook zullen komen. Hoe meer je jezelf weerhoudt, hoe meer je hen weerhoudt. Je kunt het mechanisme hiervoor niet zien terwijl je in de wereld bent, want je moet voorbij de wereld zijn om te zien hoe dit werkt. Maar je kunt het idee begrijpen dat alle geesten elkaar beïnvloeden, vooral die geesten die bedoeld zijn om specifiek bij elkaar betrokken te zijn in het leven.

Daarom is je vooruitgang afhankelijk van je eigen inspanningen en die van anderen. Maar de inspanningen van anderen worden aangevuld en versterkt door je eigen inspanningen. Daarom wordt je prestatie in belangrijke mate aan jou gegeven om te volbrengen, en toch zal je prestatie je verbinden met het leven en de inhoud en ervaring van verwantschap meer verdiepen dan je voorheen kon ervaren.

Sta toe dat je inspanningen tijdens je herinneringen op het uur en in je langere meditaties in stilte vandaag de inspanningen van anderen aanvullen, die jouw inspanningen zullen aanvullen. Laat de combinatie van jullie wederzijdse toewijding dan een bron van kracht zijn die je deze dag zult ervaren en die ervaren zal worden door hen die je in dit leven nog niet hebt ontmoet.

Oefening 232: *Twee oefenperiodes van 30 minuten.*
Ieder uur oefenen.

Stap 233

IK MAAK DEEL UIT VAN EEN GROTERE KRACHT TEN GOEDE IN DE WERELD.

DEZE VERKLARING IS ABSOLUUT WAAR, hoewel ze vanuit een afgescheiden gezichtspunt zeer moeilijk te begrijpen kan zijn. Er wordt niet verwacht dat je het idee van vandaag zult begrijpen, maar het is je gegeven de kracht en de potentie ervan te ervaren, want als vertegenwoordiger van de waarheid kan het je leiden naar de waarheid, die de ervaring van Kennis is. Dit is de grootste mogelijkheid voor elk idee - dat het een opening naar Kennis kan zijn.

DIT IDEE MOET DAN OOK OP DE JUISTE MANIER WORDEN BENADERD. Je moet je de beperkingen van een afgescheiden gezichtspunt realiseren en niet proberen de waarde van het idee van vandaag te beoordelen. Je kunt het niet beoordelen. Je kunt er alleen op reageren of het ontkennen omdat de waarheid ervan groter is dan jouw huidige interpretatie. Het herkennen van je huidige beperkingen geeft je in dit opzicht toegang tot grootsheid, want zonder bescherming van datgene wat je verzwakt, kun je je weg vinden naar datgene wat je versterkt en jou doel, betekenis en richting geeft.

JE MAAKT DEEL UIT VAN EEN GROTERE KRACHT TEN GOEDE, want deze kracht wordt verenigd en geleid door Kennis. Kennis gaat hier verder dan wat een individu kan bezitten. Daarom bestaat er geen "jouw" kennis en "mijn" kennis; er is alleen Kennis. Er is alleen jouw interpretatie en mijn interpretatie, en daarin kunnen verschillen voorkomen, maar Kennis is Kennis. Zij brengt mensen samen; zij haalt mensen uit elkaar. Als ze waarlijk begrepen wordt vanuit stilte en objectiviteit, kan haar ware richting onderscheiden en gevolgd worden.

Put vandaag kracht uit dit idee, terwijl je het op het uur herhaald. Weet dat al je inspanningen ten behoeve van Kennis worden aangevuld door degenen die met jou oefenen – degenen die jij kunt zien en degenen die jij niet kunt zien. Sta in je diepere oefeningen ook toe dat jouw eigen zelfdiscipline, die je voorbereidt om stilte en vrede binnen te treden, ook aangevuld wordt. Zo zal jouw prestatie van vandaag de inspanningen aanvullen van alle anderen die oefenen, zij die het onware afleren en zij die samen met jou het ware leren.

Oefening 233: *Twee oefenperiodes van 30 minuten.*
Ieder uur oefenen.

Stap 234

KENNIS DIENT DE MENSHEID OP ALLE MANIEREN.

KENNIS ACTIVEERT ALLE MENTALE EN FYSIEKE vermogens ten goede. Zij stuurt allerlei individuele bezigheden die de mensheid ten goede komen. In de kunsten, in de wetenschappen, in alle activiteiten, in het eenvoudigste gebaar en de grootste daad, demonstreert Kennis een groter leven en versterkt de grootste kwaliteiten in individuen die ermee verbonden zijn.

OMDAT KENNIS GROOT IS, hoef je haar niet uitsluitend te associëren met grote dingen, want de uitdrukking van Kennis kan zelfs het kleinste woord en het kleinste gebaar doordringen. Zo kunnen ook zij de grootste invloed hebben op anderen. De kracht van Kennis in een individu is om de kracht van Kennis in andere individuen te activeren en zo de regeneratie van leven te stimuleren en te ondersteunen in geesten die in afzonderlijke fantasieën leven. In de wereld kun je de algehele potentie hiervan niet zien, maar je kunt het in je eigen leven ervaren en het gedemonstreerd zien in de context van de relaties waarbij je nu betrokken bent.

DENK NIET DAT JE WEET. Je weet of je weet niet. Onthoud dit, want de mogelijkheid tot zelfbedrog zit nog steeds in je, omdat je nog niet bereid bent geweest jezelf volledig onder ogen te zien, uit angst dat wat je zou vinden jou zou ontmoedigen of vernietigen. Maar wanneer je jezelf volledig onder ogen ziet, zul je alleen maar Kennis vinden.

STA JEZELF TOE OM VANDAAG IN JE DIEPERE OEFENPERIODES opnieuw de stilte binnen te gaan, waarbij je gebruikmaakt van de methoden die je tot nu toe geleerd hebt. Laat je door niets afleiden van je doel. Je maakt deel uit van een Grotere Kracht, en deze Grotere Kracht steunt je.

OEFENING 234: *Twee oefenperiodes van 30 minuten.*

Stap 235

DE KRACHT VAN KENNIS BEGINT ME DUIDELIJK TE WORDEN.

HET ZAL JE TIJD KOSTEN OM de kracht van Kennis te herkennen, want die is veel groter dan alles wat je je hebt voorgesteld. Toch is zij veel eenvoudiger en subtieler dan wat jij kunt bevatten. Ze kan worden gezien in de onschuld van de ogen van een kind; ze kan worden verbeeld in de grootsheid van de beweging van sterrenstelsels. In het eenvoudigste gebaar of de grootste daad kan ze zich manifesteren.

STA JEZELF TOE TE ACCEPTEREN dat je pas begint te beseffen dat Kennis in jouw leven en in al het leven aanwezig is. Dit wordt bepaald door je capaciteit voor Kennis, die je nu samen met je verlangen naar Kennis cultiveert. Daarom oefen je dag in dag uit stilte en vrede en onderbreek je deze oefeningen alleen met het beoefenen van de actieve inzet van je geest voor grote doeleinden. Hier bouw je zowel je vermogen als je verlangen op, want elke dag moet je oefenen vanwege het verlangen naar Kennis, en elke oefening ontwikkelt je vermogen om Kennis te ervaren.

JE BEGINT DE AANWEZIGHEID VAN KENNIS, de kracht van Kennis en het bewijs van Kennis te herkennen. Herinner jezelf er op het uur aan en vergeet het niet. Geef je opnieuw, in de diepte van je langere oefenperiodes, volledig over aan het betreden van stilte en vrede, want dit zal alle schuld en wrok in je ongedaan maken en je de kracht van Kennis tonen, die je nu leert te aanvaarden.

OEFENING 235: *Twee oefenperiodes van 30 minuten.*
Ieder uur oefenen.

Stap 236

MET KENNIS ZAL IK WETEN WAT IK MOET DOEN.

M͟ET KENNIS ZUL JE WETEN WAT JE MOET DOEN, en je zekerheid zal zo sterk zijn dat het moeilijk voor je zal zijn eraan te twijfelen of er tegenin te gaan. Hier moet je bereid zijn te handelen en moedig te handelen. Als je voornaamste zorg het beschermen van je ideeën en je fysieke lichaam is, dan zul je bang zijn voor Kennis, bang dat ze je ertoe zal brengen iets te doen dat gevaarlijk of schadelijk voor je zal zijn. Kennis kan alleen worden gedemonstreerd. Haar weldadigheid moet worden ervaren. Zij kan alleen worden ervaren door haar aanwezigheid te aanvaarden en haar aanwijzingen uit te voeren.

MET KENNIS ZUL JE WETEN WAT JE MOET DOEN, en je zekerheid zal alle pretenties die je tot nu toe hebt gemaakt over zekerheid ver overtreffen. Twijfel aan jezelf kan blijven voortduren in het aangezicht van Kennis, maar Kennis is zoveel groter omdat je hele wezen bij de activiteit betrokken zal zijn. Alleen de kleinheid van je twijfel aan jezelf, die voortkomt uit je eigen valse overtuigingen, kan er tegenin gaan. Maar haar argumenten zijn zielig en meelijwekkend en missen diepte en overtuiging.

KENNIS ZAL OP BEPAALDE MOMENTEN IN JE BEWEGEN, want in stilte observeert zij alle dingen totdat zij klaar is om te handelen, en wanneer zij handelt, handelt ze! Zo zul je met Kennis leren vrede te hebben in de wereld, en toch, wanneer je handelt, zul je handelen met ware doeltreffendheid en met groot resultaat. Op deze manier kun je tegelijk een persoon van actie en contemplatie zijn, want jouw contemplatie zal diep en zinvol zijn, en jouw actie zal eveneens diep en zinvol zijn.

Met Kennis weet je wat je moet doen. Denk niet dat je weet wat je moet doen tenzij je met Kennis bent en Kennis aangeeft dat je iets met grote kracht moet doen. Doe geen onbeduidende pogingen om je problemen op te lossen, want zonder Kennis zullen je pogingen zinloos zijn en je frustratie verergeren.

Herhaal op het uur het idee van vandaag en overweeg het. Gebruik in de diepte van je langere oefeningen de vaardigheden die je tot nu toe hebt ontwikkeld om je met stilte te verbinden. Als Kennis stil is, kun jij ook stil zijn. Dus, wanneer Kennis aanzet tot actie, zul je in staat zijn te handelen, en daarbij zal de oplossing die je brengt groter zijn dan alles wat je je kunt voorstellen.

Oefening 236: *Twee oefenperiodes van 30 minuten.*
Ieder uur oefenen.

Stap 237

IK BEGIN NOG MAAR NET DE BETEKENIS VAN MIJN LEVEN TE BEGRIJPEN.

JE BEGINT NU PAS DE BETEKENIS van je leven te begrijpen. Dit zal op natuurlijke wijze in je begrip opkomen zonder dat je moeite hoeft te doen om het te begrijpen. De zin en het doel van je leven zullen eenvoudigweg vandaag of morgen en in de komende dagen omhoogkomen en uitgedrukt worden, want zo eenvoudig en fundamenteel is Kennis. Je intellect kan dus gebruikt worden om de fysieke behoeften in je leven en de bijzonderheden en het mechanisme in je leven te behandelen, want dat is het intellect toepassen. Maar de grootsheid van Kennis verschaft doel, betekenis en richting, die het intellect nooit kan verschaffen. Daarom is het intellect een vermogen dat hier een ware functie heeft, want het dient de grootsheid van Kennis.

JE BEGINT NOG MAAR NET DE BETEKENIS van Kennis en de aard van Kennis te begrijpen. Denk niet dat je conclusies tot nu toe toereikend zijn voor je behoeften, want je bent een beginnend student van Kennis en als beginnend student zul je niet de fout maken alleen op je veronderstellingen te vertrouwen. Want beginnende studenten doen weinig veronderstellingen en willen graag alles leren wat voor hen nodig is. Wees vandaag een beginnende student. Besef hoe weinig je weet en hoeveel je nog moet leren. Je hebt een heel leven om dit te leren, en toch moet je leven geactiveerd en versterkt worden boven wat je tot nu toe gerealiseerd hebt. Mettertijd zal de grootsheid die je in je draagt zich via jou uiten in grote en kleine daden.

STA VANDAAG, IN JE DIEPERE OEFENPERIODES waarin je de stilte betreedt, toe dat je bewustzijn van Kennis verder wordt gecultiveerd. Besteed aandacht aan je oefening als een geduldige tuinman die niet eist dat alle planten vandaag vruchten dragen, maar die de seizoenen van groei en verandering begrijpt. Sta jezelf toe dit inzicht te hebben, want mettertijd zul je objectief begrijpen hoe mensen zich ontwikkelen en groeien en wat ze in zich dragen. Wanneer je deze wereld verlaat, zul je, als je succesvol bent in het cultiveren van Kennis en haar toestaat al haar gaven in de wereld te geven, een van de Leraren kunnen worden van hen die achterblijven. Op deze manier zul je datgene wat je leert in de wereld vervullen door alles wat je in de wereld hebt verworven bij te dragen aan anderen. Zo wordt jouw gave vervuld en die van hen bevorderd.

Je BEGINT DEZE WOORDEN NOG MAAR NET TE BEGRIJPEN. Versterk vandaag je ervaring van Kennis, zodat het begrip van deze woorden zich in jou kan verdiepen. Herhaal op het uur het idee van vandaag, zodat al je activiteiten en al je bezigheden, in welke omgeving je je ook bevindt, bevorderlijk zijn voor je oefening. Want er bestaat geen gebeurtenis of interactie die Kennis niet kan zegenen en harmoniseren.

OEFENING 237: *Twee oefenperiodes van 30 minuten.*
Ieder uur oefenen.

Stap 238

TERUGBLIK

We beginnen jouw twee weken durende terugblik met deze aanroeping:

"Ik ben de wereld in gezonden om mijn Spirituele Familie te dienen, die deze wereld en alle werelden in het fysieke universum dient. Ik maak deel uit van een Grotere Kracht ten goede, en ik ben een beginnend student van Kennis. Ik ben dankbaar voor het geschenk dat mij werd gegeven en dat ik nu begin te begrijpen. In volledige trouw en toewijding zal ik mijn oefening vandaag voortzetten, zodat ik de waarde van mijn eigen leven kan waarderen."

Na deze aanroeping begint je lange terugblik. Begin met de eerste les van de twee weken, neem de instructies en je oefening door, en ga dan dag na dag verder. Als je klaar bent met je terugblik, herhaal dan nogmaals de aanroeping voor vandaag en breng dan enkele minuten in stilte door. Begin in deze periode van stilte de kracht te voelen van wat je onderneemt. De kracht van Kennis en de genade die zij schenkt aan de wereld is wat je in de komende dagen en weken zal leren ontvangen en uitdrukken.

Oefening 238: *Een lange oefenperiode.*

Stap 239

VANDAAG IS VRIJHEID DE MIJNE.

VRIJHEID IS DE JOUWE DIE LEEFT MET KENNIS. Vrijheid is de jouwe die zich niet hoeft te belasten met onnodig denken en speculeren. Vrijheid is de jouwe als je je kunt wijden aan je ene doel en aan je specifieke taken die daaruit voortvloeien. Welke grotere vrijheid is er, dan de vrijheid om je Kennis te gebruiken en haar bestemming in de wereld te vervullen? Niets anders kan vrijheid worden genoemd, want al het andere is slechts de vrijheid om in chaos te verkeren en te ontaarden in ellende.

JE BENT DEZE DAG VRIJ OM KENNIS bij je te laten verblijven. Onthoud deze dag in je oefening op het uur en in je twee diepe meditaties dat je vrij bent. Wanneer je de vrijheid hebt om bij Kennis te zijn in je twee meditatieperiodes, sta jezelf dan toe om stil te worden en laat geen enkel gevoel, idee of gedachte je ervan weerhouden de grote vrijheid te ervaren die je hebt om uit de wereld te ontsnappen in Kennis.

DEZE OEFENTIJDEN ZIJN ZÓ BELANGRIJK voor je algehele welzijn. Het resultaat van deze betrokkenheid zal je meer toegang geven tot Kennis in al je uiterlijke inspanningen, naarmate je leert in vrede te verblijven met Kennis en naarmate je leert Kennis te volgen terwijl zij haar Wijsheid uitoefent in de wereld. Je bent deze dag vrij om met Kennis te zijn, want deze dag ben je vrij.

OEFENING 239: *Twee oefenperiodes van 30 minuten.*
Ieder uur oefenen.

Stap 240

KLEINE IDEEËN KUNNEN MIJN BEHOEFTE AAN KENNIS NIET VERVULLEN.

GROTE IDEEËN, FANTASTISCHE BEELDEN of prachtige geloofssystemen kunnen niet voldoen aan je behoefte aan Kennis. Ideeën kunnen je alleen op weg helpen, maar ze kunnen je niet op reis helpen. Ze kunnen het hebben over grotere dingen die je te wachten staan, maar ze kunnen je er niet heen brengen, want Kennis moet je gids zijn naar je bestemming en je vervulling. Met ideeën sta je aan het begin en wijs je anderen de weg, maar zelf kun je niet op weg gaan.

WANNEER JE OP REIS BENT MET KENNIS, zal Kennis zich uitbreiden door middel van ideeën. Zij zal zich uitbreiden door handelingen, door gebaren en door alle communicatiemiddelen in deze wereld. Wees daarom niet tevreden met alleen maar ideeën. Denk niet dat je door te speculeren over ideeën de aard van Kennis en haar ware toepassing in de wereld begrijpt. Deze dingen kunnen worden ervaren en waargenomen, maar de personen die ze ervaren en waarnemen moeten in de kern van hun wezen worden bewogen.

WEES DAAROM NIET TEVREDEN MET KLEINE DINGEN in plaats van de grootsheid van je ware wezen en je doel in de wereld. Keer terug naar Kennis, en wees dankbaar voor de ideeën die je in deze richting hebben geleid. Maar besef dat de kracht die je kan bewegen, de kracht die je de kracht geeft om je voor te bereiden en deel te nemen, voortkomt uit de grote Wijsheid en Kennis die je bij je draagt. Het vereist Kennis om Kennis te volgen. Het vereist Kennis om je voor te bereiden op Kennis. Zo wordt Kennis zelfs uitgeoefend terwijl je haar benadert.

Blijf dus aan het begin van je reis niet alleen met ideeën zitten. Accepteer geen kleine dingen in plaats van de grootsheid van je functie. Herinner jezelf er op het uur aan en betreed in je diepere meditatieoefeningen opnieuw stilte en vrede. Kom naar je oefening zonder vragen. Kom naar je oefening zonder smeekbede. Herinner jezelf eraan dat in Kennis alle dingen zullen worden gegeven, alle dingen zullen worden ontvangen en alle dingen zullen worden toegepast zoals ze nodig zijn. Naarmate je geest eenvoudiger en meer open wordt, zal hij een voertuig worden voor Kennis om zich in de wereld uit te drukken.

Oefening 240: *Twee oefenperiodes van 30 minuten.*
  Ieder uur oefenen.

Stap 241

Mijn boosheid is niet rechtmatig.

Woede is niet rechtmatig, want enkel woede is slechts jouw reactie op je falen om Kennis toe te passen. Dit veroorzaakt in hoge mate woede aan de bron. Maar dit hoeft niet te gebeuren, want woede is een reactie. Als reactie kan het overal waar het wordt toegepast, woede in anderen opwekken en een gewelddadige reactie zowel intern als extern stimuleren. Kennis zal echter de woede opnieuw richten, zodat ze geen destructieve kwaliteiten heeft, want wat je wilt uitdrukken is datgene wat Kennis in anderen versterkt. Het is de kracht van je overtuiging en niet je verlangen om jezelf of anderen pijn te doen, die de ware werkzaamheid van de emotie die de kern vormt van woede. Er kan dus gezegd worden dat je woede een ware communicatie is die vervormd is door je eigen projecties van schuld en angst. Zodra deze vervormingen zijn opgeruimd, kan de ware communicatie die de kiem vormt van alle woede tot uitdrukking worden gebracht. Dit kan alleen maar iets goeds brengen.

Woede is dus niet rechtmatig, want het is een verkeerde interpretatie van een ware mededeling. Jouw woede is niet rechtmatig, want woede komt voort uit verwarring. Maar verwarring vraagt om voorbereiding en de ware toepassing van Kennis. Daarom worden de zondaars niet gestraft, maar verzorgd. De goddelozen worden niet naar de hel gestuurd, maar voorbereid op de hemel. Dit is de ware aard van Gods doel in de wereld. Daarom kan God nooit boos zijn, want God is niet beledigd. God past slechts God toe in een situatie waarin God tijdelijk vergeten is.

In het grotere geheel der dingen is zelfs de scheiding van alle individuele geesten een zeer tijdelijke gebeurtenis. Je kunt nog niet op dit niveau denken en zal dat ook lange tijd niet kunnen, want je moet de verschillende ontwikkelingsstadia ondergaan die je geest integreren in steeds grotere ervaringen van relatie en leven. Maar naarmate je verder gaat en elke belangrijke stap zet die je horizon verbreedt, zul je beginnen te begrijpen dat woede onrechtmatig is. Het is slechts een falen om Kennis toe te passen in een bepaalde situatie. Dit vraagt om een remedie, niet om een veroordeling. Hier zul je beseffen dat je woede iets is dat begrepen moet worden. Ze moet niet verworpen worden, want als je woede verwerpt, verwerp je ook het zaad van woede, dat ware communicatie is. Daarom willen Wij datgene wegnemen wat je ware communicatie heeft bedorven, zodat je ware communicatie kan stralen, want ware communicatie komt altijd voort uit Kennis.

DENK OP HET UUR AAN DIT IDEE. Ga in je diepe oefenperiodes actief met je geest op zoek naar elk ding waarover je boos bent, van heel kleine dingen die specifiek zijn tot dingen in het algemeen die je van streek maken of ontmoedigen. Herinner jezelf eraan, terwijl je je inventarisatie van woede bekijkt, dat je woede niet rechtmatig is. Herinner er jezelf aan dat het vraagt om de toepassing van Kennis en dat in elke boze ervaring of gevoel dat je hebt, een zaadje zit dat waar is. Daarom moet je woede niet worden afgewezen, maar gereinigd, want door je woede te reinigen zul je in staat zijn datgene te communiceren wat je in het begin wilde communiceren, waar je aanvankelijk faalde. Dan zal je zelfexpressie compleet zijn, en zal er geen woede meer zijn.

OEFENING 241: *Twee oefenperiodes van 30 minuten.*
Ieder uur oefenen.

Stap 242

MIJN GROOTSTE GESCHENK AAN DE WERELD IS MIJN KENNIS.

*D*IT IS JE GROOTSTE GESCHENK. Het is het geschenk dat al het andere geven bezielt en zin geeft. Dit is het geschenk dat waarde verleent aan alle menselijke uitingen, alle menselijke inspanningen en alle menselijke uitvindingen die bedoeld zijn om het welzijn van de mensheid in haar evolutie te ondersteunen. Kennis is niet iets dat je kunt kwantificeren en geven, alsof je het in een verpakking stopt of afbakent met je ideeën. Het is een aanwezigheid en een levenskwaliteit die de essentie van het leven is. Het maakt al het geven en bijdragen zinvol.

DIT IS JE GROOTSTE GESCHENK, dat je nu leert te ontvangen. Terwijl je haar ontvangt, zal zij zichzelf op natuurlijke wijze geven, want je kunt Kennis niet voor jezelf houden. Zodra ze naar boven komt, begint ze zich in alle richtingen uit te drukken en specifiek in bepaalde richtingen en in specifieke verwikkelingen met bepaalde mensen volgens haar ontwerp en Wijsheid. Dus, als je Kennis ontvangt, moet ze worden gegeven. Zij zal zichzelf geven, en jij zult haar willen geven omdat je rijkdom bezit, en rijkdom kan alleen toenemen door te geven. In wezen draait het leven dus om het geven van Kennis. Waar dit geven niet mogelijk is, heerst allerlei misleiding, teleurstelling en wanhoop. Maar wanneer het geven onder deze omstandigheden wordt geractiveerd, zullen deze ontkennende kwaliteiten worden verdreven, en zal de Kennis zich weer op zeer specifieke manieren beginnen uit te drukken.

HERINNER JEZELF DAAROM OP HET UUR aan deze grote waarheid, en sta jezelf in je diepe meditaties toe Kennis te ervaren. Sta jezelf toe haar te ontvangen. Geef jezelf aan deze inzet van je geest en je lichaam. Hierin zal Kennis zichzelf geven, en je zult vervuld zijn omdat je het leven het grootste geschenk hebt gegeven dat gegeven kan worden.

OEFENING 242: *Twee oefenperiodes van 30 minuten.*
Ieder uur oefenen.

Stap 243

IK HOEF NIET BIJZONDER TE ZIJN OM TE GEVEN.

DE POGING OM BIJZONDER TE ZIJN LIGT TEN GRONDSLAG AAN alle menselijke ambitie. Alle menselijke ambitie die niet voortkomt uit Kennis, komt voort uit de poging om de ernstige teleurstelling en de grote angst voor afscheiding te compenseren. De poging om bijzonder te zijn is een poging om de afscheiding te versterken. Het is de poging om jezelf groter te maken ten koste van anderen. Het ontkent altijd het leven en Kennis en leidt altijd tot grotere verwarring, frustratie en wanhoop.

DEZE DAG BEN JE BEVRIJD VAN JE POGINGEN om jezelf bijzonder te maken, want op die manier zul je de ware opluchting vinden die je in al je eerdere pogingen hebt gezocht. Wat bijzonder is in jou is jouw unieke vorm van uitdrukken van dat wat inherent is aan al het leven. Dan wordt datgene bevestigd wat het leven verbindt en leven is. Je individualiteit wordt ook bevestigd, maar niet met uitsluiting van de waarde van elke andere levensuiting. Hierin ben je niet speciaal. Je bent gewoon jezelf. Je bent groter dan een individu omdat je deel uitmaakt van het leven, en toch ben je een individu omdat je het leven individueel uitdrukt. Hier eindigen alle conflicten en verwarring. Dat wat beperkt is drukt uit wat niet beperkt is, en dat wat uniek is, drukt uit wat inherent en intrinsiek is. Dit is de oplossing die je zoekt, want je wilt niet echt speciaal zijn. Je wilt alleen dat je individuele leven doel, betekenis en richting heeft.

DENK HIER OP HET UUR AAN nadat je het idee voor vandaag hebt herhaald. Betreed in je diepere oefeningen opnieuw de stilte en vrede. Vraag niet om antwoorden, want dat hoef je in je meditatieoefeningen niet te doen. Het is nu jouw tijd om te oefenen in het ontvangen van Kennis, waarin je individualiteit wordt geëerd en bevestigd voor haar ware doel, en waarin je bijzonderheid, die voor jou slechts een zware en onmogelijke last is geweest, zachtjes van je schouders wordt gelicht. Probeer vandaag niet bijzonder te zijn, want dat is niet het doel van je leven. Dan zal alle angst voor dood en verderf je verlaten. Dan zal alle oordeel en vergelijking met anderen je verlaten. Dan zul je in staat zijn het leven te eren en je relaties te eren, die een uitdrukking zijn van alles wat de les van vandaag je zal leren.

OEFENING 243: *Twee oefenperiodes van 30 minuten.*
Ieder uur oefenen.

Stap 244

IK WORD GEËERD WANNEER ANDEREN STERK ZIJN.

ALS JIJ STERK BENT, WORDEN ANDEREN GEËERD. Wanneer zij sterk zijn, word jij geëerd. Op deze manier bevestigt Kennis zichzelf in de wereld, waar Kennis vergeten is. Kennis hoeft alleen maar bevestigd te worden door ervaring en expressie om aan anderen gegeven te worden. Jouw grootste les in dit leven is de bijdrage van jouw leven zoals die aan anderen wordt getoond. Dit is inderdaad je grootste geschenk aan jezelf, want naarmate je leven wordt gedemonstreerd in zijn waarde voor jou, zal je inschatting van jezelf worden bijgesteld, en zul je je ware waarde begrijpen in verhouding tot het leven zelf.

DAAROM WORD JIJ GEËERD ALS ANDEREN STERK ZIJN. Zo zul je niet proberen een ander te kleineren om jezelf te versterken. Je zult niet proberen je voordeel te bevestigen op basis van andermans nadeel. Op die manier zullen je prestaties niet gepaard gaan met schuldgevoelens, want niemand werd in de steek gelaten bij je streven naar ervaring en vooruitgang in het leven.

DE LES VOOR VANDAAG IS ZEER DIEPGAAND en vereist veel overdenking. Herhaal op het uur het idee voor vandaag en neem het serieus in overweging in elke situatie waarin je je bevindt. Betreed vandaag in je diepere oefeningen stilte en verstilling. Gun jezelf dit geschenk, want het idee voor vandaag is heel eenvoudig en heel waar. Het is geenszins ingewikkeld, hoewel het serieuze overweging vereist, want jij bent veel te veel gewend alleen dingen van oppervlakkige waarde te onderhouden. Tijdens onze gezamenlijke oefening in deze dagen, weken en maanden leer je je geest in te zetten om te herkennen wat vanzelfsprekend en duidelijk is, maar wat nog niet duidelijk was voor jou, die je hebt beziggehouden met oppervlakkige dingen.

Besteed daarom vandaag deze tijd aan Kennis. Laat deze tijd besteed worden aan datgene wat jou en alle andere individuen in het universum sterkt. Wanneer anderen sterk zijn, word jij geëerd. Hierin eindigt alle afscheiding, en wordt het ware geven zichtbaar.

Oefening 244: *Twee oefenperiodes van 30 minuten.*
Ieder uur oefenen.

Stap 245

ALS ANDEREN FALEN, WORD IK HERINNERD AAN DE BEHOEFTE AAN KENNIS.

WANNEER ANDEREN FALEN, LAAT DIT JE DAN HERINNEREN AAN je behoefte aan Kennis. Zorg dat je behoefte aan kennis niet onderschat wordt. Je hoeft dus niet te reageren met veroordeling of oordeel over hen die falen, maar realiseer je hun grote behoefte en jouw grote behoefte. Dit bevestigt dan alleen maar de diepte waarmee je je nu moet voorbereiden. Want je bereidt je niet alleen voor op je eigen vooruitgang en vervulling, maar op de vooruitgang en vervulling van de mensheid. Dit is geen loze bewering of verklaring. Het is absoluut de waarheid. Want elke stap die je zet in de richting van Kennis, geef je aan de wereld en verlicht je last van allen die worstelen met hun eigen fantasieën en gevoel van mislukking.

JE LEVEN WORDT DAN JE ONDERRICHT, want het is een leven van Kennis. Het toont de aanwezigheid van Kennis in de wereld, die de aanwezigheid van God is. Dit gebeurt doordat je dient als een gevorderd voertuig voor Kennis. In jouw vooruitgang worden alle menselijke vermogens verder ontwikkeld, alle menselijke aansprakelijkheden weggenomen en dat wat het meest waar en oprecht is in het individuele menselijke leven in de wereld wordt verheven. En dat wat buiten alle menselijk leven ligt, maar menselijk leven bevat, wordt ook bevestigd. Daarom is het falen van een ander een oproep om je in te laten met Kennis. Het is een oproep voor jouw vooruitgang en versterking, omdat je in de wereld bent gekomen om te geven.

HERINNER ER JEZELF AAN OP HET UUR en zet in je twee langere oefenperiodes je geest actief in om dit idee te begrijpen. Denk aan elk individu dat volgens jou heeft gefaald en besef de betekenis van de les van vandaag in het licht van die individuen die jou dienen. Besef de behoefte aan Kennis in hun leven en in jouw leven. Zij begaan fouten om jouw toewijding aan Kennis te stimuleren. Zij dienen jou in dit opzicht, en dit vraagt om jouw dankbaarheid, niet om jouw veroordeling. Zij leren je het waardevolle te waarderen en het betekenisloze los te laten. Denk niet dat ze je geen tijd besparen. Ze besparen je tijd. Zij laten zien wat jij moet leren en accepteren. Zet je daarom in voor hun welzijn omdat ze je leren Kennis te waarderen. Als je Kennis waardeert, zal het resultaat van jouw waarde aan hen worden teruggegeven, en zij zullen gesterkt en geëerd worden door jouw prestatie.

OEFENING 245: *Twee oefenperiodes van 30 minuten.*
Ieder uur oefenen.

Stap 246

FALEN IN HET TERUGWINNEN VAN KENNIS VALT NIET TE RECHTVAARDIGEN.

EEN FOUT VALT NIET TE RECHTVAARDIGEN. Er bestaat geen rechtvaardiging voor het ontkennen van Kennis. Er bestaat helemaal geen rechtvaardiging. Probeer je fouten niet te rechtvaardigen door de schuld op jezelf te projecteren of door het leven ervan te beschuldigen je niet te geven wat je nodig hebt. Rechtvaardig je fouten niet door te beweren dat je jeugd, je ouders of je opvoeding verantwoordelijk zijn voor je huidige situatie. Fouten kunnen niet worden gerechtvaardigd. Wat niet te rechtvaardigen valt, kun je opgeven, want het mist echte betekenis en waarde.

DEZE DAG IS DUS EEN VORM VAN VRIJHEID, een uitdrukking van vrijheid voor jou die nog steeds, uit gewoonte en zelfgenoegzaamheid, je fouten probeert te rechtvaardigen door schuld en verantwoordelijkheid aan te wijzen. Dit is zinloos, want vandaag is het je alleen gegeven om te komen tot Kennis en jezelf te geven in je benadering van Kennis. Je kunt fouten alleen rechtvaardigen als een excuus om niet tot Kennis te komen, en aangezien er geen rechtvaardiging is voor fouten, is er geen rechtvaardiging voor jou om niet tot Kennis te komen. Zonder deze rechtvaardiging ben je vrij van schuld, want je bent de uitdrukking van Kennis. Dat is je bestemming en doel in de wereld. Als dwaling niet gerechtvaardigd is, krijgt de waarheid alle rechtvaardiging.

STA JEZELF TOE DIT IDEE OP HET UUR TE HERHALEN. Kom hiertoe in je langere oefenperiode in stilte en ontvankelijkheid. Wees vandaag dankbaar dat je fouten zijn vergeven. Wees vandaag dankbaar dat veroordelen niet gerechtvaardigd is. Wees dankbaar dat je vandaag deze gelegenheid hebt om tot Kennis te komen, die zal bevestigen wat het meest ware en grootste in jou is. Wees dankbaar dat er geen rechtvaardiging is om dit te ontkennen, want zonder schuld en blaam kun je alleen ontvangen wat het leven je te bieden heeft.

Laat dit een dag zijn om je vrijheid te vieren. Laat dit een dag zijn om te bevestigen dat je onschuldig bent, want je bent een student van Kennis. Laat dit een dag zijn om te bevestigen dat alle problemen van de wereld kunnen worden opgelost zonder veroordeling, want zonder veroordeling zullen alle problemen in de wereld worden opgelost.

Oefening 246: *Twee oefenperiodes van 30 minuten.*
 Ieder uur oefenen.

Stap 247

VANDAAG ZAL IK NAAR MIJN INNERLIJKE LERAREN LUISTEREN.

LUISTER NAAR JE INNERLIJKE LERAREN, want zij hebben wijze raad voor je. Aanvaard hun raad en werk ermee, in het besef dat je alleen door de raad te volgen de betekenis en de waarde ervan zult begrijpen.

NEEM OP HET UUR DE TIJD OM JEZELF ERAAN TE HERINNEREN dat je Innerlijke Leraren bij je zijn. Kijk uit naar die twee tijdstippen in meditatie vandaag waarop je vrij zult zijn van externe verplichtingen en bezigheden om tijd door te brengen met je Innerlijke Leraren. Zij zullen deze dag tot je spreken en je helpen te leren luisteren en hun stem te onderscheiden van andere stemmen die je geest kwellen. Zij vertegenwoordigen de enige ware stem die tot je ziel zal spreken. Zij zijn niet de plaatsvervangers die jij creëert om jezelf met angst te blijven voeden. Breid daarom je vertrouwen uit naar hen, zoals zij hun vertrouwen naar jou hebben uitgebreid, want zij vertrouwen jou de Kennis in de wereld toe - een grotere vorm van vertrouwen en erkenning kun je je niet voorstellen. Als je het voertuig van Kennis in de wereld wilt zijn, moet je getuigen van de grootsheid van je herkomst en erfgoed en de grootsheid van Gods achting voor jou.

RICHT DAAROM IN JE TWEE DIEPERE OEFENINGEN DEZE DAG, in stilte en rust, je luisteren naar binnen. Luister aandachtig. Sta jezelf toe ontvankelijk te worden en je zult weten dat je Leraren op de achtergrond staan, je observeren, van je houden en je steunen. En zij zullen deze dag tot je spreken over dingen buiten de wereld en dingen binnen de wereld. Zij zullen je herinneren aan je doel en je functie als je deze dag leert luisteren.

OEFENING 247: *Twee oefenperiodes van 30 minuten.*
Ieder uur oefenen.

Stap 248

IK VERTROUW OP DE WIJSHEID VAN HET UNIVERSUM OM MIJ TE INSTRUEREN.

VERTROUW OP DE WIJSHEID VAN HET UNIVERSUM. Vertrouw niet alleen op jezelf, want alleen weet je niets. Alleen is er geen Kennis en geen relatie. Vertrouw op de Wijsheid van het universum, die voor jou beschikbaar is binnen je Kennis, die gestimuleerd wordt door de aanwezigheid van je Leraren. Denk niet dat je alleen iets kunt bereiken, want alleen kun je niets. Maar samen met het leven worden alle dingen die bedoeld zijn voor jouw vervulling en jouw grootste bijdrage aangeduid en zijn zo veelbelovend.

HERINNER JEZELF DAAROM OP HET UUR AAN DIT IDEE en zoek binnen je meditatieoefeningen opnieuw de toevlucht tot Kennis in stilte en in stilzwijgen. Sta toe dat de Wijsheid van het universum zich kenbaar maakt aan jou, die leert deze Wijsheid in openheid en in nederigheid te ontvangen.

LAAT DEZE DAG EEN DAG VAN LUISTEREN ZIJN, een dag van contemplatie en een dag van ontvankelijkheid. Val niet ten prooi aan gebruikelijke oordelen of vooringenomenheden, maar laat deze dag een dag zijn van ware toegang tot het leven, zodat het leven aan jou, die zijn dienaar is, kan geven.

OEFENING 248: *Twee oefenperiodes van 30 minuten.*
Ieder uur oefenen.

Stap 249

Alleen kan ik niets doen.

Alleen kun je niets doen, want niets in het leven doe je alleen. Dit is zo overduidelijk als je gewoon de activiteit om je heen observeert. Niemand doet iets alleen. Dit is zo waar; het kan niet worden ontkend als je eerlijk naar de wereld kijkt. Zelfs als je alleen op een bergtop zou staan zonder een andere ziel in zicht, zou je niet alleen zijn, want je Leraren zouden bij je zijn, en alles wat je daar zou bereiken zou een gezamenlijke inspanning zijn, zoals alles wat je met andere mensen bereikt een gezamenlijke inspanning is. Dit bevestigt de intrinsieke aard van relaties en geeft het volledige bewijs dat niets alleen kan worden gedaan. Hierin moet je leren je relaties te waarderen, want zij zijn de voertuigen voor prestaties op alle gebieden en in alle uitdrukkingsvormen.

Daarom benadrukken wij de waarde van je relaties voor jou die nu probeert Kennis terug te winnen. Deze relaties moeten doordrongen zijn van Kennis die je terugwint. Dan zullen ze de stabiliteit, de doeltreffendheid en de genade hebben die Kennis voor jou bevat. Want alleen relaties gebaseerd op Kennis kunnen de Wijsheid dragen die Kennis in de wereld zal uitoefenen. Relaties gebaseerd op persoonlijke aantrekkingskracht of persoonlijke fantasie hebben niet het fundament om Kennis te dragen en zullen abrupt falen in de aanwezigheid van de eisen en vereisten van een waar leven.

Daarom leer je ook de lessen van relaties als je Kennis terugwint. Herinner er jezelf op het uur aan en wees getuige van de vanzelfsprekendheid van de les van vandaag, ongeacht de context waarin je je bevindt. Als je kijkt, zul je zien dat niets alleen kan worden gedaan, op welk niveau dan ook, in welke richting dan ook. Niets kan alleen worden gedaan. Er bestaat geen individuele creativiteit. Er bestaat geen individuele bijdrage. Er bestaat geen individuele uitvinding. Het enige dat alleen kan worden gemaakt is fantasie, en daarin is veel geproduceerd. Maar zelfs dit wordt gedeeld en versterkt doordat ieder individu het in zijn of haar eigen verbeelding versterkt. Daarom wordt zelfs illusie gedeeld en onderbouwd door een relatie. Niets kan alleen worden gedaan. Zelfs illusie kan niet alleen worden gemaakt. Er is geen ontkomen aan. Maar het feit dat er geen ontkomen aan is, is de ware belofte van je verlossing, want hier zal het leven je verlossen, en alles wat je in de wereld hebt gebracht zal worden geactiveerd en bijgedragen.

BRENG JEZELF VANDAAG IN JE DIEPERE OEFENPERIODES naar Kennis en breng jezelf in stilte en nederigheid naar je Leraren. Besef dat je niets alleen kunt. Zelfs je poging om je geest te beheersen en jezelf voor te bereiden op meditatie is iets wat je deelt met anderen die oefenen en tevens met je Leraren. Alle kracht van God kan door jou tot uitdrukking worden gebracht, want niets kun je alleen doen.

OEFENING 249: *Twee oefenperiodes van 30 minuten.*
    Ieder uur oefenen.

Stap 250

IK ZAL MEZELF VANDAAG NIET BUITEN SLUITEN.

Je kunt alleen in fantasie alleen zijn, en fantasie zal je niets van waarde, duurzaamheid of betekenis opleveren. Verraad je Kennis vandaag niet door jezelf buiten te sluiten. Straf jezelf niet voor fouten die geen inhoud hebben en die in feite slechts een uitdrukking zijn van verwarring. Fouten zijn niet te rechtvaardigen, en er is geen rechtvaardiging om jezelf buiten te sluiten. Je bent een deel van het leven en je zult moeten vertrouwen op je relaties met anderen en met het leven als geheel om iets te bereiken, zelfs om te overleven.

Terwijl je hieraan denkt, zal dankbaarheid op natuurlijke wijze in je opkomen, en je zult beseffen dat de grond waarop je loopt en alles wat je ziet en aanraakt dat nuttig en heilzaam is, het resultaat is van geven en samenwerken. Dan zal je dankbaarheid op natuurlijke wijze liefde voortbrengen, en vanuit je liefde zal je beginnen te begrijpen hoe alle dingen in het universum tot stand komen. Dit zal je kracht geven en de zekerheid van wat je zelf moet leren doen.

Denk hier op het uur aan, en sta jezelf in je diepe meditaties toe om te ontvangen. Houd jezelf niet afgescheiden van Kennis, die wacht om je te zegenen in je meditatieoefeningen. Dan kom je naar het altaar van God om je te presenteren, en hier presenteert God God aan jou, die leert Kennis te ontvangen.

Oefening 250: *Twee oefenperiodes van 30 minuten.*
Ieder uur oefenen.

Stap 251

WANNEER IK MET KENNIS VERBLIJF, ZAL ER GEEN VERWARRING ZIJN IN MIJN RELATIES.

A<small>LS</small> K<small>ENNIS NIET VERWARD IS</small>, hoe kun jij die met Kennis verblijft dan verward zijn? Verblijven met Kennis betekent echter dat je niet probeert dingen op te lossen, te begrijpen, te beheersen of te overtuigen zonder Kennis. Je probeert niet je eigen bijzonderheid te vervullen door een ander te gebruiken om die te versterken. Je probeert je fouten niet te onderbouwen door iemand anders de schuld te geven.

M<small>ET KENNIS IS ER GEEN VERWARRING</small> in relaties. Je weet bij wie je moet zijn en bij wie niet, en daarin ligt geen schuld. Je weet waar je je wel en waar je je niet aan moet wijden, en er is geen veroordeling. Je kiest dit boven dat, niet goed boven fout. Je gaat hierheen en niet daarheen omdat je hierheen moet. Hoe eenvoudig is dit en hoe volkomen effectief. Dit bevestigt Kennis in alle individuen, en niemand wordt veroordeeld. Hier worden de poorten van de hel geopend en zijn allen vrij om tot Kennis terug te keren, want de poorten van de hel staan al open, en Kennis roept allen die er wonen op om tot God terug te keren. Want wat is de hel anders dan een leven zonder God en een leven zonder Kennis? Het is een ingebeeld leven, dat is alles.

O<small>NTVANG DAAROM DE ROEP VAN</small> K<small>ENNIS</small>, die voor jou de roep van God is om te ontwaken en deel te nemen aan het leven. Je kunt niets alleen, en je relaties zullen helder zijn als je met Kennis verblijft. Herinner je dit op het uur en wijd je in je twee langere oefenperiodes van vandaag aan het actief bekijken van elke primaire relatie waarin je betrokken bent geweest. Herken daarin de frustraties en de verwarring, de grote verwachtingen en de grote teleurstellingen, de verbittering over fouten, het gevoel van mislukking en de projecties van schuld. Besef dan dat met Kennis niets van dit alles nodig is, want met Kennis werd de zin en het doel van elke relatie herkend aan het begin van je betrokkenheid en aan het eind bevestigd.

REALISEER JE IN JE HUIDIGE RELATIES dat met Kennis alle dingen duidelijk worden, en je zonder schuld of blaam en zonder dwang of noodzaak verder kunt gaan. Met Kennis kun je datgene volgen wat exact gunstig is voor jou en je geliefde, want alle relaties worden geëerd en gezegend door Kennis, en alle individuen vinden hun rechtmatige plaats bij elkaar. Daarin wordt ieder mens geëerd en zijn of haar Kennis bevestigd. Laat dit vandaag je inzicht zijn.

OEFENING 251: *Twee oefenperiodes van 30 minuten.*
Ieder uur oefenen.

Stap 252

TERUGBLIK

Laat jouw terugblik op elke les van de afgelopen twee weken een bevestiging zijn van de aanwezigheid van Kennis in jouw leven. Kijk terug op elke les en oefening. Bekijk objectief de mate van je betrokkenheid en besef de mogelijkheden om jezelf meer en vollediger te geven. Besef hoe zinloos je ontkenning is en hoe groot de belofte van je beloning is, gezien je participatie in het leven. Je zult je dit realiseren als je terugkijkt op je oefeningen, want je oefeningen tonen je ambivalentie ten opzichte van Kennis en de aanwezigheid van Kennis zelf.

Je zult mettertijd leren dat naarmate je dichter bij Kennis komt, alle dingen die zinvol en waardevol zijn bevestigd worden, en als je van Kennis weggaat, betreed je de duisternis van je eigen verbeelding. Dit zal je dan overtuigen van waar je jezelf moet inzetten. Dit zal je overtuigen van de grote aanwezigheid die bij je is om je bij te staan. Dit zal je overtuigen dat je opgenomen bent in het leven en dat je Leraren bij je zijn. Welke hindernis of ontoereikendheid je ook kunt herkennen of bedenken, het kan gemakkelijk worden overwonnen met Kennis. Het is je verlangen naar Kennis en je vermogen tot Kennis die versterkt moeten worden. En zodra dit eenmaal gebeurd is, zal Kennis zich uiten en zul je de begunstigde zijn van het grootste geschenk van het leven.

Sta jezelf in je langere terugblik van vandaag toe je oefening met grote diepgang en oprechtheid te beoefenen. Sta toe dat deze dag je student-zijn bevestigd. Sta toe dat deze dag bevestigt dat je gered bent.

Oefening 252: *Eén lange oefenperiode.*

Stap 253

IN ALLES WAT IK WERKELIJK NODIG HEB, ZAL WORDEN VOORZIEN.

Aan deze verklaring moet je je volledig vertrouwen schenken, ondanks dat je verleden een opsomming is geweest van ontmoediging en teleurstelling. Maar zelfs hier kun je inzien dat voor jou in die dingen werd voorzien, die je werkelijk nodig had voor de vooruitgang van Kennis en voor de vooruitgang van je ware mentale en fysieke vermogens.

Voor alles wat je echt nodig hebt wordt gezorgd. Het is wanneer je dingen wilt die je niet werkelijk nodig hebt, dat je besef hiervan in verwarring raakt, en dit leidt tot duistere speculaties en ernstige teleurstelling. Wat je nodig hebt zal je gelukkig maken; wat je niet nodig hebt zal je in verwarring brengen. Dit is heel eenvoudig, heel eerlijk en heel direct. Kennis is altijd zo. Kennis bevestigt dat wat essentieel is. Hier wordt je benadering van het leven eenvoudig en direct. Dus ervaar je het leven als eenvoudig en direct.

Als je het leven op een omslachtige manier benadert, zal het leven je omslachtig voorkomen. Als je het leven op een eenvoudige en eerlijke manier benadert, zal het leven je eenvoudig en eerlijk voorkomen. Kennis zal aangeven wat werkelijk nodig is en wat irrelevant is, die dingen die je moet dragen en die dingen die slechts extra bagage zijn, die je belasten. Als je dat wilt wat overbodig is en je daaraan wijdt, zul je het contact verliezen met wat echt en authentiek is, en zal je leven verward en ongelukkig worden.

Spreek op het uur deze woorden uit en overweeg ze. Het leven om je heen zal aantonen dat ze waar zijn. Ga in je diepe meditatieoefeningen opnieuw de stilte binnen. Richt je inspanning op jezelf en je geest zal op je bevel reageren. Het is je verlangen naar Kennis dat alle dingen naar je toe zal laten komen. Dit vertrouwen in het leven zal je de zekerheid geven om verder te gaan. Dit vertrouwen in het leven zal je de zekerheid geven dat jouw leven in de wereld hooggewaardeerd wordt. Dit vertrouwen in het leven zal bevestigen wat het leven zelf leidt, want in het leven is er Kennis en er is fantasie, maar het leven zelf is Kennis.

OEFENING 253: *Twee oefenperiodes van 30 minuten.*
Ieder uur oefenen.

Stap 254

IK VERTROUW MIJN LERAREN DIE BIJ MIJ VERBLIJVEN.

*V*ERTROUW OP JE LERAREN, want zij zijn volkomen betrouwbaar. Zij zijn hier om Kennis in je te initiëren, om je te herinneren aan je oorsprong en je bestemming en om je te leiden in grote en kleine zaken. Vertrouw je Leraren. Zij zullen niet de plaats van jouw Kennis innemen, maar een stapje terug doen als Kennis in je naar voren komt. Vertrouw op je Leraren, want zij hebben al bereikt wat jij nu probeert te bereiken en zij onderwijzen het nu aan jou, zodat zij hun bestemming in de wereld kunnen vervullen. Vertrouw op je Leraren, want zij hebben geen ander doel of ambitie dan Kennis. Daarom is hun benadering van jou volkomen uniform en eerlijk - zonder misleiding, verwarring of tegenstrijdige gedachten.

ALS JIJ LEERT JE LERAREN TE ONTVANGEN, zul je leren hun benadering van het leven te ontvangen. Daarin zullen ze je harmonie, evenwicht, kracht en richting geven. Je kunt eerlijkheid niet met oneerlijkheid beantwoorden. Je moet leren eerlijkheid te beantwoorden met eerlijkheid. Je moet leren om leiding te beantwoorden met een verlangen naar leiding. Je moet leren om toewijding te beantwoorden met toewijding. In antwoord op je Leraren, leer je dus hoe je moet antwoorden. Je leert te waarderen wat waardevol is, en je leert los te laten of over het hoofd te zien wat betekenisloos is.

ZOALS JE JOUW LERAREN VERTROUWT, zul je ook je jezelf vertrouwen. Herinner jezelf hier op het uur aan. In je twee periodes van grote toevlucht en geluk, in meditatie, keer je terug naar je Leraren die je nu vertrouwt. In stilte en in rust zullen ze bij je zijn, en je kunt je baden in de diepte van hun liefde. Je mag hun universele genegenheid ervaren en hun genade ontvangen, die alleen je Kennis zullen stimuleren, want alleen jouw Kennis zal worden gestimuleerd.

OEFENING 254: *Twee oefenperiodes van 30 minuten.*
Ieder uur oefenen.

Stap 255

DE DWALINGEN VAN DEZE WERELD ZULLEN MIJ NIET ONTMOEDIGEN.

LAAT JE NIET ONTMOEDIGEN DOOR VERWARRING, want alle dwaling komt voort uit verwarring. Onthoud dat wanneer individuen zonder Kennis zijn, ze alleen maar fouten kunnen maken en hun verwarring tot uitdrukking kunnen brengen. Zij kunnen alleen verwarring beoefenen, en zij kunnen alleen verwarring dienen. Dit zal je dus leren te waarderen wat waardevol is en te herkennen wat zinloos is. Dit zal je leren dat je altijd in dienst staat van datgene waar je waarde aan hecht; je versterkt altijd datgene waar je waarde aan hecht; je beoefent altijd dat waar je waarde aan hecht.

NU LEER JE KENNIS TE WAARDEREN. Je leert Kennis te beoefenen. Je leert Kennis te herkennen. En je leert Kennis te dienen. Dit is de demonstratie die je nodig hebt. Laat je niet ontmoedigen door de verwarring van de wereld, want het herinnert je aan jouw grote behoefte. Hoe kunnen de dwalingen van de wereld je ontmoedigen, terwijl ze je zouden moeten aanmoedigen? Op de juiste manier bezien, zullen ze je er alleen maar toe aanzetten je nu vollediger aan je voorbereiding te wijden. Deze voorbereiding waarmee je bezig bent, houdt de belofte in van het activeren van Kennis in jou. Je hoeft alleen maar de stappen te volgen.

JE ZULT GEEN TOEVLUCHT VINDEN IN DE WERELD. Je hebt dit al geprobeerd, en het heeft je steeds weer teleurgesteld, zoals het je steeds weer zal teleurstellen als je dit blijft nastreven. Jij bent het die aan de wereld moet geven, want jij bent het die Kennis heeft.

ONTVANG DEZE DAG DAAROM KENNIS in je dagelijkse oefeningen en in je diepere oefenperiodes. Laat de dwalingen van de wereld je niet ontmoedigen. Laat de dwalingen van de wereld je aansporen en inspireren tot Kennis, want dit is een deel van het geschenk van de wereld aan jou. Het andere deel van het geschenk van de wereld is dat het de arena is waar je Kennis toestaat om door jou bij te dragen. Hier is de wereld gezegend en ben jij gezegend. Dan zul je dankbaar zijn voor de fouten van de wereld en voor de prestaties van de wereld, want het ene stimuleert Kennis en het andere vervult Kennis. Leer daarom deze dag correct te denken, zodat je geest een nuttige dienaar van Kennis mag worden en elk aspect van jezelf geëerd wordt.

OEFENING 255: *Twee oefenperiodes van 30 minuten.*
Ieder uur oefenen.

Stap 256

DE WERELD KOMT OP IN DE GROTERE GEMEENSCHAP VAN WERELDEN.

DIT IS EEN WAARHEIDSVERKLARING betreffende de evolutie van je wereld. Zij geeft betekenis en richting aan je begrip van je participatie en je bijdrage aan de wereld. Zij is niet bedoeld om je bang te maken of om onzekerheid of angst te creëren, want met Kennis zijn onzekerheid en angst niet essentieel. Met Kennis is er geen onzekerheid, want de stilte van Kennis is je zekerheid, de stem van Kennis is je zekerheid en de beweging van Kennis is je zekerheid. Al je mentale en fysieke vaardigheden en vermogens kunnen dienen om dit tot uitdrukking te brengen, op welke weg je ook bestemd bent om te dienen.

DE VERKLARING DAT DE WERELD OPKOMT in de Grotere Gemeenschap van werelden is een bevestiging van je doel, omdat je perceptie, je begrip en je waardering van de wereld moeten groeien. Je begrip van de moeilijkheden en mogelijkheden van de wereld moet groeien. Je kunt niet een beperkte visie op de wereld hebben en mogelijkerwijs de betekenis van je eigen Kennis begrijpen. Je moet in een grotere context denken. Je moet niet alleen aan jezelf denken - je wensen en je angsten - want je maakt deel uit van een groter leven en je bent gekomen om dat te dienen. De wereld die je nu dient en in de toekomst zal leren dienen, komt op in de Grotere Gemeenschap van werelden.

HERHAAL DIT IDEE OP HET UUR en denk eraan als je de wereld om je heen bekijkt. Zet in je diepere oefeningen je geest actief in om te proberen de les van vandaag te begrijpen. De oefening van vandaag is niet gericht op stilte, maar op begrip. Hier wordt de geest zinvol gebruikt, want de geest moet zinvol gebruikt worden of helemaal niet. Sta jezelf toe al je ideeën over de les van vandaag te overwegen. Houd je bezig met het begrijpen van je bezwaren, je overtuigingen, je angsten en je voorkeuren. Wanneer deze worden herkend, zul je in een positie verkeren om te weten. Kennis zal gestimuleerd worden door de les van vandaag, want de les van vandaag is bedoeld om Kennis te stimuleren.

OEFENING 256: *Twee oefenperiodes van 30 minuten.*
Ieder uur oefenen.

Stap 257

HET LEVEN IS GROTER DAN IK ME OOIT HEB GEREALISEERD.

HET LEVEN IS GROTER DAN JE JE OOIT HEBT GEREALISEERD en zeker groter dan je je ooit hebt voorgesteld. De grootsheid ervan komt voort uit het feit dat je leeft in een Grotere Gemeenschap van werelden. De grootsheid ervan komt voort uit het feit dat Kennis het essentiële aspect van jezelf is dat je binnenin je draagt. De grootsheid van het leven wordt bevestigd door de aanwezigheid van je Leraren en de aanwezigheid van allen die zich voorbereiden om samen met jou Kennis terug te winnen.

ZO HEB JE EEN GROTER DOEL in een groter universum. Zo kun je je wereld in zijn juiste context zien. Zo kun je jezelf in je juiste context zien, want je zult een kleine rol spelen in de grotere evolutie van de wereld, en jouw rol zal essentieel zijn. Dit zal binnen je bereik en bevattingsvermogen liggen om te volbrengen. Iets kleins doen voor iets groots betekent dat de kleinste bijdrage de grootsheid draagt van dat wat wordt gediend. Dit vervult jezelf. Dit vervult je leven. Dit werpt alle duisternis van je af en verdrijft alle negatieve verbeelding, want je dient een groter leven.

PROBEER TIJDENS JE LANGERE OEFENINGEN DE BETEKENIS van het idee van vandaag te begrijpen. Gebruik je geest zinvol. Gebruik hem actief en objectief, want dat is het doel van je geest.

OEFENING 257: *Twee oefenperiodes van 30 minuten.*

Stap 258

WIE ZIJN VANDAAG MIJN VRIENDEN?

JE VRIENDEN VAN VANDAAG ZIJN ALLEN DIE KENNIS TERUGWINNEN en allen die Kennis hebben teruggewonnen. Je vrienden van morgen zullen allen zijn die Kennis terugwinnen. Daarom is iedereen ofwel je vriend of zal hij je vriend worden. Het is slechts een kwestie van tijd en tijd kan alleen lang lijken voor hen die er zonder doel in verblijven. Maar voor diegenen die met een doel in de tijd verblijven, verstrijkt de tijd snel en brengt het dit grote resultaat.

WIE ZIJN JE VRIENDEN VANDAAG? Iedereen is je vriend of zal je vriend worden. Waarom zou je dan een vijand hebben? Waarom een ander die tegen je is een vijand noemen, want hij of zij zal je vriend worden. Kennis zal je vergezellen. Je bent Kennis aan het terugwinnen, dus je maakt de weg hiervoor vrij.

WIE ZIJN JE VRIENDEN VANDAAG? Je Leraren en je Spirituele Familie en allen die Kennis terugwinnen. Je scala aan vriendschappen is dus enorm. Er zijn veel wegen in het terugwinnen van Kennis, maar de essentie van leren is altijd om betrokken te raken bij Kennis zelf en Kennis toe te laten zich via jou uit te drukken. Het universum is dus gevuld met je vrienden – van wie je sommigen misschien herkent en van wie je sommigen misschien niet kunt herkennen, sommigen met wie je betrokken kunt raken en sommigen met wie je niet betrokken kunt raken, sommigen met wie je dingen kunt bereiken en anderen met wie je niets kunt bereiken. Het is allemaal een kwestie van tijd.

HERHAAL DIT IDEE OP HET UUR. Aanschouw het als een wegwijzer van de werkelijkheid voor jou. Ga in je diepere oefeningen de stilte en rust binnen, zodat je de diepte van je relatie met je ware vrienden kunt ervaren. Je leven is gevuld met liefde. Het is gevuld met het resultaat van allen die nu Kennis terugwinnen. Je verlangen naar Kennis wordt gemotiveerd door allen die nog steeds weigeren Kennis terug te winnen, want ook zij zullen in de toekomst jouw vrienden zijn. Vanuit dit gezichtspunt zul je inzien dat zelfs degenen die in de toekomst je vrienden zullen zijn, in werkelijkheid vandaag je vrienden zijn, want ze dienen jou, en ze vragen je hen te dienen door je vervulling van Kennis.

OEFENING 258: *Twee oefenperiodes van 30 minuten.*
Ieder uur oefenen.

Stap 259

IK BEN GEKOMEN OM DE WERELD TE ONDERWIJZEN.

*J*E BENT GEKOMEN OM TE ONDERWIJZEN. Alles wat je hebt gedaan sinds je hier bent aangekomen is onderwijzen. Je gedachten en je gedrag zijn de voertuigen voor het onderwijzen. Zelfs als klein kind onderwees en verheugde en frustreerde je degenen die van je hielden. Gedurende elke fase van je leven heb je onderwezen, want onderwijs is de natuurlijke functie van het demonstreren van het leven. Je hebt dus van nature een onderwijsfunctie. Zelfs al doe je dit in geen enkele formele zin met mensen, je leven is een demonstratie en dus een vorm van onderwijs.

DAAROM ZAL, ALS JE LEVEN VERBONDEN RAAKT met Kennis en uitdrukking geeft aan Kennis, je leven het onderwijs zelf worden. Dan zul je, in welke richting je ook wordt geleid te kiezen voor je zelfexpressie, die oprecht zal zijn volgens je aard, in staat zijn je onderricht uit te drukken in grote en kleine gebaren, in woorden en zonder woorden en in prestaties in elke weg en levenswandel, omdat je naar de wereld bent gekomen om te onderwijzen. De wereld kan je alleen leren dat je waarheid moet onderwijzen. Dat is het onderwijs van de wereld voor jou. Zij leert je van de grote behoefte aan Kennis, en zij leert je van de aanwezigheid van Kennis. Zo dient en ondersteunt de wereld jouw ware functie, zoals jij de ware functie van het leven dient en ondersteunt.

HERINNER JE DIT IDEE OP HET UUR. Geef jezelf in je twee diepere meditatieoefeningen de opdracht hier heel, heel zorgvuldig over na te denken. Dit zijn nu oefeningen van mentale betrokkenheid. Denk aan de betekenis van het idee van vandaag. Realiseer je dat je altijd hebt onderwezen door demonstratie. Denk aan wat je wilt onderwijzen met je leven en denk wat je wilt versterken met je leven. Denk aan wat je wilt geven en denk aan wat de wereld je heeft gegeven om dit ware verlangen te stimuleren. Al deze dingen zullen juist denken en juist handelen voortbrengen, en door juist denken en juist handelen zal Kennis moeiteloos door je heen stromen om het leven om je heen tot zegen te zijn en om doel, betekenis en richting aan je relaties te geven.

OEFENING 259: *Twee oefenperiodes van 30 minuten.*
Ieder uur oefenen.

Stap 260

VANDAAG BEN IK EEN VRIEND VAN DE WERELD.

VANDAAG BEN JIJ EEN VRIEND VAN DE WERELD en terwijl je dit ervaart zul je de wereld ervaren als een vriend voor jou, want de wereld kan alleen jouw doel weerspiegelen zoals jij het uitdrukt en ervaart. Hier zul je met Kennis een nieuwe wereld ervaren, een wereld die je nog niet eerder had gezien, een wereld die je alleen maar vluchtig hebt ervaren.

WEES EEN VRIEND VAN DE WERELD VANDAAG, want je bent gekomen om een vriend van de wereld te zijn. De wereld verkeert in grote nood. Zij geeft blijk van grote verwarring en dwaling, en toch ben je gekomen om een vriend van de wereld te zijn, omdat de wereld je vriendschap nodig heeft. Hierin ontvang je een grotere beloning dan alles wat je alleen voor jezelf zou kunnen bemachtigen, omdat alles wat je alleen voor jezelf bemachtigt, je van het leven moet nemen. Maar alles wat je als vriend aan de wereld geeft en ontvangt, geeft het leven aan jou, en het verliest niet in de uitwisseling. Dan is er geen schuld in je geven en ontvangen. Hier is je betrokkenheid heilzaam en zuiver. Met Kennis wordt dit duidelijk en wordt het dag na dag gedemonstreerd, totdat je uiteindelijk leert dat het zonder uitzondering waar is.

WEES OP HET UUR EEN VRIEND VAN DE WERELD. Herken dat alle boosheid voorkomt uit verwarring en dat Kennis nu opkomt om alle verwarring weg te nemen. Als gevolg daarvan is je leven nu betrokken bij de ware oplossing en niet bij het verergeren van de hachelijke situatie in de wereld. Jouw leven gaat over oplossingen en niet over moeilijkheden. Wees een vriend van de wereld. Geef jezelf in je twee diepere oefenperioden in stilte om een vriend voor de wereld te zijn, want dit zal de verwarring van de wereld verlichten. Als je leert dit met wijsheid en onderscheidingsvermogen te geven, zul je de wereld toestaan een vriend voor je te worden, want de wereld wil ook jouw vriend worden.

OEFENING 260: *Twee oefenperiodes van 30 minuten.*
Ieder uur oefenen.

Stap 261

IK MOET LEREN GEVEN MET ONDERSCHEIDINGSVERMOGEN.

ALS JE GEEFT ZONDER PERSOONLIJKE AMBITIE, zul je geven volgens Kennis, en je geschenk zal specifiek zijn en zo gegeven dat het jou en degenen die je geschenk kunnen ontvangen kracht geeft. Dit is Kennis die je leidt. Als je probeert te geven voor je eigen zelfverheerlijking, als je probeert te geven voor je eigen zelfvertrouwen of als je probeert te geven om een aanhoudend gevoel van schuld of ontoereikendheid te verlichten, zul je niet met onderscheidingsvermogen geven. Je geven zal dan ongepast zijn en steeds meer conflicten en ontmoediging voor jou veroorzaken.

HET LEVEN DOET NIETS ZONDER DOEL. Alles vervult een doel. Daarom moet je geven met onderscheidingsvermogen, en je onderscheidingsvermogen is iets wat je stap voor stap, dag na dag moet leren. Dit is Wijsheid die in de wereld functioneert. Met Kennis moet je deze Wijsheid leren, anders zul je niet in staat zijn om je ware geschenken effectief te geven en zul je de resultaten ervan verkeerd interpreteren. Kennis zal je dat geven wat waarlijk gegeven moet worden en zal je leiden om waarlijk te geven. Als je dit niet verstoort of een extra last op je geven legt, zal je geven volkomen effectief zijn en zowel de gever als de ontvanger erkennen.

HERINNER JEZELF ER OP HET UUR AAN. Maak onderscheid. Er zijn mensen aan wie je niet op een directe manier moet geven. Er zijn mensen die je op een directe manier moet geven. Er zijn situaties die je niet moet betreden. Er zijn situaties die je wel moet betreden. Er zijn problemen waar je je niet bij moet betrekken. Er zijn problemen waar je je wel bij moet betrekken. Hoe kun je persoonlijk onderscheiden waar jouw geschenken op zijn plaats zijn? Alleen Kennis kan dit onderscheiden en jij kan dit alleen onderscheiden met Kennis. Vertrouw daarom je diepste neigingen vandaag. Laat je in je verlangen om te geven niet leiden of motiveren door dwang die voortkomt uit schuld of angst. Oefen dit deze dag om onderscheidingsvermogen te leren. Oefen deze dag om jezelf af te stemmen op Kennis.

Probeer in je langere oefenperiodes opnieuw de les van vandaag te begrijpen. Wees niet tevreden met verkeerde veronderstellingen. Overweeg alle gedachten en gevoelens ten gunste of ten nadele van het idee van vandaag. Begin je eigen ambities te observeren. Begin te observeren hoe ze voortkomen uit je angsten. Begin te onderscheiden hoe eenvoudig het is om Kennis te volgen. Met eenvoud komt kracht. Je moet onderscheidingsvermogen leren. Dit leren zal tijd kosten. Hierin leer je alle ervaringen ten goede te gebruiken, want geen enkele ervaring mag worden veroordeeld. Zij moet altijd worden gebruikt voor leren en voorbereiding. Op deze manier zul je fouten niet rechtvaardigen, maar gebruik je ze voor je eigen ontwikkeling en voor de vooruitgang van de wereld.

Oefening 261: *Twee oefenperiodes van 30 minuten.*
                      Ieder uur oefenen.

Stap 262

HOE KAN IK MEZELF BEOORDELEN ALS IK NIET WEET WIE IK BEN?

ALS JE NIET WEET WIE JE BENT, kun je alleen oordelen over wat je denkt dat je bent. Je gedachten over jezelf zijn grotendeels gebaseerd op je verwachtingen en je teleurstellingen. Het is erg moeilijk om jezelf te observeren vanuit je persoonlijke geest, want je persoonlijke geest bestaat uit je persoonlijke gedachten, die niet voortkomen uit Kennis. Om jezelf te zien met Kennis, moet je in relatie zijn met Kennis. Dit zal ertoe leiden dat je jezelf op een geheel nieuwe manier ervaart. Deze ervaring moet keer op keer worden herhaald en uitgedrukt in vele, vele situaties. Dan zul je een werkelijk gevoel en een werkelijke ervaring beginnen te krijgen van wie je bent. Dit gevoel en deze ervaring zullen niet voortkomen uit veroordeling en wrok, want alleen in het idee van jezelf kan je teleurgesteld worden. Op deze manier zal het leven je teleurstellen, want het leven kan je alleen vervullen naar je ware aard en je ware Zelf. Dit realiseren betekent dat je de waarde en betekenis van het leven en je inclusie daarin hebt gerealiseerd. Dit vereist onderscheidingsvermogen. Dit vereist wijsheid. Dit vereist een stapsgewijze voorbereiding. Dit vereist geduld en verdraagzaamheid. Dit vereist dat je leert om je ervaring ten goede te gebruiken en niet ten kwade.

DAAROM IS JE VEROORDELING VAN JEZELF ongegrond. Zij is slechts gebaseerd op veronderstellingen. Herinner jezelf hier op het uur aan en beschouw dit in het licht van alle gebeurtenissen van deze dag, die je de betekenis van de les van vandaag zullen leren. Probeer in je twee langere oefenperiodes, je geest opnieuw actief te betrekken in een poging de betekenis van de les van vandaag te begrijpen.

ALS JE JE EIGEN ZELFOORDEEL DOORGRONDT, realiseer je dan dat het voortkomt uit je angst en gebaseerd is op veronderstelling. Als je je realiseert dat je niet weet wie je bent en je daarover volledig in de war bent, plaats je jezelf in een positie om een ware student van Kennis te worden. Je zult jezelf in een positie plaatsen om alle dingen te leren in plaats van te proberen je veronderstellingen te verdedigen. Dit vertegenwoordigt je student zijn. Je functie in het leven is nu om een student van Kennis te zijn. Gebruik je geest doelbewust vandaag. Gebruik je geest objectief. Gebruik je geest om tot je door te laten dringen wat je niet weet en alles wat je nog moet weten. Gebruik je geest om de stappen die je nu worden aangereikt te waarderen en te gebruiken om Kennis terug te winnen in de wereld.

OEFENING 262: *Twee oefenperiodes van 30 minuten.*
Ieder uur oefenen.

Stap 263

MET KENNIS WORDEN ALLE DINGEN DUIDELIJK.

WAAROM NOG MEER SPECULEREN? Waarom nog meer schuld en oordeel projecteren? Waarom je leven nog complexer en meer frustrerend maken, als alle dingen duidelijk worden met Kennis? Waarom je geest nog complexer maken? Waarom steeds meer eigenschappen aan jezelf toekennen? Waarom nieuwe niveaus van denken en bestaan uitvinden als met Kennis alle dingen duidelijk worden? Waarom steeds meer aanzien projecteren op de wereld? Waarom de wereld zo hopeloos ingewikkeld en betekenisloos maken als met Kennis alle dingen duidelijk worden.

JE HOEFT ALLEEN MAAR TE LEREN OM MET KENNIS TE ZIJN, om te zien wat Kennis ziet, om te doen wat Kennis doet en om de vrede van Kennis te hebben, de gratie van Kennis, de inclusie van Kennis, de relaties van Kennis en alles wat Kennis bevat, datgene wat de wereld onmogelijk kan dupliceren.

KEER IN JE TWEE DIEPERE OEFENPERIODES terug om met Kennis te zijn, in nederigheid en eenvoud, in stilte en in rust. Adem Kennis in. Sta toe dat Kennis je lichaam binnenkomt en vult. Sta jezelf toe om ondergedompeld te worden in Kennis en alle dingen zullen duidelijk worden, want met Kennis worden alle dingen duidelijk en verdwijnen alle vragen.

OEFENING 263: *Twee oefenperiodes van 30 minuten.*

Stap 264

IK ZAL DEZE DAG OVER VRIJHEID LEREN.

VANDAAG ZUL JE DE GELEGENHEID KRIJGEN om meer over vrijheid te leren. De stap die je vandaag zet zal zeer substantieel zijn om je een nieuw perspectief te geven over vrede, over het oplossen van problemen en over de aard van ware vooruitgang.

DENK VANDAAG OP HET UUR NA OVER DEZE LES en denk na over wat vrede is. Wijd tijdens je langere oefenperiodes je geest aan het denken over vrijheid. Dit is een zeer belangrijk aandachtspunt vandaag. Wijd je geest, vooral in je langere oefenperiodes, compleet aan het toetsen van je ideeën over vrede. Wat is volgens jou vrijheid? Wat denk je dat mensen verhindert om vrij te zijn? Wat brengt een vrijheid voort die duurzaam en betrouwbaar is? Hoe kan dit worden bereikt? Wat zal dit in de toekomst tot stand brengen? Treedt dan nadat je in elke oefening ongeveer dertig minuten hebt besteed aan het denken over dit alles, binnen in stilte en rust. Open jezelf en sta Kennis toe tot je te spreken. Verblijf daar met je Leraren. Treedt nadat je je ideeën hebt uitgeput, binnen in stilte en ontvankelijkheid.

HET IS HEEL BELANGRIJK DAT JE JE BEWUST BENT van je eigen ideeën over vrijheid, want totdat deze worden herkend en bijgesteld, zullen ze hun invloed op je blijven uitoefenen. Ze zullen je denken en dus je gedrag blijven domineren. Een grotere vrijheid is voorhanden voor jou, maar je moet leren hoe je deze moet benaderen. Vandaag zal je meer leren over vrijheid — wat je denkt dat vrijheid is en wat vrijheid werkelijk is.

OEFENING 264: *Twee oefenperiodes van 30 minuten.*
Ieder uur oefenen.

Stap 265

ER WACHT EEN GROTERE VRIJHEID OP MIJ.

KENNIS VERLANGT VAN JE DAT JE VRIJ BENT VAN HET VERLEDEN en van angst voor de toekomst. Zij verlangt van je dat je aanwezig bent met het leven. Zij verlangt van je om open en eerlijk te zijn. Zij verlangt van je dat je vertrouwen hebt en jezelf consequent inzet. Zij verlangt van je dat je niet in conflict bent. Zij verlangt van je dat je veel liefde en respect hebt voor jezelf en een grote waardering voor de wereld. Zij verlangt van je dat je in staat bent je Spirituele Familie te ervaren en je ware plaats in het universum te herkennen.

KENNIS VERLANGT DIT VAN JE, zodat je jezelf volledig inspant om haar te accepteren. Op deze manier word je vrij en leer je vrij te worden. Je zal worden geleid door Kennis, door te leren te worden geleid door Kennis. Hier bereik je het doel door het zetten van de stappen. Er is geen magische formule waardoor je ineens vrij wordt. Er is geen magisch geloofssysteem dat jou, eenmaal aangenomen, bevrijdt van de beperkingen van je verleden en zorgen over je toekomst. Je leert deze ware vrijheid door inspanning, stap voor stap. Dus, terwijl jij leert om Kennis terug te winnen, wint Kennis jou terug. En terwijl je leert wat vrijheid is, word je daadwerkelijk vrij.

JOUW AANDEEL IS KLEIN EN ONS AANDEEL IS ERG GROOT. Je hoeft alleen maar de stappen te volgen en ze te gebruiken. De stappen die zijn gegeven garanderen het resultaat. Een grotere vrijheid wacht op je en als je haar nadert, neem je die vrijheid aan en profiteer je van alle kwaliteiten van die vrijheid en demonstreer je alle aspecten van die vrijheid. Zodanig is de aard van een volmaakt Plan dat het het menselijk bevattingsvermogen te boven gaat. Het is zo perfect dat je het niet kan vernietigen als je het trouw volgt. Dit herstelt je en geeft je het geloof in jezelf, het vertrouwen in jezelf, de liefde voor jezelf en het begrip van jezelf in de wereld terug.

DENK VANDAAG ELK UUR AAN DIT IDEE en treed in je diepe meditatieperiodes binnen in stilte en vrijheid. Het is een grote vrijheid om deze gelegenheid te hebben om jezelf onder te dompelen in Kennis, om jezelf onder te dompelen in aanwezigheid en om jezelf onder te dompelen in de werkelijke substantie van ware relatie in het universum. Terwijl je dit benadert zul je weten dat het jouw vrijheid is en je zult weten dat je vrij wordt om haar aan te nemen. Daarom zul je vandaag een grote stap zetten in de richting van het besef dat er een grotere toekomst op je wacht. Deze grote stap zal je in toenemende mate vrijmaken van de zorgen, de angst, de pijn en de teleurstelling van je verleden. Dit zal je laten zien dat een grotere vrijheid op je wacht.

OEFENING 265: *Twee oefenperiodes van 30 minuten.*
Ieder uur oefenen.

Stap 266

TERUGBLIK

Kijk vandaag, evenals voorheen, terug op de laatste twee weken van voorbereiding. Maak vandaag van de gelegenheid gebruik om in je lange oefenperiode terug te kijken op alles wat er in de afgelopen twee weken is gebeurd met betrekking tot de aanwijzingen die in deze voorbereiding zijn gegeven, je ervaringen met de oefeningen en de algehele uitwerkingen in je leven. Ga door met deze Terugblik met zoveel objectiviteit als je kunt, vooral wat betreft de uitwerkingen in je leven, waarvan je veel nog niet objectief kunt beoordelen.

Veel dingen zullen veranderen naarmate je vordert in je studie. Sommige dingen zullen wegvallen; andere dingen zullen vorm beginnen te krijgen. Er zullen wereldse problemen op je afkomen die je betrokkenheid en toewijding vereisen. Andere dingen waarvan je dacht dat het problemen waren, zullen steeds verder van je af komen te staan en onnodig worden om je mee bezig te houden. Zodoende past je uiterlijke leven zichzelf aan, zodat je kunt herkennen waar je je nu moet inzetten. Dan kunnen je innerlijke leven en je uiterlijke leven elkaar weerspiegelen. Dit is heel belangrijk. Je begint te leren hoe je moet leren en je ziet als gevolg daarvan de wereld veranderen. De kwaliteit van je ervaring zal na verloop van tijd worden getransformeerd, zodat alle dingen, zowel gewone als buitengewone, vanuit een ander gezichtspunt worden bekeken dan voorheen. Je kunt dan leren om voordeel te halen uit alle gelegenheden en zodoende het leven leren appreciëren, zelfs in zijn teleurstellingen.

Beoefen dit vandaag in de Terugblik. Wees heel grondig in je onderzoek. Begin met de eerste les uit deze tweewekelijkse periode en vervolg het dag na dag. Herken wat er elke dag in je leven is gebeurd. Probeer het je te herinneren. Probeer je hier te concentreren. Op deze manier zul je de beweging van je eigen leven voelen. Door deze beweging over een bepaalde periode te herkennen en te zien hoe de stadia van je leven vorderen, zul je beseffen dat je hard op weg bent naar Kennis. Je zult dan zien dat er steeds minder achter je zal zijn om je tegen te houden en dat de toekomst zich zal openen om je steeds meer tegemoet te komen. Dit is de weldaad van het leven dat buigt voor jou die een student van Kennis aan het worden is.

OEFENING 266: *Een lange oefenperiode.*

Stap 267

ER IS EEN EENVOUDIGE OPLOSSING VOOR ALLE PROBLEMEN WAAR IK VANDAAG MEE TE MAKEN KRIJG.

ALLE PROBLEMEN WAARMEE JE INDIVIDUEEL wordt geconfronteerd, hebben een heel eenvoudig antwoord. Hoe ga je dit antwoord vinden? Ga je het vinden door met jezelf te worstelen? Ga je het vinden door alle mogelijke oplossingen te proberen die je maar kunt bedenken? Ga je het vinden door je er zorgen over te maken en erover te piekeren? Ga je het vinden door het te ontkennen en in plaats daarvan plezierige stimulans te zoeken? Ga je het vinden door weg te zinken in een depressie en te denken dat het leven zo moeilijk voor je is, dat je niet kunt voldoen aan de eisen van je eigen omstandigheden?

ER IS EEN EENVOUDIG ANTWOORD OP DE PROBLEMEN waar jij vandaag de dag mee te maken hebt. Het is te vinden in Kennis. Maar om Kennis te vinden moet je stil en opmerkzaam worden en leren je los te maken van angst en bezorgdheid. Je zult een groot deel van je leven bezig zijn met het oplossen van problemen en het is door te leren hoe je dit effectief, verantwoordelijk en zelfs enthousiast kunt doen, dat je zult bereiken waarvoor je hier gekomen bent.

HERINNER JEZELF GEDURENDE DE DAG AAN DIT IDEE en laat je niet misleiden door de complexiteit van problemen. Problemen zijn alleen complex als je voordeel probeert te halen uit het oplossen ervan of uit het vermijden ervan. Wanneer je een voorkeur hebt die je geest domineert, kun je niet het voor de hand liggende zien. Als je nu leert om elk probleem met Kennis te bekijken, zul je zien dat de oplossing duidelijk is. Je zult zien dat je dit eerder niet kon herkennen omdat je op een of andere manier bang was voor de gevolgen of omdat je bang was dat de oplossing van het probleem je berooid en arm zou achterlaten. Je zult vandaag een andere visie hebben.

VERBLIJF IN JE TWEE DIEPERE OEFENPERIODES met Kennis. Probeer je problemen niet te beantwoorden, maar wees gewoon stil en ontvankelijk. Kennis is zich bewust van welke dingen moeten worden aangepakt en zal haar invloed op je uitoefenen zodat je erop kunt reageren en haar richting kunt volgen. Zonder voortdurende inmenging van jou zal het vanzelfsprekende zich aandienen en zul je stap voor stap leren wat je moet doen. Zo zul je beseffen dat er een eenvoudig antwoord is voor alle problemen waarmee je geconfronteerd wordt. Dit zal een bevestiging van Kennis zijn, en je zult blij zijn dat het leven je deze problemen geeft zodat je je ware vermogens als reactie hierop kunt uitoefenen.

OEFENING 267: *Twee oefenperiodes van 30 minuten.*
Ieder uur oefenen.

Stap 268

IK ZAL VANDAAG NIET WORDEN MISLEID DOOR COMPLEXITEIT.

PROBLEMEN IN DE WERELD WORDEN COMPLEX als er een probleem is dat correctie en ontwikkeling vereist en dat vermengd raakt met ieders voorkeuren, ieders verlangen om te beschermen wat hij heeft en ieders onderlinge concurrentie. Zo worden problemen in de wereld complex en wat je ook doet om ze op te lossen, steeds wordt iemands rechten ontnomen. Iemand raakt van streek. Iemand verliest. In jullie samenlevingen is dit manifest. Maar dit vertegenwoordigt alleen de angsten en ambities van mensen in tegenstelling tot hun Kennis. In Kennis ben je bereid afstand te doen van alles wat in de weg staat van Kennis. Je bent bereid afstand te doen van alles wat schadelijk is voor jezelf of voor anderen. Je bent bereid om afstand te doen van elke situatie die niet langer gunstig blijkt te zijn voor jou of voor anderen. Dit komt omdat Kennis ware eerlijkheid mogelijk maakt. Dit is een onbaatzuchtige vorm van betrokkenheid bij de wereld en daarom is het heilzaam voor iedereen.

DAAROM IS HET, WANNEER JE NAAR EEN PROBLEEM IN DE WERELD kijkt en het complex lijkt, in eerste instantie heel moeilijk om gewoon te zien wat het probleem is. Maar de oplossing is altijd heel direct. Het is de angst van mensen hiervoor die hen ervan weerhoudt het voor de hand liggende te herkennen. Het is jou deze dag gegeven om te beseffen dat er een directe oplossing is voor alle problemen die een oplossing vereisen. Soms is een oplossing in één keer duidelijk. Soms moet ze in stappen worden benaderd. Maar elke stap is heel direct als je Kennis volgt.

OM PROBLEMEN OP DEZE MANIER TE BENADEREN moet je ze benaderen zonder angst of voorkeur. Je moet Kennis volgen en niet proberen Kennis te gebruiken om dingen op te lossen volgens je eigen opzet. Je kunt Kennis niet op deze manier gebruiken, maar je kunt Kennis volgen, en in het volgen van Kennis zul je een pad naar oplossing volgen. In eerste instantie is dit een pad dat maar weinig mensen zullen herkennen, maar het is een pad dat na verloop van tijd uiterst effectief zal blijken, want het zal alle betrokkenen bevrijden en een manier bieden voor succesvolle persoonlijke inzet voor iedereen die erbij betrokken is. Zo wordt de man of vrouw van Kennis in de wereld een bron van oplossing en herstel in de wereld. En hun aanwezigheid en hun activiteiten zullen altijd elke situatie ten goede beïnvloeden.

LAAT JE NIET MISLEIDEN DOOR DE SCHIJNBARE COMPLEXITEIT van de wereldproblemen, want met Kennis worden alle dingen eenvoudig opgelost. Kennis laat zich niet misleiden, en als je leert met Kennis te zijn, zul je ook niet misleid worden.

HERINNER JEZELF OP HET UUR AAN DIT IDEE en ga in je twee diepere meditatieoefeningen opnieuw het heiligdom van stilte in jezelf binnen. Raak gewend aan stilte omdat Kennis stil is. Raak gewend aan stilte omdat je in stilte je goedheid en je waarde bevestigt. Een geest in vrede is geen geest in oorlog. Een geest in vrede wordt niet misleid door de wereld.

OEFENING 268: *Twee oefenperiodes van 30 minuten.*
Ieder uur oefenen.

Stap 269

DE KRACHT VAN KENNIS ZAL ZICH VANUIT MIJ UITBREIDEN.

D E KRACHT VAN KENNIS ZAL ZICH UITBREIDEN vanuit jou die Kennis ontvangt. In het begin zal dit heel subtiel zijn, maar als je doorgaat met jezelf te ontwikkelen en toe te leggen, zal de kracht van Kennis steeds sterker worden. Voor sommigen zal het een aantrekkingskracht zijn. Voor anderen, die er niet op kunnen reageren, zal het een afwijzende kracht zijn. Het zal iedereen beïnvloeden. Daarom moet je leren om heel kritisch te zijn in relaties, want naarmate je verder komt als student van Kennis, zal je invloed op anderen groter worden. Je moet deze invloed niet gebruiken voor egoïstische doeleinden, anders zullen je activiteiten destructief zijn voor jezelf en voor anderen.

KENNIS VERSCHAFT DEZE TERUGHOUDENDHEID waar Wij over gesproken hebben, en je moet die voor jezelf betrachten. Als je ambitieus bent met Kennis, zul je zeer grote risico's nemen voor jezelf en voor andere mensen, want wijsheid, mededogen, terughoudendheid en zelfbeheersing moeten de ontwikkeling van Kennis vergezellen. Als je Kennis probeert te gebruiken voor je eigen egoïstische gewin of voor wat je denkt dat de wereld nodig heeft, zul je jezelf op een dwaalspoor brengen en zal Kennis je niet vergezellen.

ACCEPTEER DE TERUGHOUDENDHEID EN ONTWIKKELING waar nu om gevraagd wordt, want die zullen je beschermen en je in staat stellen je gaven te geven met een minimum aan onenigheid en persoonlijk risico. Ze zullen de heelheid en waardigheid van je bijdrage garanderen, want die zal niet bezoedeld worden door egoïstische motieven. Oefen op het uur en ga vandaag tweemaal

diep in meditatie. Herhaal je idee voor de dag en treed opnieuw
de stilte binnen. Sta toe dat dit een dag is waarop Kennis wordt
versterkt.

OEFENING 269: *Twee oefenperiodes van 30 minuten.*
Ieder uur oefenen.

Stap 270

MET KRACHT KOMT VERANTWOORDELIJKHEID.

MET KRACHT KOMT VERANTWOORDELIJKHEID. Kennis zal je kracht geven, en je moet verantwoordelijk zijn voor Kennis. Daarom moet je een volger worden. Door een volger te worden, word je een leider, want je bent in staat om te ontvangen en je bent in staat om geleid te worden. Zo zul je anderen leren ontvangen en hen begeleiden. Dit is een natuurlijke uitbreiding van de gave die je nu ontvangt en die na verloop van tijd via jou in je leven tot uitdrukking zal komen.

HET IS HEEL BELANGRIJK DAT JE DE RELATIE TUSSEN kracht en verantwoordelijkheid herkent. Verantwoordelijkheid vereist zelfdiscipline, zelfbeheersing en zelfcontrole. Het vereist een objectiviteit over je eigen leven die nog maar weinigen in deze wereld hebben bereikt. Verantwoordelijkheid is een last totdat zij herkend wordt als een bron van bescherming. Het is de garantie en de verzekering dat je gave een heilzame en welkome uitdrukking in je zal vinden en dat je vooruitgaat en vervuld wordt door het leveren van je bijdrage.

HET IS HEEL GEWOON IN DE WERELD DAT MENSEN kracht willen zonder verantwoordelijkheid, want hun idee van vrijheid is dat ze nergens aan gebonden zijn. Dit is volkomen contraproductief en heeft zeer gevaarlijke gevolgen voor degenen die dit blijven proberen. Jij die een student van Kennis bent, moet leren de verantwoordelijkheden die je gegeven zijn te accepteren, want ze bieden de bescherming en de begeleiding die je nodig hebt zodat je je op de juiste, positieve en volledige manier kunt ontwikkelen. Ze zijn de verzekering dat je voorbereiding het grote resultaat zal opleveren dat het bedoeld is op te leveren.

DENK OP HET UUR AAN DIT IDEE en vergeet het vandaag niet. Denk in je diepere oefeningen heel goed na over wat deze uitspraak betekent. Denk aan je ideeën over kracht en onderken hoezeer ze verantwoordelijkheid voor een Grotere Bron nodig hebben om op de juiste manier gebruikt en uitgedrukt te worden. Deze twee oefenperiodes zullen tijden van mentale activiteit en toepassing zijn. Denk heel goed na over al je ideeën rond de les van vandaag. Het is heel essentieel dat je je eigen denken en overtuigingen onderzoekt, want je moet je huidige mentale structuur begrijpen om de impact ervan op je uiterlijke leven te beseffen. De les van vandaag kan in het begin ontnuchterend lijken, maar na verloop van tijd zal ze je het vertrouwen en de zekerheid geven die je nodig hebt om van ganser harte vooruit te gaan.

OEFENING 270: *Twee oefenperiodes van 30 minuten.*
Ieder uur oefenen.

Stap 271

VANDAAG ZAL IK VERANTWOORDELIJKHEID ACCEPTEREN.

ACCEPTEER VERANTWOORDELIJKHEID, wat je vermogen is om te antwoorden. Accepteer dit, cultiveer het, koester het en verwelkom het. Het is wat je sterk zal maken. Het is wat je toegewijd zal maken. Het is wat je de relaties zal brengen waar je altijd naar verlangd hebt. Dit is de bekrachtiging die je zo wanhopig nodig hebt en die je nu voor jezelf leert opeisen. Met deze bekrachtiging komen de voorwaarden voor bekrachtiging - dat je Kennis beantwoordt en Kennis volgt, dat je je onthoudt van alle drijfveren die niet uit Kennis voortkomen, dat je objectief wordt met jezelf en je motieven, dat je jezelf bevraagt zonder aan jezelf te twijfelen en dat je jezelf omringt met individuen die de opkomst van Kennis in jou kunnen ondersteunen en die vrij zijn om je hun eigen waarnemingen te vertellen. Dit is essentieel voor je welzijn en ontwikkeling. Dit zal je beschermen tegen eigen vergissingen, die naarmate je krachtiger wordt een steeds grotere impact op jou en anderen zal hebben.

ACCEPTEER VANDAAG VERANTWOORDELIJKHEID. Accepteer dit, want het vertegenwoordigt je ware en grootste behoefte. Verantwoordelijkheid zal je in staat stellen om lief te hebben en jezelf uit te breiden in de wereld.

DENK OP HET UUR AAN HET IDEE VAN VANDAAG. En als je vandaag twee keer mediteert, neem dan de volledige verantwoordelijkheid op je om een student van Kennis te zijn en ga met je hele wezen de stilte binnen. Laat geen enkele gedachte of twijfel je ontmoedigen. Laat je niet tegenhouden door ambivalentie. Zet door. Open jezelf. Ga het mysterie van je leven binnen zodat je in staat bent om het te beantwoorden, want dit is de betekenis van verantwoordelijkheid.

OEFENING 271: *Twee oefenperiodes van 30 minuten.*
Ieder uur oefenen.

Stap 272

MIJN LERAREN ZULLEN MIJ LEIDEN TERWIJL IK VERDER GA.

JE ZULT LERAREN NODIG HEBBEN OM JE te begeleiden als je verder gaat op het pad naar Kennis, want je zult je ver buiten je eigen concepten en veronderstellingen wagen. Je zult betrokken raken in een leven dat je nog niet begrepen hebt. Je zult toegang krijgen tot krachten en middelen die je nog niet volledig herkend hebt. Je zult je dieper in het leven wagen, voorbij menselijke veronderstellingen, voorbij menselijke overtuigingen en voorbij menselijke conventies. Dit zal zeer sterke begeleiding voor jou vereisen, zowel van Kennis als van je primaire relaties. Jouw Innerlijke Leraren vertegenwoordigen je meest primaire relaties, want deze relaties zijn volledig gebaseerd op Kennis, en ze zijn aan jou gegeven om Kennis veilig en volledig te cultiveren.

ACCEPTEER DAAROM JE BEPERKINGEN ALS STUDENT van Kennis, zodat je verder kunt gaan met de hulp die nodig zal zijn. Wees dankbaar dat je zulke geweldige hulp kunt krijgen en dat het in elke omstandigheid kan doordringen, omdat het onzichtbaar is voor je ogen. Wees dankbaar dat je het onder alle omstandigheden kunt ervaren en dat je de raad van je Leraren kunt ontvangen op die momenten in je leven waar dat gevraagd wordt.

BEVESTIG VANDAAG DE AANWEZIGHEID VAN JE LERAREN, zodat je met veel moed en enthousiasme de opkomst van Kennis kunt ondersteunen. Herinner jezelf er op het uur aan dat je Leraren bij je zijn. Treed in je twee diepere oefenperiodes met hen binnen in stilte en stilzwijgen, zodat ze je hun aanwezigheid en raad kunnen geven als dat nodig is. Accepteer je student-zijn zodat je kunt leren te geven aan de wereld.

Oefening 272: *Twee oefenperiodes van 30 minuten.*
Ieder uur oefenen.

Stap 273

Mijn Leraren houden de herinnering aan mijn Aloude Thuis voor mij vast.

Je Leraren vertegenwoordigen je Spirituele Familie, die zich buiten de wereld bevindt. Zij houden de herinnering van je oorsprong en je bestemming voor je vast, die je moet leren realiseren door je ervaring in de wereld. Zij hebben de wegen van de wereld bewandeld. Zij kennen haar mogelijkheden en moeilijkheden. Ze kennen de mogelijke fouten die je kunt begaan en ze zijn zich bewust van de fouten die je al begaan hebt. Ze zijn volledig voorbereid om je te begeleiden. Ze hebben de wijsheid en de vaardigheid om dat te doen.

Onderschat daarom hun waarde voor jou niet en onthoud altijd dat ze in je leven aanwezig zijn om je in te wijden in Kennis. Ze willen dat je sterk wordt in Kennis, uiteindelijk net zo sterk als zij zijn geworden. Zij dienen dus je grootste behoefte en doel, en je moet hen volgen, hen ontvangen en hun aanwezigheid eren, zoals een leerling een leraar eert. Dit zal je in staat stellen hun gaven volledig te ontvangen en je bevrijden van alle verkeerde associaties die je met hen kunt leggen. Dit is een zeer verantwoordelijke relatie en je zult daarin volgroeien.

Aanvaard dan de aanwezigheid van je Leraren. Accepteer die op het uur terwijl je jezelf eraan herinnert dat ze bij je zijn, en accepteer ze in je twee diepere meditatieoefeningen terwijl je jezelf openstelt om ze te ontvangen. Dit is een geweldige gelegenheid voor Kennis. Je Leraren zullen je inwijden in Kennis, want ze kunnen alleen gekend worden. Je beelden of concepten over hen zijn relatief betekenisloos, behalve dan dat ze je benadering zouden kunnen beperken. Je moet de essentie van je Leraren ervaren, die hun aanwezigheid is, om ze volledig te kennen. En je zult uit deze ervaring, naarmate die zich ontwikkelt, ontdekken dat dit de manier is waarop je het leven als geheel kunt ervaren.

Hoewel je zintuigen de vorm der dingen zullen waarnemen, zal je hart de essentie der dingen ervaren, en dit is hoe de dingen gekend zullen worden. Zodra ze gekend zijn, zul je beseffen hoe je met hen moet deelnemen. Aldus zullen al je geestesvermogens gebruikt worden voor één groot doel, want Kennis zal al je vermogens en de vermogens van de wereld gebruiken voor de verlossing van de wereld, die de verlossing van Kennis in de wereld is.

Oefening 273: *Twee oefenperiodes van 30 minuten.*
Ieder uur oefenen.

Stap 274

VANDAAG TRACHT IK VRIJ TE ZIJN VAN AMBIVALENTIE.

PROBEER VRIJ TE ZIJN VAN AMBIVALENTIE, want dit is de bron van alle menselijke verwarring, ellende en frustratie. Ambivalentie is de besluiteloosheid om deel te nemen aan het leven. Het is de besluiteloosheid om in het leven te staan. Het is de besluiteloosheid over leven. Vanuit deze besluiteloosheid ontstaan allerlei vormen van zelfopgelegd gedrag, allerlei vormen van aanval en allerlei vormen van confrontatie. Het is vanuit deze besluiteloosheid dat mensen in fantasie leven zonder Kennis.

PAS DAN OP VOOR AMBIVALENTIE. Het is een teken dat je functioneert zonder Kennis en dat je probeert je beslissingen te baseren op louter speculatie, persoonlijke voorkeur en angst. Het is besluitvorming zonder fundament dat de mensheid op een dwaalspoor brengt. Het is besluitvorming zonder fundament dat jou op een dwaalspoor heeft gebracht. Kennis verdrijft ambivalentie, want zij geeft een duidelijke richting aan. Zij houdt zich niet bezig met keuzes en beraadslagingen, want ze weet gewoon wat juist is en leidt je stap voor stap naar je vervulling, met zekerheid en blijvende overtuiging.

DENK OP HET UUR DAT JE WILT ONTSNAPPEN aan ambivalentie. Realiseer je terwijl je je les herhaalt hoeveel van je leven verspild is aan het proberen te beslissen tussen dit en dat, door jezelf af te vragen: "Wat moet ik nu doen?", door jezelf te ondervragen over wat goed en wat fout is, en door je af te vragen en je zorgen te maken over de beste keuze en de mogelijke gevolgen ervan. Kennis bevrijd je van deze belastende en verspillende aanwending van je geest. Kennis beraadslaagt niet. Zij wacht eenvoudigweg op de tijd om te handelen en handelt dan. Ze is absoluut zeker van haar richting. Ze is onwankelbaar in haar overtuiging. Als je dit volgt, wat Gods grootste geschenk is aan jou die in de wereld van ambivalentie en verwarring leeft, zul je merken dat je doel, betekenis en richting zult hebben en dat ze dag na dag in hoge mate tot je beschikking zullen staan.

Probeer in je diepere meditaties jezelf met heel je hart te geven aan je oefening. Wees niet ambivalent over je training. Houd je niet in uit angst of onzekerheid, want je neemt deel aan deze voorbereiding omdat Kennis je hiertoe geroepen heeft, en elke dag geef je jezelf omdat Kennis je hiertoe roept. Dus, terwijl We samen door Onze voorbereiding gaan, wordt jouw Kennis dag na dag versterkt, want het is de basis van jouw participatie hier. Welke andere reden zou je kunnen hebben om een student van Kennis te worden?

Versterk daarom in je diepere oefeningen en in je dagelijkse herinneringen je overtuiging dat je moet ontsnappen aan ambivalentie. Realiseer je de fatale prijs van ambivalentie. Zie hoe ze mensen verzonken houdt in hun ideeën en hun betrokkenheid bij het leven ontkent. Zie de menselijke tol om je heen. Die is enorm. Realiseer je dat met zekerheid iedereen zijn rechtmatige plaats zal vinden. De wereld zal verdergaan zonder de wrijving die hij nu moet verdragen. Op deze manier zoeken alle dingen samen naar vervulling in inclusie in het leven. Dat is De Weg van Kennis.

Oefening 274: *Twee oefenperiodes van 30 minuten.*
Ieder uur oefenen.

Stap 275

VANDAAG TRACHT IK VRIJ TE ZIJN VAN ONZEKERHEID.

VRIJ WILLEN ZIJN VAN ONZEKERHEID betekent dat je vrijheid zoekt die echt is, die echt is en die echt de naam vrijheid verdient. In wezen weet je wat je wel of niet doet. Als je niet weet wat je doet, wacht je gewoon op Kennis. Als je weet wat je doet, volg je gewoon wat je weet. Zo eenvoudig is het. Onnodig speculeren, de poging om voorbarige beslissingen te nemen gebaseerd op angst of voorkeur, de eis dat je de zekerheid hebt die je niet hebt en de projectie van schuld op jezelf en anderen voor de mislukkingen van je zwakke besluitvorming zijn de dingen die je geest, je lichaam en je wereld hebben belast. Hieraan wil jij vandaag ontkomen, zodat jij de vrijheid kunt vinden in de zekerheid die God jou gegeven heeft. Het is deze zekerheid die je moet ontdekken en volgen. Door deze te volgen zul je alle beloningen ervan oogsten en een bijdrage aan deze beloningen in de wereld leveren.

DENK OP HET UUR AAN HET IDEE VAN VANDAAG en zie de volledige relevantie ervan voor de wereld om je heen. Geef jezelf in je diepere oefenperiodes over aan stilte. Geef jezelf aan deze ontmoeting met Kennis. Geef jezelf volledig en laat ambivalentie noch onzekerheid je tegenhouden. Hierin oefen je de kracht van Kennis door Kennis te volgen, en op den duur zul je zo sterk worden als Kennis werkelijk is. Probeer daarom vandaag te ontsnappen aan onzekerheid en alles wat daarmee gepaard gaat. Want dit heeft de inspiratie van de mensheid vernietigd en de mensheid tot oorlog tegen zichzelf en de wereld geleid.

OEFENING 275: *Twee oefenperiodes van 30 minuten.*
Ieder uur oefenen.

Stap 276

KENNIS IS MIJN VERLOSSING.

KENNIS IS JE VERLOSSING, want zij leidt je uit je uitzichtloze hachelijke situatie die voortkomt uit pogingen om in fantasie en verbeelding te leven. Ze leid je naar de helderheid en duidelijkheid van de werkelijkheid. Ze leid je handelen en denken zodat beide effectief zijn en tot ware zelfrealisatie leiden. Zo heeft God jou het grootst mogelijke geschenk gegeven: de middelen in jezelf om alle fouten te corrigeren, alle verwarring en conflicten op te lossen en je leven op een ware koers te zetten die gericht is op je ware bestemming. Hier word je bekrachtigd en geëerd en wordt je eigenwaarde teruggewonnen. Het is jouw waarde die aan jou moet worden teruggegeven. God eist niet dat Gods waarde wordt teruggevorderd, want die is nooit verloren gegaan. Maar jouw waarde voor jezelf is verloren gegaan en die kan alleen worden teruggewonnen door een Groter Plan te volgen dat je niet zelf hebt gemaakt, maar dat voor jouw totale welzijn is gecreëerd.

WANNEER JE BESEFT HOEVEEL VAN JE LEVEN verspild is aan ambivalentie en hoe weinig resultaten dat heeft opgeleverd, dan zul je de grote behoefte aan Kennis inzien. Dit zal je de kracht en de overtuiging geven om met de grootst mogelijke zelfbetrokkenheid verder te gaan in je voorbereiding. Zodra je je ware behoefte herkent, zul je in staat zijn om de ware remedie te herkennen die je werd aangereikt.

ZO ZUL JE ALS STUDENT VAN KENNIS met helderheid van geest en de eenvoud van waarheid precies beseffen wat nodig is, want Kennis is je verlossing. Onthoud dit op het uur en denk eraan in het licht van je recente oefeningen. Sta jezelf toe om in je diepere meditaties volledig de stilte te betreden, in het besef dat je jezelf verbindt met de middelen voor je eigen verlossing en via jou de verlossing van de wereld.

OEFENING 276: *Twee oefenperiodes van 30 minuten.*
　　　　　　　　Ieder uur oefenen.

Stap 277

MIJN IDEEËN ZIJN KLEIN, MAAR KENNIS IS GROOT.

ALS JE JE DE WAARHEID VAN DEZE UITSPRAAK REALISEERT, kun je je afstemmen op de bron van alle Kennis. Dan kun je ontsnappen aan de duisternis van de wereld van verbeelding. Verbeelding is instabiel en zelfs haar helderste momenten kunnen in een seconde in duisternis veranderen. Zelfs haar grootste inspiraties kunnen bij de geringste provocatie bitter ontmoedigd worden. Hier is geen zekerheid. Hier is geen werkelijkheid. Hier is niets betrouwbaar, want er kan alleen verandering worden verwacht. Wat begaafd en waardevol is, zal zeker verloren gaan. Dat wat grimmig en destructief is, zal jou zeker achtervolgen.

ZO'N LEVEN WORDT GELEEFD IN DE VERBEELDING. Zo'n leven wordt geleefd in het isolement van je eigen denken. Onderschat de kracht van Kennis niet om je te bevrijden uit deze hopeloze situatie waarin niets wat echt is kan worden onderscheiden, waarin geen ware betekenis kan worden verworven en waarin niets dat blijvend en echt is kan worden gerealiseerd en tot stand gebracht. Het is je verlossing uit de duisternis van je afgescheiden verbeelding die je naar de werkelijkheid van het leven zal leiden en je daar zal verlossen.

BESEF HIER DAT ZELFS JE GROOTSTE IDEEËN, zelfs de ideeën die uit Kennis voortkomen, klein zijn in tegenstelling tot Kennis zelf. Kennis is de grote bron van je Wezen zoals het zich uitdrukt in je individuele leven. Daarom, eer wat groot is en realiseer je wat klein is. Besef dat je na verloop van tijd, wanneer Kennis in je naar boven begint te komen en wanneer je haar toestaat zich steeds vrijer uit te drukken, zult beginnen te herkennen welke gedachten van Kennis uitgaan en welke gedachten slechts ingebeelde gedachten zijn. Maar zelfs gedachten van Kennis, die

veel krachtiger en effectiever zijn dan alle andere gedachten die je
je kunt voorstellen, zelfs deze gedachten die de zaden van het
ware begrip in de wereld zijn, zijn klein in vergelijking met
Kennis.

DENK OP HET UUR AAN DE KRACHT VAN DIT IDEE, want het
wordt gegeven om jou van je eigen verwarring en valse
veronderstellingen te bevrijden. Gebruik je geest vandaag actief in
je diepere oefenperiodes. Probeer elk idee dat je dierbaar is te
bekijken, of het nu positief of negatief is. Kijk naar elk idee
waarin je gelooft of dat je aanhangt. Onderzoek je relatie tot de
primaire ideeën die je leven bepalen. Herinner jezelf er dan aan,
nadat je elk idee hebt bekeken, dat Kennis veel groter is dan dat
idee. Hier zul je beseffen dat er een manier voor je is om te
ontsnappen aan de wereld van ideeën en de wereld van relaties
binnen te gaan, waar alles levensvatbaar en echt is en gebaseerd op
een fundament dat nooit kan veranderen.

OEFENING 277: *Twee oefenperiodes van 30 minuten.*
Ieder uur oefenen.

Stap 278

WAT ONVERANDERLIJK IS ZAL ZICH VIA MIJ UITDRUKKEN.

*W*AARHEID IS ONVERANDERLIJK, MAAR ZE DRUKT ZICH UIT in de wereld van veranderende omstandigheden en veranderend begrip. Het lijkt er dus op dat de waarheid veranderlijk is, maar de bron van de waarheid is niet veranderlijk. Jij die in een wereld van verandering leeft en zelf veranderingen ondergaat, moet beseffen dat je Bron onveranderlijk is. Als je je dit realiseert, zul je een fundament hebben voor vertrouwen in je Bron. Vertrouwen kan alleen echt tot stand komen als het gebaseerd is op dat wat niet veranderd, aangevallen of vernietigd kan worden. Hierin zullen je geloof en vertrouwen een waar fundament hebben. Je beseft dat wat onveranderlijk is, wat de bron van je vertrouwen en de ontvanger van je vertrouwen is, zich in de veranderende wereld op veranderende manieren zal uitdrukken. Zo zal de uitdrukking ervan in al je behoeften voorzien. Het zal je onder alle omstandigheden dienen. Het zal functioneren op elk niveau van begrip. Het zal zichzelf actualiseren op elke plaats waar mensen zich inspannen. Aldus zal het lijken alsof de waarheid veranderlijk is, want ze functioneert op verschillende manieren in verschillende omgevingen, en ze wordt herkend op verschillende manieren vanuit verschillende gezichtspunten. Toch is de waarheid zelf, die Kennis zelf is, altijd onveranderlijk, altijd liefdevol en altijd oprecht.

BEGRIJP DAAROM VANDAAG hoe relatief en veranderlijk je ideeën zijn en hoezeer je je identificeert met dat wat veranderlijk is, dat wat niet op zichzelf kan bestaan. Naarmate je identiteit gegrondvest wordt in Kennis en niet louter op ideeën, speculaties of overtuigingen, zul je de bestendigheid en zekerheid gaan ervaren die alleen Kennis kan schenken. Als je beseft dat je ware leven onveranderlijk is, zul je je vrij voelen om het toe te staan zich uit te drukken onder veranderende omstandigheden. Hier zul je ontsnappen aan alle angst voor dood en verderf. Hier zul je vrede in de wereld vinden, want de wereld verandert, maar jij niet.

OEFENING 278: *Lees vandaag deze stap drie keer.*

Stap 279

IK MOET MIJN VRIJHEID ERVAREN OM HAAR TE BESEFFEN.

VRIJHEID IS GEEN CONCEPT OF IDEE. Zij is een ervaring. Daarom moet ze onder vele, vele verschillende omstandigheden gerealiseerd worden, voordat je de universele toepassing ervan kunt zien. Je krijgt de tijd om dit te doen. Dit zal al je activiteiten zinvol, doelgericht en waardevol maken. Dan zul je geen basis hebben om jezelf of de wereld te veroordelen, want alles zal je begrip van de noodzaak van Kennis versterken en alles zal de ontvanger van Kennis zijn.

GEEF JEZELF DAAROM OVER AAN OEFENEN, voorbereiden en in praktijk brengen. Identificeer je niet louter met ideeën, want zelfs het grootste idee is bedoeld om een uitdrukking te zijn in veranderlijke omstandigheden en zal op zichzelf instabiel zijn. Om werkelijke stabiliteit in de wereld te hebben, moet je je met Kennis identificeren en Kennis toestaan haar kracht, doeltreffendheid en welwillendheid in de wereld te tonen. Je moet je vrijheid ervaren om haar te waarderen en haar betekenis in de wereld te begrijpen. Daarom ben je een student van Kennis. En daarom moet je alles wat je leert toepassen in je voorbereiding hier.

DENK HIERAAN OP HET UUR terwijl je met de wereld bezig bent. Denk hieraan in je diepere meditatieoefeningen wanneer je bezig bent met je innerlijke leven. In beide arena's moet Kennis zegevieren. In beide arena's moet je vrijheid beoefend worden om te worden gerealiseerd. Oefen in je diepere meditaties de kracht van je geest om hem in staat te stellen tot stilte en rust te komen. Laat angst of ambivalentie je deze dag niet overheersen. Je oefent je vrijheid en past haar toe, want je kunt alleen vrij zijn als je van binnen stil bent, en als je van binnen stil bent, ben je al vrij.

OEFENING 279: *Twee oefenperiodes van 30 minuten.*
Ieder uur oefenen.

Stap 280

TERUGBLIK

Neem de afgelopen twee weken door, te beginnen met de eerste les in je terugkijkperiode en ga verder met elke dag tot en met de laatste les. Probeer een overzicht te krijgen van wat er de afgelopen twee weken allemaal gebeurd is. Probeer te zien hoe je je oefening kunt verdiepen en verbeteren. Herken hoeveel tijd en energie je verspilt aan ambivalentie en loze speculaties. Realiseer je hoeveel energie je verspilt aan twijfel en verwarring, terwijl je alleen maar met Kennis hoeft te blijven. Je vermogen om datgene te volgen wat je begrip te boven gaat, wat hier nodig is, zal je leiden naar de grootst mogelijke zekerheid die het leven je kan bieden. Door deze zekerheid zullen je ideeën, je handelingen en je waarnemingen een uniformiteit krijgen die hen in staat zal stellen een krachtige uitdrukking te vormen in de wereld, waar de mensheid verward en verdwaald is in de ambivalentie van de verbeelding. Door te volgen ben je in staat te geven en te leiden. Je zult dit mettertijd herkennen wanneer je je vrijheid uitoefent en je vrijheid toestaat zich door jou uit te oefenen.

Je bent nu een student van Kennis. Wijd je met steeds grotere toewijding en betrokkenheid aan het uitvoeren van je voorbereiding. Sta toe dat de fouten uit je verleden je motiveren. Ze hoeven en moeten geen bron van zelfverwijt zijn. Ze zijn nu bedoeld om begrepen te worden als een demonstratie van je behoefte aan Kennis. Je mag dus heel dankbaar zijn dat je Kennis gegeven werd, want je beseft nu dat het boven alles Kennis is die je zoekt.

Oefening 280: *Een lange oefenperiode.*

Stap 281

BOVEN ALLES ZOEK IK KENNIS.

ZOEK BOVEN ALLES NAAR KENNIS, want Kennis zal je alles geven wat je nodig hebt. Wanneer je je realiseert dat elke andere vorm van inspanning en elk ander gebruik van je geest en lichaam uitzichtloos zal zijn en je in grotere verwarring zal brengen, zul je met volle overtuiging naar Kennis zoeken. Want zonder Kennis kun je alleen maar leren dat je Kennis nodig hebt, en met Kennis zal al het ware leren doorgaan. Je verleden heeft je de grote behoefte aan Kennis al duidelijk gemaakt. Je hoeft dit niet steeds opnieuw te leren. Waarom dezelfde les steeds maar weer herhalen, met de gedachte dat het voor jou een ander resultaat zal opleveren?

UIT JEZELF KUN JE NIETS BEGINNEN. Zonder Kennis kun je alleen maar meer verbeelding genereren. Daarom is er één antwoord op jouw ene grote behoefte, en dat ene antwoord zal alle andere behoeften vervullen die voortkomen uit jouw ene grote behoefte. Jouw behoefte is fundamenteel en het antwoord op jouw behoefte is fundamenteel. Hier is geen sprake van complexiteit, want in essentie heb je Kennis nodig om zinvol te leven. Je hebt Kennis nodig om vooruit te komen. Je hebt Kennis nodig om je Ware Zelf te realiseren. Je hebt Kennis nodig om je bestemming in de wereld te vervullen. Zonder Kennis zul je gewoon ronddolen en opnieuw tot het besef komen dat je Kennis nodig hebt.

DIT IS EEN DAG VAN DANKZEGGING, want je gebeden zijn verhoord. Je behoefte is beantwoord. Het geschenk werd aan jou gegeven om je Kennis terug te winnen. Zoek boven alles datgene wat alles via jou zal dienen. Hierin zullen je behoefte en de remedie voor je leven eenvoudig worden en zul je in staat zijn om in zekerheid en met geduld verder te gaan en een consequente student van Kennis te worden. Dag na dag vorder je je Ware Zelf terug. Dag na dag ontsnap je aan al het andere dat je in de duisternis van verwarring wil trekken. Dag na dag begint dat wat onecht is uiteen te vallen en dat wat echt is tevoorschijn te komen.

Denk vandaag op het uur aan deze grote waarheid en bevestig dat je boven alles op zoek bent naar Kennis. Sta jezelf toe om in je diepere meditatieoefeningen de stilte te betreden. Sta toe dat je leven getransformeerd wordt. Sta toe dat Kennis naar boven komt, zodat je een voertuig kunt zijn voor haar expressie, want daarin zul je geluk vinden.

Oefening 281: *Twee oefenperiodes van 30 minuten.*
Ieder uur oefenen.

Stap 282

IK ZAL DE VERANTWOORDELIJKHEID LEREN ACCEPTEREN OM KENNIS IN DE WERELD TE BRENGEN.

KENNIS IN DE WERELD BRENGEN vereist verantwoordelijkheid. Het is jouw verantwoordelijkheid om Kennis te volgen en te leren Kennis adequaat en doelgericht uit te drukken. Hierbij zullen je menselijke vermogens gecultiveerd en vergroot moeten worden. Onderscheidingsvermogen en alle andere kwaliteiten van waarde in jezelf zullen ook gecultiveerd moeten worden, want je moet leren om dat wat je draagt uit te drukken. Je moet leren dit te volgen en er een waardig voertuig voor te worden. Dit is de ware betekenis van alle individuele ontwikkeling. Hier heeft individuele ontwikkeling een waarachtig doel. Hier hebben je groei en vooruitgang ook richting.

STA JEZELF DAAROM TOE DE BETEKENIS van het idee van vandaag te ervaren. Sta jezelf toe verantwoordelijkheid te aanvaarden. Het is geen last op je schouders. Het is een overgangsrite voor jou, en hierin zullen alle dingen die jou in jezelf verward en gefrustreerd hebben een nieuwe en doelgerichte toepassing krijgen. Besef dat Kennis verantwoordelijkheid met zich meebrengt. Hierin moet je haar met de ernst behandelen die ze vereist, en toch ontvang je met deze ernst de grootsheid en de vrede die ze je zal geven. Na verloop van tijd zul je een zeer, zeer fijn afgestemd voertuig voor Kennis worden in de wereld. Hierin zullen alle dingen die ontwikkeling vereisen ontwikkeling vinden, en alle dingen die je vooruitgang alleen maar belemmeren zullen worden losgelaten.

BESEF VANDAAG IN JE DIEPERE STILTEOEFENINGEN dat je een verantwoordelijkheid hebt om als student van Kennis je geestesvermogens te cultiveren. Maak gebruik van deze verantwoordelijkheden en dwaal niet af in verbeelding. Zet je in als student van Kennis volgens de vereisten van je voorbereiding, want je wordt nu een persoon van verantwoordelijkheid en een persoon van kracht.

OEFENING 282: *Twee oefenperiodes van 30 minuten.*

Stap 283

DE WERELD IS AMBIVALENT, MAAR IK NIET.

KIJK OM JE HEEN IN DE WERELD en je zult zien dat de wereld van de mensheid verdwaald is in zijn eigen ambivalentie. Zij wenst dit te hebben en wenst daarheen te gaan. Zij wil alles houden wat ze heeft verworven en niets verliezen, en toch wil ze meer dan ze nodig heeft. Ze is in de war over haar hachelijke situatie. Ze is verward over de remedie. Ze is verward over haar identiteit. Ze is in de war over wat ze moet waarderen en wat niet. Alle argumenten en debatten, alle conflicten en alle oorlogen houden zich bezig met het uitoefenen van deze ambivalentie.

TERWIJL JE MET KENNIS VERBLIJFT, zul je naar de wereld kijken en de volslagen verwarring ervan herkennen. Dit zal je leren en je herinneren aan de grote behoefte aan Kennis in de wereld. Kennis zal zichzelf nooit aanvallen, en Kennis is niet in conflict met zichzelf. Daarom zullen twee individuen, of twee naties, of zelfs twee werelden, geen twistpunten hebben als ze geleid worden door Kennis, want Kennis zal altijd proberen individuen op een zinvolle manier samen te brengen en hun interacties met elkaar te verduidelijken. Het is niet mogelijk dat Kennis in conflict is met zichzelf, want er is geen oppositie binnen Kennis. Zij heeft één doel en één oogmerk en organiseert daarvoor alle activiteiten. Ze organiseert alle vormen van oppositie in dienst van één doel en één richting. Zo is zij de grote vredestichter in de wereld. Wanneer je met Kennis verblijft, zul je het voertuig worden voor haar uitdrukking. Dan zul je vrede onderwijzen omdat vrede zelf door jou zal onderwijzen.

ALS JE OP DEZE MANIER NAAR KENNIS KIJKT, herken je je ware betrokkenheid en je ware verantwoordelijkheid als student van Kennis. De wereld verkeert in ambivalentie. Ze is in verwarring en lijdt onder alle gevolgen daarvan. Maar jij, die nu leert om zonder oordeel of veroordeling getuige te zijn van de wereld en die leert om vanuit de zekerheid van Kennis getuige te zijn van de wereld, zult in staat zijn om gewoon de hachelijke situatie van de wereld te herkennen en te weten dat je de remedie nu in jezelf draagt.

BETREED IN JE DIEPERE OEFENINGEN OPNIEUW DE STILTE en gebruik indien nodig het RAHN-woord om je te helpen. Want je leert om stil te zijn, je leert om zeker te zijn. Elk individu dat stilte in de wereld kan verwerven, zal een bron van Kennis in de wereld worden, want Kennis zal zich in de wereld uitdrukken waar er een opening is in de geest. Je geest wordt nu open, zodat Kennis zich kan uiten.

OEFENING 283: *Twee oefenperiodes van 30 minuten.*

Stap 284

STILTE IS MIJN GESCHENK AAN DE WERELD.

HOE KAN STILTE EEN GESCHENK ZIJN, vraag je je misschien af. Het is een geschenk omdat het een uitdrukking is van zekerheid en vrede. Hoe kan stilte een geschenk aan de wereld zijn? Omdat jouw stilte Kennis in staat stelt zich via jou uit te drukken. Hoe kan stilte een geschenk aan de wereld zijn? Omdat jouw stilte alle andere geesten in staat stelt om stil te zijn, zodat ze kunnen weten. Een geest in conflict kan niet stil zijn. Een geest die wanhopig op zoek is naar een oplossing kan niet stil zijn. Een geest die onrustig is door zijn eigen evaluaties kan niet stil zijn. Als je dus de stilte die je nu cultiveert aan de wereld presenteert, geef je alle andere geesten die jou herkennen de gelegenheid en de demonstratie die hen in staat zal stellen om zelf de stilte te betreden. In wezen communiceer je dat vrede en vrijheid mogelijk zijn en dat er een grote aanwezigheid van Kennis in de wereld is, die een beroep doet op elke afgescheiden en gekwelde geest.

JOUW STILTE IS EEN GESCHENK. Alle geesten zullen er rustig van worden. Zij zal alle controverses doen verstillen. Ze zal een kalmerend, verzachtend effect hebben op allen die lijden onder het gewicht van hun eigen verbeelding. Dit is dan ook een groot geschenk. Het is niet je enige geschenk, want je zult ook geven door je ideeën, je daden en je prestaties in de wereld. Hier zul je de zich ontwikkelende geestelijke kwaliteiten laten zien die van jou als student van Kennis worden verlangd. Maar van alles wat je aan de wereld kunt bijdragen, zal je stilte het grootste effect hebben, want in stilte resoneer je met alle andere geesten, kalmeer je alle andere geesten en breid je ware vrede uit in de wereld en de vrijheid die ze laat zien.

DENK VANDAAG OP HET UUR AAN HET BELANG VAN STILTE. Kijk om je heen naar de wereld van turbulentie en realiseer je hoe belangrijk stilte daar is. Geef jezelf in je twee diepere meditatieoefeningen opnieuw over aan stilte. Sta jezelf toe om te ontsnappen aan de ambivalentie en onzekerheid die je achtervolgen en die je tegenhouden. Kom dichter bij het rijk van stilte, die het rijk van Kennis is, want daar zul je vrede en zekerheid vinden. Dit is Gods geschenk aan jou, en dit zal jouw geschenk aan de wereld zijn.

OEFENING 284: *Twee oefenperiodes van 30 minuten.*
Ieder uur oefenen.

Stap 285

IN STILTE KUNNEN ALLE DINGEN GEKEND WORDEN.

IN STILTE KUNNEN ALLE DINGEN GEKEND WORDEN, want de geest is in staat om te reageren op Kennis. Dan zal Kennis uitdrukking vinden in je specifieke gedachten en activiteiten. Je geest was bedoeld om Kennis te dienen, zoals je lichaam bedoeld was om je geest te dienen. Hierin is de bijdrage van je Ware Thuis in staat zich uit te drukken in de wereld van ballingschap. Hier raken Hemel en Aarde elkaar, en wanneer ze elkaar raken, begint ware communicatie te bestaan en wordt de overdracht van Kennis in de wereld gemaakt.

JE BEREIDT JE VOOR OM EEN VOERTUIG VOOR KENNIS TE WORDEN, zodat alle dingen die je bereikt, groot en klein, uniek en alledaags, de aanwezigheid van Kennis zullen uitdrukken. Daarom is je functie in de wereld niet groots; ze is eenvoudig. Wat in je activiteit tot uitdrukking komt, is belangrijk, want de eenvoudigste handeling die je met Kennis verricht, is een groots onderricht van Kennis en zal indruk maken op alle geesten in de wereld en hen beïnvloeden.

HERINNER JEZELF DAAROM VANDAAG OP HET UUR aan het belang van het cultiveren van stilte en de onmiddellijke bevrijding van angst en conflicten die het je geeft. Laat vandaag je diepere oefenperiodes tijden van ware devotie zijn, waarin je naar het altaar van God komt om jezelf te geven. Dit is in wezen de ware kerk. Dit is de ware kapel. Dit is waar gebed echt wordt en waar je geest, die een uitdrukking is van Gods Geest, zich in stilte, nederigheid en openheid overgeeft aan zijn grote bron. Hierin zegent God jou en geeft Hij jou een geschenk om aan de wereld te geven dat het resultaat is van jouw eigen ontwikkeling.

Dit alles gebeurt in stilte, want in stilte kan de overdracht van Kennis voltooid worden. Dit is volstrekt natuurlijk en gaat jouw bevattingsvermogen volledig te boven. Daarom hoef je er geen energie en tijd aan te besteden om erover te speculeren, je erover te verwonderen of te proberen het mechanisme ervan te begrijpen. Dit is niet nodig. Het is alleen vereist dat je een ontvanger van Kennis bent.

Houd je niet afzijdig en probeer het niet te begrijpen. Houd je vandaag niet afzijdig, maar treed de stilte binnen, want dit is Gods geschenk aan jou. In stilte zal de overdracht van Kennis plaatsvinden. Hiermee word je een voertuig voor Kennis in de wereld.

Oefening 285: *Twee oefenperiodes van 30 minuten.*
Ieder uur oefenen.

Stap 286

IK DRAAG VANDAAG STILTE MET ME MEE DE WERELD IN.

*D*RAAG STILTE MET JE MEE. Sta je innerlijke leven toe om stil te zijn terwijl jij je door de wereld van turbulentie en verwarring beweegt. Je hoeft nu niets in je gedachten op te lossen, want je leert met Kennis te zijn. Kennis zal je denken ordenen en het ware uniformiteit en richting geven. Draag stilte met je mee en wees er zeker van dat al je interne conflicten door Kennis zullen worden opgelost, want je volgt de bron van hun oplossing. Elke dag zal je dichter bij vrede en vervulling brengen. En dat wat je eerder achtervolgde en grote donkere wolken over je geest bracht, zal eenvoudigweg verdwijnen als je het pad van Kennis bewandelt.

DRAAG STILTE MET JE MEE DE WERELD IN. Dit zal je in staat stellen om echt opmerkzaam te zijn. Dit zal je in staat stellen de wereld te zien zoals hij is. Dit zal je in staat stellen om het conflict in de wereld onschadelijk te maken, want hier leer je vrede door in vrede te zijn. Dit is geen valse vrede die je onderwijst. Ze komt voort uit een ware vereniging met Kennis, want je volgt hier Kennis. Je staat Kennis toe om richting te geven. Je kunt dit alleen in stilte doen.

DENK NIET DAT STILTE JE ONBEKWAAM ZAL MAKEN voor echte activiteit in de wereld. Je zult actief zijn in de wereld, en je zult deelnemen aan het mechanisme ervan, maar je kunt stil zijn van binnen terwijl je dat doet. Je zult merken, tot je grote vreugde, dat je veel competenter, effectiever en veel ontvankelijker voor anderen zult zijn, met een grotere betrokkenheid en productiviteit als je deze stilte de wereld in draagt. Hier kan je energie op een betekenisvolle manier in de wereld worden uitgedrukt. Hier worden alle krachten van je geest en je lichaam ingebracht en niet verspild in interne conflicten. Daarom word je krachtiger en effectiever, zekerder en productiever als je stilte in de wereld brengt.

Herinner jezelf er gedurende de dag aan dat je stilte de wereld in draagt en zoek in je twee diepe meditatiepraktijken de toevlucht tot stilte. Ontsnap aan de wereld die je zintuigen rapporteren en ga de sereniteit en het heiligdom van stilte en Kennis binnen. Je zult merken dat je twee langere oefenperiodes tijden van grote rust en opluchting zullen zijn, grote momenten van verjonging. Zij zijn de momenten waarop je elke dag de heilige kapel van de Heilige Geest bezoekt. Waar jij en God elkaar ontmoeten via Kennis.

Deze oefenperiodes worden dan het hoogtepunt van elke dag, terwijl je leert de geschenken te ontvangen die je worden aangeboden. Je zult naar je oefensessies uitkijken als een gelegenheid om te regenereren en jezelf te verfrissen, om echte inspiratie en troost te vinden en om je geest in staat te stellen steeds sterker te worden door Kennis, zodat je vrede en stilte in de wereld kunt uitdragen.

Oefening 286: *Twee oefenperiodes van 30 minuten.*
　　　　　　　 Ieder uur oefenen.

Stap 287

MET KENNIS KAN IK GEEN OORLOG VOEREN.

MET KENNIS KUN JE GEEN OORLOG VOEREN. Je kunt geen oorlog voeren in jezelf of met anderen, want met Kennis is er alleen Kennis en heerst er verwarring in de wereld. Verwarring vereist geen aanval. Daarom voer je met Kennis geen oorlog, want je hebt één geest, één doel, één verantwoordelijkheid, één richting en één betekenis. Hoe meer je geest uniform wordt, hoe meer je uiterlijke leven ook uniform zal worden. Hoe kun je oorlog voeren in jezelf als je Kennis volgt? Oorlog ontstaat uit ambivalentie waarbij tegengestelde waardesystemen met elkaar in conflict komen om jouw erkenning te krijgen. Concurrerende ideeën, concurrerende emoties en concurrerende waarden voeren allemaal oorlog tegen elkaar, en jij zit gevangen te midden van hun felle gevechten.

MET KENNIS ONTKOM JE AAN DIT ALLES. Met Kennis kun je geen oorlog voeren in jezelf. Na verloop van tijd zullen al je gebrek aan zelfvertrouwen, onzekerheid, angst en bezorgdheid slijten. Terwijl ze dat doen, zul je steeds meer het gevoel hebben dat je geen oorlog voert en zul je genieten van het volledige voordeel van het hebben van vrede. Dit zal je in staat stellen je ogen op de wereld te richten met de volle kracht van je betrokkenheid, want al je mentale en fysieke energie zal nu voor jou beschikbaar zijn om aan de wereld bij te dragen. Wat je zult bijdragen zal groter zijn dan je daden of je woorden, want je zult stilte en vrede in de wereld brengen.

HIER ZUL JE TEGEN NIEMAND OPPOSITIE VOEREN, ook al kiezen anderen ervoor om tegen jou oppositie te voeren. Hier zul je met niemand oorlog voeren, ook al kiezen anderen ervoor met jou oorlog te voeren. Dit zal je grootste bijdrage zijn, en dit is wat je leven zal onderwijzen door demonstratie. Hier zal Kennis zichzelf aan de wereld schenken en de grote lessen onderwijzen die je nu voor jezelf leert te ontvangen. Dit onderricht zal op natuurlijke wijze plaatsvinden. Je hoeft het de wereld niet op te dringen en je hoeft niet te proberen iemand anders te veranderen, want Kennis zal haar ware taak via jou volbrengen.

Besef op het uur de betekenis van het idee van vandaag en besef de kracht van Kennis waarmee een einde kan worden gemaakt aan al jouw lijden en uiteindelijk aan het lijden van de wereld. Keer in je diepere oefenperiodes terug naar je grote heiligdom en word opnieuw ontvanger van Kennis in openheid en nederigheid. Dan zul je in staat zijn om je blijvende relatie met Kennis met steeds grotere zekerheid de wereld in te brengen. Dan zal wat bijgedragen moet worden moeiteloos van je afstralen.

Oefening 287: *Twee oefenperiodes van 30 minuten.*
Ieder uur oefenen.

Stap 288

VIJANDEN ZIJN SLECHTS VRIENDEN DIE NIET GELEERD HEBBEN ZICH AAN TE SLUITEN.

*E*R ZIJN GEEN ECHTE VIJANDEN IN HET LEVEN, want alle oorlog en conflicten komen voort uit verwarring. Dit moet je begrijpen. Een leven zonder Kennis kan alleen maar verward zijn en moet zijn eigen innerlijke geleidingssysteem creëren, dat slechts de ideeën en overtuigingen zijn waarmee het zichzelf identificeert. Zo hebben individuen hun eigen individuele doel en eigen identiteit. Deze evaluaties botsen met die van andere individuen, en zo wordt er één tegen één, groep tegen groep, natie tegen natie en wereld tegen wereld oorlog gegenereerd en gevoerd.

IN KENNIS IS DIT NIET MOGELIJK, want in Kennis is iedereen je vriend. Je herkent in ieder persoon de ontwikkelingsfase waarin hij of zij zich op dat moment bevindt. Bij sommigen van hen kun je betrokken raken, bij anderen niet. Sommigen van hen kunnen jouw bijdrage direct ontvangen, terwijl anderen die indirect moeten ontvangen. Maar ze zijn allemaal je vrienden. Er is geen tegenstelling in Kennis, want er is maar één Kennis in het universum. Zij drukt zich uit via elk individu. Naarmate elk individu meer gezuiverd wordt als voertuig voor Kennis, naarmate elk individu een grotere ontvanger van Kennis wordt en naarmate elk individu Kennis volgt en verantwoordelijk wordt voor Kennis, zal de mogelijkheid voor hem of haar om in conflict te zijn afnemen en uiteindelijk verdwijnen.

ONDERKEN DAN DAT ALLE OORLOGEN EN CONFLICTEN eenvoudigweg een gebrek aan vermogen van de betrokkenen uitdrukken om zich aan te sluiten. Wanneer individuen zich verenigen, herkennen ze een gemeenschappelijke behoefte, die hun primaire behoefte wordt. Dit moet voortkomen uit Kennis en niet uit idealisme als het verwezenlijkt moet worden. Het moet voortkomen uit Kennis en niet uit louter filosofie als het moet leiden tot ware actie en ware betrokkenheid. Zo word je een vredestichter en een vredeshandhaver in de wereld als je volgt als een student van Kennis. Hoe sterker Kennis in je is, hoe zwakker je angst en ambivalentie zullen zijn. Op deze manier zal de oorlog in jou beëindigd worden en zal jouw leven een demonstratie zijn dat oorlog niet nodig is.

WIJD JEZELF VANDAAG AAN HET BEËINDIGEN VAN OORLOG in de wereld door oorlog in jezelf te beëindigen, zodat je een vredestichter en een vredeshandhaver kunt zijn. Herinner jezelf op elk uur aan de les van vandaag en pas die toe op de wereld die je om je heen ziet. Pas die toe op alle conflicten in de wereld waarvan jij je bewust bent. Probeer de volledige relevantie ervan voor deze conflicten te begrijpen. Dit vereist dat je deze conflicten vanuit een ander gezichtspunt bekijkt om de volledige impact en betekenis van het idee van vandaag te beseffen. Het is dit gezichtspunt dat je moet cultiveren, want je moet leren zien zoals Kennis ziet, denken zoals Kennis denkt en handelen zoals Kennis handelt. Dit alles zul je zeker bereiken als je Kennis elke dag volgt.

KEER IN JE DIEPERE OEFENPERIODES terug naar stilte en rust, zodat je je vermogen kunt versterken om jezelf te cultiveren en voor te bereiden als een afgezant van Kennis in de wereld. Dit is jouw verantwoordelijkheid vandaag. Dit zal al je andere activiteiten doordringen en ze waarde en betekenis geven, want vandaag ben je een student van Kennis.

OEFENING 288: *Twee oefenperiodes van 30 minuten.*
Ieder uur oefenen.

Stap 289

VANDAAG BEN IK EEN STUDENT VAN KENNIS.

WEES VANDAAG EEN WARE STUDENT. Geef jezelf volledig aan je leerproces. Neem niets aan, want echte studenten veronderstellen niets en dat is wat hen in staat stelt om alles te leren. Besef dat je Kennis niet kunt begrijpen; je kunt haar alleen ontvangen. Je kunt alleen de uitbreiding ervan ervaren door je leven in de wereld.

STA JEZELF DAAROM TOE ONTVANKELIJK TE ZIJN voor Kennis. Sta jezelf niet toe ontvankelijk te zijn voor de ambivalentie die de wereld doordringt. Houd afstand van deze ambivalentie, want je bent nog niet sterk genoeg met Kennis om ambivalentie onder ogen te zien en je geschenk af te geven in een ambivalente wereld. Wees niet ambitieus in dit opzicht, anders ga je je boekje te buiten en zul je falen. Als Kennis in je groeit en zich ontwikkelt, zal zij je naar gebieden leiden waar je de mogelijkheid hebt om te dienen. Ze zal je naar situaties leiden waarin je voldoende capaciteit hebt om haar te geven.

WEES VANDAAG EEN STUDENT. Probeer het leren niet te gebruiken om er je eigen ambities mee te vervullen. Laat je vandaag niet leiden door je eigen persoonlijke ideeën, maar wees een student van Kennis. Als je ergens zeker van bent, draag het dan zo wijs en gepast mogelijk uit. Wanneer je ergens onzeker over bent, keer dan terug naar Kennis en wees eenvoudigweg rustig met Kennis, want Kennis zal je leiden. Op deze manier zul je een ware en actieve agent van Kennis in de wereld worden. Kennis zal zich door jou in de wereld verspreiden, en alles wat je ontvangt zal door jou aan de wereld gegeven worden.

VERSTERK VANDAAG IN JE DIEPERE OEFENINGEN je vermogen om het rijk van Kennis te betreden. Ga vandaag dieper dan je ooit bent gegaan. Wees vandaag een student van Kennis. Betreed Kennis. Ervaar Kennis. Op deze manier zul je meer en meer betrokken raken bij haar kracht en genade. Op deze manier zul je haar doel in de wereld realiseren, dat alleen door participatie gerealiseerd kan worden.

Oefening 289: *Twee oefenperiodes van 30 minuten.*

Stap 290

IK KAN ALLEEN MAAR EEN STUDENT ZIJN. DAAROM, ZAL IK EEN STUDENT VAN KENNIS ZIJN.

IN DE WERELD BEN JE EEN STUDENT – ALTIJD. Elke dag, elk uur en elke minuut ben je aan het leren en probeer je het geleerde te assimileren. Je bent of een student van Kennis of een student van verwarring. Je bent een student van zekerheid of een student van ambivalentie. Je bent ofwel een student van heelheid en integriteit of je bent een student van conflict en oorlog. Je kunt alleen leren door in de wereld te zijn en je kunt alleen het resultaat van je leerproces demonstreren.

DAAROM IS ER GEEN KEUZE in of je een student zult zijn of niet, want je zult een student zijn, zelfs als je besluit geen student te zijn. Als je besluit geen student te zijn, zul je slechts een ander curriculum bestuderen. Hierin heb je geen keuze, want in de wereld zijn is leren en het resultaat van je leren demonstreren. Dit onderkennend, is je beslissing dus om te bepalen waar je student zult zijn en wat je zult leren. Dit is de kracht van de beslissing die jou gegeven is. Kennis zal je van nature leiden om de juiste beslissing te nemen en zal je naar zichzelf leiden, want zij is aan jou gegeven om aan de wereld te geven. Dus, als je Kennis nadert, zul je het gevoel hebben dat je bezig bent met een grote thuiskomst. Je zult een grote integratie in jezelf voelen, en je zult voelen dat het conflict in jezelf en de oorlog met jezelf beginnen te verminderen en te vervagen.

WEES VANDAAG EEN STUDENT VAN KENNIS, want een student ben je. Kies het leerplan dat jou heeft uitgekozen. Kies het leerplan dat jou en via jou de wereld zal verlossen. Kies het leerplan dat je doel hier vervult en dat jouw leven buiten deze wereld illustreert, dat zich hier wil uitdrukken. Word een student van Kennis.

Besef de kracht van het idee van vandaag en denk er op het uur aan terug. Denk er altijd aan de les van de dag te lezen voordat je de wereld ingaat, zodat je kunt beginnen de oefening ervan voor die dag te gebruiken. Bevestig je student-zijn in Kennis. Versterk je betrokkenheid als student van Kennis. Volg de oefeningen van vandaag met steeds grotere toewijding.

Laat je geest in je twee diepere oefenperiodes actief nadenken over wat het betekent om een student in de wereld te zijn. Schakel je geest in om de boodschap van vandaag te begrijpen en probeer te beseffen dat je onder alle omstandigheden een student bent. Probeer te beseffen dat je hierin geen keuze hebt, want je moet leren, assimileren en het geleerde demonstreren. Dit is het fundament voor waarachtig onderricht. Realiseer je dat je doel in de wereld is om een student van Kennis te worden, Kennis te assimileren en Kennis toe te staan zich uit te drukken zodat je Kennis in de wereld kunt demonstreren. Op de meest eenvoudige manier is dit een uitdrukking van je doel, en vanuit je doel zal een specifieke roeping voortkomen om je op specifieke manieren in de wereld te leiden, in overeenstemming met je aard en je wezen.

Zo versterk je jezelf vandaag als student van Kennis. Zet je geest in je langere oefenperiodes actief in om het idee van vandaag te doorgronden en de absolute relevantie ervan voor je leven te herkennen.

Oefening 290: *Twee oefenperiodes van 30 minuten.*
Ieder uur oefenen.

Stap 291

IK BEN MIJN BROEDERS EN ZUSTERS DANKBAAR DIE ZICH TEGEN MIJ HEBBEN VERGIST.

WEES DANKBAAR VOOR DEGENEN DIE DE BEHOEFTE aan Kennis laten zien. Wees dankbaar voor degenen die je leren dat het hopeloos is om enig doel in de wereld na te streven zonder Kennis. Wees dankbaar voor degenen die je tijd besparen door de resultaten te laten zien van dingen die je zelfs nu voor jezelf in overweging neemt. Wees dankbaar voor degenen die je je eigen grote behoefte in de wereld laten zien. Wees dankbaar voor hen die laten zien wat jij aan de wereld moet geven. Wees dankbaar voor al diegenen die zich tegen jou lijken te keren, want zij zullen je laten zien wat nodig is in je leven en zij zullen je eraan herinneren dat Kennis je enige ware doel, je enige ware oogmerk en je enige ware expressie is.

DAARIN WORDEN ALLEN DIE ZICH VERGISSEN TEGEN JOU je vrienden, want zelfs in hun ellende dienen ze jou en zullen ze een beroep op jou doen om hen te dienen. Hier kunnen alle dwaasheid, vergissing, verwarring, tweeslachtigheid, conflicten en oorlog in de wereld je leiden naar de overtuiging van Kennis. Op deze manier dient de wereld jou, ondersteunt ze jou en bereidt ze je voor om haar te dienen in haar grote nood. Hier word je een ontvanger van de successen van de wereld en word je herinnerd aan de vergissingen van de wereld. Op deze manier zal je liefde en mededogen voor de wereld ontstaan.

HERINNER JEZELF VANDAAG OP HET UUR aan deze boodschap en probeer de betekenis ervan te beseffen in de context van al je activiteiten, zodat alles wat vandaag gebeurt de betekenis van het idee van vandaag zal aantonen. Zet je geest in je diepere oefenperiodes actief in om te proberen het idee van vandaag te doorgronden. Denk terug aan elke persoon van wie je denkt dat hij zich tegen jou heeft vergist. Zie hoe die persoon jou als herinnering heeft gediend en zal blijven dienen. Dit kan je veel tijd en energie besparen door je dichter bij Kennis te brengen, door je vastberadenheid voor Kennis en door je eraan te herinneren dat er geen alternatief is voor Kennis. Denk in je langere oefenperiodes aan elke persoon van wie je het gevoel hebt dat hij of zij zich tegen je heeft vergist en realiseer je vanuit dit gezichtspunt hun enorme dienst die ze je hebben bewezen.

LAAT DEZE DAG EEN DAG VAN VERGEVING ZIJN en een dag van acceptatie waarop je degenen die zich tegen jou hebben vergist herkent en dankbaar bent. Het leven spant samen om je naar Kennis te brengen. Als je Kennis binnengaat, zul je je de grote dienst realiseren die het leven je bewijst, zowel door zijn successen als door zijn mislukkingen. Wees een ontvanger van dit geschenk, want in liefde en dankbaarheid zul je je tot de wereld wenden en datgene willen bijdragen wat de grootste van alle bijdragen is. Hier zul je Kennis geven in dankbaarheid en in dienstbaarheid aan de wereld die jou heeft gediend.

OEFENING 291: *Twee oefenperiodes van 30 minuten.*
Ieder uur oefenen.

Stap 292

HOE KAN IK BOOS ZIJN OP DE WERELD ALS DIE MIJ ALLEEN MAAR DIENT?

Hoe kun je boos zijn als de wereld jou dient? Wanneer je inziet hoezeer de wereld jou dient, wat alleen herkend kan worden in de context van Kennis, zul je al je haat tegen de wereld, al je veroordeling van de wereld en al je verzet tegen de wereld beëindigen. Dit zal je ware bestemming bevestigen, je ware oorsprong en je ware doel om in de wereld te zijn.

Je bent op de wereld gekomen om te leren en om af te leren. Je bent op de wereld gekomen om te herkennen wat echt is en wat niet. Je bent op de wereld gekomen om een bijdrage aan de wereld te leveren, een bijdrage die van voorbij de wereld is gezonden om hier te dienen. Dit is het werkelijke karakter van je aanwezigheid hier, en hoewel het in strijd lijkt te zijn met je evaluatie van jezelf, is het toch waar en zal het waar zijn ongeacht je standpunt, ongeacht je eigen idealen en overtuigingen en ongeacht welke doelen je jezelf stelt. De waarheid wacht op je en wacht tot je bereid bent haar op waarde te schatten.

Denk op het uur aan het idee van vandaag en zie overal de toepassing ervan als je naar de wereld kijkt. Breng in je twee diepere oefeningen opnieuw elke persoon in herinnering van wie je voelt dat hij zich tegen jou heeft vergist, en probeer opnieuw hun bijdrage aan jou te begrijpen doordat ze jou tot Kennis hebben gebracht, jou hebben geleerd Kennis op waarde te schatten, en jou hebben geleerd te beseffen dat er geen hoop is buiten Kennis. Er is geen hoop zonder Kennis. Het idee van vandaag zal liefde en dankbaarheid jegens de wereld opwekken en dit gezichtspunt versterken, wat voor jou noodzakelijk zal zijn om met zekerheid, liefde en Kennis naar de wereld te kunnen kijken.

OEFENING 292: *Twee oefenperiodes van 30 minuten.*
Ieder uur oefenen.

Stap 293

Ik wil vandaag niet lijden.

Versterk je vastbeslotenheid om vandaag niet te lijden door een student van Kennis te zijn, door Kennis aan te hangen en door jezelf aan Kennis toe te wijden. Laat je niet meeslepen door de wereld in haar zinloze bezigheden, in haar hopeloze pogingen of in haar hoogoplopende conflicten. Al deze dingen oefenen nog steeds aantrekkingskracht op je uit, maar sta jezelf niet toe hier vandaag aan toe te geven, want de overtuigingen van de wereld zijn voortgekomen uit de grote angst en vrees van de wereld. Angst en vrees zijn als ziekten die de geest aantasten. Sta niet toe dat je geest vandaag zo wordt aangetast. Je wilt vandaag niet lijden, en je zult lijden als je de overtuigingen van de wereld volgt. Neem deel aan de wereld en vervul je alledaagse verantwoordelijkheden, maar versterk je vastberadenheid om een student van Kennis te zijn, want dit zal je bevrijden van alle lijden en je de grootsheid geven die je bedoeld bent om aan de wereld te geven.

Bevestig op het uur dat je vandaag niet wilt lijden en realiseer je het onvermijdelijke van je lijden als je je zonder Kennis in de wereld probeert te begeven. De wereld kan je nu alleen herinneren aan je enige grote doel en verantwoordelijkheid, namelijk om een student van Kennis te worden. Wees dankbaar dat de wereld je zal steunen op de enige manier die ze kan, en wees dankbaar dat God vanuit je Aloude Thuis Genade in de wereld heeft verleend zodat je kunt ontvangen en leren geven.

Oefening 293: *Ieder uur oefenen.*

Stap 294

TERUGBLIK

Begin deze tweewekelijkse Terugblik met deze aanroeping:

"Ik ben nu een student van Kennis. Ik zal de betekenis en het doel van Kennis leren kennen door mijn deelname. Ik zal mijn deelname volgen zonder te proberen de methoden of lessen op welke manier dan ook te veranderen, omdat ik wil leren. Ik ben een student van Kennis in een wereld waar Kennis afwezig lijkt te zijn. Daarom ben ik hierheen gezonden om me voor te bereiden om datgene te geven wat Kennis aan de wereld wil geven. Ik ben een student van Kennis. Ik ben zeker van mijn verantwoordelijkheid. Hierin zal ik alles ontvangen wat ik waarlijk verlang, want ik verlang waarlijk de wereld lief te hebben."

Na deze aanroeping begint je tweewekelijkse Terugblik. Begin met de eerste dag in deze periode van twee weken, lees de les voor die dag en herinner je je oefening. Ga op deze manier verder om alle dagen in deze periode van twee weken te behandelen en probeer dan een overzicht te krijgen van je leven tijdens deze oefentijd. Begin te zien wat er in je leven is gebeurd in deze periode van twee weken.

Naarmate je meer overzicht krijgt, zul je de beweging in je leven beginnen te zien. Misschien zal dit in het begin subtiel zijn, maar je zult je al snel gaan beseffen dat je leven snel vooruitgaat en dat je waarden en je ervaring van jezelf aan het veranderen zijn. Je ondergaat een fundamentele verandering. Je wordt eindelijk jezelf. Je zult beseffen dat de oorlog, die nog steeds af en toe in je woedt, zal afnemen en minder frequent zal worden. Alleen met een bewust en objectief overzicht kan dit worden herkend, en als het wordt herkend, zal het je het vertrouwen en de overtuiging geven om verder te gaan, want je zult weten dat je je ware koers en je ware bestemming volgt. Je zult weten dat je een ware student van Kennis bent en dat je de juiste beslissing hebt genomen met betrekking tot je student-zijn.

OEFENING 294: *Een lange oefenperiode.*

Stap 295

IK DRING DOOR TOT HET MYSTERIE VAN MIJN LEVEN.

JE DRINGT DOOR TOT HET MYSTERIE VAN JE LEVEN dat zich aan jou wil openbaren. Het mysterie van je leven is de bron van alles wat zich in je leven manifesteert. Alles wat gemanifesteerd zal worden en bedoeld is om gemanifesteerd te worden, is belichaamd in het mysterie van je leven. Daarom is je huidige betrokkenheid als student van Kennis volstrekt fundamenteel voor alles wat je in de wereld zult doen en voor alles wat je in dit leven zult realiseren en vervullen. Het is volstrekt fundamenteel voor je behoefte.

LAAT HET MYSTERIE MYSTERIEUS ZIJN. Sta het manifeste toe manifest te zijn. Op deze manier zul je het mysterie van Kennis met eerbied en openheid betreden en je met een praktische inslag en een concrete benadering in de wereld begeven. Dit zal je in staat stellen een brug te zijn van je Aloude Thuis naar deze tijdelijke wereld. Dan zul je het leven in het universum met eerbied en ontzag behandelen, en je zult je eigen inzet in de wereld kort maar krachtig en met verantwoordelijkheid behandelen. Hier zullen al je vermogens op de juiste manier gecultiveerd en geïntegreerd worden en zul je een voertuig voor Kennis zijn.

WE BEGINNEN NU AAN EEN MEER GEVORDERD DEEL van je leerplan. Je zult je misschien realiseren dat je veel van wat je leert nog niet kunt begrijpen. Veel van de te volgen stappen zullen bedoeld zijn om je Kennis te activeren, om haar sterker en meer aanwezig in je te maken en om de oeroude herinnering aan je ware relaties in het universum en de betekenis van je doel hier in je op te roepen. Daarom zullen We een reeks lessen beginnen die je niet zult kunnen begrijpen, maar waarmee je je moet bezighouden. Je dringt nu door tot het mysterie van je leven. Het Mysterie van je leven houdt alle beloften voor je leven in.

Denk gedurende de dag aan je les. Reciteer hem op het uur en treed in je twee diepere oefenperiodes binnen in stilte en vrede. Sta jezelf toe om door te dringen tot het mysterie van je leven, zodat het mysterie van je leven aan jou onthuld kan worden. Want alle betekenis, doel en richting komen voort uit je oorsprong en je bestemming. Je bent een bezoeker in de wereld en je deelname hier moet een voorbeeld zijn van je grotere leven voorbij de wereld. Op deze manier wordt de wereld gezegend en vervuld. Op deze manier zul je de wereld niet verraden, want je bent geboren uit een groter leven, en Kennis verblijft bij je om je hieraan te herinneren.

Oefening 295: *Twee oefenperiodes van 30 minuten.*
Ieder uur oefenen.

Stap 296

NASI NOVARE CORAM

DE OEROUDE WOORDEN VAN VANDAAG ZULLEN KENNIS STIMULEREN. Hun betekenis kan als volgt vertaald worden: "De aanwezigheid van de Leraren van God is bij mij." Dit is een eenvoudige vertaling van deze woorden, maar hun kracht gaat hun vanzelfsprekende betekenis ver te boven. Ze kunnen een diepe respons in je oproepen, want ze zijn een aanroeping voor Kennis, geboren uit een oude taal die in geen enkele wereld is ontstaan. Deze taal vertegenwoordigt de taal van Kennis en dient al diegenen die een taal spreken en die nog steeds een taal nodig hebben om te communiceren.

HERINNER JE DE LES VAN GISTEREN, probeer niet de oorsprong van deze woorden of het mechanisme voor hun dienst te begrijpen, maar wees de ontvanger van hun geschenk. Op het uur reciteer je de aanroeping van vandaag, en in je twee diepere oefenperiodes herhaal je de aanroeping en treed je vervolgens binnen in stilte en stilzwijgen om de kracht van deze woorden te voelen. Sta hen toe je te helpen de diepte van je eigen Kennis binnen te gaan. Wanneer elke lange oefenperiode voorbij is en je terugkeert naar de wereld van handelen en vorm, herhaal dan nogmaals de aanroeping en wees dankbaar dat het mysterie van je leven wordt doordrongen. Wees dankbaar dat je Aloude Thuis met je mee de wereld in is gekomen.

OEFENING 296: *Twee oefenperiodes van 30 minuten.*
Ieder uur oefenen.

Stap 297

NOVRE NOVRE COMEY NA VERA TE NOVRE

DE AANROEPING VAN VANDAAG SPREEKT OVER DE KRACHT VAN STILTE in je geest en de kracht die de stilte in je geest zal hebben in de wereld. Sta toe dat je aanroeping op het uur met grote eerbied gereciteerd wordt. Sta toe dat het mysterie van je leven zich nu voor jou ontvouwt, zodat je het kunt aanschouwen en met je meedragen in je avontuur in de wereld.

HERHAAL IN JE TWEE DIEPERE OEFENPERIODES de aanroeping van vandaag en treed opnieuw de diepte van stilte binnen, waarbij je jezelf volledig aan je oefening geeft. Herhaal na afloop van je oefening nogmaals het idee van vandaag. Sta jezelf toe de aanwezigheid te voelen die bij je is terwijl je dit doet, want je Aloude Thuis verblijft bij jou terwijl je in de wereld verblijft. De oeroude herinnering aan je Thuis en de herinnering aan alle ware relaties die je tot nu toe in je hele evolutie hebt teruggewonnen, worden zo met het idee van vandaag herdacht. Want in stilte kunnen alle dingen gekend worden, en alle dingen die gekend zijn, zullen zich aan jou openbaren.

OEFENING 297: *Twee oefenperiodes van 30 minuten.*
               Ieder uur oefenen.

Stap 298

Mavran Mavran Conay Mavran

De aanroeping van vandaag doet een beroep op hen die Kennis met jou beoefenen in de Grotere Gemeenschap, zodat de kracht van hun onderneming en hun grote prestaties al jouw pogingen en al jouw beoefening als student van Kennis mogen verfraaien. De aanroeping van vandaag verbindt je geest met alle geesten die bezig zijn met het terugwinnen van Kennis in het universum, want je bent zowel een burger van een Grotere Gemeenschap als een burger van jouw wereld. Je maakt deel uit van een grote onderneming die zowel binnen de wereld als daarbuiten bestaat, want God is overal aan het werk. De Ware Religie is dus het terugwinnen van Kennis. Ze vindt haar uitdrukking in elke wereld en in elke cultuur, en daar verwerft ze haar symboliek en rituelen, maar haar essentie is universeel.

Oefen op het uur met het herhalen van de aanroeping van vandaag en neem terwijl je dat doet even de tijd om de impact ervan te voelen. Je kunt een manier vinden om dit vandaag onder al je omstandigheden te doen, en dit zal je herinneren aan je Aloude Thuis en de kracht van Kennis die je in je draagt. Herhaal in je diepere oefenperiodes je aanroeping en ga dan in stilte en nederigheid het heiligdom van Kennis binnen. Als je oefenperiode voorbij is, herhaal dan nogmaals de aanroeping van vandaag. Sta je geest toe zich bezig te houden met dat wat buiten het beperkte bereik van menselijke betrokkenheid ligt, want Kennis spreekt van een groter leven in de wereld en daarbuiten. Het is dit grotere leven dat je nu moet koesteren. Het is dit grotere leven dat je nu moet ontvangen, want je bent een student van Kennis. Kennis is groter dan de wereld, maar Kennis is naar de wereld gekomen om te dienen.

Oefening 298: *Twee oefenperiodes van 30 minuten.*
Ieder uur oefenen.

Stap 299

NOME NOME CONO NA VERA TE NOME

De aanroeping van vandaag doet opnieuw een beroep op de kracht van de inspanningen van anderen in het terugwinnen van Kennis om jou te helpen in je eigen inspanningen. Opnieuw is het een bevestiging van de kracht van wat je doet en je totale inclusie in het leven. Het bevestigt de waarheid in een grotere context en het bevestigt de waarheid in woorden die jij eeuwenlang niet hebt gebruikt, maar die je vertrouwd zullen worden naarmate ze diep in je geest resoneren.

Oefen op het uur en neem even de tijd om de uitwerking van de uitspraak van vandaag te voelen. Gebruik het als een aanroeping om te beginnen en als een zegening om je twee langere oefenperiodes af te sluiten. Sta jezelf toe om door te dringen tot het mysterie van je leven, want het mysterie van je leven is de bron van alle betekenis in je leven, en het is deze betekenis die je vandaag zoekt.

Oefening 299: *Twee oefenperiodes van 30 minuten. Ieder uur oefenen.*

Stap 300

Vandaag ontvang ik iedereen die deel uit maakt van mijn Spirituele Familie.

Ontvang hen die deel uitmaken van je Spirituele Familie, die je begeleiden en bijstaan, wier inspanningen namens Kennis je eigen inspanningen aanvullen en wiens aanwezigheid in je leven een bevestiging is dat ware gemeenschap in dienst van Kennis bestaat. Sta toe dat hun werkelijkheid die van jou verheldert, dat ze alle duisternis van isolatie en alle zwakheid van individualiteit verdrijft, zodat jouw individualiteit de kracht van haar ware bijdrage kan vinden. Vertoef vandaag niet alleen in je gedachten, maar treed binnen in de aanwezigheid van je Spirituele Familie, want je bent voortgekomen uit gemeenschap en nu treed je binnen in gemeenschap, want het leven is gemeenschap – gemeenschap zonder uitsluiting en zonder tegenpool.

Denk hier vandaag op het uur aan. Zet in je langere oefenperiodes je geest actief in om te proberen de boodschap die je vandaag gegeven wordt te begrijpen. Probeer te begrijpen wat Spirituele Familie werkelijk betekent. Probeer te begrijpen dat ze intrinsiek aan jou is. Je hebt er niet voor gekozen. Je bent er eenvoudigweg uit voortgekomen. Zij vertegenwoordigt wat je tot nu toe in Kennis hebt bereikt. Alle prestaties in Kennis zijn het terugwinnen van relaties, en je Spirituele Familie zijn die relaties die je tot nu toe hebt teruggewonnen in je terugkeer naar God.

Dit zal je begrip te boven gaan, maar je Kennis zal resoneren met de boodschap voor vandaag en de aanroepingen die je de vorige dagen hebt geoefend. Kennis zal onthullen wat je moet weten en wat je moet doen. Het is niet de bedoeling dat je belast wordt met pogingen om te begrijpen wat je begrip te boven gaat. Maar jou is de verantwoordelijkheid gegeven om te reageren op de communicatie die jou wordt gegeven vanuit het mysterie van je eigen leven en vanuit de kracht van God in jouw leven.

Je maakt deel uit van een Spirituele Familie. Je ontvangt dit door middel van je ervaring, een ervaring die je deelname aan het leven en het grote doel dat je bent komen dienen zal bevestigen.

Oefening 300: *Twee oefenperiodes van 30 minuten.*
Ieder uur oefenen.

Stap 301

IK ZAL MEZELF VANDAAG NIET VERLIEZEN IN ZORGEN.

STA OP DEZE DAG NIET TOE DAT DE GEWOONTE OM JEZELF TE VERLIEZEN in zorgen je geest in beslag neemt. Accepteer dat je een groter leven binnentreedt met een groter gevoel van bestemming. Sta jezelf toe te vertrouwen op de zekerheid van Kennis in jou en haar bevestiging van je ware relaties. Heb deze dag vrede. Sta stilte toe om bij je te zijn terwijl je door de wereld wandelt.

HERHAAL OP HET UUR HET IDEE VAN VANDAAG. Gebruik het bij je diepere oefeningen als een aanroeping om je meditatie te beginnen en als een zegening om je meditatie te voltooien. Sta jezelf toe stil te zijn in je meditaties. Sta vandaag niet toe dat je bevangen raakt door onzekerheid. Laat je niet meeslepen door zorgen. Je verblijft met Kennis, die de bron is van alle zekerheid in de wereld. Je verblijft met haar en je staat haar toe haar invloed en geschenken uit te spreiden naar jou, die nu leert om zekerheid voor jezelf terug te winnen. Sta toe dat deze dag een bevestiging is van je student-zijn. Sta toe dat deze dag een uitdrukking van Kennis is.

OEFENING 301: *Twee oefenperiodes van 30 minuten.*
Ieder uur oefenen.

Stap 302

VANDAAG ZAL IK ME NIET VERZETTEN TEGEN DE WERELD.

VERZET JE NIET TEGEN DE WERELD, want de wereld is de plaats waar je naartoe bent gekomen om te dienen. Het is de plaats waar Kennis zich zal uiten als je leert een voertuig voor Kennis te worden. Sta de wereld toe te zijn zoals hij is, want zonder je veroordeling zal het veel gemakkelijker voor je zijn om in de wereld te zijn, haar middelen te gebruiken en haar mogelijkheden te herkennen.

VERZET JE NIET TEGEN DE WERELD, want jij bent van voorbij de wereld. De wereld is niet langer een gevangenis voor je, maar de plaats waar je een bijdrage kunt leveren. In welke mate je je ook in het verleden niet aan de wereld hebt kunnen aanpassen en in welke mate het moeilijk voor je was om in de wereld te zijn, nu kijk je op een nieuwe manier naar de wereld. Je hebt de wereld onderzocht om Kennis te vervangen, en nu realiseer je je dat Kennis je vanuit je Bron wordt gegeven. De wereld wordt dus niet langer gebruikt als vervanging voor Kennis en de wereld kan nu een schilderdoek worden waarop je de potentie van Kennis kunt uitdrukken. Zo wordt de wereld wat ze rechtmatig is in je leven. Daarom hoef je je vandaag niet tegen de wereld te verzetten.

DENK DEZE DAG, TERWIJL JE DOOR DE WERELD GAAT, op het uur aan dit idee en laat jezelf aanwezig zijn in welke omstandigheid je je ook bevindt. Sta je innerlijke leven toe stil te zijn, zodat Kennis zijn invloed en leiding op jou kan uitoefenen. Sta jezelf toe vandaag zekerheid te dragen – de zekerheid van Kennis. Dit is een zekerheid die je niet voor jezelf hebt bedacht of geconstrueerd. Ze blijft altijd bij je, ondanks je verwarring.

VERZET JE VANDAAG NIET TEGEN DE WERELD, want Kennis is bij je. Denk tijdens je langere oefenperiodes zowel voor als na je meditaties aan dit idee. Ontsnap in je meditaties aan de wereld in het heiligdom van stilte. Hoe groter je betrokkenheid bij het heiligdom van stilte, hoe gemakkelijker je in de wereld zult zijn, want je zult niet proberen de wereld te gebruiken als vervanging voor je Aloude Thuis. Hier wordt de wereld nuttig voor jou, en jij wordt nuttig voor de wereld.

OEFENING 302: *Twee oefenperiodes van 30 minuten.*
Ieder uur oefenen.

Stap 303

IK ZAL VANDAAG AFSTAND NEMEN VAN DE OVERTUIGINGSKRACHT VAN DE WERELD.

NEEM AFSTAND VAN DE WERELDSE OVERREDINGEN. Herken wat zeker is en wat verward is. Herken wat toegewijd is en wat ambivalent. Laat je vandaag niet overmeesteren door de frustratie en verwarring van de wereld, maar houd het licht van God in je hart. Houd het brandend in jezelf terwijl je je in de wereld begeeft. Zo kom je ongeschonden en niet beïnvloed door de wereld, omdat je met Kennis verblijft. Zonder Kennis voert de wereld je slechts mee in zijn eigen waanzin. Hij neemt je mee in haar verlokkingen en haar waanzinnige bezigheden.

VANDAAG VERBLIJF JE MET KENNIS, en dus ben je vrij van de overredingen van de wereld. Herhaal het idee van vandaag op het uur en besef hoe belangrijk het is om je innerlijke balans en je gevoel van zelf en zekerheid te bewaren. Besef hoe belangrijk het idee van vandaag is om je in staat te stellen de stilte in jezelf levend te houden, zodat je diepere meditaties, waarin je vandaag opnieuw stilte zult beoefenen, hun invloed en hun vruchten kunnen afwerpen op al je activiteiten, want dat is hun doel.

HERKEN DE OVERREDINGEN VAN DE WERELD EN NEEM AFSTAND. Dit is jou gegeven om te doen, want hier heb je de beslissingsbevoegdheid. Je kunt dit doen zodra je de overredingen van de wereld herkent en beseft hoe belangrijk Kennis is. Dit zal je in staat stellen de beslissingsbevoegdheid voor jezelf uit te oefenen. Hier zal de wereld je niet opeisen en hier zul je een kracht ten goede in de wereld zijn, want dit is je doel.

GEEF IN JE DIEPERE MEDITATIEOEFENINGEN het idee van vandaag opnieuw als een aanroeping om je voor te bereiden. Ga in stilte en in rust het heiligdom van Kennis binnen, zodat je je daar kunt verjongen en verfrissen. Vind daar verlichting van je eigen innerlijke conflicten en van de conflicten die in de wereld woeden. Wanneer je terugkeert uit je heiligdom, herinner jezelf er dan aan dat je niet opgeëist zult worden door de verwarring van de wereld. Herinner jezelf eraan dat je niet ten prooi zult vallen aan de overredingen van de wereld. Dan zul je de veiligheid die je nu leert te ontvangen verder uitdragen in de wereld om je heen.

OEFENING 303: *Twee oefenperiodes van 30 minuten.*
Ieder uur oefenen.

Stap 304

VANDAAG ZAL IK GEEN STUDENT VAN ANGST ZIJN.

Onthoud dat je altijd een student bent - elke dag, elk uur en elk moment. Daarom moet je, naarmate je bewuster wordt, kiezen wat je wilt leren. Hier krijg je een echte keuze, want je bent óf een student van Kennis óf een student van verwarring. Wees vandaag geen student van verwarring. Wees vandaag geen student van angst, want zonder Kennis is er onzekerheid en is er angst. Zonder Kennis zijn er angstige activiteiten die meer angst en een groter gevoel van verlies produceren.

Besef je verantwoordelijkheid als student. Besef dit en accepteer dit met een zekere geruststelling, want je hebt hier een betekenisvolle keuze - een student van Kennis zijn of een student van verwarring. Kennis zal haar invloed op je uitoefenen om je in staat te stellen om de juiste keuze te maken, om datgene te kiezen wat je zekerheid, doel, betekenis en waarde geeft in de wereld. Dan kun je een kracht voor Kennis in de wereld worden om verwarring, duisternis en angst te verdrijven uit alle geesten die onder hun drukkende last zwoegen.

Wees geen leerling van de angst. Neem dit besluit in jezelf op het uur waarop je de angstige overredingen van de wereld, de verwarring van de wereld en zijn duistere invloed op allen die zijn onderdrukking voelen, herkent. Sta jezelf toe een bevrijde ziel in de wereld te zijn. Houd het juweel van liefde in je hart. Houd het licht van Kennis in je hart. Herhaal het idee voor vandaag wanneer je vandaag terugkeert naar je twee diepere meditatieoefeningen, zodat je in stilte en rust kunt binnentreden in je heiligdom. Verjong jezelf in Kennis en verfris jezelf, want

Kennis is het grote licht dat jij draagt. Hoe meer je in haar aanwezigheid komt, hoe meer ze op jou zal afstralen en hoe meer ze op jou en, door jou, op de wereld zal schijnen.

OEFENING 304: *Twee oefenperiodes van 30 minuten.*
Ieder uur oefenen.

Stap 305

VANDAAG VOEL IK DE KRACHT VAN LIEFDE.

*A*ls je niet verstrikt raakt in de overredingen van de wereld, zul je de kracht van liefde voelen. Als je niet verleid wordt door de ambivalentie van de wereld, zul je de kracht van liefde voelen. Als je met Kennis bent, zul je de kracht van liefde voelen. Dit is natuurlijk voor jou, voor je wezen, voor je natuur en voor de natuur van allen die hier met jou verblijven. Daarom zal, naarmate je studie in Kennis zich verdiept, je ervaring van liefde zich verdiepen.

Sta vandaag liefde toe in je leven, want Kennis en liefde zijn één. Sta jezelf toe hier vandaag een ontvanger van te zijn, want hierin word je geëerd en je gevoel van onwaardigheid wordt weggenomen. Ontvang de kracht van liefde op het uur en ontvang haar in je diepere meditatieoefeningen, waarin je ware ontvankelijkheid oefent.

Sta Kennis toe om de aard van liefde aan jou te openbaren. Sta je liefde voor Kennis toe om Kennis voor jou te genereren, want Kennis houdt van jou als van zichzelf, en als je leert om Kennis lief te hebben als van jezelf, zal je gevoel van afscheiding van het leven verdwijnen. Dan zul je bereid zijn bij te dragen aan de wereld, want dan zul je alleen datgene willen bijdragen wat je ontvangen hebt. Je zult je dan realiseren dat er geen ander geschenk is dat op enigerlei wijze te vergelijken is met het geschenk van Kennis, dat het geschenk van liefde is. Dit zul je willen schenken aan de wereld met heel je hart. Hier zullen je

Leraren actiever voor je worden, want ze zullen je voorbereiden om dit effectief bij te dragen, zodat je je bestemming in de wereld kunt vervullen.

OEFENING 305: *Twee oefenperiodes van 30 minuten.*
Ieder uur oefenen.

Stap 306

IK ZAL VANDAAG RUSTEN IN KENNIS.

IN KENNIS VIND JE RUST EN VERLOSSING van de wereld. In Kennis vind je troost en zekerheid. In Kennis zal al het ware in het leven met jou verblijven, want in Kennis zijn de Christus en de Boeddha één. In Kennis komen alle grote verworvenheden van de grote Spirituele Afgezanten samen en worden ze aan jou geopenbaard. Hierin wordt hun belofte vervuld, want zij hebben zichzelf voor dit doel gegeven. Zo is de Kennis die jij vandaag ontvangt de vrucht van hun geven, want Kennis is voor jou in de wereld in leven gehouden. Zij werd in leven gehouden door hen die haar ontvingen en bijdroegen. Zo leggen hun levens het fundament voor het jouwe. Hun geven vormt het fundament voor jullie geven. Hun acceptatie van Kennis versterkt jouw acceptatie van Kennis.

HET DOEL VAN AL HET WARE SPIRITUELE ONDERRICHT is de ervaring en de manifestatie van Kennis. Dit kan de eenvoudigste gave en de grootste gave, de meest alledaagse handeling en de meest buitengewone handeling bezielen. Jij bent in groot gezelschap, jij die Kennis beoefent. Je ontvangt de gave van de Christus en de Boeddha. Je ontvangt het geschenk van alle ware Spirituele Afgezanten die hun Kennis verwezenlijkten. Zo wordt jouw deelname vandaag kracht en fundament gegeven terwijl je het grote doel om Kennis levend te houden in de wereld voortzet.

RUST VANDAAG OP HET UUR en in je twee diepe meditatieoefeningen in Kennis, die nu in jou leeft.

OEFENING 306: *Twee oefenperiodes van 30 minuten.*
Ieder uur oefenen.

Stap 307

Kennis leeft nu in mij.

Kennis leeft in jou en jij leert met Kennis te leven. Zo worden alle duisternis en illusie uit je geest verdreven terwijl je je realiseert wat je leven altijd is geweest en altijd zal zijn. Wanneer je de onveranderlijkheid van je ware bestaan beseft, zul je beseffen hoe het zich wenst uit te drukken in de wereld van verandering. Jouw Kennis is groter dan je geest, groter dan je lichaam en groter dan je definities van jezelf. Ze is onveranderlijk en toch steeds veranderlijk in haar uitdrukking. Voorbij angst, twijfel en vernietiging verblijft zij in jou, en naarmate je leert ermee te leven, zullen al haar kwaliteiten de jouwe worden.

Er is niets dat de wereld kan bieden dat hiermee op enigerlei wijze kan worden vergeleken, want alle geschenken van de wereld zijn kortstondig en vergankelijk. Als jij ze eert, zal je angst om ze te verliezen toenemen. Als je jezelf eraan houdt, zal je angst voor dood en verderf toenemen en zul je opnieuw in verwarring en frustratie geraken. Maar met Kennis kun je dingen in de wereld bezitten zonder je ermee te identificeren. Je kunt ze ontvangen en ze loslaten in overeenstemming met de noodzaak om dat te doen. Dan zal de grote zorg van de wereld jou niet beïnvloeden, maar de kracht van Kennis die je draagt zal de wereld beïnvloeden. Op deze manier zul je de wereld meer beïnvloeden dan zij jou beïnvloedt. Op deze manier zul je een bijdrage leveren aan de wereld. Op deze manier zal de wereld gezegend zijn.

Verjong jezelf in Kennis in je diepere oefenperiodes in stilte en herinner jezelf op het uur aan de kracht van Kennis die je deze dag draagt. Laat twijfel of onzekerheid je niet afschrikken, want twijfel en onzekerheid zijn hier volkomen onnatuurlijk. Je leert natuurlijk te worden, want wat is er natuurlijker dan jezelf te zijn? En wat kan er meer jezelf zijn dan Kennis zelf?

OEFENING 307: *Twee oefenperiodes van 30 minuten.*
Ieder uur oefenen.

Stap 308

TERUGBLIK

Voer in je langere oefenperiode van vandaag de Terugblik uit op de afgelopen twee weken training overeenkomstig Onze eerdere instructies. Dit is een zeer belangrijke evaluatieperiode, want je zult de invocaties die je werden gegeven evalueren en je zult ook de potentie evalueren van de taak die je als student van Kennis op je neemt. Besef in deze afgelopen twee weken je eigen angst voor Kennis. Besef je eigen angst voor het mysterie van je leven. Herken alle pogingen die je gedaan zou kunnen hebben om illusie en verbeelding opnieuw binnen te treden. Herken dit contrast in leren dat zo essentieel is voor je begrip.

Evalueer dit met objectiviteit en mededogen. Weet dat je ambivalentie ten opzichte van het leven beseft moet worden en dat het zich met steeds minder kracht zal blijven uiten naarmate je dichter en dichter bij Kennis komt. Onthoud dat Kennis het leven zelf is, de essentie van het leven. Zij is onveranderlijk en toch drukt ze zich voortdurend uit door verandering. Om haar te ervaren, moet je je deelname als student van Kennis versterken en onthouden dat je een beginnende student van Kennis bent, zodat je niet op je veronderstellingen kunt vertrouwen. Je moet het leerplan ontvangen en begeleid worden in het toepassen ervan. Op deze manier ben je veilig voor alle verkeerde toepassingen, alle verkeerde interpretaties en dus vrij van fouten.

Deze Terugblik is heel belangrijk, want je bereikt nu een groot keerpunt in je deelname als student van Kennis. Kennis begint nu potentie te krijgen. Je begint haar kracht te voelen. Je begint haar totale belang voor jou te beseffen. Jij die in het verleden gedeeltelijk met het leven was, realiseert je nu dat het leven volledig met jou is en van jou verlangt dat je volledig met het leven bent. Dit is je redding en je verlossing, want hier worden alle afscheiding, angst en ellende weggenomen. Wat kun je verliezen als je zo'n geschenk ontvangt? Je verliest alleen je verbeelding, die jou heeft achtervolgd, bedreigd en bang gemaakt. Maar zelfs je verbeelding zal met Kennis een groter doel krijgen, want ze is bedoeld om je op een andere manier te dienen.

Ga met grote diepgang en oprechtheid door met je Terugblik. Wees niet bezorgd over hoelang dit duurt. Je tijd kan niet beter besteed worden. Evalueer de afgelopen twee weken, zodat je de vooruitgang van Kennis in jezelf kunt waarnemen. Je zult dit inzicht nodig hebben als je in de toekomst anderen wilt ondersteunen bij het terugwinnen van Kennis voor henzelf.

Oefening 308: *Een lange oefenperiode.*

Stap 309

DE WERELD DIE IK ZIE PROBEERT ÉÉN GEMEENSCHAP TE WORDEN.

DE WERELD DIE JE ZIET PROBEERT ÉÉN GEMEENSCHAP TE WORDEN, want dat is haar evolutie. Hoe kan de wereld evolueren als ze gefragmenteerd is? Hoe kan de mensheid vooruitkomen als ze zichzelf tegenwerkt? Hoe kan de wereld in vrede leven als de ene groep met de andere concurreert? De wereld die je ziet is als de geest die je in jezelf ervaart - in strijd met zichzelf, maar zonder doel of betekenis. De wereld die je ziet probeert één gemeenschap te worden, want alle werelden waar intelligent leven is geëvolueerd moeten één gemeenschap worden.

HOE DIT ZAL WORDEN BEREIKT EN WANNEER het zal worden bereikt ligt buiten je huidige gezichtsveld, maar als je zonder oordeel naar de wereld kijkt, zul je het verlangen in elke persoon zien om zich aan te sluiten. Je zult het verlangen zien om afscheiding te beëindigen. De urgente problemen van de wereld zijn slechts een voorbeeld van haar hachelijke situatie en vragen om de vorming van één gemeenschap in de wereld. Dit is zo duidelijk als je maar kijkt. Zoals jij zelf één persoon wordt en alle wonden in jezelf geneest als student van Kennis, zo probeert de wereld één wereld te worden en al haar wonden en al haar interne conflicten en afscheiding te helen. Waarom is dit zo? Omdat Kennis in de wereld is.

ALS JE KENNIS IN JEZELF AAN HET ONTDEKKEN BENT, onthoud dan dat Kennis latent aanwezig is in ieder mens, en zelfs in haar latentie oefent ze haar invloed uit en breidt ze haar richting uit. De wereld bevat ook Kennis. Waar je naar kijkt is een grotere representatie van jezelf. Dus als je een student van Kennis wordt en in staat bent je voorbereiding objectief te herkennen, zul je een waarheidsgetrouw beeld van de evolutie van de wereld beginnen te krijgen. Hier zal je gezichtspunt niet vervormd worden door persoonlijke voorkeuren of angsten, want de evolutie van de wereld zal gewoon duidelijk voor je zijn. De evolutie van de wereld is duidelijk voor jouw Leraren, die de wereld bekijken van buiten haar beperkingen. Maar jij, die in de wereld bent, die de invloed van de wereld voelt en die de twijfel en onzekerheid van de wereld deelt, moet ook leren om zonder deze beperkingen naar de wereld te kijken.

DE WERELD PROBEERT ÉÉN GEMEENSCHAP TE WORDEN. Herinner jezelf hieraan op het uur en zet je geest in je twee diepere oefenperiodes actief in om te proberen het idee van vandaag te begrijpen. Denk aan de problemen van de wereld en de oplossingen die ze vragen. Denk aan de conflicten in de wereld en de eis dat ze worden opgelost. Besef dat als een individu of een groep individuen zich tegen deze oplossingen en vereisten verzet, dit hen ertoe zal aanzetten oorlog tegen de wereld en elkaar te voeren. De conflicten die je waarneemt zijn slechts een poging om de afscheiding in stand te houden. Maar de wereld probeert één gemeenschap te worden en ongeacht de weerstand hiertegen zal ze dit onophoudelijk proberen, want dit is haar evolutie. Dit is het ware verlangen van allen die hier wonen, want alle afscheiding moet worden beëindigd en alle bijdrage moet worden geleverd. Dit is jouw doel en het doel van allen die hier zijn gekomen.

ONTHOUD DAT JE GEROEPEN BENT en dat je reageert op je enige ware doel. Na verloop van tijd zullen anderen ook geroepen worden en reageren. Dit is onvermijdelijk. Je vervult het onvermijdelijke, wat veel tijd en vele stappen zal kosten. Kennis is je bron en Kennis is het resultaat. Daarom kun je zeker zijn van de uiteindelijke uitkomst van je acties. Ongeacht hoe de wereld verder zal gaan in haar voorbereiding en haar moeilijkheden, moet ze dit ene ware doel bereiken. Daarom kun je met zekerheid verdergaan.

PROBEER IN JE LANGERE MEDITATIES DOOR TE DRINGEN tot het idee van vandaag. Wees hier niet zelfgenoegzaam, maar betrek je geest hier actief bij, zoals het de bedoeling was dat je geest erbij betrokken zou zijn. Probeer je eigen ambivalentie te herkennen over het feit dat de wereld één gemeenschap wordt. Probeer je angsten en zorgen hierover te herkennen. Probeer ook je verlangen naar één gemeenschap te herkennen en je begrip dat dit noodzakelijk is. Als je eenmaal je eigen gedachten en gevoelens over het idee van vandaag hebt geïnventariseerd, zul je beter begrijpen waarom de wereld zich in de huidige hachelijke situatie bevindt. De wereld heeft een bepaalde bestemming en een bepaalde koers te volgen, maar toch is ze ambivalent over alles. Dus moet de wereld zelf haar ambivalentie afleren, zoals jij dat nu leert te doen, en jouw resultaten zullen haar helpen bij deze grote onderneming, want dit is jouw bijdrage aan de wereld.

OEFENING 309: *Twee oefenperiodes van 30 minuten.*
      Ieder uur oefenen.

Stap 310

IK BEN VRIJ OMDAT IK VERLANG TE GEVEN.

JE VRIJHEID ZAL VERVULD WORDEN, je vrijheid zal voltooid worden en je vrijheid zal voor altijd teruggewonnen worden door de bijdrage van je ware gaven aan de wereld. Jij, die jezelf nu toewijdt om te geven en de aard van je geschenk en je verantwoordelijkheid als gever leert kennen, zet de toon voor je eigen vrijheid en stelt je eigen vrijheid in de wereld veilig. Wees niet ontmoedigd dat de wereld jouw waarden niet deelt en wees niet ontmoedigd dat de wereld jouw toewijding niet deelt, want velen in de wereld en buiten de wereld ondernemen dezelfde voorbereiding als jij. Velen hebben jouw huidige voorbereiding volbracht en dienen de wereld nu met heel hun hart en ziel.

ZODOENDE MAAK JE DEEL UIT VAN EEN GROTE LEERGEMEENSCHAP. Wat jij nu leert, moet uiteindelijk de hele wereld leren, want iedereen moet Kennis terugwinnen. Dit is Gods Wil. Wij proberen nu de tijd die het zal kosten en de moeilijkheden die men zal ondervinden tot een minimum te beperken. Toch begrijpen We dat evolutie zijn gang moet gaan binnen het individu en ook binnen de mensheid. Dus breidt Kennis zich uit om de ware evolutie van het leven te ondersteunen, zodat het leven zichzelf kan realiseren en vervullen. Dit proces gaat door in jou en in de wereld. Jij die je studie in Kennis opeist, zult je voorspraak voor Kennis opeisen. Hierin zul je steeds meer een kracht ten goede worden in de wereld – een kracht die ambivalentie, verwarring en conflict verdrijft, een kracht voor vrede, een kracht voor zekerheid en een kracht voor ware samenwerking en relatie.

DENK GEDURENDE DE DAG OP HET UUR AAN dit idee en zet je geest in je twee diepere oefenperiodes actief in om hierover na te denken. Laat je denkgeest een nuttig onderzoeksinstrument zijn.

Bekijk nogmaals al je ideeën en overtuigingen die met het idee van vandaag samenhangen. Realiseer je opnieuw hoe ambivalentie je nog steeds berooft van inspiratie, je berooft van motivatie, je berooft van moed en je berooft van relatie. Versterk je student-zijn en je voorspraak op Kennis, zodat je deze dag verder kunt ontsnappen aan ambivalentie en de zekerheid kunt ontvangen die jouw erfenis is.

Oefening 310: *Twee oefenperiodes van 30 minuten.*
Ieder uur oefenen.

Stap 311

DE WERELD ROEPT ME. IK MOET ME VOORBEREIDEN OM HAAR TE DIENEN.

JE BENT GEKOMEN OM DE WERELD TE DIENEN, maar je moet je voorbereiden om haar te dienen. Je kunt jezelf niet voorbereiden, want je weet niet waarop je je voorbereidt en je kent de voorbereidingsmethoden niet, want die moeten je worden gegeven. Maar je weet dat je je moet voorbereiden en je weet dat je de voorbereidingsstappen moet volgen, want dit zit al in je Kennis.

JE BENT GEKOMEN OM DE WERELD TE DIENEN. Als dit ontkend of verwaarloosd wordt, zul je in jezelf tot wanorde vervallen. Als je doel niet wordt gediend en bevorderd, zul je je vervreemd voelen van jezelf en zul je in de duisternis van je eigen verbeelding vallen. Je zult jezelf veroordelen en geloven dat God jou ook veroordeelt. God veroordeelt jou niet. God roept je op om je doel te herkennen en het te vervullen.

LAAT AMBITIE JE NIET VOORTIJDIG MEE DE WERELD IN NEMEN. Onthoud dat je een student van Kennis bent. Je volgt Kennis in de wereld omdat je je voorbereidt om een voertuig te zijn voor haar bijdrage en een ontvanger van haar gaven. Dit vereist terughoudendheid van jouw kant. Dit vereist een grotere voorbereiding. Een student hoeft alleen maar de leidraad van de instructie te volgen. Een student hoeft alleen maar te vertrouwen op de kracht van de instructeur. Jouw Kennis zal dit bevestigen en jouw onzekerheid hier wegnemen, want jouw Kennis keert terug naar haar Thuis en naar haar Bron. Zij keert terug naar datgene waarnaar zij moet terugkeren. Ze antwoordt op datgene wat ze moet vervullen in de wereld.

HAAT DE WERELD NIET NOCH VERZET JE ER TEGEN, want het is de plaats waar je je bestemming zult vervullen. Daarom verdient ze je dankbaarheid en waardering. Maar vergeet ook niet de kracht van haar verwarring en haar aansporingen te respecteren. Hier moet je sterk zijn met Kennis, en hoewel je de wereld waardeert voor het versterken van je vastberadenheid voor Kennis, neem je ook nota van de verwarring van de wereld en betreed je de wereld voorzichtig, met onderscheidingsvermogen en toewijding aan Kennis. Dit is allemaal belangrijk en We zullen je eraan herinneren terwijl We verdergaan, want ze zijn essentieel voor jou om Wijsheid te leren als student. Het is zowel je verlangen naar Kennis als je capaciteit voor Kennis die We moeten cultiveren en die je moet leren ontvangen.

OEFENING 311: *Lees de les vandaag drie keer.*

Stap 312

ER ZIJN GROTERE PROBLEMEN VOOR MIJ OM OP TE LOSSEN IN DE WERELD.

VEEL VAN JE PERSOONLIJKE PROBLEMEN ZULLEN WORDEN OPGELOST als je jezelf geeft aan een grotere roeping. Sommige van je persoonlijke problemen zul je specifiek moeten aanpakken, maar zelfs hier zul je merken dat hun druk op je zal afnemen naarmate je je in een grotere roeping begeeft. Kennis geeft je grotere dingen te doen, maar ziet geen enkel detail over het hoofd van wat je moet volbrengen. Daarom zijn kleine details en grote details, kleine aanpassingen en grote aanpassingen allemaal inbegrepen. Niets wordt weggelaten. Jijzelf zou je voorbereiding in dit opzicht onmogelijk in balans kunnen brengen, want je zou niet weten hoe je prioriteiten moet stellen tussen wat groot en wat klein is. Je poging om dat te doen zou je alleen maar dieper in verwarring en frustratie brengen.

WEES DAN DANKBAAR DAT HET JE BESPAARD IS GEBLEVEN om het onmogelijke voor jezelf te proberen, want wat echt is, word je gegeven. Wat je moet doen is een student en een voertuig voor Kennis worden. Dit zal alle zinvolle individuele ontwikkeling en alle zinvol individueel onderwijs activeren. Het zal meer van je vragen dan je van jezelf gevraagd hebt, en alles wat het vraagt zal vervuld worden en zijn ware belofte voor jou inlossen.

HERINNER JEZELF HIERAAN OP HET UUR en put moed uit het feit dat er een grotere betrokkenheid is beloofd die je uit je individuele ellende zal doen ontsnappen. Ga vandaag in je diepere oefenperiodes actief met je geest aan de slag om al je kleine persoonlijke problemen door te nemen. Bekijk alle dingen waarvan je denkt dat ze je tegenhouden en alle dingen waarvan je denkt dat je ze zelf moet oplossen. Herinner jezelf eraan dat Kennis op alle niveaus voor correctie zal zorgen naarmate je leven uniform en gericht wordt, naarmate je Kennis naar boven begint te komen en naarmate je ware gevoel van zelf herkend en ontvangen begint te worden.

OEFENING 312: *Twee oefenperiodes van 30 minuten.*
Ieder uur oefenen.

Stap 313

LAAT ME INZIEN DAT DATGENE WAT COMPLEX IS, EENVOUDIG IS.

JIJ DENKT DAT JE PERSOONLIJKE PROBLEMEN COMPLEX ZIJN. Je denkt dat de problemen van de wereld complex zijn. Je denkt dat je toekomst en je bestemming ingewikkeld zijn. Dit komt doordat je in verbeelding hebt geleefd en hebt geprobeerd om vragen zonder zekerheid op te lossen. Dit is het gevolg van het gebruik van je persoonlijke overtuigingen om het universum naar jouw hand te zetten. Dit is het gevolg van het onmogelijke proberen, en dit is het resultaat van het mislukken van het onmogelijke.

JE BENT GERED OMDAT KENNIS BIJ JE IS. Je bent verlost omdat je kennis leert ontvangen. Zo zullen alle conflicten worden opgelost en zul je het ware doel, de betekenis en de richting in de wereld vinden. Je zult merken dat je nog steeds zult proberen je problemen zelf op te lossen, en dit zal je er alleen maar aan herinneren dat je Kennis nodig hebt om je te leiden, want alles wat je eigen inspanningen zonder Kennis kunnen doen, is je herinneren aan je behoefte aan Kennis.

DENK ER DAAROM VANDAAG OP HET UUR AAN dat Kennis bij je is en dat je een student van Kennis bent. Heb vertrouwen dat alle problemen die je waarneemt - groot en klein, in jezelf en buiten jezelf - zullen worden opgelost door Kennis. Herinner jezelf er ook aan dat dit je niet in een passieve staat brengt. Dit vereist je actieve betrokkenheid als student van Kennis en de actieve ontwikkeling van je vermogens voor een waar doel. Je bent inderdaad eerder passief geweest vanwege je pogingen tot het onmogelijke en je falen in het onmogelijke. Nu word je actief, en dat wat actief is in jou is Kennis, want je ontvangt nu je Ware Zelf.

Ga in je twee langere oefeningen actief met het idee van vandaag aan de slag. Probeer de betekenis ervan te doorgronden. Bekijk alle ideeën en overtuigingen die je nu hebt en die ermee verband houden. Sta jezelf toe je gedachten en overtuigingen te inventariseren, zodat je het werk herkent dat in jou moet worden verricht. Jij bent de eerste ontvanger van Kennis, en zodra je hier een bepaalde graad van verwezenlijking hebt bereikt, zal Kennis op natuurlijke wijze door je heen stromen. Je activiteiten zullen dan steeds meer gericht zijn op het dienen van de wereld om je heen en grotere problemen zullen aan je worden voorgelegd, zodat je gered kunt worden van je eigen dilemma.

Oefening 313: *Twee oefenperiodes van 30 minuten.*
Ieder uur oefenen.

Stap 314

IK ZAL VANDAAG NIET BANG ZIJN OM TE VOLGEN.

WEES NIET BANG OM TE VOLGEN, want jij bent een volgeling. Wees niet bang om student te zijn, want jij bent een student. Wees niet bang om te leren, want jij bent een leerling. Accepteer eenvoudig wat je bent en gebruik het ten goede. Hier beëindig je de oorlog tegen jezelf, waarin je hebt geprobeerd iets te zijn wat je niet bent. Leer jezelf te accepteren en je zult beseffen dat je geaccepteerd wordt. Leer van jezelf te houden en je zult beseffen dat je geliefd bent. Leer jezelf te ontvangen en je zult leren dat je ontvangen wordt. Hoe kun je jezelf liefhebben, accepteren en ontvangen? Door een student van Kennis te zijn, want hier zijn al deze prestaties natuurlijk. Je moet ze volbrengen om bij Kennis te kunnen zijn, en Kennis zal ze volbrengen. Zo word je een eenvoudig middel aangereikt om een schijnbaar ingewikkeld dilemma op te lossen.

TWIJFEL NIET AAN DE KRACHT VAN KENNIS IN JOU en wat zij kan bereiken, want je kunt de betekenis van Kennis, de bron van Kennis of het mechanisme van Kennis niet bevatten. Je kunt alleen haar weldaad ontvangen. Er wordt je alleen gevraagd deze dag te ontvangen. Je wordt alleen gevraagd om een ontvanger van Kennis te zijn.

DENK OP HET UUR AAN JE IDEE en denk er de hele dag serieus over na. Realiseer je de vele mogelijkheden om deze dag te oefenen, want je geest wordt nu weggeleid van fantasie en verwarring. Besef hoeveel tijd en energie er voor jou beschikbaar is. Je zult er versteld van staan hoe je leven zich zal openen en welke grote kansen zich voor jou zullen aandienen.

BETREEDT VANDAAG IN JE DIEPERE OEFENINGEN opnieuw de stilte. Onttrek je opnieuw aan de wisselvalligheden en de verwarring van de wereld. Ga opnieuw het heiligdom van Kennis binnen om jezelf te geven. Het is in dit geven dat je ontvangt. Het is in dit geven dat je zult vinden wat je vandaag zoekt.

Oefening 314: *Twee oefenperiodes van 30 minuten.*
Ieder uur oefenen.

Stap 315

VANDAAG ZAL IK NIET ALLEEN ZIJN.

Wees vandaag niet alleen. Isoleer jezelf niet in je angst of in je negatieve verbeelding. Isoleer jezelf niet in je fantasieën. Denk niet dat je alleen bent, want dat is een fantasie. Wees vandaag niet alleen. Besef dat degenen die bij je zijn niet overtuigd zijn door je fouten of ontsteld door je mislukkingen, maar je ware aard en je Kennis herkennen. Zij die vandaag bij je zijn, houden zonder uitzondering van je. Ontvang hun liefde, want dit zal bevestigen dat je niet alleen bent en dit zal bevestigen dat je niet alleen wilt zijn. Waarom zou je anders alleen willen zijn, behalve om je pijn, je gevoel van mislukking en je schuldgevoel te verbergen? Deze dingen die het gevolg zijn van je afscheiding isoleren je alleen maar verder.

Maar vandaag ben je niet alleen. Kies er daarom voor om niet alleen te zijn en je zult zien dat je nooit alleen bent geweest. Kies ervoor om jezelf niet te isoleren en je zult zien dat je al deel uitmaakt van het leven. Bevestig dit op het uur en realiseer je opnieuw de vele gelegenheden om hier gedurende de dag bij stil te staan. Begin in je diepere meditatieoefeningen met het aanroepen van de boodschap van vandaag. Treed dan binnen in stilte en stilzwijgen waar er geen afscheiding is. Sta jezelf toe de grote geschenken van liefde die je toekomen te ontvangen en verjaag elk gevoel van ontoereikendheid en onwaardigheid die slechts het residu zijn van je afgescheiden, ingebeelde leven. Vandaag ben je niet alleen. Daarom is er hoop voor de wereld.

OEFENING 315: *Twee oefenperiodes van 30 minuten.*
Ieder uur oefenen.

Stap 316

IK VERTROUW VANDAAG OP MIJN DIEPSTE NEIGINGEN.

Je diepste neigingen komen voort uit Kennis. Als je geest vrij wordt van zijn beperkingen en als je leven zich begint te openen voor de grotere roeping die nu voor jou naar boven komt, zullen deze diepere neigingen krachtiger en duidelijker worden. Je zult ze gemakkelijker kunnen onderscheiden. Dit vereist een groot zelfvertrouwen, wat natuurlijk een grote eigenliefde vereist. Vertrouwen op je diepste neigingen, Kennis volgen en een student van Kennis zijn, zal je eigenliefde herstellen en op een stevig fundament plaatsen dat de wereld niet aan het wankelen kan brengen.

Hier word je in je eigen ogen verlost. Hier word je in relatie met het leven gebracht. Hier brengt je eigenliefde liefde voor anderen voort, want hier is geen ongelijkheid. Je wordt teruggewonnen en in jouw terugwinnen begint Kennis zich uit te drukken in de wereld. Jij bent de voornaamste begunstigde, maar nog groter dan dit is haar impact op de wereld. Want in jouw geven zul je de wereld eraan herinneren dat ze niet verstoken is van hoop, dat ze niet alleen is, dat jij niet alleen bent, dat anderen niet alleen zijn en dat alle diepste neigingen naar hoop, waarheid en rechtvaardigheid die anderen voelen niet zonder fundament zijn, maar voortkomen uit Kennis in henzelf. Zo zul je een bevestigende kracht in de wereld zijn en een kracht om Kennis ook in anderen te bevestigen.

Denk aan je idee op het uur en probeer alle situaties die je vandaag tegenkomt te gebruiken om Kennis terug te winnen. Op deze manier zul je zien dat je hele leven voor het oefenen gebruikt kan worden. Als je dit doet, zal alles wat er gebeurt jou dienen en zul je liefde voor de wereld voelen. Je diepere neigingen zullen de diepere neigingen in anderen stimuleren en aanmoedigen, en zo zul je een kracht voor Kennis in de wereld zijn.

NEEM IN JE TWEE DIEPERE MEDITATIEOEFENINGEN in stilte je toevlucht tot de tempel van Kennis in jezelf. Probeer hier stil te zijn en eenvoudig de kracht van Kennis in je leven te voelen. Breng je vragen niet mee, want ze zullen beantwoord worden door de Kennis zoals die in je naar boven komt. Kom in openheid, op zoek naar verlichting, op zoek naar troost, op zoek naar kracht en op zoek naar zekerheid. Deze zul je ervaren omdat ze voortkomen uit de essentie van Kennis in jou. Laat deze dag een dag van zelfvertrouwen zijn en daarmee een dag van eigenliefde.

OEFENING 316: *Twee oefenperiodes van 30 minuten.*
Ieder uur oefenen.

Stap 317

IK HOEF ALLEEN MAAR MIJN AMBIVALENTIE OP TE GEVEN OM DE WAARHEID TE KENNEN.

HOE EENVOUDIG IS HET OM DE WAARHEID TE KENNEN als de waarheid werkelijk verlangd wordt. Hoe eenvoudig is het om ambivalentie te herkennen en de verwoestende invloed ervan op je leven te zien. Hoe eenvoudig is het om het bewijs van ambivalentie in de wereld om je heen te zien en hoe het de diepere neigingen ondermijnt van allen die hier verblijven. Zoek dan een ontsnapping uit ambivalentie, want dit is verwarring. Zoek dan een uitweg uit de last van voortdurende beslissingen en keuzes, want dat is een last.

DE MAN EN VROUW VAN KENNIS hoeven zichzelf niet te belasten met voortdurende overpeinzingen over wat ze moeten doen, hoe ze moeten zijn, wie ze zijn en waar ze naartoe gaan in het leven, want deze dingen worden gekend wanneer op elke stap wordt geanticipeerd en wanneer ze worden genomen. Zo wordt het grote gewicht dat je in de wereld draagt van je schouders genomen. Zo begin je jezelf en de wereld te vertrouwen. Hier is vrede mogelijk en verzekerd, zelfs voor degenen die actief zijn in de wereld, want zij dragen stilte en openheid in zich. Ze zijn nu onbelast en verkeren in een positie om werkelijk een bijdrage te leveren.

HERINNER JEZELF AAN JE LES OP HET UUR en zie, terwijl je naar de wereld kijkt, het effect en de invloed van ambivalentie. Besef hoe het je belemmert en hoe het voortkomt uit verwarring en die ondersteunt. Het is het gevolg van pogingen om het betekenisloze te waarderen en het betekenisvolle te negeren. Hier wedijveren dingen zonder waarde met dingen van echte waarde in de ogen van degenen die ze waarnemen. Herken dit als je naar de wereld kijkt. Laat vandaag geen uur voorbijgaan zonder te oefenen, want op deze manier zal deze dag je het belang van Kennis leren. Het zal je leren dat je aan ambivalentie moet ontkomen en dat het de vloek van verwarring over de wereld is.

O<small>NTSNAP IN JE DIEPERE OEFENPERIODES</small> aan je eigen ambivalentie en ga opnieuw het heiligdom van Kennis binnen waar je in stilte en vrede de kracht van Kennis en de waarheid van je eigen natuur ten volle kunt ervaren. Dit is een dag van vrijheid. Dit is een dag waarop je je dilemma begrijpt en beseft dat je ontsnapping nabij is. Neem deze stap met vertrouwen, want vandaag kun je ontsnappen aan ambivalentie.

O<small>EFENING</small> 317: *Twee oefenperiodes van 30 minuten.*
Ieder uur oefenen.

Stap 318

ER IS EEN GROTERE KRACHT AAN HET WERK IN DE WERELD.

ER IS EEN GROTERE KRACHT AAN HET WERK IN DE WERELD omdat er een Grotere Kracht aan het werk is in jouw leven, en deze Grotere Kracht is aan het werk in de levens van allen die hier verblijven. Zelfs als de meerderheid van de bewoners van jouw wereld nog niet klaar zijn om met het terugwinnen van Kennis te beginnen, verblijft Kennis nog steeds in hen en oefent haar invloed op hen uit - een invloed die hen op bepaalde manieren zal beïnvloeden en die ze op andere manieren zullen negeren. Maar als je de ontvanger en de vertegenwoordiger van Kennis wordt en als je het voertuig wordt voor de expressie van Kennis in de wereld, zul je de kracht hebben om iedereen die Kennis in zichzelf moet ontvangen te activeren en te beïnvloeden. Op deze manier wordt alles wat je doet, groot en klein, een zegen voor de wereld. Jij die nu leert om jezelf niet langer te veroordelen en om te ontsnappen aan ambivalentie, zult de doeltreffendheid zien van je eigen Innerlijke Leiding die haar levensvonk op de wereld afgeeft. Zo word je een deel van de kracht ten goede, een kracht die een Grotere Kracht in de wereld dient.

DE WERELD DEMONSTREERT HAAR FOUTEN met ernst en omvang, maar deze fouten worden gecompenseerd door de aanwezigheid van een Grotere Kracht in de wereld. Zonder deze Grotere Kracht zou de mensheid niet zo ver geëvolueerd zijn. Zonder deze Grotere Kracht zou alles wat goed is geweest in jullie verschijningen, alles wat de mensheid heeft gediend en geïnspireerd en alles wat heeft gesproken over de grootsheid van Kennis, direct of indirect, niet hebben plaatsgevonden. De Grotere Kracht in de wereld heeft ervoor gezorgd dat de evolutie van de mensheid kon doorgaan en heeft Kennis levend gehouden in de wereld door individuen zoals jij die, door de vonk van hun eigen Kennis, in voorbereiding zijn geroepen zodat Kennis kan worden teruggewonnen en uitgedrukt en zo levend gehouden.

Heb daarom hoop, want er is een Grotere Kracht in de wereld. Maar denk niet dat dit jou passief maakt. Denk niet dat dit de verantwoordelijkheid van je schouders haalt die altijd gepaard gaat met het terugwinnen van Kennis. Deze Grotere Kracht in de wereld vereist dat je bereid bent om deze te ontvangen en uit te drukken. Jouw stem is haar stem; jouw handen zijn haar handen; jouw ogen zijn haar ogen; jouw oren zijn haar oren; jouw beweging is haar beweging. Zij vertrouwt op jouw voorbereiding en op jouw demonstratie, zoals jij daarop vertrouwt voor zekerheid en zoals jij daarop vertrouwt voor doel, betekenis en richting. Het is dus door jouw vertrouwen op Kennis en het vertrouwen van Kennis op jou dat je vereniging met Kennis compleet wordt gemaakt.

Denk er op elk uur aan dat er een Grotere Kracht aan het werk is in de wereld. Denk hieraan als je naar de wereld kijkt in haar ambivalentie en dwaling. Denk hieraan als je naar de wereld kijkt in haar grootsheid en inspirerende expressie. Als je maar zonder oordeel kijkt, zul je de verbazingwekkende aanwezigheid van Kennis in de wereld zien. Dit zal je vertrouwen in de wereld geven, zoals je nu leert vertrouwen in jezelf te hebben.

Treed vandaag in je diepere oefenperiodes opnieuw binnen in je heiligdom waar je komt om jezelf te geven aan een Grotere Kracht die in de wereld is en die in jezelf is. Sta toe dat je geest stil is, zodat je deze Grotere Kracht in je leven kunt ontvangen en ervaren. Hier leer je te ontvangen wat jou ontvangt. Hier leer je datgene te herkennen wat de wereld ontvangt en wat de wereld haar enige ware hoop geeft.

Oefening 318: *Twee oefenperiodes van 30 minuten.*
Ieder uur oefenen.

Stap 319

Waarom zou ik bevreesd zijn wanneer er een Grotere Kracht in de wereld is?

Telkens wanneer je in de duisternis van angst valt, trek je je terug uit Kennis en ga je de duisternis van verbeelding binnen. Wanneer je in de duisternis van je eigen angst valt, ontken je de realiteit van een Grotere Kracht in de wereld en verlies je dus de weldaad ervan voor jezelf. Telkens als je in de duisternis van je eigen angst valt, volg je de leer van de angst, die in de wereld welig tiert. Je staat jezelf toe een leerling van angst te zijn. Je staat jezelf toe geregeerd te worden door angst. Herken dit en je zult beseffen dat dit niet nodig is, dat je de kracht hebt om je studie te heroriënteren en dat je het vermogen hebt om opnieuw de ware voorbereiding te betreden.

Denk hier vandaag serieus over na. Waarom zou je bang moeten zijn als er een Grotere Kracht in de wereld is? Deze Grotere Kracht die je nu leert ontvangen is de bron van je verlossing. Wat kun je mogelijk verliezen als deze bron wordt herkend, als je leert in relatie te komen met deze bron en als je deze bron dient en toestaat dat ze jou dient? Wat kan de wereld van je afnemen wanneer de bron van Kennis zich in jou bevindt? Wat kan de wereld zichzelf aandoen wanneer de bron van Kennis zich in de wereld bevindt?

Dit bewustzijn vraagt om je volledige participatie in de wereld en je volledige dienstbaarheid aan Kennis. Het vraagt om je volledige betrokkenheid bij het bijdragen aan anderen, omdat je een voertuig bent voor de Grotere Kracht in de wereld. Maar in deze actieve participatie begrijp je ook dat het slechts een kwestie van tijd is voordat alle geesten zullen ontwaken voor het licht van Kennis in henzelf. Dit kan heel lang duren, maar de tijd is met jou en in geduld en vertrouwen mag je verdergaan, want wat anders dan twijfel aan jezelf en angst kan je voorbereiding en je bijdrage ondermijnen? Wat kan je ervan weerhouden om met zekerheid en volledige betrokkenheid verder te gaan, behalve de twijfel dat Kennis in de wereld bestaat?

DAAROM, WANNEER JE ANGSTIG WORDT, oefen je deze dag met de herkenning dat er een Grotere Kracht in de wereld is. Gebruik deze herkenning om jezelf uit de angst te halen door je eraan te herinneren dat er een Grotere Kracht in de wereld is en door je eraan te herinneren dat zich een Grotere Kracht in je leven bevindt. Denk hieraan op het uur en treed in je twee diepere meditatieoefeningen opnieuw je heiligdom binnen waar je in stilte en in vertrouwen de Grotere Kracht ontvangt die in de wereld is. Hier moet je beseffen dat je voorbereiding vereist dat je afstand neemt van angst en duisternis en dat je naar voren stapt in het licht van de waarheid. Deze twee activiteiten zullen je aard bevestigen en niets verraden dat echt is in jou of in de wereld.

ALS JE ZONDER OORDEEL NAAR DE WERELD KIJKT en als je zonder oordeel naar jezelf kijkt, zul je zien dat er een Grotere Kracht aan het werk is. Dit zal je geluk herstellen, want je zult beseffen dat je je Aloude Thuis met je meegebracht hebt en dat je Aloude Thuis ook hier is. Dit zal de last van angst, de beklemming van zorgen en de verwarring van ambivalentie uit je geest wegnemen. Dan zul je je herinneren waarom je gekomen bent en je zult je leven wijden aan het bijdragen van datgene dat je bent komen geven. Dan zal je leven een uitdrukking van geluk en inclusie zijn, en allen die je zien zullen zich herinneren dat ook zij van je Aloude Thuis zijn gekomen.

OEFENING 319: *Twee oefenperiodes van 30 minuten.*
Ieder uur oefenen.

Stap 320

Ik ben vrij om in de wereld te werken.

Als de wereld je niet onderdrukt, ben je vrij om in de wereld te werken. Als de wereld je niet intimideert, ben je vrij om in de wereld te werken. Wanneer je herkent dat de wereld een plek is die om jouw bijdrage vraagt, ben je vrij om in de wereld te werken. Dus, hoe groter je ervaring van Kennis in je leven, hoe vrijer je bent om in de wereld te werken. En op den duur zul je in de wereld werken, en je werk zal veel effectiever, veel boeiender en completer zijn dan alles wat je tot nu toe hebt gedaan. In je verleden was je bang voor de wereld, geïntimideerd door de wereld, boos door de wereld en depressief door de wereld. Daarom was je bijdrage aan de wereld in het verleden beperkt door deze reacties. Je hebt ambivalent tegenover de wereld gestaan omdat je bang was voor de wereld. Misschien heb je je toevlucht gezocht in spirituele dingen, maar je ware spirituele aard zal je opnieuw de wereld in sturen en je terugbrengen met meer kracht, zekerheid en doelgerichtheid, want je bent gekomen om in de wereld te zijn.

Als je dit begrijpt, zul je opnieuw het belang van Kennis beseffen. Je zult opnieuw bevestigen hoeveel je aan de wereld wilt geven en hoe pijnlijk het voor je is wanneer dit geven wordt belemmerd of tegengehouden. Je bent gekomen om in de wereld te werken, en je wilt dit helemaal doen zodat wanneer je vertrekt, je vertrekt met je geschenken gegeven en met alles gepresenteerd. Je hoeft niets van de wereld mee naar huis te nemen behalve het terugwinnen van relaties. Met dit inzicht zul je vrij worden om in de wereld te zijn.

Herhaal op het uur het idee van vandaag en herken dat, ongeacht de mate waarin je nog steeds ambivalent bent over je aanwezigheid in de wereld, je ambivalentie wordt veroorzaakt en in stand gehouden door je eigen intimidatie van en angst voor de wereld. Denk hier op het uur aan zodat je de grote les kunt leren die vandaag wordt onderwezen, de grote les dat je vrij wordt om in de wereld te zijn. Hier breng je je Aloude Thuis met je mee. Hier zul je niet proberen de wereld te ontvluchten, alleen omdat die je bang maakt, bedreigt of depressief maakt.

JE BENT HIER OM AAN DE WERELD TE GEVEN, want Kennis is groter dan de wereld - de wereld is slechts een tijdelijke plaats waar Kennis tijdelijk vergeten is. Hierin zul je dat wat geeft en dat wat ontvangt en dat wat groot is en dat wat klein is beseffen. Je werk in de wereld kan nu je volledige aandacht en toewijding krijgen. Je werk kan nu je volledige betrokkenheid hebben. Zo kan je fysieke leven volledig zinvol, doelgericht en waardevol worden.

ONTSTEEK VANDAAG IN JE TWEE DIEPE MEDITATIEOEFENINGEN het vuur van Kennis in jezelf door opnieuw je heiligdom te betreden. Denk eraan om stil te zijn. Denk eraan jezelf te geven aan de oefening. Dit is het werk dat voor ons ligt. Vanuit dit werk zal jouw werk in de wereld de vrijheid krijgen om zich uit te drukken, en jij die in de wereld bent, zal de zekerheid en de troost krijgen dat je Aloude Thuis bij je is.

OEFENING 320: *Twee oefenperiodes van 30 minuten.*
Ieder uur oefenen.

Stap 321

DE WERELD WACHT OP MIJN BIJDRAGE.

DE WERELD WACHT WAARLIJK OP JOUW BIJDRAGE, maar onthoud dat jouw bijdrage zich zal uiten in alles wat je doet, groot en klein. Stel jezelf dus geen rol voor die grandioos is of die verschrikkelijk moeilijk zal zijn. Dat is niet De Weg van Kennis. Kennis zal zich uiten in al je activiteiten, want het is een aanwezigheid die je met je meedraagt. Naarmate je geest en je leven bevrijd raken van conflicten, zal deze aanwezigheid zich steeds meer door jou heen uiten en zul je getuige zijn van Kennis aan het werk, zowel in jezelf als in je leven. Hier zul je beginnen te begrijpen wat het betekent om Kennis in de wereld te brengen.

JE VERBEELDING HEEFT GRANDIOZE BEELDEN en verschrikkelijke nachtmerries voor je geschilderd. Ze is niet in harmonie met het leven. Ze overdrijft het leven in zijn hoop en angst. Ze overdrijft je gevoel van jezelf, voornamelijk tot je eigen vernedering. Wanneer je verbeelding door Kennis wordt bijgestuurd, zal ze zich op een geheel nieuwe manier gaan bezighouden. Zij zal een geheel nieuw doel dienen. Dan zul je in staat zijn om vrij te zijn en zal je verbeelding je niet bedriegen.

DE WERELD ROEPT JE. Je bereidt je nu voor. In haar grote behoefte herken je jouw grote bijdrage. Maar onthoud altijd dat je bijdrage uit zichzelf geeft en dat je verlangen om het uit zichzelf te laten geven je verlangen is om te geven. Je verlangen dat je leven een voertuig van expressie wordt, is je verlangen dat je leven niet belemmerd wordt door conflicten en ambivalentie. Je verlangen om te geven is je verlangen om vrij en heel te worden. Dit is je verlangen - dat je leven een voertuig voor Kennis wordt.

JE TAAK IS DUS GROOT, maar niet zo groot als je verbeelding misschien aangeeft, want je taak is om je voertuig te perfectioneren zodat Kennis zich vrijelijk kan uitdrukken. Je hoeft je niet af te vragen of voor te stellen hoe dit gedaan kan worden, want het wordt vandaag gedaan en zal morgen gedaan worden. Terwijl je de stappen volgt binnen je huidige voorbereiding en terwijl je leert de stappen te volgen voorbij deze voorbereiding, zul je zien dat je alleen maar de stappen hoeft te volgen zoals ze zijn gegeven om verder te gaan.

HERINNER JEZELF OP HET UUR aan je les en vergeet die niet. Kijk naar de wereld en realiseer je dat die jou roept om een bijdrage te leveren. Treed in je diepere meditaties opnieuw je heiligdom binnen in stilte en in ontvankelijkheid. Realiseer je daarbij dat Kennis jou nodig heeft om haar voertuig te worden. Zij heeft jou nodig om haar ontvanger te worden. Ze moet zichzelf via jou vervullen. Zo worden jij en Kennis samen vervuld.

BESEF OP HET UUR EN IN JE DIEPERE OEFENINGEN VAN VANDAAG het belang van je rol. Besef ook dat alle ware hulp je gegeven wordt om je voor te bereiden en bij je zal verblijven in je bijdrage terwijl je leert Kennis uit te drukken en Kennis toe te staan zich via jou uit te drukken.

OEFENING 321: *Twee oefenperiodes van 30 minuten.*
                Ieder uur oefenen.

Stap 322

TERUGBLIK

Laten we nu de afgelopen twee weken van voorbereiding doornemen. Bekijk elke stap opnieuw, lees de instructies opnieuw zorgvuldig door en herinner je je oefening voor die bepaalde dag. Doe dit voor alle dagen in deze periode van twee weken. Wees objectief en herken waar je oefening dieper of gewetensvoller had kunnen zijn. Herken hoe je je nog steeds laat meeslepen door de wereld en hoe je jezelf opnieuw moet inzetten met meer zekerheid en vastberadenheid. Doe dit objectief. Veroordeling zal je alleen maar ontmoedigen en zal er alleen maar toe leiden dat je stopt met je deelname, want veroordeling is gewoon de beslissing om niet te participeren en de rechtvaardiging om niet te participeren.

Verval daarom niet in deze gewoonte, maar bekijk je participatie objectief. Hier zul je leren hoe je moet leren, en je zult leren hoe je jezelf moet voorbereiden en aansturen. Je moet ervoor kiezen om te participeren, en je moet ervoor kiezen om je participatie te verdiepen. Elke beslissing die je namens Kennis neemt, wordt ondersteund door de beslissingen van alle anderen die dezelfde beslissing nemen en door de kracht en de aanwezigheid van je Leraren die bij je zijn. Zo wordt je beslissing voor Kennis, wanneer die genomen en ondersteund wordt, enorm versterkt door de aanwezigheid van allen die met je oefenen en door de aanwezigheid van je Spirituele Leraren. Dit is met zekerheid voldoende om elk obstakel te overwinnen dat je in jezelf of in je wereld ziet.

De kracht om te beslissen wordt aan jou gegeven. Hier betekent de kracht van de beslissing dat je je participatie objectief bekijkt en herkent waar die verdiept en versterkt kan worden. Neem je voor om in de komende twee weken van de oefening dat uit te voeren wat je deze dag als noodzakelijk hebt herkend. Hier zul je krachtig handelen namens jezelf, en het toepassen van je kracht zal in dienst staan van Kennis, want je bereidt je voor om Kennis te ontvangen. Hier worden je wil en je vastberadenheid bekrachtigd, want ze dienen een groter goed.

Oefening 322: *Een lange oefenperiode.*

Stap 323

MIJN ROL IN DE WERELD IS TE BELANGRIJK OM TE VERWAARLOZEN.

JOUW ROL IN DE WERELD IS TE BELANGRIJK om te verwaarlozen. Verwaarloos hem daarom deze dag niet. Draag de voornemens uit die de Terugblik van gisteren je heeft gegeven. Voer uit wat je moet doen om je oefening te verdiepen, om je oefening te benutten, om je ervaring in de wereld te gebruiken voor beoefening, om je oefening de wereld in te dragen en je wereld toe te staan je oefeningen te ondersteunen. Verwaarloos dit niet, want als je dit verwaarloost, verwaarloos je alleen maar jezelf, je zekerheid, je vervulling en je geluk.

VERWAARLOOS DE VOORBEREIDING DIE nu aan de gang is niet. Elke dag versterk je dit, en terwijl je dit elke dag doet pleit je voor Kennis. Je pleit voor je deelname aan het leven. Sterker nog, zelfs in je voorbereiding onderwijs je nu Kennis en versterk je Kennis in de wereld. Misschien zie je dit nog niet, maar mettertijd zal dit zo duidelijk voor je worden dat je elk moment, elke ontmoeting met de ander, elke gedachte en elke ademhaling zult leren waarderen. Je zult elke ervaring in het leven waarderen, omdat je aanwezig zult zijn en je zult beseffen dat je in elke ervaring Kennis tot uitdrukking kunt brengen en kunt ervaren dat Kennis zichzelf tot uitdrukking brengt.

DENK ER VANDAAG OP HET UUR AAN. Wijd je hieraan, aan het begin van vandaag en aan het begin van alle volgende dagen, om je stappen zo volledig mogelijk uit te voeren. Treed in je twee diepere oefenperiodes opnieuw de stilte binnen om je geest te verfrissen. Versterk je vermogen en je vastberadenheid om je geest toe te staan stil en ontvankelijk te worden. Dit moet je elke dag versterken, want dit maakt deel uit van je oefening. Dit moet je jezelf elke dag geven, want zo geef je aan jezelf en aan de wereld.

Onderschat het belang van je rol niet, maar belast jezelf niet met de gedachte dat je rol buiten je bereik ligt, want wat is er natuurlijker voor jou dan de rol te vervullen waarvoor je gekomen bent? Wat kan het belang en de waarde van je leven beter bevestigen dan uit te dragen waarvoor je leven bedoeld was? De beslissingsbevoegdheid is je vandaag gegeven om te versterken en toe te passen, maar de Grotere Kracht achter je beslissing is zelfs groter dan je beslissing. Deze Grotere Kracht verblijft nu bij jou. Verwaarloos je voorbereiding niet. Verwaarloos niet te bewegen in de richting van de voltooiing en de vervulling van je rol in de wereld, want als je dit nadert, zal het geluk je naderen.

Oefening 323: *Twee oefenperiodes van 30 minuten.*
Ieder uur oefenen.

Stap 324

IK ZAL VANDAAG NIET OVER EEN ANDER OORDELEN.

Oefen opnieuw met het bevestigen van dit idee. Pas het opnieuw toe op je echte ervaringen. Versterk opnieuw je begrip dat Kennis bij je is en jouw oordeel of evaluatie niet nodig heeft.

Oordeel vandaag niet over een ander. Leer te zien. Leer te horen. Leer te kijken. Er is niet één persoon in de wereld die je niet iets waardevols kan geven als je niet over hem/haar oordeelt. Er is niet één persoon in de wereld die door zijn prestaties of fouten niet het belang van Kennis kan bevestigen en de noodzaak ervan in de wereld niet kan aantonen. Aldus bieden degenen die je liefhebt en degenen die je veracht je geschenken aan van gelijke waarde. Zij van wie je denkt dat ze deugen en zij van wie je denkt dat ze niet deugen, bieden jou allemaal wat essentieel is. De wereld demonstreert in werkelijkheid alles wat deze voorbereiding jou biedt, als je maar zonder oordeel of veroordeling naar de wereld kijkt. In de mate waarin je een ander met een oordeel bekijkt, zul je jezelf veroordelen. Je wilt je oordeel niet over jezelf vellen, oordeel dus niet over een ander.

Denk eraan op het uur. Verwaarloos je oefening vandaag niet, want zij is essentieel voor je geluk. Ze is essentieel voor het welzijn en de vooruitgang van de wereld. Treed in je twee diepere oefenperiodes opnieuw de stilte binnen. Kom om jezelf te geven aan de oefening. Kom om jezelf te geven. Je zult je kracht voelen als je dit doet. De beslissingsbevoegdheid is hier aan jou om te gebruiken. Terwijl je dit doet, zal ze krachtiger en effectiever worden in het verjagen van alles wat haar in de weg staat. Onthoud dat je een student van Kennis bent, en studenten moeten oefenen om vooruit te komen en verder te gaan. Oordeel vandaag niet over een ander en je zult in waarheid verdergaan.

Oefening 324: *Twee oefenperiodes van 30 minuten.*
Ieder uur oefenen.

Stap 325

DE WERELD KOMT OP IN DE GROTERE GEMEENSCHAP VAN WERELDEN, DAAROM MOET IK GOED OPLETTEN.

DE WERELD KOMT OP in de Grotere Gemeenschap van werelden. Hoe kun je dit herkennen als je in beslag wordt genomen door je eigen zorgen, je eigen hoop en je eigen ambities? Hoe kun je herkennen wat er in jouw wereld gebeurt? Hoe kun je de krachten zien die je uiterlijke leven beïnvloeden en die je aangelegenheden in zo'n grote mate bepalen? Een deel van sterk worden met Kennis is opmerkzaam worden. Je kunt alleen opmerkzaam worden als je geest niet in beslag wordt genomen door zijn eigen verbeeldingen en fantasieën.

DE WERELD BEREIDT ZICH VOOR OM OP TE KOMEN in de Grotere Gemeenschap van werelden, en dit ligt ten grondslag aan haar evolutie en al haar huidige vooruitgang. Daarom barsten er conflicten uit in de wereld, omdat degenen die tegen de evolutie van de wereld zijn, ertegen zullen vechten. Zij die de vooruitgang van de wereld willen bevorderen, zullen proberen de goedheid van de mensheid te versterken en het gevoel te versterken dat de mensheid één gemeenschap is die zichzelf moet voeden en ondersteunen boven alle verdeeldheid tussen natie, ras, religie, cultuur en stam. Zo zal jij, die een vertegenwoordiger en ontvanger van Kennis wordt, vrede, eenheid, begrip en mededogen in de wereld versterken. Dit alles maakt deel uit van de voorbereiding van de wereld om op te komen in de Grotere Gemeenschap van werelden, want dit vertegenwoordigt de evolutie van de wereld. Dit vertegenwoordigt Kennis binnen de wereld.

KENNIS IN DE WERELD bevordert op geen enkele manier conflicten. Zij bevordert geen haat of verdeeldheid. Ze bevordert niets dat verdeeldheid zaait of wreed of destructief is. Omdat jouw wereld deel uitmaakt van een Grotere Gemeenschap, beweegt ze zich in de richting van eenheid en gemeenschap door haar eigen evolutie en omdat ze reageert op de Grotere Gemeenschap waarvan ze deel uitmaakt. Je kunt het belang van dit idee niet kennen tenzij je met aandacht naar de wereld kijkt, en je kunt het belang hiervan voor jou, die gekomen is om deze opkomst te dienen, niet kennen tenzij je met aandacht naar jezelf kijkt.

Onthoud nogmaals dat je het contact met jezelf alleen kunt verliezen als je weer in de verbeelding of fantasie terechtkomt, want dat is het enige alternatief voor het aandachtig zijn voor jezelf en je wereld. Ontwaak dus uit je dromen en word aandachtig. Denk er op het uur aan om zonder oordeel naar de wereld te kijken, en je zult zien dat de wereld probeert één gemeenschap te worden, want ze probeert zichzelf uit te breiden naar de Grotere Gemeenschap. De Grotere Gemeenschap vertegenwoordigt een gemeenschap die de mensheid oproept om haar te betreden en eraan deel te nemen. Je kunt het mechanisme hiervoor niet begrijpen, want het is nu veel te groot voor je ogen en voor je mentale capaciteit, maar de beweging hiervan is zo duidelijk en helder als je maar wilt kijken.

Kijk op het uur, en houd in je diepere meditatieoefeningen je geest actief bezig met het overwegen van dit idee. De oefening van vandaag is geen oefening in stilte, maar een oefening in een actief en nuttig bezighouden van je geest. Denk na over je eigen reactie op het idee van vandaag. Neem nota van je gedachten voor en tegen het idee. Neem nota van je angsten, vooral wat betreft de wereld die één gemeenschap wordt in haar opkomst in en deelname aan de Grotere Gemeenschap. Neem nota van deze dingen, want hier zul je begrijpen wat in jezelf jouw vooruitgang ondersteunt en wat deze ontkent. Als je leert naar deze dingen te kijken zonder te veroordelen, maar met ware objectiviteit, zul je begrijpen waarom de wereld zich in conflict bevindt. Je zult dit begrijpen en je zult dit niet zien met haat, kwaadaardigheid of afgunst. Je zult dit zien met begrip en mededogen. Dit zal je dan leren hoe je in de wereld moet leren werken, zodat je je doel hier kunt vervullen.

OEFENING 325: *Twee oefenperiodes van 30 minuten.*
Ieder uur oefenen.

Stap 326

DE GROTERE GEMEENSCHAP IS IETS DAT IK KAN VOELEN MAAR NIET KAN BEGRIJPEN.

HOE KUN JE DE GROTERE GEMEENSCHAP BEGRIJPEN als je de gemeenschap waarin je leeft amper kunt begrijpen, laat staan de natie waarin je leeft en de wereld waarin je leeft? Hier moet je alleen begrijpen dat er een Grotere Gemeenschap is en dat dit een grotere context is waarin het leven zich uitdrukt. Als de mensheid probeert één gemeenschap te worden en als jij probeert één persoon te worden in plaats van vele persoonlijkheden, zul je beseffen dat jij in de wereld opkomt als een groter persoon en dat de wereld in de Grotere Gemeenschap opkomt als een grotere gemeenschap. Hier zoekt alle individualiteit gemeenschap, want in gemeenschap vindt ze haar ware expressie, haar ware bijdrage en haar ware rol. Dit geldt net zo goed voor jou als voor de wereld.

JE KUNT DIT VOELEN. Het is zo duidelijk. Jij kunt dit weten, want dit idee is uit Kennis voortgekomen. Belast jezelf niet met pogingen dit alles te begrijpen, want begrijpen is hier niet nodig. Ken en voel alleen de werkelijkheid hiervan. Terwijl je dit doet, zal je begrip op natuurlijke wijze groeien. Het zal niet voortkomen uit je eigen fantasie of idealisme, maar in plaats daarvan uit Kennis en ervaring. Zo zal het met je verblijven, je dienen en je leven reëler en effectiever maken.

ONTHOUD DAT JE HET ZULT BEGRIJPEN NAARMATE JE VERDER GAAT, want begrip ontstaat door achteraf te kijken en het daadwerkelijk toe te passen. Heb er dus vertrouwen in dat je begrip zal groeien naarmate je deelname groeit. Je hoeft het universum niet te begrijpen, maar je moet het wel ervaren. Je moet het in jezelf en om je heen voelen. Je moet jezelf zien als één persoon, je moet je wereld zien als één gemeenschap en je moet je universum zien als een Grotere Gemeenschap die, binnen een groter geheel van participatie, zichzelf ook probeert te verenigen. Zo werkt Kennis in alle gebieden en op alle participatieniveaus – binnen elke persoon, binnen elke gemeenschap, binnen elke wereld, tussen elke wereld en binnen het universum als geheel. Daarom is Kennis zo groot en hoewel je haar in jezelf ontvangt, is ze veel groter dan je je kunt voorstellen.

Zo is het dat je nu de Grotere Gemeenschap kunt ervaren en jezelf niet hoeft af te zonderen in een poging haar te begrijpen. Begrip komt door deelname. Herinner jezelf aan het idee van vandaag op het uur en probeer in je twee diepere oefenperiodes opnieuw actief na te denken over wat deze les betekent. Pas het toe op je ervaring. Pas het toe op je perceptie van de wereld. Herken de gedachten die ervoor en die ertegen zijn. Herken de inspiratie en hoop die dit je geeft en herken de angsten die dit kan oproepen. Maak een inventaris op van je gedachten en ervaringen met betrekking tot het idee van vandaag, maar oordeel er niet over, want het komt voort uit Kennis. Het is bedoeld om jou te bevrijden van de beperking van je eigen verbeelding. Het is bedoeld om jou en ook de wereld te bevrijden.

Gebruik vandaag je geest en je lichaam om een student van Kennis te worden. Zo leer je de betekenis van jezelf, je wereld en de Grotere Gemeenschap van werelden te begrijpen.

Oefening 326: *Twee oefenperiodes van 30 minuten.*
Ieder uur oefenen.

Stap 327

IK ZAL VANDAAG DE RUST VINDEN.

Je kunt vandaag tot rust komen, zelfs terwijl je nadenkt over grotere dingen in de wereld en daarbuiten. Je kunt vandaag tot rust komen, zelfs terwijl je de uitdaging aangaat om een student van Kennis te worden en de uitdaging om je wereld met objectiviteit te observeren. Hoe kun je zo actief zijn en zo'n uitdaging hebben en toch rustig zijn? Het antwoord is dat Kennis bij je is. Als je met Kennis verblijft, Kennis voelt en Kennis uitdraagt in de wereld, zul je in jezelf stil zijn, hoewel je aan de buitenkant misschien actief bezig bent. Er is geen tegenstelling tussen rust en beweging, tussen innerlijke stilte en uiterlijke betrokkenheid. Hoewel de wereld een moeilijke en frustrerende plek is om te zijn, is zij een natuurlijke ontvanger van Kennis. Haar moeilijkheden en frustraties hoeven geen invloed te hebben op je innerlijke staat, die steeds meer verenigd en harmonieus wordt.

Herinner jezelf er op het uur aan om rustig te zijn terwijl je in de wereld bent. Laat alle angst en bezorgdheid los en versterk je toewijding aan Kennis terwijl je dat doet. Ontsteek in je twee diepere oefenperiodes, wanneer je je terugtrekt uit de wereld, opnieuw het vuur van Kennis en troost je in haar warme aanwezigheid. Realiseer je dat in dit vuur alle dingen die denkbeeldig en schadelijk zijn, verteerd worden. Het vuur van Kennis zal je niet verbranden, maar je ziel verwarmen. Je kunt dit vuur betreden zonder angst voor pijn of schade. Het zal je zuiveren en reinigen, want het is het vuur van liefde. Wees vandaag rustig, want vandaag is een dag van vrede en vrede is je gegeven om deze dag te ontvangen.

Oefening 327: *Twee oefenperiodes van 30 minuten.*
Ieder uur oefenen.

Stap 328

VANDAAG ZAL IK DEGENEN EREN DIE AAN MIJ HEBBEN GEGEVEN.

OPNIEUW BEVESTIGEN WE DEZE LES die de realiteit van liefde en geven in de wereld zal onderstrepen. Jouw ideeën over geven zijn veel te beperkt en klein. Ze zullen moeten worden uitgebreid zodat je de omvang van het geven in de wereld kunt herkennen.

DENK OP HET UUR AAN degenen die aan jou gegeven hebben. Denk niet alleen aan hen van wie je zeker weet dat ze aan jou hebben gegeven, maar denk ook aan hen van wie je het gevoel hebt dat ze je pijn hebben gedaan, die je hebben verloochend of die je in de weg hebben gestaan. Denk aan hen, want ook zij hebben jou iets gegeven. Ze hebben je eraan herinnerd dat Kennis noodzakelijk is, en ze hebben je een leven zonder Kennis laten zien. Ze hebben jou laten zien dat Kennis ook in hen naar boven probeert te komen. Of ze deze opkomst nu accepteren of zich ertegen verzetten, zij is nog steeds aanwezig en manifesteert zich nog steeds.

JE GAAT VOORUIT omdat anderen hun inspiratie en hun fouten aan jou hebben laten zien - hun acceptatie van Kennis en hun ontkenning van Kennis. Als er geen ontkenning van Kennis in de wereld zou zijn, zou je hier niet kunnen leren. Je zou het belang van Kennis niet kunnen herkennen. Contrast in het leren zal je leren wat waardevol is en wat niet, en dit zal je leren om mededogend en liefdevol te zijn. Dit begrijpen zal je in staat stellen om in de wereld te dienen.

HERKEN OP HET UUR WIE ER OP DAT MOMENT AAN JE GEEFT en herken wie er in het verleden aan je heeft gegeven. Op deze manier zal dit een dag van dankbaarheid en waardering zijn. Je zult begrijpen hoe belangrijk je voorbereiding is en hoe velen zich aan jou hebben gegeven om je te dienen zodat je deze voorbereiding kunt ondernemen.

H‍ERHAAL IN JE TWEE DIEPERE MEDITATIEOEFENINGEN het idee van vandaag en laat dan elk individu in je geest opkomen dat erop wacht door jou herkend en gezegend te worden. Terwijl je dit doet, zullen alle individuen die dat nodig hebben zich aan jou presenteren. Kijk en zie hoe ze jou gediend hebben en bedank ze voor hun dienst aan jou. Bedank hen voor het helpen herkennen van je behoefte aan Kennis. Bedank ze omdat ze je hebben laten zien dat er geen alternatief bestaat voor Kennis. En bedank ze voor het versterken van je participatie in Kennis. Zegen ieder van hen en laat het volgende individu in je opkomen. Op deze manier zul je iedereen zegenen die in je leven is geweest en nu in je leven is. Op deze manier zul je je verleden leren waarderen en niet veroordelen. Op deze manier zal liefde op natuurlijke wijze van je uitgaan, want liefde moet voortkomen uit dankbaarheid, en dankbaarheid moet voortkomen uit ware herkenning. Het is ware herkenning die je vandaag zult beoefenen.

O‍EFENING 328: *Twee oefenperiodes van 30 minuten.*
  Ieder uur oefenen.

Stap 329

IK BEN VANDAAG VRIJ OM DE WERELD LIEF TE HEBBEN.

ALLEEN ZIJ DIE VRIJ ZIJN KUNNEN DE WERELD LIEFHEBBEN, want alleen zij die vrij zijn kunnen aan de wereld geven. Alleen zij kunnen de behoefte van de wereld en hun eigen bijdrage volledig herkennen. Alleen degenen die vrij zijn kunnen van de wereld houden, omdat alleen zij kunnen zien dat de wereld hen heeft gesteund en gediend om hen in staat te stellen vrij te worden en bij te dragen aan de wereld. Omdat de wereld zo verlangt naar jouw bijdrage, heeft ze zichzelf gegeven om je voor te bereiden, zodat je kunt leren om een bijdrager te zijn. Ze heeft dit versterkt door de waarheid die in de wereld bestaat en door het loochenen van de waarheid dat in de wereld bestaat.

OP ALLE MANIEREN DIENT DE WERELD DE OPKOMST van Kennis. Hoewel de wereld Kennis tegenspreekt en Kennis lijkt te ontkennen, af te wijzen en aan te vallen, zul je, als je haar vanuit dit perspectief bekijkt, beseffen dat ze in feite Kennis dient. Hoe kan iets concurreren met Kennis? Hoe kan iets Kennis ontkennen? Alles wat Kennis lijkt te ontkennen, vraagt alleen maar om Kennis en smeekt om de komst van Kennis. Degenen in verwarring, in duisternis en in wanhoop verlangen naar verlichting en troost. En hoewel ze de boodschap van hun eigen benarde situatie niet begrijpen, kunnen zij die met Kennis zijn dit waarnemen en door Wijsheid leren hoe ze deze individuen, alle individuen en de wereld als geheel kunnen dienen.

DENK ER VANDAAG OP HET UUR AAN dat wanneer je vrij wordt, je in staat zult zijn om de wereld lief te hebben. Wanneer je leert van de wereld te houden, zul je in staat zijn vrij te worden, want je bent in deze wereld maar niet van deze wereld. Omdat je in deze wereld bent, vertegenwoordig je dat wat je van je Aloude Thuis hebt meegebracht. Hoe eenvoudig en duidelijk is dit met

Kennis, en toch hoe moeilijk het te bevatten is wanneer je in je eigen verbeelding bent en je eigen afzonderlijke ideeën koestert. Daarom oefen je - zodat je kunt zien wat natuurlijk voor je is en afstand kunt nemen van wat onnatuurlijk voor je is.

Ontvang in je diepere meditatieoefeningen opnieuw de vrijheid die naar je toekomt in stilte en ontvankelijkheid. Een geest die stil is, is een geest die ontketend en vrij is. Hij zal zich op natuurlijke wijze uitbreiden, en binnen deze uitbreiding zal hij op natuurlijke wijze datgene tot uitdrukking brengen wat voor hem het meest natuurlijk is. In je diepere meditaties oefen je dus in ontvangen, en in je dagelijkse oefeningen oefen je in geven. Je bent vandaag vrij om van de wereld te houden en de wereld heeft je vrijheid nodig omdat ze je liefde nodig heeft.

Oefening 329: *Twee oefenperiodes van 30 minuten.*
Ieder uur oefenen.

Stap 330

IK ZAL DE KLEINE DINGEN IN MIJN LEVEN NIET VERWAARLOZEN.

OPNIEUW BEVESTIGEN We dit idee dat je niet nalatig moet zijn in die eenvoudige, praktische taken die je in staat stellen een student van Kennis te zijn. Onthoud dat je niet de wereld probeert te ontvluchten, maar eraan werkt om krachtig te worden in de wereld. Verwaarloos daarom niet die eenvoudige, kleine dingen die je in staat stellen en je de vrijheid bieden om een student van Kennis te worden. Hier kunnen al je activiteiten, zelfs de meest alledaagse en repetitieve, gezien worden als een vorm van dienstbaarheid en bijdrage. Op deze manier kunnen alle kleine dingen, hoe alledaags en repetitief ook, de wereld dienen omdat ze vertegenwoordigen dat je je Ware Zelf eert. Dit is het Zelf dat bestaat in alle individuen, het Zelf dat bestaat in de wereld en het Zelf dat bestaat in de Grotere Gemeenschap van werelden.

LET OP DE KLEINE DINGEN DIE JE DEZE DAG DOET en verwaarloos ze niet. Als je er niet bang voor bent, zul je je er niet tegen verzetten. Als je je er niet tegen verzet, zul je er aandacht aan kunnen schenken. En terwijl je ze aandacht geeft, zul je in staat zijn jezelf aan hen te geven. Hier zal Kennis zich uitdrukken in alle activiteiten, en Kennis zal onderwezen en versterkt worden in alle activiteiten. De wereld heeft deze demonstratie nodig, want de wereld denkt dat God, liefde, ware kracht en inspiratie alleen bestaan onder ideale omstandigheden en alleen in ideale situaties. De wereld begrijpt niet dat God overal God uitdrukt en dat Kennis zich overal en in alle dingen uitdrukt.

ALS JE DEZE GROTE WAARHEID GAAT BEGRIJPEN, zul je de aanwezigheid van Kennis in alle dingen zien. Je zult Kennis in de wereld zien. Je zult Kennis in jezelf zien. Dit zal je volledig vertrouwen geven in je eigen deelname en in je eigen dienstbaarheid aan Kennis. Je zult je dan realiseren dat je de wereld tijd bespaart in haar evolutie, vooruitgang en verlossing. Dit is zo belangrijk voor je vertrouwen. Maar het is nog belangrijker voor je om je de grootsheid van Kennis te realiseren en de grootsheid die je in jezelf zult ervaren als je leert haar te ontvangen.

DENK OP ELK UUR AAN HET IDEE VAN VANDAAG en pas het toe, zodat je binnen elk uur gewetensvol kunt zijn. Treed in je twee diepere meditatieoefeningen opnieuw de stilte binnen, zodat je je ervaring van het vuur van Kennis opnieuw kunt aanwakkeren, zodat het vuur van Kennis je geest kan zuiveren en reinigen en hem van alle terughoudendheid kan bevrijden. Op deze manier zul je in staat zijn om vollediger in de wereld te zijn en zullen kleine dingen niet verwaarloosd worden.

OEFENING 330: *Twee oefenperiodes van 30 minuten.*
Ieder uur oefenen.

Stap 331

WAT KLEIN IS, DRUKT DAT UIT WAT GROOT IS.

Kijk naar de natuur om je heen. Kijk naar het kleinste wezen en realiseer je het mysterie van het bestaan van dat wezen, het wonder van zijn fysieke mechanisme en de waarheid van zijn totale opname in de natuur als geheel. Het kleinste schepsel kan de grootste waarheid uitdrukken. Brengt een klein wezen minder leven en inclusie in het leven tot uitdrukking dan een groot wezen? Realiseer je met behulp van deze analogie dat de kleinste activiteit de grootste leer kan belichamen. Besef dat het eenvoudigste woord, het meest alledaagse gebaar, het diepste gevoel en de diepste emotie kan uitdrukken. Besef dat het eenvoudigste ding je beoefening kan verrijken en de aanwezigheid van Kennis in jezelf kan bevestigen.

Naarmate je aandachtiger wordt voor het leven, zul je getuige beginnen te zijn van het mysterie van het leven in alle dingen. Hoe groot zal dit zijn voor jou die nu ontwaakt uit de slaap van je eigen afgescheiden verbeelding. Het mysterie van het leven zal je inspireren en tot je roepen. Het zal het mysterie van je eigen leven bevestigen, dat steeds werkelijker wordt en zich steeds duidelijker aan je toont.

Je voelt je misschien klein, maar je drukt het grootse uit. Je hoeft niet groot te zijn om het grootse uit te drukken, want grootsheid is in jou en je fysieke voertuig is klein in vergelijking daarmee. Je werkelijkheid is voortgekomen uit de grootsheid die in je zit en die zich wil uitdrukken in de eenvoud van je kleine voertuig. Hier begrijp je dat je van het grootse bent en door het kleine heen werkt. Hier zul je de relatie tussen het grootse en het kleine niet tegenspreken, waar het kleine het grootse moet uitdrukken, wat het van nature doet. Moet een klein schepsel proberen het grote uit te drukken? Nee. Het grote drukt zich slechts uit via het kleine schepsel.

Zo IS ER IN JE LEVEN – dat er op elk moment voor jou klein kan uitzien, dat er op elk moment afgescheiden en beperkt kan uitzien – grootheid met jou. Daarom wordt het kleine gebruikt, bevestigd, geëerd en gezegend. Dan is er geen basis voor veroordeling van jezelf en haat. Alles wat groot en klein is, wordt gewaardeerd, want alles wat groot en klein is, is samen.

STA DAN OP HET UUR, BINNEN WELKE KLEINE TAAK DAN OOK, binnen welke uitdrukking of gebaar dan ook en binnen welk klein gezichtspunt dan ook, toe dat het grote zich uitdrukt. Kom in je twee diepere oefenperiodes opnieuw in de nabijheid van dat wat groot in jou is. Treed opnieuw binnen in het vuur van Kennis dat je zuivert. Neem je toevlucht tot het heiligdom van Kennis. Hier kom je het grote volledig tegen. Dit gaat alle vorm te boven. Hier wacht dat wat alle vorm doordrenkt en het doel, betekenis en richting geeft op je om haar te ontvangen. Het kleine drukt het grote uit en het grote zegent het kleine.

OEFENING 331: *Twee oefenperiodes van 30 minuten.*
Ieder uur oefenen.

Stap 332

IK BEGIN NU PAS DE BETEKENIS VAN KENNIS IN MIJN LEVEN TE BEGRIJPEN.

Je begint dit pas te begrijpen, want je begrip zal voortkomen uit ervaring, herkenning en het resultaat van je inzet. Omdat je een beginnende student van Kennis bent, heb je een beginnend begrip. Put hier moed uit, want dit bevrijd je van pogingen om conclusies te trekken over je deelname en over je leven. Zo hoef je niet het onmogelijke te proberen en kun je je geest verlossen van een grote last die anders je geluk zou overschaduwen en je gevoel van vrede en zinvolle activiteit van vandaag zou verdrijven. Wanneer je accepteert dat je nog maar net de betekenis van je leven en de betekenis van Kennis in je leven begint te begrijpen, maakt dit je vrij om deel te nemen en meer te leren. Zonder de last van oordeel, die je anders op je leven zou plaatsen, ben je vrij om deel te nemen en je deelname zal je vrij maken.

Herinner jezelf er op het uur aan dat je nog maar net de betekenis van Kennis in je leven begint te begrijpen. Treed in je diepere oefenperiodes opnieuw je heiligdom van Kennis binnen, zodat je capaciteit voor Kennis kan groeien, je verlangen naar Kennis kan groeien en je ervaring van Kennis kan groeien. Alleen als deze dingen groeien, kan je begrip groeien. Daarom word je bevrijd van oordeel. Je bent vrij om deel te nemen, waar alle begrip naar boven zal komen.

OEFENING 332: *Twee oefenperiodes van 30 minuten.*
Ieder uur oefenen.

Stap 333

EEN AANWEZIGHEID IS BIJ MIJ. IK KAN HAAR VOELEN.

VOEL VANDAAG DE AANWEZIGHEID VAN JE LERAREN die bij je zijn en toezien op je voorbereiding als student van Kennis. Voel vandaag hun aanwezigheid en je zult je eigen aanwezigheid voelen, want jullie zijn verbonden in deze aanwezigheid die je voelt. Onthoud dat je niet alleen bent en dat je niet geïsoleerd zult raken in je eigen gedachten. Je zult niet geïsoleerd raken in je eigen angstige overwegingen.

ERVAAR OP HET UUR DEZE AANWEZIGHEID, want deze aanwezigheid is op het uur bij jou. Voel deze aanwezigheid waar je vandaag ook bent, of je nu op je werk bent of thuis, of je nu alleen bent of met iemand anders, want deze aanwezigheid is met jou waar je ook gaat.

STA JEZELF TOE OM IN JE TWEE DIEPE MEDITATIEOEFENINGEN de aanwezigheid van liefde te ervaren, die de aanwezigheid is van Kennis, die de aanwezigheid is van Wijsheid, die de aanwezigheid is van zekerheid, die de bron is van je doel, betekenis en richting in de wereld en die voor jou je roeping in de wereld bevat. Kom in de nabijheid en in de ervaring van deze aanwezigheid in je diepere meditaties. Verwaarloos dit niet, want hier zul je eigenliefde, eigenwaarde en ware inclusie in het leven ervaren. Neem deze aanwezigheid vandaag met je mee en ontvang deze aanwezigheid in je diepere meditaties, en je zult weten dat de aanwezigheid elke dag bij je is.

OEFENING 333: *Twee oefenperiodes van 30 minuten. Ieder uur oefenen.*

Stap 334

DE AANWEZIGHEID VAN MIJN LERAREN IS IEDERE DAG BIJ ME.

*E*LKE DAG, WAAR JE OOK BENT, waar je ook heengaat, is de aanwezigheid van je Leraren bij je. Dit idee is bedoeld om jou eraan te herinneren dat je niet alleen bent. Dit idee is bedoeld om jou de gelegenheid te geven uit het isolement van je eigen verbeelding te komen en deze aanwezigheid te ervaren en het geschenk van deze aanwezigheid te ontvangen. In dit geschenk zullen je Leraren je de ideeën en inspiratie geven die je nodig hebt. Hierin zul je uitdrukken wat je hebt ontvangen en zo bevestigen wat je hebt ontvangen.

OEFEN JE IN HET HERINNEREN HIERVAN OP HET UUR door je opnieuw te concentreren op de aanwezigheid die bij je is. Je hoeft je alleen maar te ontspannen om het te voelen, want het is zeer zeker bij je. Betreed in je diepere oefeningen opnieuw de stilte in het heiligdom van Kennis, zodat je deze aanwezigheid en de grote bevestiging en troost die ze je geeft, kunt ontvangen. Sta jezelf toe om je twijfels over jezelf en het gevoel van onwaardigheid opzij te zetten, want deze dingen zullen in het vuur van Kennis worden verteerd en uit je geest worden gezuiverd. Wanneer dit is gebeurd, zul je jezelf geen grandioze ideeën over jezelf hoeven te geven. Je hoeft jezelf niet verkeerd voor te stellen in een poging te ontkomen aan je schuldgevoel en ontoereikendheid, want schuld en ontoereikendheid worden verteerd in het vuur van Kennis. Breng daarom alles wat je deelname in de weg staat en alle angsten die je achtervolgen en onderdrukken naar het vuur van Kennis, zodat ze verteerd kunnen worden. Je zult voor dit vuur zitten en je zult zien hoe ze verteerd worden en je zult voelen hoe je geest gebaad en gereinigd wordt in het liefdevolle vuur van Kennis. De aanwezigheid is elke dag bij je. Het vuur van Kennis is elke dag bij je.

OEFENING 334: *Twee oefenperiodes van 30 minuten.*
Ieder uur oefenen.

Stap 335

HET VUUR VAN KENNIS IS IEDERE DAG BIJ ME.

WAAR JE OOK GAAT, WAT JE OOK DOET, het vuur van Kennis brandt in je. Voel het branden. Voel het op het uur branden. Ongeacht wat je ziet en wat je denkt, voel het vuur van Kennis branden. Dit is de aanwezigheid van Kennis die je in jezelf zult voelen zoals je de aanwezigheid van de Leraren om je heen voelt. Het vuur van Kennis brandt en terwijl je dit ervaart, zal het alles verteren wat je tegenhoudt - alles wat je achtervolgt en onderdrukt, alle gevoelens van onwaardigheid en schuld en alle pijn en conflicten. Wanneer deze dingen verteerd worden, zullen ze niet langer hun invloed op je leven uitoefenen en zal je leven op natuurlijke wijze uniformer en harmonieuzer worden.

VANDAAG ZET JE EEN GROTE STAP IN DEZE RICHTING door je op het uur het vuur van Kennis te herinneren en te ervaren. Betreed in je twee diepere oefenperiodes opnieuw het vuur van Kennis in het heiligdom van Kennis. Onthoud dat dit vuur je zal troosten en bevrijden. Het zal je niet verbranden, maar alleen je ziel verwarmen. Het zal je troost en geruststelling geven. Het zal je bevestiging geven van de betekenis en het doel van je leven en van de grootsheid die je in je draagt.

VERWAARLOOS VANDAAG JE OEFENING NIET, maar besef het totale voordeel ervan voor jou. Niets wat je in de wereld kunt zien, kan jou ooit de zekerheid, de kracht, de vrede en het gevoel van inclusie geven die het vuur van Kennis je kan geven. Niets kan je meer herinneren aan je totale inclusie in het leven dan de aanwezigheid van je Leraren die met jou verblijven. Daarom heb je de ervaring die je nodig hebt al, en vanuit deze ervaring zul je mettertijd leren die uit te breiden naar al je relaties – met anderen, met de wereld en met de Grotere Gemeenschap van werelden waarin je leeft.

OEFENING 335: *Twee oefenperiodes van 30 minuten.*
Ieder uur oefenen.

Stap 336

TERUGBLIK

Begin je terugblik van de twee weken met het doornemen van de eerste les in deze periode van twee weken, het herlezen van de les en het herinneren van je oefening voor die dag. Volg dit vervolgens voor elke volgende dag. Neem je oefeningen door. Realiseer je waar je oefening voor dient en herken wat je oefening in je versterkt. Besef hoe graag je wilt dat deze versterking gebeurt en besef de enorme waarde die je ontvangt en probeert te ontvangen terwijl je je voorbereidt als student van Kennis. Laat je terugblik vandaag een bevestiging zijn van het belang van je voorbereiding. Besef hoezeer je je deelname moet versterken en hoezeer je ideeën opzij moet zetten die ondermijnend zijn of die het bestaan van Kennis in je leven ontkennen. Denk eraan dat Kennis bij je is en dat je Leraren bij je zijn, om elk moment ervaren en ontvangen te worden. Naarmate je leert dit te ontvangen, zul je dit op natuurlijke wijze tot uitdrukking brengen.

Neem vandaag in je ene lange oefenperiode de afgelopen twee weken door en realiseer je wat jou wordt aangereikt. Besef hoeveel je moet ontvangen. Besef hoe graag je wilt ontvangen.

Oefening 336: *Een lange oefenperiode.*

Stap 337

Alleen kan ik niets doen.

Alleen kun je niets doen, maar je bent niet alleen. Zeker, je bent een individu, maar je bent groter dan een individu. Dus kun je niet alleen zijn en dus houdt jouw individualiteit een grote belofte en doel in de wereld in. Zo word jij, die deel uitmaakt van de grootsheid die groter is dan je individualiteit en jij die ook deel uitmaakt van je individualiteit, heel en verenigd. Hierin wordt alles wat je voor jezelf hebt opgebouwd ten goede gekeerd. Al je creaties krijgen een doel, betekenis, richting en inclusie in het leven. Zo wordt je leven verlost en teruggewonnen en word jij deel van het leven en een voertuig voor de unieke uitdrukking ervan. Dit is de ware betekenis van de les van vandaag.

Alleen in de schaduwen en de duisternis van de verbeelding kun je je verbergen voor het licht van de waarheid. Je moet geloven dat je alleen bent om te denken dat je fantasieën echt zijn. In het begin kan het angstig lijken om te leren dat je niet alleen bent, omdat je bang bent dat je fantasieën en schuld aan het licht komen. Maar als je dit eerlijk en zonder veroordeling overweegt, realiseer je je dat het betekent dat je bent teruggewonnen, verjongd en nu wordt voorbereid om de kracht te ontvangen die bij je verblijft, de kracht die je Bron en Ware Zelf is.

Herhaal het idee van vandaag op het uur en realiseer je dat het een bevestiging is van jouw kracht en inclusie in het leven. Sta jezelf toe in je diepere meditaties opnieuw de stilte van je heiligdom van Kennis te betreden, waar het duidelijk zal worden dat je niet alleen bent. Hier sta je in ware verbinding met het leven en in ware verbondenheid met hen die gekomen zijn om je te dienen en te begeleiden en met hen die nu met je oefenen. In jouw inclusie ligt je geluk. In je afzondering ligt je ellende. Jouw ellende heeft geen fundament, want je bent niet alleen en je succes is gegarandeerd, want alleen kun je niets doen.

OEFENING 337: *Twee oefenperiodes van 30 minuten.*
Ieder uur oefenen.

Stap 338

VANDAAG ZAL IK AANDACHTIG ZIJN.

WEES VANDAAG AANDACHTIG, zodat je kunt zien wat er om je heen gebeurt. Wees vandaag aandachtig zodat je jezelf in de wereld kunt ervaren. Wees vandaag aandachtig, zodat je kunt ervaren dat het vuur van Kennis in je brandt. Wees aandachtig vandaag, zodat je kunt ervaren dat de aanwezigheid van je Leraren bij je is. Wees vandaag aandachtig, zodat je kunt zien dat het vuur van Kennis in de wereld brandt en dat de aanwezigheid van je Leraren ook in de wereld aanwezig is. Deze dingen zullen vanzelf tot je komen als je aandachtig bent, want zonder veroordeling zul je zien wat er werkelijk gebeurt. Dit zal je spirituele aard en doel in de wereld bevestigen. Dit zal je ware identiteit bevestigen en betekenis geven aan je individuele leven.

WEES VANDAAG OP HET UUR AANDACHTIG en heb er vertrouwen in dat aandachtig zijn, zijn eigen ware resultaten voor jou zal opleveren. Zonder oordeel en evaluatie zul je door alle angstige verschijningsvormen heen kijken die de wereld je voorschotelt. Je zult door alle angstige verschijningsvormen heen kijken die je verbeelding je voorschotelt, want alle angstige verschijningsvormen komen voort uit en worden gestaafd door verbeelding. Door aandachtig naar de wereld te kijken, herken je de verwarring van de wereld en haar behoefte aan Kennis. Dit zal je eigen verwarring en behoefte aan Kennis bevestigen en je blij maken dat je je nu voorbereidt om Kennis zelf te ontvangen.

WEES IN JE DIEPERE MEDITATIEOEFENINGEN AANDACHTIG, wees aanwezig en geef jezelf in stilte binnen het heiligdom van Kennis. Je hoeft alleen maar aandachtig te zijn. Oordeel is niet nodig. Wees aandachtig en je zult het valse doordringen en het ware ontvangen. Want ware aandacht zal je altijd dat geven wat waar is, en valse aandacht zal je altijd dat geven wat onwaar is.

Vandaag versterk je dit vermogen van de geest, deze mogelijkheid om aandachtig te zijn. Je versterkt dit voor jezelf en voor de wereld, die behoefte heeft om herkent te worden. Want de wereld heeft het nodig om geliefd te worden en liefde komt alleen door ware herkenning.

Oefening 338: *Twee oefenperiodes van 30 minuten.*
Ieder uur oefenen.

Stap 339

DE AANWEZIGHEID VAN LIEFDE IS NU BIJ ME.

De aanwezigheid van liefde is bij je, in het vuur van Kennis binnenin je. Zoals geïllustreerd door de aanwezigheid van jouw Leraren, doordringt deze aanwezigheid alle dingen in de wereld. Zij is de context waarin de wereld bestaat. Ze is stil; daarom verblijft ze in alles. Kun jij, die de wereld waarneemt, deze verblijvende aanwezigheid waarnemen? Kun jij, die in de wereld handelt, het effect van deze aanwezigheid in de wereld zien? Als deze aanwezigheid niet in de wereld was, zou de wereld zichzelf allang vernietigd hebben en zou er geen hoop zijn op jouw verlossing. Er zou geen hoop zijn op ware gemeenschap en op alles waartoe mensen in staat zijn in hun tijdelijke leven hier. Alles van ware waarde zou niet naar buiten komen, want de duisternis van verbeelding en de duisternis van angst zouden de wereld permanent bedekken en iedereen zou in complete duisternis leven. Zonder de aanwezigheid van liefde in de wereld zou dit het geval zijn. Je leven hier zou in duisternis bezegeld worden en je zou er nooit aan kunnen ontsnappen.

Daarom is je leven in de wereld tijdelijk. Het kan niet permanent zijn, want je bent geboren uit het licht, waarnaar je zult terugkeren. Hoe zou je permanent in duisternis kunnen leven als je uit het licht geboren bent, waarnaar je zult terugkeren? Jij bent de wereld ingezonden om het licht in de wereld te brengen, niet om de duisternis van de wereld te bevestigen. Het is Gods wil dat jij het licht in de wereld brengt, niet dat jij verbannen wordt naar de wereld in duisternis. Jij bent hier om het licht in de wereld te brengen.

Jij die een student van Kennis bent, leert nu stap voor stap om het licht van Kennis en het vuur van Kennis te ontvangen.

Terwijl je dit in jezelf ervaart, zul je het vuur van Kennis in de wereld zien branden, want dit is de aanwezigheid van liefde. Dit is God in de wereld. Wat God in de wereld doet, zal God via jou doen, maar Gods aanwezigheid in de wereld activeert Kennis in alle geesten en roept alle geesten op om te ontwaken. Dit substantieert, bevestigt en versterkt de opkomst van Kennis, waar ze zich ook voordoet.

GODS AANWEZIGHEID IS PERMANENT. De wereld zelf is tijdelijk. Het fysieke universum is tijdelijk. Gods aanwezigheid is blijvend. Kun jij dan zien wat groot en wat klein is? Kun je dan zien wat geeft en wat moet leren ontvangen? Kun je dan het belang van je voorbereiding beseffen? Kun je dan het belang van je dienstbaarheid in de wereld beseffen?

WEES OP HET UUR AANDACHTIG en ervaar de aanwezigheid van liefde in de wereld. Als je aandachtig bent, zul je dit ervaren. Ervaar in je diepere meditatieoefeningen de aanwezigheid van liefde in jezelf, die het vuur van Kennis is. Onthoud terwijl je hiernaar kijkt, in je wereld en in jezelf, dat uit de stilte van deze aanwezigheid alle goede werken, alle belangrijke ideeën en de motivatie voor alle belangrijke activiteiten voortkomen. Dit is wat de mensheid en zelfs de Grotere Gemeenschap van werelden naar Kennis drijft en, met Kennis, naar het worden van één gemeenschap.

OEFENING 339: *Twee oefenperiodes van 30 minuten.*
Ieder uur oefenen.

Stap 340

MIJN OEFENING IS MIJN BIJDRAGE AAN DE WERELD.

Je bent een beginnend student van Kennis. Als beginnend student ga je volledig op in je oefening. Beeld je voor jezelf geen grote rol in als redder of verlosser in de wereld, want dit zal je alleen maar ontmoedigen omdat je nog niet voorbereid bent om grootse dingen voort te brengen. Het is jouw plicht om de stappen te volgen zoals ze gegeven zijn. Dit is de vereiste. Mettertijd zal grootsheid in je ervaring groeien en zul je grootsheid in de wereld ervaren. Maar zoals We zo vaak hebben aangegeven in Onze voorbereiding tot nu toe, zal de grootsheid die je zult ervaren zich uiten in eenvoudige en alledaagse dingen. Beeld je daarom geen grootse ideeën in over jezelf als verlosser. Zie jezelf niet als gekruisigd in de wereld, want deze beelden zijn geboren uit onwetendheid en je begrijpt hun ware betekenis niet.

Volg elke stap, want elke stap vereist je volledige aandacht en betrokkenheid. Zonder dat je probeert toe te voegen wat onnodig is aan je voorbereiding, kun je dan volledig met je voorbereiding bezig zijn. Dit zal je volledig betrokken maken en al je fysieke en mentale vermogens verheffen en ze een uniform doel en richting geven. Je oefening is je geschenk aan de wereld. Vanuit je oefening zullen alle geschenken die je in de toekomst zult geven met vertrouwen, liefde en zekerheid gegeven kunnen worden.

Denk er op dit uur aan dat je oefening jouw geschenk aan de wereld is. Als je werkelijk de wereld wilt dienen en als je werkelijk in de wereld datgene wilt belichamen wat je het meest dierbaar is en wat je in jezelf eert, geef jezelf dan aan je oefening en verwaarloos die deze dag niet. Geef jezelf in je diepere meditaties aan de oefening, want oefenen is een daad van geven. En jij die nu leert te ontvangen, geef jezelf ook om te leren ontvangen. Zo leer je ook te geven. Als je jezelf niet kunt geven aan de oefening, zul je niet in staat zijn aan de wereld te geven, want geven aan de wereld is ook een vorm van oefenen. Onthoud dat je alleen maar kunt oefenen. Wat je ook doet, je oefent iets, je laat iets gelden, je bevestigt iets en je bestudeert iets. Gegeven dit inzicht, geef je over aan je ware voorbereiding, want dit is je geschenk aan jezelf en aan de wereld.

OEFENING 340: *Twee oefenperiodes van 30 minuten.*
Ieder uur oefenen.

Stap 341

IK BEN GELUKKIG, WANT IK KAN NU ONTVANGEN.

LEER TE ONTVANGEN EN JE ZULT LEREN GELUKKIG TE ZIJN. Leer te geven en je geluk zal bevestigd worden. In de eenvoudigste woorden is dit wat je onderneemt. Als je dit niet ingewikkeld maakt met je eigen ideeën en verwachtingen, zul je in staat zijn de altijd aanwezige waarheid hiervan te zien en zul je precies dat leren wat het betekent en wat het vereist. Onthoud dat complexiteit een ontkenning is van de eenvoud van de waarheid. De waarheid zal haar activiteit elke dag stap voor stap voortzetten, zoals jij je voorbereiding elke dag stap voor stap voortzet. Terwijl je leert een student van Kennis te worden, leer je de waarheid te leven. De eenvoud hiervan is altijd aanwezig voor jou, want de waarheid is eenvoudig en evident voor iedereen die naar waarheid zoekt en voor iedereen die zonder het gewicht van veroordeling of oordeel kijkt.

DENK OP HET UUR AAN JE OEFENING en versterk in je diepere meditaties opnieuw je vermogen voor en verlangen naar stilte. Want als je elke dag een beetje meer stilte ervaart, zal het groeien en groeien en je leven vullen en van je leven uitstralen als een groot licht, want je bent hier om een licht voor de wereld te zijn.

OEFENING 341: *Twee oefenperiodes van 30 minuten.*
Ieder uur oefenen.

Stap 342

VANDAAG BEN IK EEN STUDENT VAN KENNIS.

VANDAAG BEN JE EEN STUDENT VAN KENNIS. Je volgt je voorbereiding stap voor stap. Je leert bevrijd te zijn van je eigen oordeel en bezorgdheid. Je leert bevestigd te worden door de aanwezigheid van Kennis in jezelf en door de aanwezigheid van liefde in je leven. Je leert jezelf te eren en je wereld te waarderen. Je leert je verantwoordelijkheid te herkennen en je leert de behoefte van de wereld te herkennen om deze verantwoordelijkheid uit te dragen. Je leert stil te zijn van binnen en zinvol betrokken te zijn van buiten. Je leert te ontvangen. Je leert te geven. Je leert inzien dat je leven verlost wordt.

WEES VANDAAG EEN STUDENT VAN KENNIS en voer de aanwijzingen van vandaag zo volledig en zo expliciet mogelijk uit. Herinner jezelf er om het uur aan dat je een student van Kennis bent en neem elk uur een moment om na te denken over wat dit betekent, vooral onder jouw huidige omstandigheden. In je diepere oefenperiodes, zet je je geest actief in om na te denken over wat een student van Kennis is. Herinner je wat je tot nu toe geleerd werd. Herken wat stap voor stap versterkt wordt en wat je aangemoedigd wordt om op te geven. Je twee oefenperiodes zijn periodes van actieve mentale betrokkenheid waarin je naar het idee van vandaag kijkt en probeert de betekenis ervan te zien in termen van jouw leven. Als je denkt, denk dan constructief, want al het denken moet constructief zijn. Als denken niet nodig is, zal Kennis je voortdragen. In de wereld moet je Kennis hebben, en je moet constructief leren denken omdat je een student van Kennis bent. Wees vandaag een student van Kennis en je zult eren wat jou begeleidt, wat jou leidt en wat jou zegent. Je zult Kennis vertegenwoordigen, want je bent een student van Kennis.

OEFENING 342: *Twee oefenperiodes van 30 minuten.*
Ieder uur oefenen.

Stap 343

VANDAAG EER IK DE BRON VAN MIJN VOORBEREIDING.

Eer de bron van je voorbereiding door vandaag een student van Kennis te zijn. Denk hieraan op het uur en denk opnieuw na over wat een student van Kennis zijn betekent. Probeer je alles te herinneren wat je gegeven werd en wat versterkt wordt en probeer objectief te herkennen wat je belemmert en tegenhoudt. Versterk je vertrouwen. Versterk je deelname. Gebruik je beslissingskracht om dit te doen en onthoud terwijl je dit doet dat je datgene eert en vertegenwoordigt wat jou leidt en wat jij dient.

Laat je geest in je twee diepere oefenperiodes actief nadenken over wat het idee van vandaag betekent. Onthoud dat je alleen datgene kunt dienen waar je waarde aan hecht. Als je waarde hecht aan Kennis, zul je Kennis dienen. Als je waarde hecht aan onwetendheid en duisternis, zul je dat dienen. Dat wat jij waardeert is jouw meester, en jouw meester zal jou dat geven wat jij moet leren. Je bent een student van Kennis. Je bent een student van Kennis omdat je ervoor gekozen hebt dat je studie en de meester die je leidt, Kennis en waarheid in de wereld weerspiegelen. Hier heb je slechts twee keuzes, want je kunt alleen Kennis dienen of dat wat Kennis probeert te vervangen. Aangezien niets werkelijk Kennis kan vervangen, is het verlangen om datgene te dienen wat Kennis vervangt, het verlangen om niets te dienen, niets te zijn en niets te hebben. Dit is wat We bedoelen als Wij het over armoede hebben. Het is een staat van niets dienen, niets zijn en niets hebben.

Eer daarom dat wat jou dient. Eer dat wat jouw realiteit bevestigt en de betekenis en de waarde van jouw aanwezigheid in de wereld, en je zult iets echts dienen, je zult iets echts zijn en je zult iets echts hebben. Zo zul jij, die leert te dienen, degene zijn die leert te ontvangen.

OEFENING 343: *Twee oefenperiodes van 30 minuten.*
Ieder uur oefenen.

Stap 344

MIJN KENNIS IS HET GESCHENK DAT IK AAN DE WERELD GEEF.

*K*ENNIS IS JOUW GESCHENK AAN DE WERELD, maar eerst moet je een voertuig worden waarmee zij zich kan uitdrukken. Jij moet haar accepteren, ontvangen, ervan leren en geven wat ze je geeft om te geven. Vanuit je Kennis komt alles – alle zinvolle activiteiten, alle belangrijke bijdragen, alle belangrijke gedachten, alle zinvolle uitingen van emotie en alle motivatie om anderen gerust te stellen, te troosten, lief te hebben, te helen, te verbinden en te bevrijden. Dit betekent gewoon dat de echte jij zich eindelijk uitdrukt. Dit is jouw geschenk aan de wereld.

HERINNER JEZELF HIER OP HET UUR AAN en voel het vuur van Kennis in je branden. Voel jezelf als een voertuig voor het in de wereld dragen van Kennis. Wees blij dat je jezelf niet hoeft te kwellen door te proberen uit te zoeken hoe je Kennis zult geven, hoe Kennis zichzelf zal geven en wat er als gevolg daarvan zal gebeuren. Je volgt gewoon de stappen. Zoals je tot nu toe hebt gezien, vereisen de stappen dat je je mentale vermogens ontwikkelt en op de juiste manier toepast. Ze vereisen dat je mentaal aanwezig bent. Ze vereisen dat je je leven in evenwicht brengt en harmoniseert. Zelfs zover als je nu bent in je voorbereiding, realiseer je je dat je veel dingen weet over je leven die je nog niet hebt geaccepteerd of geïmplementeerd. Kennis is altijd bij je geweest en zelfs nu in je beginnende voorbereiding, terwijl je je ontwikkelt met anderen die zich met je ontwikkelen, wordt de kracht en de doeltreffendheid van Kennis steeds realistischer voor je. Dit is jouw geschenk aan de wereld.

OEFEN VANDAAG IN JE TWEE LANGERE OEFENPERIODES, in stilte en ontvankelijkheid, met het ontvangen van de kracht van Kennis, zodat die in je kan groeien en je er steeds meer van kunt ervaren als je de wereld in gaat. Deze langere oefenperiodes zijn zo vitaal voor je voorbereiding, want ze vergroten je capaciteit, ze vergroten je begrip, ze vergroten je ervaring en ze maken het steeds gemakkelijker voor je om Kennis te ervaren terwijl je in de wereld bent. Want jouw Kennis is jouw geschenk aan de wereld en jouw Kennis is jouw geschenk aan jezelf.

OEFENING 344: *Twee oefenperiodes van 30 minuten.*
Ieder uur oefenen.

Stap 345

Mijn Kennis is mijn geschenk aan mijn Spirituele Familie.

Jouw Kennis is jouw geschenk aan je Spirituele Familie, want je bent niet alleen in de wereld gekomen om jezelf en de wereld vooruit te helpen, maar ook om je Spirituele Familie vooruit te helpen. Jouw specifieke leergroep vereist dat jij vooruitgaat zodat zij zelf vooruit kan gaan, want zij zoekt ook een grotere eenheid. Al je successen tot nu toe zijn belichaamd in de uitdrukking en het bewijs van je Spirituele Familie.

De terugkeer naar God is de terugkeer naar inclusie in relatie. Dit gaat je begrip te boven en het gaat zeker je ideeën en je idealisme te boven. Het kan alleen worden ervaren. Het moet worden ervaren, en door deze ervaring zul je begrijpen dat je hier niet alleen bent gekomen voor je eigen verlossing en niet alleen om de wereld te dienen, maar om degenen te dienen die jou hebben gezonden. Hierin wordt je rol steeds belangrijker. Als je hieraan denkt, zul je weten dat het waar is. Hierin wordt jouw voorbereiding zelfs nog belangrijker. Als je hieraan denkt zul je weten dat dit waar is.

Denk vandaag op het uur aan dit idee en denk aan je Spirituele Familie, die je je nu leert herinneren. Treed in je twee diepere meditatieoefeningen opnieuw je heiligdom van Kennis binnen en probeer de aanwezigheid van je Spirituele Familie te ervaren. Als je geest stil is, zul je je realiseren dat ze nu bij je zijn. Hoe zouden ze van jou gescheiden kunnen zijn, die niet van hen gescheiden kan zijn, en zoals jij in de wereld bent, zijn ze nu bij jou.

Oefening 345: *Twee oefenperiodes van 30 minuten.*
Ieder uur oefenen.

Stap 346

Ik ben in de wereld om te werken.

Je bent op de wereld om te werken. Werken is wat je wilt doen. Werken is waarom je gekomen bent. Maar wat is dit werk waarover Wij spreken? Is het je huidige werk, waar je je tegen verzet en moeite mee hebt? Zijn het de vele taken waarvan je denkt dat ze de jouwe zijn en die je jezelf toebedeelt? Je ware werk kan in elk van deze activiteiten tot uitdrukking komen, maar het is werkelijk groter. Het zal je geluk en je vervulling zijn om elke stap van je ware werk uit te voeren. Je ware werk in de wereld is je Kennis te ontdekken en haar toe te staan zich via jou uit te drukken. Je ware werk in de wereld is reageren op je specifieke roeping, die je op bepaalde manieren met bepaalde mensen verbindt, zodat je je individuele bestemming in de wereld kunt vervullen.

Dit is jouw werk. Denk op dit moment niet dat je kunt begrijpen wat dit werk is en probeer er geen definitie aan te geven die verder gaat dan dat wat Wij jou hebben gegeven. Het is in orde om niet volledig te weten wat dit betekent. Het is in orde om het mysterie van je leven te begrijpen zonder te proberen het concreet te maken.

Je bent op de wereld om te werken. Zet jezelf daarom in zodat je inzet de bron van je doel, betekenis en richting openbaart. Het is door je werk en zinvolle bezigheden dat je je waarde zult ervaren – de waarde van je individuele leven en de zekerheid van je ware bestemming. Je ware werk garandeert je alle dingen van waarde en biedt je ontsnapping aan alles wat jou verbergt en hulpeloos en ellendig maakt.

Herinner jezelf aan het idee van vandaag op het uur. Zet je geest bij je twee diepere oefeningen opnieuw actief in om het idee van vandaag te overwegen. Overweeg hoe je werk zelf ziet en al je associaties met werk. Ga na hoe je in het verleden op

werk hebt gereageerd – je verlangen om te werken, je
ambivalentie ten opzichte van werk en je weerstand tegen werk.
Herken hoe alle verlangen om te ontsnappen aan het werk in
werkelijkheid een verlangen is geweest om Kennis te ontdekken.
Besef dat Kennis je zal betrekken bij werkzaamheden met een
nieuw doel, een nieuwe betekenis en een nieuwe richting.
Onderzoek je gedachten. Je moet je gedachten begrijpen, want
ze zijn nog steeds heel effectief in het beïnvloeden van je
waarneming en je begrip. Wanneer je objectief kunt worden met
je eigen geest, zul je in staat zijn om Kennis erop te laten schijnen
en zul je in staat zijn om de besluitvaardigheid te gebruiken om
jezelf voor te bereiden en te werken met de inhoud van je geest.
Dit is effectief binnen jouw bereik van deelname, want het is je
niet gegeven om het doel, de betekenis of de richting van Kennis
te bepalen, maar om de ontvanger van Kennis te worden, Kennis
te ervaren en Kennis toe te staan zich door jou uit te drukken.

Betrek je geest dus actief bij je twee langere
oefenperiodes. Concentreer je op dit ene idee. Herken alle
gedachten en gevoelens die daarmee verband houden. Sta in het
laatste deel van elke lange oefenperiode toe dat alle gedachten je
verlaten. Treed opnieuw stilte en ontvankelijkheid binnen, zodat
je tot inzicht kunt komen. Kennis heeft je denken niet nodig
wanneer je Kennis zelf ervaart, want al het denken is een
vervanging voor Kennis. Toch zal Kennis al je denken sturen om
een groter doel te dienen.

Oefening 346: *Twee oefenperiodes van 40 minuten.*
                 Ieder uur oefenen.

Stap 347

VANDAAG STA IK TOE DAT MIJN LEVEN ZICH ONTVOUWT.

STA TOE DAT JE LEVEN ZICH VANDAAG ONTVOUWT. Zonder je eigen innerlijke desoriëntatie, zonder de duisternis van je eigen verbeelding en zonder je eigen verwarring en conflicten, mag je getuige zijn van het ontvouwen van je leven. Vandaag vertegenwoordigt een stap in het ontvouwen van je leven, in de opkomst van je Kennis, in het cultiveren van je ware begrip en in de uitdrukking van je ware prestaties. Wees deze dag aandachtig en leer je uiterlijke leven en je innerlijke leven objectief te observeren. Op deze manier kun je ervaren wat er werkelijk is, en je zult liefhebben wat er werkelijk is, want wat er werkelijk is, is waar en weerspiegelt de liefde zelf.

HERINNER JEZELF ERAAN OM OP HET UUR te observeren hoe je leven zich ontplooit. Observeer in je diepere meditatieoefeningen, in stilte en ontvankelijkheid, hoe je innerlijke leven zich ontvouwt. Observeer hoe je uiterlijke en innerlijke leven zich samen ontvouwen zoals dat moet. Hier zul je de beweging van je leven voelen. Hier zul je weten dat je leven geleid en gestuurd wordt. Hier zul je weten dat alle dingen die je werkelijk waardeert en het meest dierbaar zijn en alles wat We tot nu toe in Onze voorbereiding hebben aangegeven, aan het ontstaan zijn. Hier laat je bepaalde dingen wegvallen en bepaalde dingen opkomen. Hier bestuur je het deel van je leven dat het jouwe is om te besturen, namelijk je denken en je gedrag. Hier sta je toe dat het deel van je leven dat je niet kunt besturen, dat je doel, betekenis en richting is, op natuurlijke wijze naar boven komt en zich uitdrukt. Hier ben je getuige van je leven, dat vandaag aan het opkomen is en zich ontvouwt.

OEFENING 347: *Twee oefenperiodes van 30 minuten.*
Ieder uur oefenen.

Stap 348

VANDAAG BEN IK GETUIGE VAN HET ONTVOUWEN VAN DE WERELD.

ZONDER JE ANGSTIGE SPECULATIES, zonder je angstige reacties op angstige verschijnselen en zonder je ambities en ontkenningen, kun je vandaag zien hoe de wereld zich ontvouwt. Je ogen zullen dit zien, je oren zullen het horen, je huid zal het voelen en jij zult het voelen met je hele fysieke en mentale wezen. Je zult dit weten omdat je wezen weet terwijl je geest denkt en je lichaam handelt. Zo is het dat de kracht van Kennis de kracht van het Zijn is, waarvan jij deel uitmaakt.

MET DEZE KRACHT kun je observeren hoe de wereld zich ontvouwt, want de wereld heeft een wezen, een geest en een lichaam. Zijn wezen weet, zijn geest denkt en zijn lichaam handelt. De natuur is zijn lichaam. Jullie collectieve denken is zijn geest. Kennis is zijn wezen. Dus, als je Kennis begint te realiseren in je leven, zul je Kennis realiseren in de wereld. Als je ziet dat Kennis je geest reinigt en zuivert, zul je zien dat Kennis alle geesten in je wereld reinigt en zuivert. Als je ziet hoe Kennis jou leidt naar effectieve actie, zul je zien hoe Kennis in de wereld anderen leidt naar effectieve actie. Dus, als je leert compassie te hebben met jezelf, zul je leren compassie te hebben met de wereld. Als je getuige bent van je eigen ontvouwen, zul je getuige zijn van de ontvouwen van de wereld.

HERHAAL VANDAAG OP HET UUR DIT IDEE en wees getuige van het ontvouwen van de wereld. Staar in je twee langere oefenperiodes vandaag met je ogen open naar de wereld om je heen. Breng deze tijd alleen door, starend naar de wereld om je heen. Kijk zonder oordeel. Voel hoe de wereld zich ontvouwt. Je hoeft niet te proberen dit te voelen. Je zult het voelen omdat het natuurlijk is. Zonder tegenwerking of tussenkomst van jouw kant zal deze ervaring altijd aanwezig en beschikbaar voor je zijn. Voel hoe de wereld zich ontvouwt, want het zal alles bevestigen wat je nu leert, en alles wat je nu leert zal de wereld dienen in haar ontvouwen.

Oefening 348: *Twee oefenperiodes van 30 minuten.*
Ieder uur oefenen.

Stap 349

IK BEN GELUKKIG DAT IK EINDELIJK DE WAARHEID KAN DIENEN.

HET IS JE GROOTSTE VREUGDE, het is je grootste geluk en het is je grootste tevredenheid om eindelijk de waarheid te dienen. Je verleden is gefrustreerd en somber geweest omdat je hebt geprobeerd dingen te dienen zonder fundament en betekenis. Je hebt geprobeerd je te identificeren met dingen zonder doel en richting. Dit heeft je het gevoel gegeven dat je geen doel, betekenis of richting hebt. Voel je nu gelukkig dat je de waarheid kunt vertegenwoordigen en de waarheid kunt dienen, want de waarheid geeft je alles wat waar is. Ze geeft je doel, betekenis en richting, waarnaar je in al je verbintenissen, relaties, activiteiten en inspanningen hebt gezocht. Dit is wat je hebt gezocht in al je fantasieën, in al je zorgen en in al je hoop.

ALLES WAT JE WERKELIJK HEBT GEWILD, word je nu gegeven. Leer nu te ontvangen wat je werkelijk hebt gewild en je zult beseffen wat waar is. Je zult ook beseffen wat je altijd al echt hebt gewild. Hierdoor kan de waarheid eenvoudig en duidelijk worden. Dit stelt je eigen individuele aard in staat om eenvoudig en duidelijk te worden, want in eenvoud worden alle dingen gekend. In complexiteit zijn alle dingen verborgen. Alleen wat mechanisch is in de wereld kan complex zijn, maar de essentie ervan is eenvoudig en kan direct ervaren worden. Alleen in het beheersen van wat mechanisch is in het leven, wat je tot op zekere hoogte moet doen, zijn er complexiteiten, maar zelfs deze complexiteiten zijn eenvoudig stap voor stap vast te stellen. Je benadering van het leven moet dus eenvoudig zijn, of je nu te maken hebt met eenvoud of complexiteit. De complexiteit waarover Wij spreken, die een vorm van ontkenning is, vertegenwoordigt de complexiteit van je eigen denken en de moeilijkheden in je eigen benadering.

WEES DAN BLIJ DAT JE DAT WAT WAAR IS KUNT DIENEN, want dit zal alles vereenvoudigen en je in staat stellen om op een directe en effectieve manier om te gaan met mechanische complexiteit. Wees dan blij dat je leven doel, betekenis en richting heeft, want je dient dat wat doel, betekenis en richting heeft. Herinner je dit op het uur, en treed in je twee diepere oefenperiodes opnieuw de stilte binnen met grote ontvankelijkheid en toewijding. Onthoud dat je jezelf hier geeft, dat oefenen geven is, dat je leert geven en dat je leert dienen. Je geeft wat waar is en je dient wat waar is, en als gevolg daarvan ervaar je wat waar is en ontvang je wat waar is. Daarom is dit een dag van geluk omdat je dient wat waar is.

OEFENING 349: *Twee oefenperiodes van 30 minuten.*
Ieder uur oefenen.

Stap 350

TERUGBLIK

Neem de afgelopen twee weken van je training nog eens door, lees elke les en evalueer elke oefendag. Ontwikkel opnieuw je vermogen om objectief te zijn. Herken opnieuw de algehele beweging van je leven – de langzame maar zeer belangrijke en wezenlijke veranderingen die plaatsvinden in je waarden, in je omgang met anderen, in je activiteiten en, het allerbelangrijkste, in je algehele gevoel van jezelf.

Vergeet niet dat belangrijke veranderingen geleidelijk gaan en vaak onopgemerkt blijven tot de resultaten duidelijk worden. Realiseer je dat kleine of onbeduidende veranderingen vaak gepaard gaan met grote emotionele opschudding waarbij mensen denken dat er net iets geweldigs is gebeurd. Kleine, incrementele veranderingen beïnvloeden je standpunt onmiddellijk, maar het algemene effect is niet zo blijvend. De enige uitzondering hierop is wanneer je Leraren in je persoonlijke sfeer ingrijpen om hun aanwezigheid te tonen of om een boodschap van kracht af te leveren die je op dat moment absoluut nodig hebt. Deze interventies zijn zeldzaam, maar kunnen af en toe plaatsvinden wanneer het nodig is voor jou.

Bekijk daarom de algehele beweging van je leven. Zie hoe je leven zich ontvouwt. Dit bereid je voor op de toekomst, want dit programma bereid je voor op de toekomst. Alles dat hier onderwezen wordt, moet je gebruiken en versterken, en je moet oefenen zowel binnen het bereik van deze voorbereiding als ver daarbuiten. Word vandaag in je langere oefenperiode een wijze waarnemer van je eigen ontwikkeling. Herken waar je oefening versterkt moet worden. Besef dat dit voortkomt uit je Kennis. Volg dit zo goed mogelijk terwijl We nu de laatste lessen in deze fase van Stappen naar Kennis naderen.

Oefening 350: *Een lange oefenperiode.*

Stappen naar Kennis

LAATSTE LESSEN

Je staat op het punt te beginnen aan de laatste Stappen in Onze voorbereiding. Dit zijn niet de laatste stappen in jouw algehele benadering van Kennis of in jouw nuttig toepassen en ervaren van Kennis. Toch zijn het de laatste stappen in dit ene grote ontwikkelingsstadium waarin jij je nu bevindt. Geef je daarom met toenemend verlangen en intensiteit aan het volgende deel van de oefening. Laat Kennis je leiden in je deelname. Sta jezelf toe zo krachtig, zo sterk en zo betrokken te zijn. Denk niet aan je verleden, maar besef de realiteit van Kennis op dit moment en haar grote belofte voor de toekomst. Jij wordt geëerd die de bron van je voorbereiding eert. Je wordt deze dag geëerd nu je begint aan de laatste Stappen in deze essentiële fase van je ontwikkeling.

Stap 351

IK DIEN EEN GROTER DOEL, DAT IK NU BEGIN TE ERVAREN.

Herhaal dit idee op het uur en vergeet het niet. Naarmate je dit begrip versterkt, zal het steeds werkelijker en duidelijker voor je worden. Naarmate het steeds werkelijker wordt, zullen alle andere ideeën en begrippen die ermee concurreren vervagen, want deze ene grote waarheid heeft substantie. Alle andere dingen die doen alsof ze de waarheid zijn en hiermee in strijd zijn, zullen vervagen omdat ze geen substantie hebben. Dat wat waar is, bestaat of je het wilt of niet, of je erin gelooft of niet en of je je eraan houdt of niet. Dat is wat het waar maakt.

Je hebt in het verleden gedacht dat alle dingen bestaan omdat jij dat wilt. Dit is alleen waar in het rijk van verbeelding, een rijk waaraan je nu leert te ontsnappen. Zelfs in het rijk van de verbeelding leer je dat te waarderen wat het dichtst bij de waarheid ligt, zodat je aan het rijk van de verbeelding kunt ontsnappen. Want het rijk van de verbeelding is niet het rijk van de Schepping. Wat schept, schept vanuit Kennis. Dit is Schepping die blijvend is, betekenisvol en zelfs in de wereld ware kracht en waarde heeft. Het is niet het rijk van de verbeelding.

Treed in je diepere oefenperiodes de stilte binnen. Kom met grote eerbied voor wat je probeert te doen. Herinner jezelf aan het belang van deze tijden van stilte. Herinner jezelf eraan dat dit tijden van aanbidding zijn, tijden van ware toewijding, tijden waarin je jezelf opent en tijden waarin Kennis zich opent. Sta deze dag toe een dag van meer begrip te zijn. Laat deze dag een dag van grotere toewijding zijn, want je bent vandaag een ware student van Kennis.

Oefening 351: *Twee oefenperiodes van 30 minuten.*
Ieder uur oefenen.

Stap 352

VANDAAG BEN IK EEN WARE STUDENT VAN KENNIS.

BEVESTIG DIT OP HET UUR, en treed in je twee meditatieoefeningen met grote eerbied en toewijding je perioden van stilte binnen. Dit zijn je tijden van aanbidding. Je gaat nu werkelijk naar de kerk – niet uit verplichting, niet uit angst of bezorgdheid en niet uit een gevoel van plicht aan een liefdeloze God, maar uit een gevoel van grote vreugde en uit een verlangen om jezelf te geven aan dat wat zichzelf aan jou geeft. Wees een ware student van Kennis. Onthoud alles wat je tot nu toe is verteld en gebruik het elk uur. Ga zinvol met de oefening aan de slag, zowel intern als extern. Versterk deze dag. Geef deze dag aan Kennis zoals Kennis deze dag aan jou geeft, zodat je kunt leren over de aanwezigheid van Kennis in je leven.

KENNIS IS GODS GESCHENK AAN JOU, want Kennis is Gods uitbreiding naar jou. Aldus zal Kennis God zijn voor jou, maar zal spreken van grootsheid voorbij zichzelf, want Kennis is hier om jou in staat te stellen zinvol in relatie te zijn met jezelf, met anderen en met het leven. Hierdoor zul je in staat zijn om relaties terug te winnen en zo naar je Ware Thuis in God te bewegen.

OEFENING 352: *Twee oefenperiodes van 30 minuten.*
Ieder uur oefenen.

Stap 353

MIJN WARE THUIS IS IN GOD.

Jouw ware thuis is in God. Je ware thuis is. Jouw Thuis is waar. Jij bent waar. Zelfs nu je in de wereld bent ben je thuis, hoewel de wereld niet je ware thuis is. Omdat je thuis bent in de wereld en omdat je met Kennis bent, kun je aan de wereld geven en precies dat bieden wat ze nodig heeft, en je zult dit gevoel van thuis aan de wereld willen geven, die zich ontheemd en verloren voelt.

Herhaal op het uur dit idee en kijk naar mensen in de wereld en zie hoe ontheemd ze lijken te zijn. Onthoud hoe ze werkelijk thuis zijn, maar het zich niet realiseren. Net als jij slapen ze thuis. Je leert nu uit je slaap te ontwaken, en je beseft dat je nog steeds thuis bent omdat je Spirituele Familie bij je is, Kennis bij je is en je Leraren bij je zijn.

Aldus ben je thuis in God, ook al lijk je nu ver van je Ware Thuis te zijn. Je hebt je Ware Thuis met je meegebracht. Hoe kun je zijn waar God niet is als God overal is? Hoe kun je niet bij je Leraren zijn als zij jou vergezellen? Hoe kun je niet bij je Spirituele Familie zijn als je Spirituele Familie altijd aanwezig is? Het lijkt misschien tegenstrijdig dat je weg kunt zijn van je Ware Thuis en toch thuis kunt zijn, maar je lijkt alleen maar weg te zijn van Thuis als je naar de wereld kijkt en je identificeert met de wereld die je ziet. Maar in jezelf draag je Kennis, die je eraan herinnert dat je werkelijk thuis bent en dat je in de wereld bent om je Ware Thuis uit te breiden naar de wereld. Want jouw Ware Thuis wil zichzelf aan de wereld geven zodat de wereld zijn Thuiskomst kan vinden.

Denk hier op het uur aan terug en keer in je twee diepe meditaties terug naar huis, naar Kennis. Keer terug naar huis in het heiligdom van je innerlijke tempel. Hier ervaar je je Ware Thuis en hier wordt het meer echt voor je. Naarmate het meer echt voor je wordt, blijft het meer en meer bij je in je ervaring. Je moet je Ware Thuis ervaren terwijl je in de wereld bent.

OEFENING 353: *Twee oefenperiodes van 30 minuten.
Ieder uur oefenen.*

Stap 354

IK MOET MIJN WARE THUIS ERVAREN TERWIJL IK IN DE WERELD BEN.

IN JE WARE THUIS BEN JE GELUKKIG, je bent inbegrepen, je bent compleet, je bent in relatie, je bent een volledige deelnemer, je bent essentieel en je bent betekenisvol. Terwijl je in de wereld bent, is je Ware Thuis onbegrijpelijk voor je. In feite zal je Ware Thuis onbegrijpelijk voor je zijn totdat je volledig bij je Ware Thuis bent aangekomen, totdat je Spirituele Familie alle andere Spirituele Families heeft herenigd en alle hereniging in het universum is voltooid.

MAAR OOK AL IS JE WARE THUIS NIET TE BEGRIJPEN, denk niet dat het buiten je bereik ligt. Het is je vandaag gegeven om je Ware Thuis te ervaren, want je draagt Kennis in je. Je enige beperking hier is je vermogen om Kennis te ervaren en uit te drukken. Maar naarmate je elke stap zet en elke stap in je voorbereiding ontvangt, groeit je vermogen om relatie en communicatie te ervaren. Naarmate je meer en meer bevrijding zoekt van je eigen verbeelding en van je eigen geïsoleerde denken, ervaar in steeds grotere mate je inclusie in het leven. Je evolutie kan dus gemeten worden in termen van je steeds toenemende vermogen om relatie en communicatie te ervaren en je steeds toenemende vermogen om Kennis te ervaren en uit te drukken. Zo ben je thuis terwijl je in de wereld bent, want je Ware Thuis groeit in je binnenste in je eigen ervaring. Het vuur van Kennis wordt krachtiger en haar verterende weldadigheid wordt steeds duidelijker naarmate je geest vrij, heel en gericht wordt.

DENK HIER OP HET UUR aan terug en keer terug naar je Ware Thuis in je diepere oefenperiodes. Je bent thuis in de wereld. Daarom kun je in vrede in de wereld zijn.

OEFENING 354: *Twee oefenperiodes van 30 minuten.
             Ieder uur oefenen.*

Stap 355

IK KAN IN VREDE IN DE WERELD ZIJN.

HET IS MOGELIJK OM IN VREDE IN DE WERELD te zijn omdat je de bron van vrede met je meegebracht hebt. Je kunt in vrede in de wereld zijn, ook al is de wereld een oord van actieve betrokkenheid, een oord van moeilijkheden, een oord van uitdagingen en een oord van noodzakelijke prestaties, omdat je vrede in je draagt en vanwege het vuur van Kennis. Uit Kennis komen alle zinvolle gedachten en activiteiten voort – alle ware inspiratie, alle belangrijke ideeën en alle grote uitingen. Toch is Kennis groter dan haar uitingen, want zij is een licht voor de wereld.

JE BENT IN VREDE IN DE WERELD omdat je met het licht van de wereld bent, en toch ben je betrokken bij de wereld omdat je hier bent gekomen om te werken. Alleen door deelname door elke stap te volgen kun je beseffen dat er geen tegenstelling is tussen vrede en werk. Er is geen scheiding tussen stilte en activiteit. Dit moet je ten volle ervaren, want het is een complete ervaring, en je vermogen tot deze ervaring moet steeds meer worden uitgebreid. Je inzicht en begrip moeten voortdurend worden uitgebreid. Je betrokkenheid bij het leven moet steeds harmonieuzer en uniformer worden. Je onderscheidingsvermogen met betrekking tot relaties moet vergroot en daadwerkelijk toegepast worden. Alle kwaliteiten die geassocieerd worden met het cultiveren van Kennis moeten ook op een hoger niveau gebracht worden. Dit zal het voor jou mogelijk maken om vrede in de wereld te hebben, want je was bedoeld om vrede in de wereld te hebben. Vrede in de wereld is een uitdrukking van je Ware Thuis in de wereld en hierin zul je je Zelf vinden.

OEFENING 355: *Lees vandaag de les drie keer.*

Stap 356

VANDAAG ZAL IK MIJN ZELF VINDEN.

Je Zelf is groter dan je huidige vermogen om het te ervaren. Toch kun je binnen je huidige capaciteit je Zelf vinden en ervaren. Onthoud dat dit je grote verlangen is. Onthoud dit op het uur. Onthoud dat je je Zelf wilt vinden, want zonder je Zelf ben je verdwaald in je eigen denken en in het grillige denken van de wereld. Zonder je Zelf zul je je even tijdelijk en veranderlijk voelen als de wereld. Zonder je Zelf voel je je net zo bedreigd en bedreigend als de wereld. Daarom is het je ware verlangen om je Zelf terug te winnen en met je Zelf alles terug te winnen wat inherent is aan je Zelf, wat voortkomt uit je ene Ware Bron, wat zich uit in je Kennis en wat leeft in je Aloude Thuis.

Kom vandaag in je diepere oefenperiodes opnieuw naar Kennis. Kom om jezelf te geven. Kom om te aanbidden. Kom in toewijding en eerbied, zodat je je vermogen om je Zelf te ervaren kunt vergroten, zowel in je meditatie-oefentijd als in je tijd in de wereld. Je bent in de wereld gekomen om je Kennis terug te winnen en je Kennis toe te staan zich uit te drukken. Je zult dan je Zelf uitdrukken, want je bent in de wereld om je Zelf uit te drukken.

OEFENING 356: *Twee oefenperiodes van 30 minuten.*
Ieder uur oefenen.

Stap 357

IK BEN IN DE WERELD OM MIJN ZELF UIT TE DRUKKEN.

ALLES WAT JE OOIT HEBT GEZEGD en alles wat je ooit hebt gedaan is een poging geweest om je Zelf uit te drukken. Je dilemma in het verleden is dat je hebt geprobeerd een zelf uit te drukken dat niet je Zelf is. Dit tijdelijke zelf, dit persoonlijke zelf, is gebruikt als vervanging voor je Ware Zelf, hoewel het alleen bedoeld is als intermediair tussen je Ware Zelf en de wereld. Omdat het gebruikt is als vervanging, hebben zijn eigen inherente verwarring en gebrek aan fundering jouw communicatie en expressie uitgeschakeld. Daarom heb je de bron van je expressie of het beste voertuig voor je expressie niet gevonden.

DAT JE WARE ZELF ZICH WENST UIT TE DRUKKEN is duidelijk in al je vroegere activiteiten als je ze objectief wil begrijpen. Alles wat je ooit tegen iemand hebt gezegd bevat een zaadje van ware expressie. Alles wat je ooit hebt gedaan of geprobeerd te demonstreren bevat het zaad van ware demonstratie en expressie. Je hoeft je expressie alleen maar te zuiveren om deze compleet en werkelijk representatief voor jouw aard en daarmee werkelijk bevredigend voor je te laten zijn.

OMDAT JE HIER BENT OM JE ZELF UIT TE DRUKKEN, moet je ook leren hoe je je Zelf kunt uitdrukken, hoe je ware uitdrukkingen anderen zullen beïnvloeden en hoe dit effect op de juiste manier gebruikt kan worden, voor jouw welzijn en ook voor hun welzijn. Hier leer je wat je wilt uitdrukken en hoe je het kunt uitdrukken. En je leert ook het effect ervan op de wereld te begrijpen. Dit vereist het cultiveren van Kennis in jezelf, het cultiveren van je persoonlijke vermogens en de transformatie van je persoonlijke zelf van een substituut voor Kennis naar een tussenpersoon voor Kennis. Als tussenpersoon moet je persoonlijke zelf op de juiste manier ontwikkeld en geactiveerd worden. Hier dient het een Groter Zelf in jou, zoals jouw Grotere Zelf het Grote Zelf van het universum dient. Hier vindt alles zijn rechtmatige plaats en zijn uniforme uitdrukking.

D<small>ENK OP HET UUR ERAAN</small> dat jij je Zelf wenst uit te drukken en in je diepere meditatie-ervaringen, waar je in stilte en toewijding komt, sta je toe dat je Ware Zelf zich aan jou uitdrukt. Voorbij woorden en voorbij handelingen, zal je Ware Zelf zichzelf uitdrukken en je zult de uitdrukking ervan kennen. Je zult weten dat je de uitdrukking ervan wilt ontvangen en de uitdrukking ervan wilt uitstrekken naar de wereld. De wereld is het oord waar je gekomen bent om je Zelf uit te drukken omdat de wereld het oord is waar je thuis wilt zijn.

O<small>EFENING</small> 357: *Twee oefenperiodes van 30 minuten.*
               Ieder uur oefenen.

Stap 358

Ik wens thuis te zijn in de wereld.

Je wilt thuis zijn in de wereld. Je bent hier niet gekomen om aan de wereld te ontsnappen. Je bent hier gekomen om thuis te zijn in de wereld. Als je dit begrijpt, kun je je bijdrage op waarde schatten en je volledig inzetten om deze tot uitdrukking te brengen. Aan de wereld ontsnappen zonder bij te dragen aan de wereld zal je dilemma alleen maar vergroten, en je zult terugkeren naar je Spirituele Familie met je geschenken ongeopend en niet afgeleverd. Je zult je dan realiseren dat je moet terugkeren omdat het werk dat je in de wereld wilde volbrengen niet is volbracht.

Wees dan blij dat je nu in de wereld bent en dat je niet hoeft te wachten om hier weer binnen te komen. Je bent hier al. Je bent al zo ver gekomen. Je bent in de perfecte positie om je bestemming hier te vervullen. Je hebt je Aloude Thuis met je meegebracht – in het zaad en in het licht van je Kennis, dat nu groeit, opkomt en ontluikt.

De wereld is niet jouw thuis, maar jij bent bedoeld om thuis te zijn in de wereld. Denk hier eens over na en realiseer je hoe graag je thuis wilt zijn in de wereld. Realiseer je hoezeer je de wereld niet wilt veroordelen of eenvoudigweg aan de wereld wilt ontsnappen. Als je thuis bent in de wereld, zul je in staat zijn verder te gaan dan de wereld om op een grotere manier te dienen en een grotere realiteit te ervaren dan de wereld je kan bieden. Maar je zult niet vertrekken met spijt, woede of teleurstelling. Je zult vertrekken met geluk en tevredenheid. Dit zal je ervaring hier voltooien. Dit zal de wereld zegenen en zal jou zegenen die jezelf en de wereld gezegend heeft terwijl je in de wereld was.

Sta jezelf toe om in je diepere meditatieoefeningen serieus te overwegen wat thuis voor jou betekent. Nogmaals, dit is een oefening in actieve mentale betrokkenheid. Gebruik je geest om de belangrijke dingen te overwegen die jou nu worden gegeven. Je zult alle gedachten die je hebt met betrekking tot het idee van vandaag moeten onderzoeken om te begrijpen hoe je het idee van vandaag benadert en hoe je erop zult reageren. De beslissingsbevoegdheid ligt bij jou, maar je moet de huidige inhoud van jouw geest begrijpen. Op die manier zul je in staat zijn namens jezelf een passende en wijze beslissing te nemen, binnen jouw verantwoordelijkheidsgebied. Het is de bedoeling dat je thuis bent in de wereld. Breng je thuis mee zodat anderen zich thuis kunnen voelen in de wereld. Op deze manier wordt de wereld gezegend omdat het niet langer een geïsoleerd oord is. Ontsnap vandaag niet aan de wereld, maar wees aanwezig om de wereld te dienen.

OEFENING 358: *Twee oefenperiodes van 30 minuten.*
Ieder uur oefenen.

Stap 359

IK BEN AANWEZIG OM DE WERELD TE DIENEN.

WEES AANWEZIG OM DE WERELD TE DIENEN en de aanwezigheid die de wereld dient zal via jou spreken. Wees aanwezig om de wereld te dienen en je zult aanwezig zijn voor die aanwezigheid. Je zult bij elke activiteit betrokken zijn en elke activiteit zal belangrijk en betekenisvol zijn. Dan zul je niet zoeken naar een ontsnapping aan je ervaring, je zult niet zoeken naar een ontsnapping aan de wereld en je zult niet zoeken naar een donkere plek om je te verbergen, want je zult beseffen dat het licht van Kennis volkomen weldadig is. Je zult er steeds meer in willen baden en het steeds meer in de wereld tot uitdrukking willen brengen. Dit is je plicht hier en je grote liefde.

HERINNER JEZELF ER OP HET UUR AAN dat je aanwezig wilt zijn om de wereld te dienen. Herinner jezelf er ook aan dat je aanwezig wilt zijn om de wereld jou te laten dienen. Herinner jezelf eraan dat je moet leren hoe je moet ontvangen en hoe je moet geven, en dat je daarom een beginnende student van Kennis bent. Belast jezelf niet met verwachtingen van jezelf die verder gaan dan wat wordt aangegeven in je voorbereidingsprogramma. Je Leraren herkennen je huidige stadium en ze herkennen je huidige stap. Ze onderschatten je kracht niet, maar ze overschatten je huidige mogelijkheden ook niet. Daarom zul je hen nodig hebben om met zekerheid, eerlijkheid en betrouwbaarheid te werk te gaan.

WEES IN JE DIEPERE OEFENINGEN aanwezig om jezelf in stilte aan je beoefening te geven. Onthoud opnieuw dat alle beoefening geven is. Je geeft jezelf zodat je Ware Zelf aan jou gegeven kan worden. Hier breng je wat klein is naar wat groot is en wat groot is brengt zichzelf naar wat klein is. Hier besef je dat ook jij groot bent en dat het kleine bedoeld is om de grootsheid uit te drukken waarvan jij deel uitmaakt. De wereld schreeuwt wanhopig om de openbaring van deze grootsheid, maar jij moet leren hoe je grootsheid in de wereld kunt openbaren.

OEFENING 359: *Twee oefenperiodes van 30 minuten.*
Ieder uur oefenen.

Stap 360

IK MOET LEREN HOE IK GROOTSHEID IN DE WERELD KAN OPENBAREN.

DOOR IN ALLE EENVOUD, NEDERIGHEID en zonder valse veronderstellingen te onthouden dat je een beginnende student van Kennis bent, zul je in staat zijn om te leren hoe je grootsheid in de wereld kunt openbaren. Dit is heel essentieel omdat de wereld ambivalent staat tegenover grootsheid, tegenover Kennis en tegenover liefde. Als je het verlangen van de wereld aan haar presenteert wanneer de wereld in een ambivalente staat verkeert, zal ze niet weten hoe ze moet reageren. Haar reactie zal daarom aantonen dat ze voor of tegen jouw bijdrage is. Elk individu, elke gemeenschap of elke wereld die gebukt gaat onder ambivalentie zal op meer dan één manier reageren omdat ze ambivalent is. Daarom moet je leren om ambivalentie met wijsheid te benaderen, want degenen die ambivalent zijn moeten leren hoe ze hun zekerheid kunnen ontvangen, zoals jij nu leert te doen.

ONDERKEN HOE AMBIVALENT JE TOT NU TOE BENT GEWEEST over je leven en over deze voorbereiding. Besef dat om deze reden deze voorbereiding jou in zeer stapsgewijze stappen werd gegeven, een stap na de andere, dag na dag. Stap voor stap leer je je verlangen naar en vermogen tot Kennis te ontwikkelen en te accepteren en leer je ook Kennis tot uitdrukking te brengen. Student zijn betekent dat je hier bent om te leren, en terwijl je leert zul je demonstreren, onderwijzen en de geweldige resultaten produceren die Kennis wil voortbrengen. Toch kan Kennis je beperkingen niet overschrijden omdat Kennis voor je zorgt en je beschermt als haar voertuig. Omdat je een deel van Kennis bent, zul ook jij voor je voertuig willen zorgen. Daarom moet je zo goed mogelijk voor je lichaam en geest zorgen terwijl je verder gaat.

Laat je vandaag in je diepere oefenperiodes instrueren hoe je grootsheid in de wereld kunt openbaren. Besef dat de wereld ambivalent is en accepteer dit, want dit is de huidige staat van de wereld. Besef dat je met wijsheid en onderscheidingsvermogen moet geven. En realiseer je dat je Kennis uit zichzelf moet laten geven en niet moet proberen te geven vanuit je eigen ambitie of behoefte om een gevoel van ontoereikendheid te vermijden. Sta toe dat je geven waar is en je geven zal waar zijn. Jouw geven zal dan uit zichzelf geven op een manier die gepast is, die jou zal behouden en die degenen die jouw geschenk ontvangen zal eren. Dit zal hen uit hun ambivalentie brengen, zoals je nu zelf naar het licht wordt geleid.

OEFENING 360: *Twee oefenperiodes van 30 minuten.*

Stap 361

IK WORD VANDAAG IN HET LICHT VAN KENNIS GELEID.

JIJ DRAAGT HET LICHT. Draag het elk uur en onder alle omstandigheden bij je. Gebruik je hele dag om te oefenen in het dragen van Kennis. Probeer Kennis niet uit te drukken, want Kennis zal dit zelf doen wanneer het gepast is. Jouw taak is vandaag om Kennis te dragen, aandachtig te zijn en je te herinneren dat Kennis bij je is. Of je nu alleen bent of met anderen, of je nu op je werk bent of thuis en of je je nu in een prettige of onprettige situatie bevindt, draag Kennis in je. Voel haar branden in je hart. Voel hoe zij de grote uitgestrektheid van je geest vult.

TREED IN JE TWEE DIEPERE OEFENPERIODES opnieuw het heiligdom van Kennis binnen, zodat je verfrist en verjongd wordt, zodat je gezegend en geëerd wordt en zodat je rust en vrijheid vindt. Hoe meer je dit in je innerlijke leven vindt, hoe meer je in staat zult zijn om het in je uiterlijke leven uit te dragen, want je bent bedoeld om vandaag Kennis in de wereld uit te dragen.

OEFENING 361: *Twee oefenperiodes van 30 minuten.*
Ieder uur oefenen.

Stap 362

IK LEER TE LEREN OMDAT IK VANDAAG KENNIS IN ME DRAAG.

Je leert om te leren. Je leert Kennis te ontvangen. Je leert Kennis te waarderen. Je leert Kennis te dragen. Je leert Kennis uit te drukken. Je leert al je mentale en fysieke vermogens te cultiveren die essentieel zijn voor deze algehele voorbereiding. Je bent een volwaardige student. Houd je daarom vandaag volledig bezig met je studie, die je zal bevrijden van verkeerde veronderstellingen en van het leggen van onmogelijke lasten op jezelf. Dat wat in waarheid gegeven is, zul je van nature kunnen doen, want je bent van nature gemaakt om dit te doen. Je fysieke en mentale voertuigen, die dingen die met deze wereld verbonden zijn, zullen op natuurlijke wijze met je ware vervulling bezig zijn.

Leer te leren. Leren om te leren betekent dat je leert om deel te nemen. Het betekent dat je tegelijkertijd volgt en leidt. Je volgt je Leraren en hun ontwikkelingsprogramma en je leidt je mentale en fysieke voertuigen. Zo is het dat zij die ontvangen zullen geven en zij die volgen zullen leiden. Zo zullen zij die geven moeten blijven ontvangen en zullen zij die leiden moeten blijven volgen. Hier verdwijnt de dualiteit van zulke dingen. Hun uniformiteit en hun complementaire aard worden herkend omdat dit eenvoudig is, omdat het duidelijk is en omdat het waar is.

Denk op het uur aan dit idee en gebruik je twee oefenperiodes om je in stilte en eenvoud met Kennis te verbinden. Sta toe dat deze laatste oefenperiodes in dit programma veel diepgang hebben. Geef je er zo volledig mogelijk als je kunt aan over, want zo vergroot je je vermogen voor Kennis en je ervaring van Kennis. Naarmate je vermogen voor en je ervaring van Kennis groeien, zal ook je verlangen naar Kennis groeien, want Kennis is je ware verlangen.

OEFENING 362: *Twee oefenperiodes van 30 minuten.*
Ieder uur oefenen.

Stap 363

KENNIS IS MIJN WARE VERLANGEN, OMDAT IK EEN STUDENT VAN KENNIS BEN.

KENNIS IS JE WARE VERLANGEN. Denk niet dat je verlangens vals zijn, want alle verlangens, indien onderkend, zijn voor Kennis. Doordat je je verlangens verkeerd hebt geïnterpreteerd of hebt geprobeerd ze te gebruiken om andere dingen te versterken, hebben ze je op een dwaalspoor gebracht. Probeer niet zonder verlangens te zijn, want leven is verlangen. Verlangen is doel. Verlangen is betekenis en richting. Toch moet je je ware verlangen herkennen, dat is het verlangen naar Kennis om zichzelf te vervullen en op te eisen, het verlangen naar Kennis om jou te redden en voor jou om Kennis te redden. Hoe kun je Kennis redden? Door haar vast te houden in jezelf, door een student te zijn van Kennis, door Kennis overal mee naartoe te nemen, door je bewustzijn van Kennis te versterken, door eenvoudig te zijn met Kennis en door niet te proberen Kennis te gebruiken om je eigen doelen en je eigen doeleinden te vervullen.

GA DOOR MET DE NORMALE ACTIVITEITEN VAN DE DAG, maar draag Kennis met je mee. Als Kennis niet twijfelt, hoef jij niet te twijfelen. Als Kennis niet bang is, hoef jij niet bang te zijn. Als Kennis de situatie niet verandert, hoef jij de situatie niet te veranderen. Maar als Kennis je terughoudt, houd jezelf dan terug. Als Kennis de situatie verandert, verander dan de situatie. Als Kennis je vertelt een situatie te verlaten, verlaat dan een situatie. Als Kennis je zegt in een situatie te blijven, blijf dan in een situatie. Hier word je zo eenvoudig en zo krachtig als Kennis. Hier word je Kennis zelf.

HERHAAL OP HET UUR HET IDEE VOOR VANDAAG en ervaar het. Ervaar het binnen je innerlijke leven, en ook in je diepere meditatieoefeningen. In je innerlijke en uiterlijke leven zet je jezelf in en geef je jezelf. Hier draag je Kennis. Mettertijd zul je zien dat Kennis jou zal dragen.

OEFENING 363: *Twee oefenperiodes van 30 minuten.*
Ieder uur oefenen.

Stap 364

KENNIS DRAAGT ME OMDAT IK EEN STUDENT VAN KENNIS BEN.

Als je Kennis draagt, zul je voelen dat Kennis jou draagt. Je zult voelen dat Kennis je begeleidt en je leidt, je behoedt, je beschermt voor onheil, je weghoudt van moeilijke en schadelijke verbintenissen, je verbindt met mensen met wie je verbonden moet zijn en je wegleidt van verdeeldheid zaaiende verbintenissen die geen doel hebben. Zo word je een leider en een volger, want je volgt Kennis en je leidt jezelf. Je geeft je over aan Kennis, maar je oefent de bevoegdheid uit om zelf beslissingen te nemen. Zo word je een groot volger en een groot leider. Zo verkeer je in een positie om te dienen, en je zult steeds meer het gevoel krijgen dat Kennis je door het leven draagt. En je zult ook voelen dat jij Kennis draagt. Op de juiste manier gezien, zul je je ware relatie tot Kennis realiseren. Je zult je realiseren dat jij Kennis in je draagt en dat Kennis jouw welzijn in zich draagt. Dit is perfect complementair. Het is perfect omdat het uit perfectie zelf voortkomt.

Wees een echte student van Kennis. Doe je oefening. Geef jezelf in de oefening. Verander je oefening niet. Verwaarloos je oefening niet. Alles wat je moet doen is oefenen en aandachtig zijn, oefenen en aandachtig zijn. Oefen op het uur en in je twee diepere meditatieoefeningen, waar je je in de stilte begeeft om bij de stilte zelf te zijn, om te oefenen, oefen om te leren en leer te leren. Vandaag leer je te leren. Vandaag ben je een student van Kennis.

OEFENING 364: *Twee oefenperiodes van 30 minuten.*
Ieder uur oefenen.

Stap 365

IK BEN TOEGEWIJD OM TE LEREN TE LEREN.
IK BEN TOEGEWIJD TE GEVEN WAT IK BEDOELD BEN TE GEVEN.
IK BEN TOEGEWIJD OMDAT IK DEEL UITMAAK VAN HET LEVEN.
IK MAAK DEEL UIT VAN HET LEVEN OMDAT IK ÉÉN BEN MET KENNIS.

WAT IS TOEWIJDING anders dan de natuurlijke uitdrukking van je ware verlangens? Het bevrijd je; het bindt je niet. Het verbind je; het verplicht je niet. Het versterkt je, het beperkt je niet. Ware toewijding komt voort uit ware Kennis, waaruit je zelf voortkomt. Geef jezelf en je hele dag in deze laatste stap van je voorbereiding aan de oefening.

EER JEZELF voor het volbrengen van een opmerkelijke en substantiële taak in het voltooien van dit ene jaar van voorbereiding. Eer je Kennis voor het geven van het verlangen om deel te nemen en de kracht om deel te nemen. Eer je Kennis voor het geven van de visie die nu naar boven komt. Eer allen die jou in je leven gediend hebben - je familie, je ouders, je vrienden en je ogenschijnlijke vijanden en tegenstanders. Eer allen die jou in staat hebben gesteld om Kennis op waarde te schatten en die jou de kracht en de vastberadenheid hebben gegeven om de voorbereiding op Kennis te ondergaan. Herinner je ook je Leraren, want zij herinneren zich jou en verblijven zelfs nu nog bij je. Onthoud dat je een student van Kennis bent, en daarmee zul je in staat zijn om verder te gaan in je voorbereiding.

GEEF JEZELF VANDAAG OP HET UUR en in je twee diepere meditatieoefeningen. Sta stil bij alles wat je gegeven werd. Laat dit een dag van voldoening en dankbaarheid zijn. Laat dit een dag zijn om te eren dat Kennis echt is in jou en dat jij echt bent in Kennis. Open jezelf voor de volgende stap na dit programma. De volgende stap wacht op je – een stap die je op een betekenisvolle manier zal verbinden met andere studenten van Kennis, een stap die je op een zinvolle manier zal verbinden met hen die verder gevorderd zijn dan wat jij tot nu toe hebt bereikt, een stap die je zal betrekken bij het dienen van hen die pas beginnen met de vooruitgang in het stadium dat jij zojuist hebt voltooid. Zo ontvang je van hen die je voorgaan en geef je aan hen die zich achter je bevinden. Zo worden allen gevoed en gesteund in hun terugkeer naar God. Zo is het dat je volgt en leidt, ontvangt en geeft. Zo worden al je activiteiten uniform en ontsnap je aan alle negatieve verbeelding. Zo word je een student van Kennis. En zo zegent Kennis jou, die bedoeld is om de wereld te zegenen.

Nasi Novare Coram

Register

AANDACHTIG ZIJN: STAP: 338
AFSCHEIDING: STAP: 13
ALLEEN ZIJN: STAP: 53, 78, 157, 249, 250, 315, 337
AMBITIE: STAP: 219, 243, 269
AMBIVALENTIE: STAP: 172, 252, 274, 280, 283, 310, 317, 360
ANGST: STEP: 41, 51, 87, 103, 128, 151, 152, 162, 195, 219, 226, 228, 293, 319
ARMOEDE: STAP: 117, 159, 160, 228, 343

BEPERKINGEN/BEGRENZINGEN: STAP: 44, 45, 46, 51, 233
BESLISSINGEN NEMEN: STAP: 176, 236, 322
BESTEMMING: STAP: 135

CONSISTENTIE: STAP: 142
CONSTRUCTIEF DENKEN: STAP: 97, 127, 151, 152, 166, 179, 188, 189, 199, 200, 201, 208, 220, 226, 233, 237, 240, 256
COMPLEXITEIT: STAP: 117, 267, 268, 313
COMMUNICATIE: STAP: 153, 193, 201, 285

DANKBAARHEID: STAP: 86, 178, 179, 245, 250, 291, 328
DIENEN: STAP: 60, 86, 89, 101, 139, 141, 190, 194, 195, 234, 255, 257, 292, 310, 311, 312, 319, 320, 331, 343, 349, 359
DIEPE NEIGINGEN: STAP 72, 316
DOEL: STAP: 20, 71, 92, 93, 94, 105, 131, 134, 136, 179, 185, 188, 190, 193, 212, 231, 290, 306, 345, 346, 351, 357

EENVOUD: STAP: 117, 140, 166, 253, 313
EERLIJKHEID: STAP: 98, 110, 177

EIGENWAARDE: STAP: 24, 144, 171, 172, 174, 276,
EMOTIES: STAP: 89, 241
ERVARING: STAP: 27, 183, 241
EVOLUTIE: STAP: 179, 190, 199, 325

FOUTEN: STAP: 26, 27, 73, 77, 241, 245, 246, 255, 261

GEBED: STAP: 28, 121, 122
GEBEDEN EN INVOCATIES: STAP: 28, 197, 238, 294, 296, 297, 298, 299
GEDULD: STAP: 59, 79, 101, 116
GELUK: STAP: 85, 96, 107, 108, 124, 225, 341
GEMEENSCHAP: STAP: 300, 309
GEMEENSCHAP VAN LEERLINGEN: STAP: 170, 171
GEVEN: STAP: 53, 86, 101, 105, 121, 122, 147, 148, 149, 156, 158, 159, 171, 173, 178, 217, 237, 242, 244, 245, 260, 261, 284, 321, 329, 344
GOD: STAP: 40, 43, 96, 103, 104, 127, 318, 319, 339, 353
GODS PLAN: STAP: 85, 92, 96, 186, 241, 276, 318
GROOT: STAP: 46, 142, 191, 171, 234, 237, 257, 331, 360
GROTERE GEMEENSCHAP: STAP: 187, 189, 190, 199, 202, 203, 211, 256, 325, 326

HARMONIE: STAP: 11, 140, 196, 288
HELEN: STAP: 188, 189, 198, 206, 287, 309
HOGERE ZELF: STAP: 88

IDEALISME: STAP: 54, 55, 66, 67, 106, 125, 199
IDENTITEIT: STAP: 125, 356, 357
IN DE WERELD ZIJN: STAP: 118
INDIVIDUALITEIT: STAP: 11, 12, 13, 45, 232, 243

INNERLIJKE LEIDING: Stap: 29, 128, 194, 215, 247, 248
INNERLIJKE KRACHT: Stap: 44
INVLOEDEN: Stap: 113, 203, 212, 269, 303

JE ZELF UITDRUKKEN: Stap: 357

KLAGEN: Stap: 66, 180
KRACHT: Stap: 269, 270
KRACHT VAN GOD: Step: 39, 40, 41

LEERPLAN BESTUDEREN: Stap: 42, 58, 91, 98, 119, 138, 147, 161, 181, 182, 185, 196, 198, 224, 235, 244, 255, 265, 266, 308, 322, 344
LERAREN: Step: 22, 23, 36, 47, 48, 78, 114, 128, 129, 146, 215, 216, 224, 237, 247, 254, 272, 273, 333, 334
LEREN: Stap: 47, 50, 77, 84, 91, 102, 119, 126, 133, 136, 138, 139, 150, 179, 254, 281, 282, 314, 362
LICHAAM: Stap: 201
LIEFDE: Stap: 24, 48, 57, 61, 181, 205, 206, 258, 305, 328, 329, 339
LUISTEREN: Stap: 15, 62, 64, 75, 193
LIJDEN: Stap: 27, 229, 293

MATERIELE BEHOEFTEN: Stap: 159, 253, 330
MEESTERSCHAP: Stap: 106, 140
MENSHEID: Stap: 190, 191, 202
MISSIE: Stap: 33, 36, 165, 166
MYSTERIE: Stap: 36, 39, 110, 137, 138, 139, 186, 295

NOODZAAK: Stap: 172, 173

OBJECTIVITEIT: Stap: 63, 126, 189, 202, 203, 204, 208, 210, 224, 228
OBSERVATIE: Stap: 29, 30, 62, 202
OEFENING: Stap: 80, 91, 120, 148, 149, 170, 181, 197, 212, 226, 340
ONDERWIJS: Stap: 237, 244, 259, 306
ONDERSCHEIDEN: Stap: 176, 179, 193, 261
ONTVANGEN: Stap: 24, 155, 159, 181, 223, 328, 341
ONZEKERHEID: Stap: 79, 81, 275

OORDEEL: Stap: 30, 49, 60, 76, 82, 99, 151, 193, 205, 213, 214, 262, 324
OORSPRONG: Stap: 6, 174, 186, 211
OP JE GEMAK VOELEN: Stap: 109, 111
OVERTUIGINGEN: Stap: 5, 213

PERSOONLIJKE GEEST: Stap: 87, 200, 201
PROBLEMEN OPLOSSEN: Stap: 267, 268, 312, 313

RELATIES: Stap: 25, 129, 130, 131, 132, 157, 169, 170, 186, 211, 212, 232, 234, 244, 245, 249, 250, 251, 258, 260, 271
ROEPING IN DE WERELD: Stap: 185, 231, 232, 312, 323
RIJKDOM: Stap: 158, 160, 171, 185

SPIRITUELE AANWEZIGHEID: Stap: 69, 216, 339
SPIRITUELE FAMILIE: Stap: 186, 189, 211, 238, 300, 345
STILTE: Stap: 9, 48, 57, 69, 85, 143, 177, 184, 187, 235, 284, 285, 286,
STUDENT ZIJN: Stap: 34, 42, 47, 100, 109, 150, 196, 230, 237, 262, 269, 270, 289, 290, 294, 304, 332, 342, 343, 352, 363, 364

TELLEURSTELLING: Stap: 66, 67, 262
TERUGHOUDENHEID: Stap: 101, 220, 269
THUIS: Stap: 353, 354, 358
TOEWIJDING: Stap: 365
TWIJFEL: Stap: 20

VERLANGEN: Stap: 253, 363
VERANDERING: Stap: 84, 266, 294, 347, 348, 350
VERANTWOORDING: Stap: 270, 271
VERBEELDING: Stap: 95, 128, 277, 321, 351
VERGEVING: Stap: 86, 123, 178, 205, 207, 209, 222, 229, 241, 245, 246, 255, 262, 291
VERLOSSING: Stap: 276
VERTROUWEN: Stap: 72, 83, 87, 164, 253, 254, 316

VERONDERSTELLINGEN: STAP: 4, 6, 90
VERTROUWEN: STAP: 68, 156
VERVULLING: STAP: 95, 97, 320
VERWARRING: STAP: 20, 165, 213, 214, 221, 222, 230, 267, 274, 283, 288
VREDE: STAP: 74, 193, 204, 268, 287, 327, 355
VREDE IN DE WERELD: STAP: 288, 309
VRIENDEN: STAP: 114, 211, 258, 288
VRIJHEID: STAP: 57, 94, 132, 167, 209, 220, 239, 246, 264, 265, 274, 275, 279, 310, 320
VUUR VAN KENNIS: STAP: 97, 334, 335, 338, 339, 344

WAARHEID: STAP: 17, 18, 27, 196, 278, 317, 341, 349

WERELD: STAP: 63, 65, 66, 67, 145, 160, 179, 190, 205, 213, 218, WERK: STAP: 65, 165, 166, 173, 192, 218, 320, 330, 346
WIL: STAP: 43, 96, 197, 255, 256, 259, 260, 283, 292, 302, 311, 312, 320, 348
WRAAK: STAP: 127

ZEKERHEID: STAP: 141, 173, 230, 236
ZELFMEDELIJDEN: STAP: 123, 124, 127
ZELFBEDROG: STAP: 81, 227, 228
ZELFDISCIPLINE: STAP: 118, 177
ZIEN: STAP: 19, 23, 30, 31, 35, 48, 62, 99, 138, 179, 199, 213, 224

Kennis is niet opgenomen in de bovenstaande lijst omdat bijna alle stappen in *Stappen naar Kennis* belangrijke verwijzingen naar haar bevatten.

Informatie over het vertaalproces

De Boodschapper, Marshall Vian Summers, ontvangt sinds 1982 een Nieuwe Boodschap van God. De Nieuwe Boodschap van God is de grootste Openbaring ooit aan de mensheid gegeven, nu gegeven aan een geletterde wereld met mondiale communicatie en groeiend mondiaal bewustzijn. Ze wordt niet gegeven voor één stam, één natie of één religie alleen, maar in plaats daarvan om de hele wereld te bereiken. Dit vraagt om vertalingen in zoveel mogelijk talen.

Het proces van Openbaring wordt nu voor het eerst in de geschiedenis geopenbaard. In dit opmerkelijke proces communiceert de Aanwezigheid van God voorbij woorden met de Raad der Engelen die de wereld overziet. De Raad vertaalt deze communicatie vervolgens in menselijke taal en spreekt allen als één via hun Boodschapper, wiens stem het voertuig wordt voor deze grotere Stem - de Stem van Openbaring. De woorden worden in het Engels gesproken en direct in audiovorm opgenomen, vervolgens getranscribeerd en beschikbaar gemaakt in de teksten en audio-opnames van de Nieuwe Boodschap. Op deze manier wordt de zuiverheid van Gods oorspronkelijke Boodschap bewaard en kan deze aan alle mensen worden gegeven.

Toch is er ook een vertaalproces. Omdat de oorspronkelijke Openbaring in het Engels werd gegeven, is dit de basis voor alle vertalingen in de vele talen van de mensheid. Omdat er veel talen worden gesproken in onze wereld, zijn vertalingen van vitaal belang om de Nieuwe Boodschap overal onder de mensen te brengen. Studenten van de Nieuwe Boodschap hebben zich in de loop der tijd aangemeld als vrijwilliger om de Boodschap in hun moedertaal te vertalen.

Op dit moment in de geschiedenis kan The Society het zich niet veroorloven om te betalen voor vertalingen in zoveel talen en voor zo'n grote Boodschap, een Boodschap die de wereld met kritieke urgentie moet bereiken. Bovendien gelooft The Society ook dat het belangrijk is dat onze vertalers studenten zijn van de Nieuwe Boodschap om zoveel mogelijk de essentie van wat vertaald wordt te begrijpen en te ervaren.

Gezien de urgentie en noodzaak om de Nieuwe Boodschap met de hele wereld te delen, nodigen we verdere vertaalhulp uit om het bereik van de Nieuwe Boodschap in de wereld uit te breiden, door meer van de Openbaring in talen te brengen waarin de vertaling al begonnen is maar ook nieuwe talen te introduceren. Mettertijd willen we ook de kwaliteit van deze vertalingen verbeteren. Er is nog zoveel te doen.

Het verhaal van de Boodschapper

Marshall Vian Summers is de Boodschapper van de Nieuwe Boodschap van God. Al meer dan drie decennia is hij de ontvanger van een Goddelijke Openbaring die werd gegeven om de mensheid voor te bereiden op de grote ecologische, sociale en economische veranderingen die op de wereld afkomen en op het contact van de mensheid met intelligent leven in het universum.

In 1982 werd Marshall Vian Summers op 33-jarige leeftijd naar de woestijnen van het Amerikaanse zuidwesten geroepen, waar hij een directe ontmoeting had met de Aanwezigheid der Engelen, die hem begeleidde en voorbereidde op zijn toekomstige rol en roeping. Deze ontmoeting veranderde voorgoed de loop van zijn leven en wijdde hem in in een diepere relatie met de Raad der Engelen, waarbij hij zijn leven aan God moest overgeven. Hiermee begon het lange, mysterieuze proces van het ontvangen van Gods Nieuwe Boodschap voor de mensheid.

Na deze mysterieuze inwijding ontving hij de eerste openbaringen van de Nieuwe Boodschap van God. In de decennia daarna heeft zich een enorme Openbaring voor de mensheid ontvouwd, soms langzaam en soms in grote stortvloeden. Gedurende deze lange jaren moest hij verder met de steun van slechts een paar individuen, niet wetend wat deze groeiende Openbaring zou betekenen en waar zij uiteindelijk toe zou leiden.

De Boodschapper heeft een lange en moeilijke weg afgelegd om de grootste Openbaring die ooit aan de menselijke familie werd gegeven te ontvangen en te presenteren. Tot op de dag van vandaag blijft de Stem van de Openbaring door hem spreken, terwijl hij de grote uitdaging aangaat om Gods Nieuwe Openbaring naar een onrustige en conflictueuze wereld te brengen.

Lees meer over het leven en verhaal van de Boodschapper Marshall Vian Summers: www.newmessage.org/nl/about/about-marshall-vian-summers

Lees en hoor de originele openbaring Het verhaal van de boodschapper (in het Engels): www.newmessage.org/nl/the-message/volume-1/new-messenger/the-story-of-the-messenger

Luister en kijk naar de wereldleringen van de Boodschapper: www.marshallsummers.com

DE STEM VAN DE OPENBARING

Voor het eerst in de geschiedenis kun je de Stem van de Openbaring horen, zo'n Stem als tot de profeten en Boodschappers uit het verleden sprak en nu weer spreekt door een nieuwe Boodschapper die vandaag in de wereld is.

De Stem van de Openbaring is niet de stem van één individu, maar die van de hele Raad der Engelen die samen spreekt, allemaal als één. Hier communiceert God buiten woorden om met de Raad der Engelen, die vervolgens Gods Boodschap vertaalt in menselijke woorden en taal die wij kunnen begrijpen.

De openbaringen van dit boek werden oorspronkelijk op deze manier uitgesproken door de Stem van de Openbaring via de Boodschapper Marshall Vian Summers. Dit proces van Goddelijke Openbaring heeft sinds 1982 plaatsgevonden.

De Openbaring gaat door tot op de dag van vandaag.

Luister naar de originele geluidsopnamen van de Stem van de Openbaring, die de bron is van de tekst in dit boek en in de hele Nieuwe Boodschap: www.newmessage.org/nl/the-message

Leer meer over de Stem van de Openbaring, wat die is en hoe die spreekt via de Boodschapper: www.newmessage.org/nl/the-message/volume-1/the-time-of-revelation/the-voice-of-the-revelation

OVER DE SOCIETY FOR THE NEW MESSAGE

De Society for the New Message from God werd in 1992 opgericht door Marshall Vian Summers en is een 501(c)(3) non-profitorganisatie die wordt gesteund door lezers en studenten van de Nieuwe Boodschap.

De missie van de Society is om onderwijs en voorbereiding te bieden voor de opkomst van de mensheid in de Grotere Gemeenschap - het grotere universum van intelligent leven waarin we altijd hebben geleefd - en om het menselijk bewustzijn en de intelligentie te verruimen om dit mogelijk te maken.

Hiermee werkt De Society eraan om mensen op het pad te brengen in de Weg van Kennis uit de Grotere Gemeenschap om toegang te krijgen tot de diepere spirituele geest en intelligentie in ieder mens die Kennis wordt genoemd.

De Society moedigt de betrokkenheid met Kennis en Spiritualiteit uit de Grotere Gemeenschap aan, zodat mensen hun bijdrage aan de wereld in deze tijd ontdekken en inbrengen.

Met de steun van honderden vrijwilligers, vertalers en financiële donateurs over de hele wereld is De Society in staat om de boeken en leringen van de Nieuwe Boodschap beschikbaar te stellen aan mensen in meer dan 35 talen en daarnaast talrijke gratis aanbiedingen te doen.

Als je geïnspireerd bent door dit boek en graag deel wilt uitmaken van het beschikbaar maken van deze boodschap aan de wereld, moedigen we je aan om meer te weten te komen over hoe je De Society kunt helpen door te gaan naar newmessage.org/support.

THE SOCIETY FOR THE NEW MESSAGE
Neem contact met ons op:
P.O. Box 1724 Boulder, CO 80306-1724
(303) 938-8401 (800) 938-3891
011 303 938 84 01 (International)
society@newmessage.org
www.newmessage.org/nl
www.marshallsummers.com
www.alliesofhumanity.org/nl
www.newknowledgelibrary.org

Connect with us:
www.youtube.com/thenewmessagefromgod
www.youtube.com/@denieuweboodschapvangod4579
www.youtube.com/marshallviansummers
www.facebook.com/newmessagefromgod
www.facebook.com/marshallsummers
www.facebook.com/DeNieuweBoodschap
www.twitter.com/godsnewmessage

Doneer om De Society te steunen en sluit je aan bij een gemeenschap van gevers die helpen de Nieuwe Boodschap naar de wereld te brengen: www.donate.newmessage.org

Boeken van de Nieuwe Boodschap

God Has Spoken Again (God heeft weer gesproken)

The One God (De Ene God)

The New Messenger (De Nieuwe Boodschapper)

The Greater Community (De Grotere Gemeenschap)

The Power of Knowledge (De Kracht van Kennis)

The Journey to a New Life (De Reis naar een Nieuw Leven)

The New World (De Nieuwe Wereld)

The Pure Religion (De Zuivere Religie)

*Preparing for the Great Waves of Change
(Voorbereiden op de Grote Golven van verandering)*

*Preparing for the Greater Community
(Voorbereiden op de Grotere Gemeenschap)*

*The Worldwide Community of the New Message from God
(De Wereldwijde Gemeenschap van de
Nieuwe Boodschap van God)*

Steps to Knowledge (Stappen naar Kennis)

*Living The Way of Knowledge
(Het leven van De Weg van Kennis)*

*Greater Community Spirituality
(Spiritualiteit uit de Grotere Gemeenschap)*

Relationships and Higher Purpose (Relaties en het Hoger Doel)

Life in the Universe (Leven in het Universum)

The Great Waves of Change (De Grote Golven van Verandering)

*Wisdom from the Greater Community Books One and Two
(Wijsheid uit de Grotere Gemeenschap Boek een en twee)*

Secrets of Heaven (Geheimen uit de Hemel)

www.ingramcontent.com/pod-product-compliance
Lightning Source LLC
Chambersburg PA
CBHW020630230426
43665CB00008B/108